Soziale Arbeit in Theorie und Wissenschaft

Herausgegeben von
E. Mührel, Emden
B. Birgmeier, Eichstätt-Ingolstadt

Herausgegeben von
Prof. Dr. Eric Mührel
Hochschule Emden/Leer
Emden

PD Dr. Bernd Birgmeier
Katholische Universität
Eichstätt-Ingolstadt

Eric Mührel · Bernd Birgmeier (Hrsg.)

Menschenrechte und Demokratie

Perspektiven für die Entwicklung der Sozialen Arbeit als Profession und wissenschaftliche Disziplin

Herausgeber
Eric Mührel   Bernd Birgmeier
Emden, Deutschland   Eichstätt, Deutschland

ISBN 978-3-531-19282-6   ISBN 978-3-531-19283-3 (eBook)
DOI 10.1007/978-3-531-19283-3

Die Deutsche Nationalbibliothek verzeichnet diese Publikation in der Deutschen Nationalbibliografie; detaillierte bibliografische Daten sind im Internet über http://dnb.d-nb.de abrufbar.

Springer VS
© Springer Fachmedien Wiesbaden 2013
Das Werk einschließlich aller seiner Teile ist urheberrechtlich geschützt. Jede Verwertung, die nicht ausdrücklich vom Urheberrechtsgesetz zugelassen ist, bedarf der vorherigen Zustimmung des Verlags. Das gilt insbesondere für Vervielfältigungen, Bearbeitungen, Übersetzungen, Mikroverfilmungen und die Einspeicherung und Verarbeitung in elektronischen Systemen.

Die Wiedergabe von Gebrauchsnamen, Handelsnamen, Warenbezeichnungen usw. in diesem Werk berechtigt auch ohne besondere Kennzeichnung nicht zu der Annahme, dass solche Namen im Sinne der Warenzeichen- und Markenschutz-Gesetzgebung als frei zu betrachten wären und daher von jedermann benutzt werden dürften.

Springer VS ist eine Marke von Springer DE.
Springer DE ist Teil der Fachverlagsgruppe Springer Science+Business Media.
www.springer-vs.de

Für
die Emder Kollegin

Ingrid Burdewick
(1960 – 2011)

Inhaltsverzeichnis

Eric Mührel & Bernd Birgmeier
Zur Einführung: Auf dem Wege zu einer *Neuen Internationalen*?
Menschenrechte und Demokratie als Bezugsrahmen der Sozialen Arbeit 11

Teil I:
Philosophische und bezugswissenschaftliche Zugänge zu Menschenrechten und Demokratie

Walter Schweidler
Zweckfreiheit – Warum die Demokratie ihre ethischen Bedingungen
nicht vergessen darf 25

Markus Hundeck
Die Erfahrung von Gewalt und die Sakralität der Person.
Überlegungen zu einer Begründung der Menschenrechte und
einer Menschenrechtsprofession 39

Linus Mührel & Eric Mührel
Gibt es im Völkerrecht ein *Recht auf Demokratie*?
Eine rechtswissenschaftliche Perspektive auf die Beziehung von
Menschenrechten und Demokratie im Kontext der Vereinten Nationen 57

Teil II:
Theoretische Ansätze und Diskurse zu einer an Menschenrechten und Demokratie orientierten Sozialen Arbeit

Eric Mührel & Dieter Röh
Menschenrechte als Bezugsrahmen Sozialer Arbeit.
Eine kritische Explikation der ethisch-anthropologischen,
fachwissenschaftlichen und sozialphilosophischen Grundlagen 89

Bernd Birgmeier
(Soziale) Gerechtigkeit – Menschenrechte – Capabilities.
Handlungstheoretische Anmerkungen und Fragen zu
gerechtigkeitsorientierten Theorieetikettierungen Sozialer Arbeit 111

Silke Müller-Hermann & Roland Becker-Lenz
Die Soziale Arbeit als „Menschenrechteprofession" –
Ein (zu) hoher Anspruch 125

Dieter Röh
Die sozialen Grundlagen der Menschenrechte –
transforming rights into capabilities 143

Silvia Staub-Bernasconi
Political Democracy is necessary, but not sufficient – Ein Beitrag aus der
Theorietradition Sozialer Arbeit 163

Michael Winkler
Demokratie, Pädagogik und Soziale Arbeit –
Irritationen bei der Lektüre von Janusz Korczak 183

Carsten Müller
Zur Geschichte und Theorie der Sozialpädagogik – vom politischen zum
pädagogischen Mandat 205

Eric Mührel
Menschenrechte und Demokratie als *soziale Ideale*.
Zur Aktualität der Sozialpädagogik und des Sozialidealismus Paul Natorps.
Mit einem Exkurs zu Jane Addams' „*Democracy and Social Ethics*" 219

Teil III:
Menschenrechte und Demokratie –
Möglichkeiten und Grenzen handlungsfeldspezifischer Implikationen

Nivedita Prasad
Menschenrechte als Bezugs- und Orientierungsrahmen und die Nutzung
des UN-Menschenrechtsschutzsystems als Handlungsmethode in der
Sozialen Arbeit – am Beispiel von Hausangestellten von Diplomat_innen 245

Nina Oelkers & Annika Gaßmöller
Kinder- und Jugendhilfe als Menschwerdungshilfe: Menschenrechte und
Capabilities als Bezugsrahmen für gerechtes Aufwachsen 261

Sandro Bliemetsrieder & Susanne Dungs
Capabilities und Menschenrechte in der Sprache der Behinderung.
Sozialphilosophische und sozialpädagogische Reflexionen 277

Barbara Städtler-Mach & Karin Hermanns
Menschenrechte in der Pflege 299

Wolfgang Schönig
Kompetenz – Steuerung – entfremdetes Subjekt.
Überlegungen zur Morphologie der Schule in der Spätmoderne 313

Autorinnen und Autoren 329

Zur Einführung: Auf dem Wege zu einer *Neuen Internationalen*?

Menschenrechte und Demokratie als Bezugsrahmen der Sozialen Arbeit

Eric Mührel & Bernd Birgmeier

In *Marx' Gespenster* (2004)[1] setzt sich Jacques Derrida (1930-2004) unter anderem äußerst kritisch mit dem Werk *The End of History and the Last Man* (1992) von Francis Fukuyama auseinander[2]. Die dogmatistische *gute Nachricht* Fukuyamas auf dem Hintergrund des Zusammenbruchs der sozialistischen Gesellschaftssysteme in Mittel- und Osteuropa um 1990 über die vermeintlich glorreiche Allianz von *liberaler Demokratie* und *freiem Markt* als globalen Triumph des Kapitalismus und als Endpunkt menschlicher Herrschaft sowie Ende der sozialen Klassen brandmarkt Derrida als blanken Zynismus (vgl. Derrida 2004, 86 u. 112). Der „manischen Verleugnung" Fukuyamas des „disfunktionalen Zustands" der „abendländischen Demokratien" (ebenda, 112) und der „immer himmelschreienderen" Kluft zwischen „formeller und juridischer Rhetorik der Menschenrechte" (ebenda, 115) und ihrer tatsächlichen Umsetzung hält er die Beschreibung von *zehn Wunden* dieser vermeintlich *guten Weltordnung* des triumphalen Kapitalismus und der liberalen Demokratie entgegen. Diese zehn Wunden bezeugen die anhaltende Präsenz des Geistes aus *Das Kapital* im Sinne der *Gespenster* Marx', die den gegenwärtigen globalisierten Kapitalismus Derridas Meinung nach immer wieder aufs Neue anheim suchen. Als die zehn Wunden beschreibt Derrida (vgl. ebenda, 112-119):

1. Die Erwerbslosigkeit infolge der Deregulierung des Marktes und der weltweiten Wettbewerbsfähigkeit. Die damit einhergehende Vernichtung des Wertes der Lohnarbeit und der Behalt und Aufbau einer im Sinne Marx zu benennenden *industriellen* wie *dienstleistenden Reservearmee* (siehe hierzu auch beispielhaft Marx 1957, 280-281).

---

[1] Titel der Originalausgabe von 1993: *Spectres de Marx*
[2] Die *Debatte* zwischen Fukuyama und Derrida kreist um die Vergegenwärtigungen des Denkens Hegels bei Alexandre Kojève, der diese existentialistisch und marxistisch und das *Ende der Geschichte* höchst ambivalent interpretierte. Dieser Diskurs wird momentan neu entfacht (siehe hierzu Thiel 2011).

2. Der massive Ausschluss, die Exklusion der staatenlosen Menschen, Wanderarbeiter, Vertriebenen und Wohnungslosen von jeglicher demokratischer Teilnahme und Teilhabe.
3. Der gnadenlose Wirtschaftskrieg der globalen Wirtschaftszentren wie beispielsweise der EU, der USA, Japans und Chinas.
4. Dies einhergehend mit Protektionismus und Interventionismus und der damit verbundenen wirtschaftlichen Ausbeutung der Mehrzahl der afrikanischen, südamerikanischen und auch asiatischen Länder.
5. Die Verschärfung der Auslands- und Staatsverschuldung, die gerade arme Länder – sogar unter dem Diskurs von Demokratie und Menschenrechten – zu wirtschaftsliberalen Umstrukturierungen über den *Internationalen Währungsfond* (IWF) und die Weltbank zwingt.
6. Die Blüte der Rüstungsindustrie und des Waffenhandels, die ohne eine „unvorstellbare Revolution" wohl niemals zum Stillstand kommen bzw. zumindest gemindert zu werden vermag.
7. Die Ausweitung der atomaren Bewaffnung, die sich der staatlichen Kontrollen entzogen hat.
8. Die andauernden interethnischen Kriege, seien sie zwischen Staaten (z.B. Armenien / Aserbaidschan; Indien / Pakistan) oder innerhalb von Staaten (z.B. Tschetschenienkrieg) präsent.
9. Die ungehemmte Ausweitung von „Phantom-Staaten", seien es Drogenkartelle, die Mafia oder auch die vermeintlich mit Rechtsstatus ausgestatteten Finanzkartelle von Banken, Hedgefonds und anderen *global players*.
10. Die „Inkohärenz" und „Ungleichheit" der Staaten in der internationalen Rechtsordnung. Die kulturelle Hegemonie der westlich geprägten Staaten mit ihrer technisch-ökonomischen und militärischen Vormachtstellung. Dies sei veranschaulicht an den politischen Machtkonstellationen in der UN-Vollversammlung sowie im UN-Sicherheitsrat bezüglich der bestehenden internationalen Konflikte.

Derrida hat diesen *Zustand* der zehn Wunden der neuen Weltordnung 1993 (!) beschrieben. Hat sich daran in den letzten fast zwanzig Jahren wirklich Wesentliches geändert? Trifft es nicht zu, dass noch nie in der Geschichte der Menschheit so viele Menschen von Gewalt, Ungleichheit, politischem und gesellschaftlichem Ausschluss, Hunger und wirtschaftlicher Unterdrückung betroffen waren? Diese Fragen zu beantworten, bedarf es sicherlich vielfältiger und genauer Analysen, die an dieser Stelle nicht zu leisten sind. Daher sei auf einige Schlaglichter verwiesen. Der von Derrida beschriebene „disfunktionale Zustand" der westlichen Demokratien hat sich über die Finanz- und Wirtschaftskrise, die sich zu einer politischen und sozialen Krise ausgeweitet hat, zu einer Katastrophe, einem Wendepunkt der europäischen und westlichen Gesellschaften mit ungewissem Ausgang entwickelt (vgl. Mührel 2009, Kap. II.1., 2009a u. 2011). Im Machtkampf zwischen „dem Primat des Ökonomischen und dem Primat des Politischen" werden die „Werte und Überzeugungen, die einst die Idee Europas verkörpert" haben, zu „Ramsch" degradiert (Schirrmacher 2011). Die soziale Spaltung der westlichen Gesellschaften schreitet voran und aufkeimende *Neo*nationalismen und *Neo*faschismen, z.B. in Ungarn, gehen einher mit demokratischen Erneuerungsströmungen wie beispielsweise der *Occupy Wall Street* Bewegung oder den *Empörten* in Spanien. China avanciert zur kapitalistischen Supermacht unter staatstotalitären Bedingungen, die Demokratie und Menschenrechte *mit den Füßen treten*. Gleichzeitig fühlt sich die chinesische Regierung aufgefordert, den westlichen Demokratien Nachhilfeunterricht in der reinen Lehre der Marktwirtschaft zu geben; demnach stören demokratische Regierungs- und Gesellschaftsformen den Erfolg des Kapitalismus! Der *Arabische Frühling* zeugt vom *Lechzen nach Freiheit* der so lange von Despoten unterdrückten Menschen in den arabischen Ländern, wie es der algerische Schriftsteller Boualem Sansal anlässlich seiner Rede zur Verleihung des Friedenspreises des deutschen Buchhandels beschrieben hat (vgl. Sansal 2011). Freilich richtet sich darin auch der Freiheitsdrang gegen postkolonialistische Strukturen, denn schließlich sind alle Regime, die gefallen sind oder noch fallen werden, mit der Unterstützung des Westens etabliert worden (vgl. Mührel/Müller 2012). Die befreiten Völker werden eigene *liberale Tradition* entwickeln dürfen. Derrida würde als Franzose algerischer Herkunft dieses Ansinnen unterstützen. Wie Sansal bezog er sich dabei u. a. auch auf Albert Camus, wie auch er Frankoalgerier, bezüglich der selbständigen Ausgestaltung demokratischer Gesellschaften im arabischen Raum.

Zur Überwindung der von ihm benannten *zehn Wunden* der bestehenden Weltordnung, oder prägnanter ausgedrückt: der bestehenden Welt*un*ordnung, strebt Derrida den Aufbau einer *Neuen Internationalen* an. Dabei greift er „den alten Namen der Internationalen" auf, „um an den Revolutions- und Gerechtigkeitsgeist zu erinnern, der die Arbeiter und Unterdrückten jenseits der nationalen Grenzen einmal zusammengebracht hat" (Derrida 1998, 47, gesamter Text auch in Moebius/Wetzel 2005, 7-19). Transformiert in die heutige Epoche zielt die *Neue Internationale* auf einen „tiefgreifenden Wandel des internationalen Rechts und seiner Anwendung" jenseits staatlicher, zwischenstaatlicher, supernationaler oder gar weltstaatlicher Figurationen, um die andauernden Verbrechen gegen die Menschlichkeit zu skandieren und aufzuheben. Zu jener *Neuen Internationalen* gehören demnach alle, die an der jetzigen Welt*un*ordnung leiden, „und alle jene, die empfänglich sind für die Dimensionen dieser Dringlichkeiten. Und es gehören all jene dazu, die die feste Absicht haben, alles zu tun, damit sich die Politik, das Recht und die Ethik diesen Dringlichkeiten zuwenden. Unabhängig von bürgerlichen oder sonstigen nationalen Zugehörigkeiten" (ebenda, 48). Die Aufgabe der *Neuen Internationalen* besteht demnach darin, die vorhandenen Diskurse über Menschenrechte und Demokratie sowie diejenigen des bestehenden internationalen Rechts und seiner Anwendung zu dekonstruieren und sie in ihrer Verfangenheit der politischen und sozio-ökonomischen Machtkonstellationen zu „denunzieren" (ebd. 2004, 121). Darauf aufbauend kann eine zu entwickelnde weltweite *Politik der Freundschaft* (ebd. 2000; Titel der Originalausgabe von 1994: *Politique de l`amitié*), die sich eben nicht an Konkurrenz, Feindschaft und Bemächtigung des anderen orientiert, zu einer solidarischen Lebensweise einer Demokratie als Lebensform (vgl. Müller 2005, 229 u. 290) und *Gast*freundschaft wie Achtung (dazu Mührel 2008, Kap. 4) der Menschenwürde im Sinne gelebter Menschenrechte führen. Auch wenn die *Neue Internationale* damit nach Derrida immer auf das „Un-Mögliche" zielt, so wäre das Sich-Abfinden mit dem politisch, rechtlich und ethisch Möglichen eine „Pseudoverantwortlichkeit", welche letztlich doch nur zu „Pseudohandlungen" (Derrida 1998, 49) führen kann.

Ist aus heutiger Sicht nicht der Aufbau einer *Neuen Internationalen* im Sinne Derridas notwendiger denn je? Wenn diese eine Demokratie als Lebensform und die Menschenrechte in einem tiefgreifenden Wandel des internationalen Rechts zu befördern und aufzubauen gewillt ist, welche Rolle kann dabei dann die Soziale Arbeit übernehmen?

Diskurse über Demokratie und Menschenrechte sind in der Sozialen Arbeit und auch in den Erziehungswissenschaften – somit auch in den genuin sozialpädagogischen Traditionslinien – höchst aktuell. In der Schriftenreihe der Deutschen Gesellschaft für Erziehungswissenschaft wurden beispielsweise zuletzt zwei Bände zum Thema *Bildung in der Demokratie* veröffentlicht (vgl. Aufenanger et al. 2010 u. Ludwig et al. 2011). Zudem hat Carsten Müller unlängst einen problemgeschichtlichen Theorieentwurf zur Sozialpädagogik als Erziehung zur Demokratie vorgelegt (vgl. Müller 2005) und ein Sammelband zum Thema *Soziale Arbeit und Demokratie* ist im Erscheinen (vgl. Geisen et al. 2012). Silvia Staub-Bernasconi hat mit ihrem Entwurf der Sozialen Arbeit als Menschenrechtsprofession (vgl. Staub-Bernasconi 1995 u. 2003) mit Bezug auf das in 1992 erarbeitete Manual zum Thema *Menschenrechte und Soziale Arbeit* der Vereinten Nationen (vgl. VN et al. 2002) in Zusammenarbeit mit dem Internationalen Verband der SozialarbeiterInnen (IFSW) und der Internationalen Vereinigung der Ausbildungsstätten für Soziale Arbeit (IASSW) den Diskurs über die Beziehung zwischen Menschenrechten und Sozialer Arbeit im deutschsprachigen Bereich wesentlich eingeführt. Dieser Diskurs hat in der Folgezeit auch in seinen Kontroversen eine erhebliche *Blüte* erfahren (vgl. beispielhaft Rest 2001, Mührel/Röh 2007, Widersprüche 3/2008, Vahsen/Mane 2010 Kap. 16, Prasad 2011, dazu auch Wronka 2008).

Die folgenden Beiträge knüpfen an diese Diskurse über Demokratie und Menschenrechte an und entwickeln diese weiter unter der Perspektive der aktuellen sozialen, gesellschaftlichen und politischen Gegebenheiten. Sie mögen damit – willentlich oder unwillentlich – auf eine *Neue Internationale* im Sinne Derridas oder auf andere Zukunftsentwürfe eingehen und zielen. Zudem zeigen sich in ihnen die Spannungen der Verhältnisbestimmung von Menschenrechten und Demokratie (vgl. dazu grundlegend Bobbio 2009). Ergibt sich beispielsweise aus den Menschenrechten ein Recht auf Demokratie (vgl. Böckenförde 1998)? Sind Menschenrechte generell nur in demokratisch verfassten Gesellschaften zu verwirklichen (vgl. Alexy 1998; Bobbio 2007)? Stehen Menschenrechte als Naturrechte nicht generell als Korrektiv einer zeitlich und räumlich begrenzten Ordnung von Herrschaft, und damit auch der Demokratie, *gegenüber* (vgl. Wellmer 1998 u. Dworkin 1998)?

Die Beiträge in **Teil I** widmen sich philosophischen und bezugswissenschaftlichen Zugängen zur Thematik der Menschenrechte und der Demokratie. *Walter Schweidler* fragt nach dem Legitimationsgrund der Demokratie. Diesen verortet er in Bereichen der politischen Ethik, in welchen der einzelne Mensch in seiner Menschenwürde als das unrelativierbare Legitimationssubjekt Anerkennung findet. Ausgehend von der Unterscheidung zwischen *Freien* und *Sklaven* bei Aristoteles und der Begründung der Freiheit in der Muße stellt Schweidler die Frage, ob die aktuelle Logik gesellschaftlicher Verhältnisse, die durch die Verabsolutierung von Nützlichkeitserwägungen bestimmt ist, auf eine *neue* gegenseitige Versklavung gerichtet ist. In einer derart geprägten Nutzenkultur, die von Menschen geradezu eine sklavische Lebensweise in einer Reduktion auf ein Lebens*mittel* fordert, geht der sich in der Muße offenbarende Lebenssinn verloren. Als Fundament menschlicher Freiheit vermittelt dieser Lebenssinn uns ein Gespür für eine sinnvolle Umgangsweise mit allen Nützlichkeitsabwägungen unserer Lebensweisen. Schweidler fordert daher eine Wiederbesinnung auf eine menschliche Normkultur mit ihren deontologischen Prinzipien: der Mensch darf nicht zum Mittel für andere Menschen gemacht werden und die menschliche Person ist der letzte Grund des Zusammenlebens und das Prinzip der Legitimität der Demokratie.

Ausgehend von Arbeiten des Soziologen Hans Joas hinterfragt *Markus Hundeck* den Zusammenhang von Gewalterfahrung und der Herausbildung der Menschenrechte und macht dabei deutlich, wie sehr dadurch neuerlich der Begriff der Person die Debatte um die Menschenrechte prägt. Für Hundeck wird der Personbegriff zum wissenschaftstheoretischen Gradmesser des Menschenrechtsdiskurses wie zum professionstheoretischen Leitmotiv Sozialer Arbeit als Menschenrechtsprofession.

Eine für die Soziale Arbeit höchst relevante rechtswissenschaftliche Perspektive auf die Beziehung von Menschenrechten und Demokratie im Kontext der Vereinten Nationen nehmen *Linus Mührel* und *Eric Mührel* ein. Sie gehen der Frage nach: *Gibt es im Völkerrecht ein Recht auf Demokratie?* Dabei wird u.a. auf die Organisation und Vorgehensweise der Vereinten Nationen eingegangen, da diesen eine besondere Verantwortung bei der Hilfe zur selbstständigen politischen Entwicklung in Post-Konflikt-Gesellschaften zukommt.

Die Beiträge in **Teil II** befassen sich mit den theoretischen Ansätzen und Diskursen zu einer an Menschenrechten und Demokratie orientierten Sozialen Arbeit.

Eric Mührel und *Dieter Röh* beschreiben und erörtern zunächst den grundlegenden ethisch-anthropologischen, fachwissenschaftlichen und sozialphilosophischen Bezug von Menschenrechten und Sozialer Arbeit.

Bernd Birgmeier geht davon aus, dass „Soziale Gerechtigkeit" das Kern- und Verbindungsstück aktuell diskutierter Theorieansätze in Sozialer Arbeit darstellt. Aus der Perspektive einer handlungstheoretisch fundierten Sozialen Arbeit werden sowohl die Möglichkeiten als auch die Grenzen analysiert bzw. bis dato nicht hinlänglich berücksichtigte Fragen an diese Theorieetikettierungen gestellt und Vorschläge zur Implementierung innovativer Aspekte hinsichtlich der Diskussionen zu „Handlungskompetenzen" angeregt.

Einen kritischen Blick auf das Selbstverständnis der Sozialen Arbeit als Menschenrechtsprofession werfen *Silke Müller-Hermann* und *Roland Becker-Lenz*. Sie fragen danach, wie relevant die Menschenrechte für das professionelle Handeln in der Sozialen Arbeit *tatsächlich* sind, und ob nicht mehr Bescheidenheit ein nicht auszuschließendes Scheitern an der Überforderung an Selbstverpflichtungen, die sich aus dem selbst bestimmten Auftrag als Menschenrechtsprofession ergeben, verhindern könnte.

Dieter Röh fragt, warum in Anlehnung an den von Martha Nussbaum und Amartya Sen entwickelten Ansatz des Human Development bzw. des Capability Approach nicht alleine die Rechte- und Chancengewährung als Basis einer gerechten Gesellschaft ausreichen, da sie zwar notwendige aber nicht hinreichende Bedingungen einer solchen darstellen. Hinreichende Bedingungen einer auf den Menschenrechten beruhenden sozial gerechten Gesellschaft sind deshalb vor allem in der Gewährleistung der sozialen Grundlagen dieser Rechteperspektive zu sehen. Aufgabe Sozialer Arbeit ist es demnach, befähigende Strukturen und Ressourcen herzustellen, Zugang hierzu zu ermöglichen und sie für die Menschen nutzbar zu machen.

Silvia Staub-Bernasconi erörtert anhand der Explikation von vier Thesen die Notwendigkeit einer weiteren Demokratisierung der Politischen Demokratie, da diese – verstanden als eine Demokratie als Regierungsform – alleine als solche nicht die Wahrung der Menschenrechte und die Achtung der Menschenwürde hinreichend zu leisten vermag. Damit sei sie zwar formal betrachtet legal, jedoch ethisch nicht legitimiert. Es bestehe die Notwendigkeit einer Erweiterung in einer horizontalen und vertikalen Perspektive. Dies betrifft zum einen die

Demokratisierung aller gesellschaftlichen Bereiche und somit den Aufbau einer „Integralen und Sozialen Demokratie", wie es Jane Addams schon zu Beginn des 20. Jahrhunderts gefordert hat. Zum anderen bedarf nach Staub-Bernasconi eine solche Integrale und Soziale Demokratie nicht nur der formalen Legalität, sondern zusätzlich einer ethischen Legitimation mittels einer durch Überprüfungsverfahren der Vereinten Nationen umzusetzenden „Minimalethik der Menschenrechte". Soziale Arbeit könne dabei einen professionsethisch begründeten Beitrag bei der Aufdeckung von Widersprüchen zwischen formaldemokratischer Legalität und menschenrechtlicher Legitimität, z.B. im Spannungsgefüge von Sozialgesetzgebung und sozialen Menschenrechten, leisten.

Ausgehend von einer kritischen Reflexion des vermeintlichen Bezugsrahmens der Menschenrechte und der Demokratie für die Soziale Arbeit konstatiert *Michael Winkler* eine offensichtliche Diskrepanz zwischen dem postulierten Selbstverständnis und den realen Praktiken professionellen Handelns. Er fordert eine Radikalisierung der Fragestellung im Rahmen einer „politischen Anthropologie", die Demokratie und Menschenrechte nicht nur als Postulate, sondern als „intrinsische Elemente" der Sozialen Arbeit und anderer pädagogischer Praxen begreift. Dies verdeutlicht er anhand der Pädagogik Janusz Korczaks, aufbauend auf dessen „Magna Charta Libertatis als ein Grundgesetz für das Kind".

Die gängige Geschichtsschreibung Sozialer Arbeit, die zumeist professionsgeschichtlich ausgerichtet ist, wird von *Carsten Müller* hinterfragt und ‚gegen den Strich gebürstet'. So nimmt er die frühe Sozialpädagogik in den Blick, denn diese Perspektive erlaubt es, der Sozialen Arbeit nicht nur ein politisches Mandat, sondern vielmehr ein spezifisch pädagogisches Mandat in ihr Stammbuch zu schreiben: demokratische Erziehung.

Eric Mührel beschreibt und erörtert kritisch das gesellschaftliche Programm Natorps im Zusammenhang seiner Schriften „Sozialpädagogik" aus 1899 und „Sozialidealismus" aus 1920 unter Einbeziehung eines vergleichenden Exkurses zu Jane Addams` gesellschaftlicher Programmatik in „Democracy and Social Ethics" aus 1902. Soziale Politik, soziale Wirtschaft sowie soziale Erziehung und Bildung bilden dabei die Paradigmen einer auch aus heutiger Sicht aktuell anzustrebenden gerechten Gesellschaftsordnung.

Die Beiträge in **Teil III** erörtern die Möglichkeiten und Grenzen handlungsfeldspezifischer Implikationen von Menschenrechten und Demokratie in Sozialer Arbeit und benachbarten Professionen. Professionelle Soziale Arbeit hat zunehmend Klientinnen, die kein *Recht auf Rechte* haben; sie kann diese nur im Rahmen des UN- Menschenrechtskontextes unterstützen, um ihre Recht- und Machtlosigkeit zu überwinden. Dabei wird teilweise auf Methodentraditionen der Sozialen Arbeit rekurriert (z.B. Ressourcen- und / oder Machtquellenerschließung, Empowerment), aber auch auf die in der Sozialen Arbeit vernachlässigte Nutzung des UN-Menschenrechtsschutzsystems sowie der Öffentlichkeits- und

Lobbyarbeit. *Nivedita Prasad* erläutert diese Interventionsmöglichkeiten am Beispiel der Hausangestellten von Diplomatinnen.

Nach *Nina Oelkers* und *Annika Gaßmöller* wird Kinder- und Jugendhilfe als Menschwerdungshilfe – verstanden als Gestaltungsauftrag für gerechtes Aufwachsen – abgeleitet aus Menschen- und Grundrechten, den Kinderrechten und auch aus einem weiter gefassten Kindeswohlbegriff. Dabei bietet der Capabilities-Ansatz einen gerechtigkeitstheoretischen Bezugsrahmen. Die Autorinnen legen einen besonderen Fokus auf die Lebenssituation von Kindern in ihrem Abhängigkeitsverhältnis zu Erwachsenen. Kinder sind zwar ebenso wie Erwachsene Träger von Grund- und Menschenrechten, können diese aber im Gegensatz zu Erwachsenen nicht eigenständig wahrnehmen. Der Auftrag einer Kinder- und Jugendhilfe als ‚Menschwerdungshilfe' liegt in der Ermöglichung eines gerechten Aufwachsens und einer zunehmenden gesellschaftlichen Teilhabe in Ergänzung zu familialen Bedingungen.

Sandro Bliemetsrieder und *Susanne Dungs* stellen sich die Frage, wie es zu der Idee kommt, das Menschsein ausgehend von Fähigkeiten zu entwerfen. Hierbei wird insbesondere der „Capability Approach" für die Soziale Arbeit mit Blick auf Menschen mit Behinderungen hinsichtlich seiner Verantwortungs- und Beziehungsdimensionen untersucht. Steht der „Capability Approach" einem universalen Begriff von Menschenwürde nahe, der sowohl für die subjektive Komponente von Wohlergehen als auch für die überindividuellen Momente seitens der gesellschaftlichen Verfasstheit geöffnet ist? Die *erste Hypothese* von Bliemetsrieder und Dungs lautet, dass der soziale Konstruktivismus dazu führte, das gute Leben zu individualisieren und als eine universale Referenz preiszugeben. Leiderfahrungen werden so einerseits subjektiviert und andererseits standardisiert. Ihre *zweite Hypothese* verdeutlicht, dass der Fähigkeitenansatz den ökonomischen Risikodiskurs durchaus abzufedern vermag. Die *dritte Hypothese* schließlich diskutiert den Raum zwischen subjektivem Willen und objektivem Kindeswohl. Hierbei werden das Paradox der Verrechtlichung einerseits und die darüber hinausweisenden einzigartigen Bedürfnisse von Kindern andererseits thematisiert. Abschließend stellen die Autoren fest, dass professionell Handelnde in der Sozialen Arbeit sich an der Idee des Gelingenden orientieren sollten, um über (prekäre) Lebensformen überhaupt zu streiten, bei gleichzeitigem Wissen, dass das Gelingende menschlichen Lebens unverfügbar ist.

Die Menschenrechte werden zunehmend als ethische Grundlage für pflegeethisches Denken und Handeln mit herangezogen. Demzufolge werden auch pflegerische Handlungen und damit der Umgang mit Pflegebedürftigen unter den Gesichtspunkten der Menschenrechte betrachtet. Als konkrete Umsetzung für diese Entwicklung stellen *Barbara Städtler-Mach* und *Karin Hermanns* ein Projekt vor, das in Altenpflege-Einrichtungen der Stadt Nürnberg seit 2011 durchgeführt wird. Der inhaltliche Schwerpunkt liegt dabei auf der Umsetzung der

„Charta der Rechte hilfe- und pflegebedürftiger Menschen". In diesem Zusammenhang betonen die Autorinnen, dass die Pflegeethik sich zunehmend im Bereich der Ethik sozialer Berufe statt in der Medizinethik verortet, was neue Schnittstellen zur Sozialen Arbeit ermöglicht.

Abschließend fragt *Wolfgang Schönig* ausgehend von der Annahme eines neuen Unbehagens in der Kultur nach dem möglichen Beitrag der Schule für eine sinnvolle und sinnstiftend solidarische wie demokratische Lebensweise. Der beschrittene Weg von der Inhalts- und Leistungsorientierung zur Kompetenzorientierung in den Lehrplänen und Lehr-/Lernformen diene vorwiegend nur einer politisch anvisierten Vermehrung von Humankapital für die vermeintlich benötigte Konkurrenzfähigkeit in einem globalen Wirtschaftsmarkt. Flexibilität für die Arbeitsmärkte und Disponibilität für die Unterhaltungsindustrie lösen demnach Mündigkeit, Ringen um Erkenntnis sowie demokratisches Handeln als Lernziele ab. Schönig fordert eine Wiederbesinnung auf eine Kunst der Schule, die Bildungsräume eröffnet, in welchen die Schülerinnen und Schüler in ihrer Identitätsentwicklung sowie in ihrem solidarischen Handeln gefördert und somit auf ihre kommenden Aufgaben in einem demokratischen Gemeinwesen vorbereitet werden.

Grundlage dieses Bandes sind die Beiträge zum Forschungs- und Fachkolloquium *Soziale Arbeit und ihre Wissenschaften*, das unter dem Thema *Demokratie und Menschenrechte als Bezugsrahmen Sozialer Arbeit* am 4. und 5. November 2011 an der Hochschule Emden/Leer stattfand. Wir freuen uns sehr, dass wir darüber hinausgehend weitere Kolleginnen und Kollegen für die Mitarbeit an diesem Band gewinnen durften.

Literatur

Alexy, Robert (1998): Die Institutionalisierung der Menschenrechte im demokratischen Verfassungsstaat. In: Gosepath, Stefan; Lohmann, Georg (Hg.): Philosophie der Menschenrechte. Suhrkamp. Frankfurt a. M.. S. 244-264

Aufenanger, Stefan; Hamburger, Franz; Ludwig, Luise; Tippelt, Rudolf (Hg.) (2010): Bildung in der Demokratie. Beiträge zum 22. Kongress der Deutschen Gesellschaft für Erziehungswissenschaft. Barbara Budrich. Opladen

Bobbio, Norberto (2007): Das Zeitalter der Menschenrechte. Ist Toleranz durchsetzbar? Zweite Auflage. Verlag Klaus Wagenbach. Berlin

Bobbio, Norberto (2009): Die Zukunft der Demokratie. In: Ders.: Ethik und die Zukunft des Politischen. Herausgegeben und mit einem Vorwort von Otto Kallscheuer. Verlag Klaus Wagenbach. Berlin. S. 61-92

Böckenförde, Ernst-Wolfgang (1998): Ist Demokratie eine notwendige Forderung der Menschenrechte? In: Gosepath, Stefan; Lohmann, Georg (Hg.): Philosophie der Menschenrechte. Suhrkamp. Frankfurt a. M.. S. 233-243

Derrida, Jacques (2004): Marx` Gespenster. Der Staat, der Schuld, die Trauerarbeit und die neue Internationale. Suhrkamp. Frankfurt a. M.
Derrida, Jacques (2004): Politik der Freundschaft. Suhrkamp. Frankfurt a. M.
Derrida, Jacques (1998): Ich mißtraue der Utopie, ich will das Un-Mögliche. Im Gespräch mit Thomas Assheuer über die Intellektuellen, den Kapitalismus und die Gesetze der Gastfreundschaft. In: DIE ZEIT vom 5. März 1998. S. 47-49
Dworkin, Ronald (1998): Freiheit, Selbstregierung und der Wille des Volkes. Ist Demokratie heute noch möglich? In: Gosepath, Stefan; Lohmann, Georg (Hg.): Philosophie der Menschenrechte. Suhrkamp. Frankfurt a. M.. S. 292-309
Fukuyama, Francis (1992): The End of History and the Last Man. Free Press. New York. Deutsch: Fukuyama, Francis (1992): Das Ende der Geschichte. Wo stehen wir? Kindler Verlag, München
Geisen, Thomas; Kessl, Fabian; Olk, Thomas; Schnurr, Stefan (Hg.) (2012): Soziale Arbeit und Demokratie. Positionsbestimmungen im (Post)Wohlfahrtsstaat. VS. Wiesbaden
Ludwig, Luise; Luckas, Helga; Hamburger, Franz; Aufenanger, Stefan (Hg.) (2011): Bildung in der Demokratie II. Tendenzen – Diskurse – Praktiken. Barbara Budrich. Opladen
Marx, Karl (1957): Das Kapital. Kritik der politischen Ökonomie. Alfred Kröner. Stuttgart
Moebius, Stephan; Wetzel, Dieter (Hg.) (2005): absolute Jacques Derrida. Orange press. Freiburg i. Br.
Mührel, Eric; Müller, Carsten (2012): Liberalismus und Soziale Arbeit. Ein Gespräch. In: Sozialmagazin 2/2012. S. 32-37
Mührel, Eric (2011): Von Kassandra zu Nemesis: Die Rechnung kommt – wer bezahlt die Folgen der Finanz- und Wirtschaftskrise? Ein Kommentar zur Einstimmung auf die politische und soziale Krise. In: Sozialmagazin 10/2011. S. 6-11
Mührel, Eric (2009): Soziale Arbeit im gesellschaftlichen Wandel. Anfragen an die Profession und Disziplin zu Beginn des 21. Jahrhunderts. Die Blaue Eule. Essen
Mührel, Eric (2009a): Finanzkrise – Wirtschaftskrise – Soziale Krise. Akademischer und professioneller Habitus in Krisenzeiten. In: Sozialmagazin, 7-8/2009. S. 29-35
Mührel, Eric (2008): Verstehen und Achten. Philosophische Reflexionen zur professionellen Haltung in der Sozialen Arbeit. Die Blaue Eule. Essen
Mührel, Eric; Röh, Dieter (2007): Soziale Arbeit und die Menschenrechte. Perspektiven für eine soziale Weltgesellschaft. In: np 3/2007. S. 293-307
Müller, Carsten (2005): Sozialpädagogik als Erziehung zur Demokratie. Ein problemgeschichtlicher Theorieentwurf. Julius Klinkhardt. Bad Heilbrunn
Prasad, Nivedita (2011): Mit Recht gegen Gewalt: Die UN-Menschenrechte und ihre Bedeutung für die Soziale Arbeit. Barbara Budrich. Opladen
Rest, Franco (Hg.) (2001): Soziale Arbeit im Blick der Menschenrechte. Klartext. Essen
Sansal, Boualem (2011): Das Prinzip des Friedens. Rede zur Verleihung des Friedenspreises des Deutschen Buchhandels. In: FAZ vom 17. Oktober 2011. S. 9
Schirrmacher, Frank (2011): Demokratie ist Ramsch. In: FAZ vom 2. November 2011. S. 29
Staub-Bernasconi, Silvia (2003): Soziale Arbeit als (eine) Menschenrechtsprofession. In: Sorg, Richard (Hg.) Soziale Arbeit zwischen Politik und Wissenschaft. Lit. Münster. S. 17-54

Staub-Bernasconi, Silvia (1995): Das fachliche Selbstverständnis Sozialer Arbeit. Wege aus der Bescheidenheit. Soziale Arbeit als „Human Rights Profession". In: Wendt, Wolf Rainer (Hg.): Soziale Arbeit im Wandel ihres Selbstverständnisses – Beruf und Identität. Lambertus. Freiburg. S. 57-104

Thiel, Thomas (2011): Dem raschen Weltgeist nacheilend. In: FAZ vom 2. November 2011. S. N3

Vahsen, Friedhelm; Mane, Gudrun (2010): Gesellschaftliche Umbrüche und Soziale Arbeit. VS. Wiesbaden

Vereinte Nationen – Zentrum für Menschenrechte, Internationaler Verband der SozialarbeiterInnen (IFSW), Internationale Vereinigung der Ausbildungsstätten für Soziale Arbeit (IASSW) (2002): Menschenrechte und Soziale Arbeit – ein Handbuch für Ausbildungsstätten der Sozialen Arbeit und für den Sozialarbeitsberuf. Übersetzung durch Moravek, Michael. Fachhochschule Ravensburg-Weingarten

Wellmer, Albrecht (1998): Menschenrechte und Demokratie. In: Gosepath, Stefan; Lohmann, Georg (Hg.): Philosophie der Menschenrechte. Suhrkamp. Frankfurt a. M.. S. 265-291

Widersprüche. Zeitschrift für sozialistische Politik im Bildungs-, Gesundheits- und Sozialbereich. Nr. 107, März 2008. Thema: Soziale Arbeit *und* Menschenrechte

Wronka, Joseph (2008): Human Rights and Social Justice. Social Action and Service for the Helping and Health Professions. SAGE Publications. Los Angeles

Teil I:
Philosophische und bezugswissenschaftliche Zugänge zu Menschenrechten und Demokratie

Zweckfreiheit – Warum die Demokratie ihre ethischen Bedingungen nicht vergessen darf

Walter Schweidler

Von Churchill ist sinngemäß das Wort überliefert, dass die Demokratie zwar eine schlechte Regierungsform, aber doch bisher die beste unter allen je ausprobierten sei. Wie immer man zu dieser Ansicht steht, sie macht zumindest auf einen Umstand aufmerksam, der in Zeiten scheinbar selbstverständlicher politischer Stabilität leicht in Vergessenheit gerät. Denn gut, schlecht oder besser kann die Demokratie ja nur in Bezug auf ein Kriterium sein, an dem sie zu messen ist, einen Zweck also, für den sie da ist und an dem sie sich rechtfertigen muss. Es muss also einen Maßstab für die Qualität, genauer: die Legitimität von Regierungsformen geben. Und wenn das so ist, dann kann dieser Maßstab per definitionem nicht von einer von ihnen gesetzt und den anderen vorgeschrieben werden, also auch nicht von der Demokratie. Demokratie ist nun wesentlich Herrschaft der Mehrheit aufgrund von Abstimmung. Also muss die Demokratie an einem Sinnprinzip gemessen werden, das selbst nicht durch Abstimmung und Mehrheitsentscheid begründet werden kann. Damit tritt die politische Ethik auf den Plan: Sie muss Auskunft darüber geben, woran eine Regierung, ein Staat zu messen ist, also auch über das Unabstimmbare in der Demokratie. *Die Ethik stellt die Frage nach dem vorgesetzlichen, also dem ethischen Grund der bürgerlichen Gesetze, auch der demokratisch rechtmäßig zustande gekommenen Gesetze.*

Dieser simplen Ausgangsbemerkung muss man allerdings gleich einige Präzisierungen beifügen:

1. So groß der Empfängerkreis ethischer Aussagen ist, so minimal ist prinzipiell der Beurteilerkreis: Es ist immer der eine Andere, dem man seine ethischen Beobachtungen und Argumente vorträgt. In der Ethik gibt es kein Publikum, das darüber abstimmen könnte, wer Recht hat. In der Ethik gibt es nur eine Meinung die einen überzeugt, und das ist die eigene. Daher kann die Vermittlung zwischen dem ethischen Legitimationsgrund der Demokratie und ihrer politischen Gestalt nur dort geschehen, wo der einzelne Mensch als das ihr unrelativierbar vorgegebene Legitimationssubjekt in der Demokratie anerkannt ist, und das ist nach heute weltweit gültiger Auffassung der Katalog der Menschenrechte und der sie noch einmal begründen-

den unantastbaren Menschenwürde. Darum kommt dem Rechtsstaat und ganz besonders der Sphäre, die er als die grundrechtliche Schutzsphäre jeder Abstimmung und jedem Zugriff auch des demokratischen Machthabers entzieht, für die ethische Legitimation unseres Zusammenlebens entscheidende Bedeutung zu. Man kann sich also die Antwort auf die Frage nach dem ethischen Grund der Demokratie nicht philosophisch „aus den Fingern saugen", sondern muss das Prinzip der Menschenrechte und der Menschenwürde als die Antwort des demokratischen Rechtsstaats zunächst einmal akzeptieren, um es auf seine Stimmigkeit und Adäquatheit hin zu prüfen. Wir werden, auch und gerade in der ethischen Reflexion auf sie, diese Antwort als eine genuin rechtliche begreifen müssen. Das heißt: Sie wird, wie alles Recht überhaupt, das in seinem Wesen ja nach dem berühmten Wort von Kant „*Verhinderung* eines *Hindernisses der Freiheit*...nach allgemeinen Gesetzen"[1], also Negation der Negation ist, eine negative Antwort sein, eine Antwort, die über den ethischen Grund der Demokratie nur insoweit etwas sagen kann, als er zu schützen, zu verteidigen, zu respektieren ist und insofern er gegen seine Bedrohung zu bewahren ist.

2. Der ethische Gesichtspunkt ist keiner unter anderen, sondern der übergeordnete, der von unserem Denken zu unserem Handeln führt und der deshalb die politischen, wirtschaftlichen und sonstigen Gesichtspunkte immer schon in sich integrieren muss. Wer also etwa sagt: „Ethisch wäre natürlich x wünschenswert, aber aus Gründen des sozialen Friedens, der Standortsicherung, des Machterhalts etc. etc. müssen wir y tun", der hat nicht verstanden, was „ethisch" bedeutet. Der Gesichtspunkt, den man nach vernünftiger und verantwortlicher Überlegung als den ausschlaggebenden ansieht, nach dem man sich in seinem Handeln zu richten hat, ist eben der ethische Gesichtspunkt. Der soziale, der politische, der ökonomische Gesichtspunkt ist der ethische – wenn es für ihn gute Gründe gibt. Darum kann kein Philosoph und schon gar kein Philosophieprofessor einem verantwortlichen Menschen das Urteil darüber abnehmen, was ethisch richtig und folglich zu tun ist, sondern nur Klarheit darüber befördern, was gute Gründe für unser Handeln sind. Die Philosophie kann nur helfen, verantwortliches ethisches Überlegen zu lehren, zu vermitteln und zu verstehen; abnehmen kann sie es uns nicht.

3. Natürlich gibt es verschiedene ethische Standpunkte, man kann nur versuchen, sie in die eigenen Erörterungen so einzubeziehen, dass die Begründung des eigenen Standpunkts indirekt sichtbar wird. Unter dieser Voraus-

---

1 Kant, Immanuel, Die Metaphysik der Sitten, Einleitung in die Rechtslehre, in ders., Werke in zehn Bänden, hg. Von Wilhelm Weischedel, Bd. 7: Schriften zur Ethik und Religionsphilosophie, 2. Teil, Darmstadt, WBG, 1983, A 34,35/B35.

setzung aber erheben ethische Aussagen selbstverständlich Wahrheitsanspruch, und zwar den Anspruch auf eine Wahrheit, die sicherer feststeht als die der empirischen Wissenschaften: Das Ergebnis des vernünftigen Dialogs reifer Menschen über ihre letzten Überzeugungen ist, wenn dieser Dialog verantwortungsvoll geführt wird, sicherer als jede naturwissenschaftliche Hypothese. Und es kann auch durch keine solche jemals ersetzt werden; wäre es anders, dann gäbe es schon lange keine Ethik und Politik mehr, sondern wir könnten die Angelegenheiten unseres Zusammenlebens zu einer Sache der Technik machen. Jeder Blick in die politische Wirklichkeit zeigt, wie absurd eine solche Erwartung wäre.

4. Wichtig ist schließlich, sich klar zu machen, dass ethisch nicht dasselbe bedeutet, wie moralisch. Die Ethik hat moralische Überzeugungen, Ansprüche und Normen zum Gegenstand, will sie begründen und kritisch prüfen. Die Frage wo wir ethisch stehen ist also keine direkte Frage nach der moralischen Beurteilung der Situation unserer Zeit. Wichtiger für die folgenden Erörterungen als die Frage welche moralischen Konsequenzen wir aus der ethischen Situation unserer Zeit ziehen sollten, ist die Frage, welche Vorstellungen uns in dieser Zeit bestimmen hinsichtlich dessen, was es eigentlich bedeutet, moralisch zu sein und eine moralische Orientierung des Lebens zu haben.

Unter den so skizzierten Voraussetzungen soll auf die Frage nach dem ethischen Maß der Demokratie nun eine indirekte Antwort gegeben werden, nämlich ein Hinweis auf eine wesentliche Quelle der Gefährdung dieses Maßes, die sich aus der ethischen Situation unserer Zeit, unseres bürgerlichen und ökonomischen Selbstverständnisses ergibt. Das Maß der Legitimität der Demokratie: das ist nach dem modernen, durch den Menschenrechtsgedanken geprägten Konzept von politischer Ethik der Lebenssinn, den jeder einzelne Mensch sich durch autonome Gestaltung seines Daseins selbst gibt und für dessen Vollzug er sich vor seinen Mitbürgern zu verantworten hat. Unsere Antwort auf die Frage nach dem ethischen Prinzip der Demokratie muss deshalb diesen individuellen Lebenssinn zum Gegenstand haben, und sie ist, wie gesagt, eine indirekte Antwort, also eine Antwort, die nicht etwa definieren will, worin Lebenssinn besteht (was ja gerade der unvertretbaren Individualität seiner Gestaltung, die jede „Definition" ausschließt, widerspräche), sondern die nur vor seiner Gefährdung warnt. Diese Antwort besteht in einer These, die lautet: Unsere Zeit ist ethisch gekennzeichnet durch *die Gefährdung des Lebenssinnes durch die Verabsolutierung von Nützlichkeitserwägungen.*

Wie so oft in den Angelegenheiten des sinnvollen Lebens haben hier das Gefährdete und das Gefährdende ein und dieselbe Quelle. Kurz gesagt: Der Mensch muss, um sinnvoll leben zu können, nützlich handeln, und der Mensch will auch nützlich handeln, und das ist auch gut so. Aber die Gefahr ist, dass er das Nützliche mit dem *Sinn alles Nützlichen* verwechselt, das heißt, dass er über dem Nützlichen das vergisst, *wofür alles Nützliche nützlich* ist. Man muss ja sehr vorsichtig sein in der Abgrenzung zwischen dem, wofür alles Nützliche nützlich ist und das deshalb nicht selbst nützlich ist und dem Unnützen. Das, wofür alles Nützliche nützlich ist, ist nicht unnütz, sondern im Gegenteil es ist der Grund aller Nützlichkeit. Dieser Grund kann nicht noch einmal für etwas anderes nützlich sein, sonst kämen wir in einen *regressus ad infinitum*: nur wenn es das gibt, was Heidegger das Bewandtnislose[2] am menschlichen Dasein nennt, hat die Reihe der Fragen, wofür das jeweils Nützliche wiederum nützlich ist, ein Ende; nur dann kommen wir vom Nützlichen zum Zweck an sich, zum Sinn eines menschlichen Lebens.

Unser Thema lautet damit eigentlich: Worin besteht die Bedeutung dessen, wofür alles Nützliche nützlich ist, für die Demokratie? Um die damit gestellte Frage zu beantworten, muss man nun auf einen Begriff zu sprechen kommen, der für uns heute bezeichnenderweise sehr weit entfernt liegt, der aber in den innersten Kern der politischen Ethik führt. Über den Sinn des Lebens reden heißt, über *Muße* zu reden. Man muss daher, um über das sinnvolle Leben und die ihm in der ethischen Situation der Zeit drohende Gefahr zu sprechen, mindestens auf zwei Ebenen von der Muße handeln, nämlich von ihrer Bedeutung für die Gesellschaft und für das Leben von jedem von uns.

Philosophisch muss man dabei sogar weit ausholen, nämlich bis zu Aristoteles.[3] Aristoteles verteidigt ja gleich am Beginn seiner „Politik", also eines der bedeutendsten und wirkungsmächtigsten Bücher aller Zeiten, die These, dass es unter Menschen von Natur aus Sklaven geben muss. Man ist geneigt, dies als einen für seine Theorie des guten Lebens letztlich unerheblichen Rest seiner kulturellen Voreingenommenheit zu erklären und im Umgang mit seinen ethischen Einsichten möglichst zu ignorieren. Und selbstverständlich sind wir heute zurecht der Meinung, dass er sich in dieser Sache getäuscht hat. Aber wie oft in der Philosophie ist die Begründung hier wichtiger als das Ergebnis. Und Aristoteles Begründung für seinen Standpunkt ist in ihrer Gesamtstruktur bis heute höchst brisant und nachdenkenswert. Sie lautet nämlich, *dass es Demokratie nur unter Freien geben kann* und dass Freiheit sich nur verwirklichen kann im geliehenen Verknüpfen zwei wesentlich verschiedener Komponenten von Herrschaft, diese beiden Komponenten haben ihren Ursprung nicht in sozialen Verhältnis-

---

2 Vgl. Martin Heidegger: Sein und Zeit, 15. Aufl., Tübingen: Max Niemeyer Verlag, 1979, § 18, insbes. 84.
3 Vgl. dazu meinen Aufsatz: Mensch – Staatsbürger – Sklave, in: Zehnpfennig, Barbara; Voigt, Rüdiger (Hrsg.): Die Politik des Aristoteles. (Staatsverständnisse; 44), Baden-Baden: Nomos, 2012.

sen, sondern im Innersten unserer selbst. Es gibt zum einen die Herrschaft der Seele über den Leib. Diese Herrschaft muss nach Aristoteles despotisch sein, das heißt die Seele muss sich jederzeit durchsetzen, egal ob sie den Regungen des Leibes nachgibt oder ihnen entgegentritt. Zum anderen aber gibt es die Herrschaft des Verstandes über das Strebevermögen, die sich in der Seele selbst einstellen muss. Und diese Herrschaft – das war eine der großen Gegenthesen von Aristoteles gegen Platon – kann nicht despotisch, sondern muss wie er sagt „politisch" sein. Das heißt der Verstand muss mit dem Strebevermögen auf kluge Weise umgehen: Der Verständige muss seine persönlichen Stärken und Schwächen kennen, er muss wissen, was er sich zumuten kann und er muss wissen was er in der Verwirklichung seiner selbst anderen zumuten kann. Politische Verhältnisse, in denen sich sinnvoll leben lässt, haben zur Voraussetzung, dass sie von Menschen getragen werden die ihren Lebenssinn in einem politischen Verhältnis zu sich selbst finden, die also nicht am abstrakten Idealen, sondern am klugen und verständigen Realen die Orientierung ihres Daseins finden. Die Grundbedingung für solches verständiges Handeln ist, *dass man immer und prinzipiell die Beziehung zwischen dem Zweck, den man sich im Umgang mit dem eigenen Leben gesetzt hat und den Mitteln, die man zu seiner Erreichung benötigt und in Kauf zu nehmen gewillt ist, im Auge behält.* Nur wer dazu fähig ist, kann in seinem ganzen Leben nützlich handeln und trotzdem Sinn finden. Ja, ich sage „trotzdem" denn es bleibt unumstößlich dabei, *dass das Nützliche allein, also isoliert von dem, was seinen Sinn in sich selber trägt, unmenschlich ist.* Genau diese Einsicht aber ist es, wozu nach Aristoteles ein *Sklave* nicht fähig ist. Er *kann überhaupt nur nützlich sein.* Das ist nach Aristoteles so, weil er zur despotischen Herrschaft der Seele über seinen Leib nicht fähig ist, sondern den Leib in seinen Stärken und Interessen verabsolutiert.

Deshalb können verständige Menschen über den Sklaven nur despotisch herrschen. Despotische Herrschaft bedeutet ja nicht unbedingt Herrschaft mit beständiger Waffengewalt. Sie bedeutet in erster Linie, dass man den zu Beherrschenden systematisch und prinzipiell davon abhält in Bezug auf sein eigenes Leben ein anderes Maß als das der Nützlichkeit anzulegen. Das heißt, man muss ihn dazu bringen, dass er alles, wofür er lebt, nur daraufhin befragt, wofür es nützlich ist. Und man muss ihn von der Schule über den Beruf bis zum Verhältnis zu seinen Angehörigen nur daran denken lassen, was an seinen Tätigkeiten und Errungenschaften nützlich ist und weiter nutzbar gemacht werden kann. Die These von Aristoteles ist also letztlich, dass es immer Menschen geben wird, über die man anders als so gar nicht herrschen kann, gerade wenn man verständig ist. Worin aber zeigt sich, ob jemand von Natur aus Herr oder Sklave ist? *Worin kann man die Sicherheit gewinnen, dass man einer von denen ist, die zwischen den Zwecken des Lebens und den Mitteln ihrer Erreichung sicher un-*

terscheiden können? Hierauf ist die Antwort des Aristoteles ebenso überraschend wie eindeutig: *die Muße!* Die Muße ist der Lebensbereich, in den man das, was man tut, nicht um des Lohnes willen und nicht um seiner Nützlichkeit wegen tut. Es ist schon Ausdruck jenes Missverständnisses, in dem die Gefahr unserer ethischen Situation besteht, wenn man dies missversteht als eine Verabsolutierung von „Nichtstun". Ein Leben, das verständig geführt wird, ist eben nicht zweigeteilt in Arbeit und Freizeit, sondern es wird beherrscht von dem, was gegenüber beiden das Dritte und das eigentlich Entscheidende ist, nämlich, dasjenige, was in sich sinnvoll ist, was nicht als Mittel für etwas anderes gebraucht wird, was aber dennoch mit großer Anstrengung und intensiver Mühe verbunden sein kann und normalerweise sogar ist. Man lernt ja den richtigen Umgang mit der Muße nicht dadurch, dass man einen Kurs im Müßigsein absolviert, sondern dadurch, dass man sich schöne und edle Fähigkeiten erwirbt, mit denen man das eigene Leben und das Anderer zu etwas Schönem und Edlem machen kann. Und natürlich kann man das normalerweise nur lernen, wenn man in der *Schule* (das Wort kommt ja von der „Muße"), also bevor man den Zwängen des Nützlichen durch und durch ausgesetzt ist, das erfährt, was wichtiger ist als alles Nützliche, eben weil es das ist, wofür alles Nützliche nützlich ist. Das heißt, um die rechte Muße zu erlernen, ist man unbedingt auf das angewiesen, was einem die, die sie kennen, über sie mitzuteilen und zu lehren haben. Und man ist natürlich darauf angewiesen, dass all die anderen Menschen, die von einem ebenso nützliche Leistung erwarten wie sie für einen erbringen, das Verständnis für das eigene Bestreben nach Muße haben und es in das gemeinsame Leben integrieren können. Nur wo das gelingt, herrscht aber nach Aristoteles wirkliche Freiheit im Zusammenleben, und weil das eben nicht allen gelingen kann, gehört zum gelingenden Zusammenleben auch die despotische Herrschaft über die Sklaven.

Der wohl begnadetste Aristoteliker unserer Zeit, Robert Spaemann, hat erzählt, dass es ein ziemlich schwer lesbares, dunkles kleines Werk gewesen sei, das nach 1945 in Deutschland Furore gemacht hat, dem er wesentlich die Einsicht verdankte, dass es gerade zur Logik unserer modernen Lebensverhältnisse gehört, *dass wir uns auf einen Weg der Selbstversklavung, also der gegenseitigen Unterdrückung unserer Fähigkeit zur verständigen Herrschaft, befinden.* Dieses dunkle Werk war die „Dialektik der Aufklärung" von Adorno und Horkheimer, und Spaemanns Fazit, mit dem er den ganzen großen Eindruck, den es auf ihn gemacht hat, auf eine Formel bringt, ist: Wir dürfen nicht der Gefahr erliegen, *das Leben den Mitteln seiner Erhaltung zu opfern.* Unter diesem Gesichtspunkt: dass Menschen nicht unbedingt einen Despoten brauchen, um zu Sklaven zu werden, sondern dass sie sich auch gegenseitig versklaven können, ist Aristoteles' Begriff der Sklaverei höchst aktuell. *Sklaventum,* so wie er es versteht, *wurzelt nicht in nackter Gewalt, sondern in uns selbst. Sklavisch ist, wer sich zum*

Lebensmittel macht. Unmittelbar will das natürlich jenseits ganz perverser Ausnahmen niemand. Aber *es gibt eine Logik gesellschaftlicher Verhältnisse die auf die gegenseitige Versklavung gerichtet ist.* Man kann, in dem man die Bedienung der eigenen Interessen zum Bewertungsmaßstab des Lebens und der Leistungen aller anderen macht, ganz einfach dadurch selbst zum Sklaven werden, weil die anderen dann mit einem dasselbe machen werden. Das Ergebnis ist eines, für das der Begriff des Sklavischen ganz eindeutig brauchbar ist, nämlich ein Leben, in dem man immerfort das tut, was man eigentlich nicht tun möchte, was man aber tun muss, nicht weil es einem ein Sklaventreiber mit Gewalt aufzwingt, sondern weil die Anderen es alle genauso machen und man sich ihnen nicht entziehen kann.

Damit sind wir beim entscheidenden Punkt, der wieder mit der gemeinsamen Quelle von Gefahr und Gefährdeten zu tun hat. Es ist eigentlich eine Konsequenz der Logik dieses Zusammenhangs, *dass gerade die zivilisatorische Errungenschaft, durch die wir die Sklaverei für immer überwunden haben, in sich den Keim zur Fortsetzung jenes Sklavenverhältnisses trägt,* welches nach Aristoteles die Herrschaft der Freien über die Sklaven erzwang. Sklave ist, wer nicht Herr über sein Leben ist, das heißt wer nicht zwischen Zwecken und Mitteln, zwischen dem Leben in seinem Sinn und den Zwängen zu seiner Erhaltung zu unterscheiden vermag. Die Sklaverei als Institution haben wir beseitigt; aber das Verhältnis *der Ausbeutung unser aller Leben durch gegenseitige Abrichtung zur Dienerschaft für die Bedürfnisse der je anderen* könnte gerade in der Institution bewahrt worden sein, die wir an die Stelle der Sklaverei gesetzt haben: die umfassende und alles durchdringende *Lohnarbeit.*

Selbstverständlich ist, gerade unter dem Vorzeichen einer christlich geprägten Kultur, die Lohnarbeit notwendig und gut. Der Sinn des Lebens besteht nicht darin, sich von ihr zu befreien. *Aber der Sinn des Lebens geht eben auch prinzipiell nicht darin auf, sie zu leisten!* Sie ist Mittel zum Zweck, muss vom Sinn des Lebens geleitet, auf ihn hingeordnet sein, aber sie darf ihn nicht ersetzen. Gerade in der Tendenz dazu aber besteht die Gefahr, auf die wir hier aufmerksam geworden sind. Die Belege für diese Tendenz sind zahllos; einige Beispiele kann man schnell nennen:

1. Die Entbürgerlichung der Lebensverhältnisse: Die Lohnarbeit als Prinzip der Regelung der gesellschaftlichen Herrschaftsverhältnisse ist an sich neutral gegenüber der Frage, ob man um des abstrakten Lohnes willen arbeitet oder ob man den Lohn als ein Mittel zur Gestaltung der sinnvollen und nicht in Lohnkategorien ausdrückbaren Lebensinhalte und Lebenszwecke betrachtet. Insofern erlaubt die Lohnarbeit durchaus Lebensformen, die dem entsprechen, was Aristoteles im Zeichen der Muße als das eigentlich menschliche Dasein charakterisiert hatte. Aber die Verabsolutierung der

Lohnarbeit als einzig gerechtfertigtes Bewertungsprinzip in der Gesellschaft, die eine Folge bestimmter politischer Entwicklungen und dessen ist, was Tocqueville, die „Tyrannei der Mehrheit" genannt hat, hebt diese Neutralitäten zumindest potenziell auf. Wenn Menschen tendenziell dazu genötigt werden, sich zu rechtfertigen, wenn sie für elementare humane Leistungen wie Kindererziehung, Altenpflege oder die Führung eines schönen Haushalts auf Lohnarbeit verzichten, wenn insbesondere die weibliche Bevölkerung aus durchsichtigen ökonomischen Motiven auf breiter Front der Requirierung für den letzten Unrat an geldwerten Dienstleistungen ausgesetzt wird, wenn die so gelobte und ersehnte „Freizeit" selbst zum Ausbeutungsvorrat eines unausgesetzt propagierten Dienstleistungsangebots gemacht wird („Freizeitstress"), wenn Kinder einen Terminkalender haben, wenn Menschen das Alter, den eigentlich prädestinierten Ort der nutzenstiftenden Muße, tendenziell als unnütze Last für sich und ihre Mitmenschen empfinden, dann muss man sich fragen, ob eine Gesellschaft noch weiß, worum es ihr und ihren Mitgliedern im Leben wirklich geht.
2. Die Illusion der Berechenbarkeit von Lebenssinn: Im Verhältnis zum Streben, ein glückliches Leben zu führen, droht die eigentlich zentrale Einsicht unterzugehen, die ein reifes menschliches Leben tragen muss, nämlich, *dass man sich den Lebenssinn nicht erarbeiten und nicht verdienen kann, sondern dass er sich nur einstellt in der Hingabe an das, was einem wichtiger ist als das eigene Glück*. Glücklich sein heißt merken, dass man es ist, und darum kann man nicht glücklich werden, indem man nach den Mitteln sucht, das Glück herbeizuführen. Glück ist unintendierbar und intentional verfasst.[4] Die Illusion der Lebensplanung, Familienplanung, Wirtschaftsplanung und Gesundheitsplanung sowie die gesamte Versicherungsmentalität mit der Folge der Verrechtlichung der Lebensbeziehungen führt in eine Welt isolierter Individuen, die einander nur durch Finanz- und Handelsbeziehungen gegenseitig zur Arbeit am Sinn des Lebens des je anderen zu verpflichten versuchen.
3. Die Tendenz zur „optionalistischen" Persönlichkeit:[5] Die abstrakte Steigerung von Handlungsspielräumen und Entscheidungsmöglichkeiten wird zum quantitativ messbaren Ausdrucksprinzip vernützlichter Lebensbeziehungen und verrechtlichter Anspruchsformen. Wenn man durch die Gesell-

---

4   Vgl. dazu meinen Aufsatz: Der sich selbst vollbringende Optimismus: gibt es eine 'New-Age'-Philosophie? In: Zeitschrift für Politik: Organ der Hochschule für Politik München, N. F., Jg. 35, H. 3, 1988, S. 249-268.
5   Zum Begriff des Optionalismus vgl. meinen Aufsatz: Die Menschenrechte als metaphysischer Verzicht, in: Walter Schweidler: Das Unantastbare. Beiträge zur Philosophie der Menschenrechte, Münster: LIT 2001, S. 73-100.

schaft daran gewöhnt wird, den Wert des eigenen Lebens in der Nützlichkeit für das der je anderen zu sehen, wird man in gewisser Weise selbst zu einem dieser anderen. Das heißt, in der Verfügung über möglichst viele Optionen, welche die anderen haben, egal ob sie älter oder jünger als man selbst sind, Mann oder Frau, klug oder dumm, reiselustig oder häuslich, im Streben danach also, *möglichst alles für sich selbst zur Verfügung zu haben, was auch andere zur Verfügung haben*, entsteht die gleichgemachte, nur an der ständigen Steigerung ihrer Möglichkeiten orientierte und darum an der Wirklichkeit der Lebenserfüllung vorbeigehende Persönlichkeit.

4. Der deutlichste Ausdruck der Selbstvernutzung des Menschen aber ist im Bereich der Angelegenheiten zu finden, in dem wir wie kaum einem zweiten heute fundamentale Uneinigkeit über Wert und Würde der menschlichen Person vorfinden, und zwar über alle einigermaßen entwickelten Gesellschaften des Erdballs hinweg: den Gegensatz, den man als einen zwischen Normkultur und Nutzenkultur beschreiben kann.[6] Dazu sollen nun einige ausführlichere Bemerkungen gemacht werden.

Wir kommen hier auf jenes entscheidende Feld des genuin Ethischen, das sich vom Moralischen noch einmal unterscheidet, also das Feld, auf dem man sich als Mensch nicht nur moralischen Ansprüchen ausgesetzt sieht, sondern auf dem man sich darüber klar werden muss, was Moral überhaupt ist. Hier stehen sich heute zwei unvereinbare Überzeugungen gegenüber: die deontologische, die besagt, dass moralisch zu sein bedeutet, das Gute zu tun und das Böse zu lassen, und die konsequenzialistische, die besagt, dass moralisch zu sein bedeute, *dafür zu sorgen*, dass das Gute in der Welt gemehrt und das Schlechte vermindert wird. Für den deontologischen Standpunkt kann es keine Rechtfertigung dafür geben, dass ein Mensch willentlich und frei das Böse tut, für den konsequenzialistischen Standpunkt kann es gerechtfertigt sein, Böses zu tun, wenn dadurch letztendlich das Leben, die Gesellschaft oder gar die Welt überhaupt „verbessert" wird.[7]

Das menschliche Zusammenleben beruht seit Jahrtausenden und bis auf den heutigen Tag auf Normen, die eindeutig den deontologischen Standpunkt voraussetzen. Auch und ganz dezidiert der moderne säkulare Staat beruht auf dem deontologischen Prinzip, dass der Mensch nicht zum bloßen Mittel anderer Menschen gemacht werden darf, dass also die menschliche Person zu respektieren der

---

6 Vgl. dazu auch Thomas S. Hoffmann/Walter Schweidler: Normkultur versus Nutzenkultur. Über kulturelle Kontexte von Bioethik und Biorecht, Berlin: de Gruyter 2006.
7 Vgl. dazu meinen Aufsatz: Der ethische Gesichtspunkt zwischen Normkultur und Nutzenkultur, in: Bioethik und kulturelle Pluralität. Die südosteuropäische Perspektive. Bioethics and Cultural Plurality. The Southeast European Perspective, hg. v. Ante Čović u. Thomas Sören Hoffmann, Sankt Augustin 2005, S. 11-26.

letzte Grund des Zusammenlebens und das Prinzip der Legitimität des Staates ist. Das ist der Inhalt unseres Begriffs der Menschenwürde, das ist der Inhalt der Menschenrechte, das ist der Inhalt praktisch aller Verfassungen, die wir auf der Erde haben, und das ist der Standpunkt, der auch heute in den gegenwärtigen, gerade in der Konstitution befindlichen internationalen Verfassungen und Abkommen überall durchgehalten wird. Es gibt in der internationalen Rechtsentwicklung kein wesentliches Dokument, das auf konsequenzialistischen Prinzipien beruhen würde. So besagen auch die Biomedizin-Konvention des Europarats oder die europäische Grundrechtecharta, die einmal Bestandteil der europäischen Verfassung werden sollte, eindeutig, dass das menschliche Wesen in allen seinen Aspekten, in der gesamten Zeitspanne seiner Existenz absolut zu schützen ist. Dies ist klar deontologisch gedacht; sonst wäre es etwa unverständlich, warum Deutschland beispielsweise die Biomedizinkonvention nicht unterzeichnet hat, weil in ihr an einer Stelle auch die Forschung an nicht einwilligungsfähigen Patienten erlaubt wird. Auch dass auf der ganzen Welt die Folter verboten ist, bleibt ohne deontologischen Standpunkt unnachvollziehbar, denn die Folter kann sicherlich, etwa wenn ein schweres Verbrechen durch sie verhindert werden kann, nützlich sein. Trotzdem ist die Folter verboten, und zwar auf der ganzen Welt. Warum? Weil man sagt: Es kann nicht menschlich sein, dass ein menschliches Wesen wie ein Tier behandelt wird, d.h. das es mit körperlicher Einwirkung dazu gebracht wird, dass es am Schluss eine Reaktion von sich gibt, die nicht aus seiner freien Entscheidung kommt, sondern wie bei einem Tier aus ihm herausgequetscht wird. Darum ist Folter verboten. Ein Mensch darf nicht zum Mittel gemacht werden.

Während also unser Zusammenleben durch eine Rechtskultur bestimmt ist, die den Normgesichtspunkt der unteilbaren Schutzwürdigkeit und Respektwürdigkeit aller Menschen für alle Menschen voraussetzt, sind wir zugleich, am deutlichsten in den Problemen der Bioethik, mit einer breiten gesellschaftlichen Tendenz konfrontiert und haben diese auch selbst angenommen, die nicht mit Prinzipien der Normkultur zu erklären ist, sondern die dem gehorcht, was man eine Nutzenkultur nennen kann. Definition der Nutzenkultur wäre der Standpunkt: *gesteigerte Lebensqualität* und *restlose Selbstbestimmung* des Individuums sind Grenz- und Sinnfaktoren aller staatlichen und gesellschaftlichen Normativität. Die Nutzenkultur geht also davon aus, dass die Normkultur nur existieren kann, weil es dem Menschen letztendlich um die Qualität seines Lebens geht, weil er ein glückliches Leben haben will und kein leidendes. Und sie behauptet, dass die Normkultur nur existieren kann, weil die menschliche Selbstbestimmung höher steht als die Normen. Das bedeutet dann: Wenn ein schwer Leidender sterben will, dann darf die Gesellschaft ihn nicht „zum Leben zwingen", dann müssen die gesellschaftlichen Gesetze eben begrenzt werden und dem Menschen muss das Sterben ermöglicht werden, weil Lebensqualität und Selbstbestimmung wichtiger sind, oder zumindest konstitutive Grenzen sind, auf die die Normen angewiesen bleiben.

Die Spannungen und Widersprüche, in die der Gegensatz zwischen Normkultur und Nutzenkultur uns geführt hat, sind offensichtlich: Spaltung, Widersprüche, Inkonsistenzen, unhaltbare Kompromisse über die ganze Welt hinweg. Die Folgen sind: Rechtsunsicherheit, ethische Unklarheit und Zustände wie der, dass man in Amerika im einen Bundesstaat eine Leiche ist, wenn man „hirntot" ist, im anderen wieder aufersteht, wenn man hinübergefahren wird, oder der, dass zwei Senate des einen deutschen Bundesverfassungsgerichts zu diametral entgegengesetzten Entscheidungen darüber kommen, ob ein geborenes Kind ein „Schadensfall" sein könne oder nicht, oder der, dass in den Niederlanden eine weit herum sich ausbreitende gesellschaftliche Praxis der mehr oder weniger freiwilligen Euthanasie ihre Grundlage größtenteils in zwar gerichtlich überprüfbaren und überprüften Entscheidungen, aber nicht in der demokratisch legitimierten Gesetzgebung hat. Die modernen Gesellschaften könnten hier auf dem Weg zu einem geistigen Bürgerkrieg sein, der sie einmal vor die Entscheidung stellen wird, ob sie den deontologischen Standpunkt ihrer gesamten jahrhundertealten deontologischen Basis festhalten oder sich zum Prinzip bekennen wollen, dass der Mensch Diener der Glückssteigerung seines und des Lebens seiner Mitmenschen ist und sein Wert an seiner Nützlichkeit hängt.

Damit aber ist der Gegensatz von Norm- und Nutzenkultur symptomatisch für den Kern der Gefahr, der das Prinzip der Unableitbarkeit unseres Lebenssinns, der letztendlichen Zweckfreiheit allen menschlichen Lebens, heute ausgesetzt ist. Diese Gefahr entfaltet sich am nachhaltigsten auf dem Feld der Bildung des Bewusstseins davon, was es überhaupt heißt, moralisch oder unmoralisch zu sein. Dazu sollen nun einige Schlussbemerkungen gemacht werden.

Um es noch einmal so einfach wie möglich auszudrücken: Das Nützlichseinwollen des Menschen ist gut und ist die Basis seiner Moral – *wenn* am Ende der Kette seiner Nützlichkeitsüberlegungen ein Zweck steht, der nicht noch einmal nützlich für etwas anderes ist, sondern den Sinn des Lebens in sich selbst trägt. Fehlt dieser Endpunkt, dann ist das Nützlichseinwollen des Menschen ein geradezu zerstörerisches Selbstmissverständnis. *Sinnloses nützlich sein, nützlich sein umwillen des Nützlichseins*: Wird uns aber nicht genau dies heutzutage mehr und mehr als die Auskunft erteilt darüber, worin eigentlich moralisches Verhalten besteht? Das heißt, es wird uns mehr und mehr die ethische These aufgetischt, wonach unser Nützlichsein selbst der Sinn des Lebens wäre. Für alles sollen wir da sein: die Gesellschaft, die Umwelt, die künftigen Generationen, ab und zu auch noch für die Nation, am Ende sogar für die „Evolution" oder die „Gaia" oder sonst einen Götzen, zu dem man „die Erde" gemacht hat. Für alles, nur nicht für uns selbst. Sogar die katholische Kirche wird beständig daraufhin befragt, nicht etwa ob sie für das Seelenheil von uns Sündern, sondern ob sie für ihr Ansehen in der Welt und die Chancen ihrer künftigen Erhaltung Sorge trage. Wir werden regelrecht mit der Idee vergiftet, dass *in der Opferung des Lebens für die Mittel seiner Erhaltung* – man denke nur an den Gesundheitskult – der Sinn und der Grund der Moral bestünden. Das ist, wie gesagt, eine ethische These, eine These über das, was Moral ist und wofür sie da ist. Und diese These ist grundfalsch!

Der Mensch ist nicht dazu da, sich für irgendetwas zu opfern. Das gilt im übrigen für gläubige wie ungläubige Menschen. Wenn es einen Gott gibt und Christus auferstanden ist, dann ist das Opfer für immer von uns genommen, wenn wir es nur als Seines im Gottesdienst für immer bewahren. Und wenn man nicht an einen Gott glaubt, dann ist man erst recht der Dumme, wenn man sich einreden lässt, dass man sich für irgendetwas zu opfern habe. Gewiss gibt es Grenzfälle, in denen es sinnvoll wird, dass ein Mensch sich für einen anderen opfert – aber das sind Grenzfälle, bei denen schon ein Übel vorausgesetzt ist und bei denen das Opfer jedenfalls um eines anderen Menschen willen und nicht für irgendetwas anderes geschieht, dem Menschen gegenüber sich zu opfern hätten. Aber unter normalen Bedingungen jedenfalls gehört das Opfer nicht zu den Grundlagen des guten Handelns. Ein Lehrer opfert sich nicht für seine Schüler, ein Förster opfert sich nicht für den Wald, den er für künftige Generationen herrichtet, eine Mutter opfert sich für ihre Kinder vielleicht auf, aber sie opfert sich nicht für sie und keine Generation kann sich sinnvollerweise opfern für irgendwelche künftigen Generationen. Vielmehr hat ein Förster, der in seiner beruflichen Tätigkeit aufgeht, begriffen, dass nicht das Opfer für den Wald, sondern *das Förstersein* für einen Menschen zu einem sinnvollen Leben gehört. Und ein Lehrer kann begriffen haben, dass *das Lehrersein* zu einem sinnvollen Leben gehört; Eltern empfinden, dass das *Elternsein* zu einem sinnvollen Leben gehört, und so weiter.

Es ist gut, wenn wir als Menschen für andere leben, aber es ist gut nicht deshalb, weil diese anderen wichtiger sind als wir, sondern weil es menschlich ist, den Sinn seines eigenen Lebens im Einsatz für das zu gewinnen, was wichtiger ist als dieses Leben und was darum eben deshalb als *sein* Sinn *in* dieses Leben integriert werden kann. Nicht dass man sich für etwas opfert, sondern dass man etwas in sein Leben integriert, etwas gewinnt, das man als Mensch nur gewinnen kann durch menschliche Institutionen, die Menschen Lebensmöglichkeiten geben, wie kein anderes natürliches Wesen sie hat: das ist die Grundlage der Moral. Hier liegt die praktische Komponente des alten Urwortes von Aristoteles, wonach die Seele „gewissermaßen alles" sei. Der Mensch ist das einzige Wesen, das die ganze Welt in seinen Verantwortungshorizont einbeziehen kann. Freilich ist der Mensch ein endliches Wesen, und deswegen kann er seine Verantwortung gegenüber der ganzen Welt immer nur als seine Verantwortung gegenüber dem Wenigen und den Wenigen konkretisieren, denen er im Leben nahesteht und die ihm im Leben nahekommen. Ein Guter, so heißt es beim großen Konfuzianer Menzius, überträgt die Haltung gegenüber seiner Familie auf die gegenüber Fremde, ein Schlechter behandelt seine Familie wie Fremde. Verantwortung für diejenigen, die einem nahe stehen, ist die Form, in der der Mensch seine Verantwortung gegenüber allem und allen allein wahrnehmen kann. Das ist der Sinn nicht zuletzt auch des christlichen Begriffs der Nächstenliebe, der eben nicht identisch mit Altruismus ist. In der Sorge um sich und die Seinen geht es nicht um die Alternative zwischen Egoismus und Altruismus, sondern um die Frage, ob man als Mensch dankbar sein kann für die Umstände, in die einen das Dasein hineingestellt und die Talente, die es einem mitgegeben hat.

Die tiefe Inhumanität des konsequenzialistischen Standpunkts besteht darin, dass er den Menschen zum Agenten der Weltverbesserung macht, der letztlich an seiner Nützlichkeit für einen unüberschaubaren Folgenzusammenhang gemessen wird, den er niemals überblicken kann.[8] Versucht man als Mensch einen göttlichen Standpunkt einzunehmen und will man sein ethisches Ziel daran messen, ob man die Welt verbessert, dann ist man auf dem sicheren Weg zu einem unglücklichen Bewusstsein und im Grunde auf der Spur der Undankbarkeit für die Gabe des eigenen Lebens. Moralisch sein bedeutet, der Welt so viel wie möglich an Gutem, das man selbst zu tun fähig ist, hinzuzufügen, aber nicht die Welt besser zu machen, als sie ist. An dem Wahn, sich zum Agenten der Zukunft der Menschheit oder der Verbesserung der Welt zu machen, muss ein normales menschliches Bewusstsein eigentlich zerbrechen. Es ist kein Wunder, dass ein solcher Wahn entgegengesetzte Extreme von gleichermaßen selbstzerstörerischer Kraft hervorbringt. Das eine ist der Fanatismus der Selbstverbesserung, also das Projekt der Selbstschöpfung der menschlichen Natur und des Voranschreitens zu allem, was wir können, egal ob wir es dürfen. Das andere Extrem ist der Fanatismus des Selbsthasses und der Selbstverleugnung, der dazu führt, dass der Mensch am Ende sich selbst als Störenfried der Evolution begreift, der besser verschwinden sollte. Beides sind unmenschliche Haltungen, die eben aus der Verwechslung zwischen dem, was es heißt für die Welt und dem, was es heißt, für *ihre Optimierung* verantwortlich zu sein, entstehen.

---

8 Vgl. dazu den klassischen Aufsatz von Robert Spaemann: Über die Unmöglichkeit einer universalteleologischen Ethik, in: Ders.: Grenzen. Zur ethischen Dimension des Handelns, Stuttgart: Klett-Cota 2001, S. 193-212.

Die Erfahrung von Gewalt und die Sakralität der Person
Überlegungen zu einer Begründung der Menschenrechte und einer Menschenrechtsprofession

Markus Hundeck

Eine erste These

> „Die Geschichte der Menschenrechte ist die Geschichte der Sakralisierung der Person." (Hans Joas)[1]

Mit dieser These des Soziologen Hans Joas wird eine Analogie der Geschichte der Menschenrechte und der Sakralisierung der Person behauptet, ihre unrevidierbare Verschränkung und ihr sich daraus ergebender Anspruch für jede Art von Nachdenklichkeit und wissenschaftlicher Rechtfertigung. Diese zwei Seiten einer Medaille implizieren einen historischen Prozess und sind daher an Erfahrungshorizonte von Menschen gebunden. Dass beide Seiten eine Geschichte haben, verdeutlicht daher nur die Unmöglichkeit einer axiomatischen Setzung von Menschenrechten oder einer personalen Identität, d.h., jede erfahrungsunabhängige Setzung wäre ein Widerspruch. Die Analogie der Geschichte der Menschenrechte und der Sakralisierung der Person kann sich daher als ein simultaner Auftrag begreifen, über das eine wie über das andere nur unter dem Vorbehalt zu sprechen, dass sich in der Offenheit des einen auch die Unabgeschlossenheit des anderen zeigt und umgekehrt. Dies schließt schon jede Nachdenklichkeit ein und jede Selbstverständlichkeit aus.[2]

Der Diskurs über die Menschenrechte auf den politischen, juristischen, philosophischen und sozialwissenschaftlichen Feldern unterstreicht die Bedeutung des Stoffes, aber auch seine Heterogenität hinsichtlich der Begründung. Das Thema Menschenrechte hat eine Selbstverständlichkeit angenommen und sugge-

---

1 Vgl. Hans Joas, Die Sakralität der Person. Eine neue Genealogie der Menschenrechte, Frankfurt/M. 2011. Meine Überlegungen beziehen sich in Vielem grundlegend auf das Buch von Hans Joas, weil hier historische, soziologische und philosophische Gesichtspunkte zu einer historischen Phänomenologie zusammengebunden werden, die die Möglichkeit eines neutralen Nachdenkens zumindest möglich macht. Ich werde daher, wenn es der Verlauf des Textes nahelegt, das Buch im Text selbst zitieren mit Name und Seitenzahl.
2 Im Hintergrund steht Hans Blumenbergs Wort: „*Nachdenklichkeit heißt: Es bleibt nicht alles so selbstverständlich wie es war. Das ist alles.*" Vgl. Hans Blumenberg, Nachdenklichkeit, in: Jahrbuch der Deutschen Akademie für Sprache und Dichtung, Mainz 1980, 57-61.

riert, es gebe hier ein Einvernehmen, eine Klarheit und ein Grundverständnis des Gemeinten. Doch alle Begründungsstrategien gehen von Verständnissen aus, die alles andere als einheitlich konnotiert sind, dies zeigt sich alleine schon daran, dass jedes Hinsehen, jede theoretische Vergegenwärtigung immer von Gewissheiten ausgeht, die alles andere als eindeutig und für den interdisziplinären Diskurs kommunikabel zu sein scheinen[3]. Der Blick auf den politischen Umgang mit den Menschenrechten, die Umsetzung in der Praxis macht mitunter in erschreckender Weise deutlich, wie wenig selbstverständlich *die* Menschenrechte immer noch sind[4], obwohl sie eine universale Sehnsucht des Menschen nach einem würdevollen Leben, nach Selbstbestimmung, Gerechtigkeit und solidarischem und friedvollem Miteinander zu bestätigen scheinen. Die Genealogie der Menschenrechte läuft also auf ihre Entsprechung hinaus (d.i. die Sakralisierung der Person), die erst dann, wenn sie realisiert worden ist, die Offenheit der ganzen Bedeutung der Menschenrechte wiederspiegelt.

Diese Entsprechung weist auf die Genealogie der Menschenrechte selbst hin, denn bei dieser handelt es sich um eine affirmative Genealogie des Universalismus der Werte (vgl. Joas 15). Affirmative Genealogie meint etwas anderes als Konstruktion oder gar Entdeckung, denn beide Begrifflichkeiten würden die Bindung an Werte einer selbstgewählten Art sein (vgl. Joas 15). Konstruktion beschreibt so etwas wie eine willentliche, bewusste Erzeugung, die in vielem einem genialischen Akt oder einer Fiktion gleichkäme und die keine wirkliche Bindungswirkung hervorbringen könnte. Die Menschenrechte wären demnach nichts weiter als eine Idee, die aus einem schöpferischen Akt hervorgegangen wären.[5] Der Terminus Entdeckung dagegen suggeriert ein Auffinden von noch unbekannten oder naturrechtlichen Wertvorstellungen, die nun ans Licht und damit in ihre Wirkung gesetzt wären. Wer aber schuf bzw. generierte diese universellen Werte? Entdeckung ist in diesem Sinne ahistorisch zu nennen, nicht im Blick auf das entdeckende Tun selbst, sondern auf das Entdeckte, das als es selbst eben nicht historisch ist, sondern gesetzt. Die Genealogie eines Wertes geht indes nicht von einem gesetzten Wert aus, sondern von Erfahrungen, aus denen sich möglicherweise dieser Wert oder eine Zahl von Werten generieren. Daher ist es im Blick auf die Menschenrechte sinnvoll, von Entstehung (Genealogie, Geburt) im eigentlichen Sinne zu sprechen. D.h., die Menschenrechte als

---

3 Allein die Begrifflichkeiten Mensch, Person, Würde usw. machen deutlich, wie schwierig und heterogen die Diskurse sind.
4 Hierzu Dietmar Mieth, Was wollen wir können? Ethik im Zeitalter der Biotechnik, Freiburg 2002, 444.
5 Als weitere Referenz dafür, dass Ideen immer ihre je eigene Geschichte haben, also genealogisch zu fassen sind, mag die Darstellung von Arthur O. Lovejoy gelten: Ders., Die große Kette der Wesen. Die Geschichte eines Gedankens, Frankfurt/M. 1975. Lovejoy gilt als Begründer der Ideengeschichte.

universale Werte generieren sich aus einer Vielzahl geschichtlicher Erfahrungen (Erfahrungen von Gewalt, Folter, Sklaverei, Kolonialisierung, Zwangsmissionierung u. v. m.), d.h. diese Erfahrungen bilden die Grundlage, auf denen sich Rechte grundieren, formulieren und schließlich institutionalisieren können, die universale Geltung beanspruchen, weil sie die Vermeidung dieser negativen Erfahrungen im gestalteten und ins menschlich lebbare Gute gewendeten Umgang suchen. *„Die Metapher der Geburt könne angemessen sein, um auszudrücken, wie ein historisch neu gesetzter Beginn Unbedingtheit annehmen kann"* (Joas 15) Unbedingtheit insofern, als diese Unbedingtheit sich ganz und gar historisch versteht. Deshalb kann die Metapher der Geburt bzw. der Genese gewählt werden, wird hier doch eine allzu leichte ideologische Vereinnahmung vermieden, denn diese Geburt ist wie der Umgang mit den vorausgehenden Erfahrungen kontingent[6] zu nennen und deswegen nicht zwingend.

Die Genealogie der Menschenrechte bezeichnet daher nicht nur *„einen zentralen Komplex universalistischer Werte und seine Kodifizierung"* (Joas 15), sondern sagt immer auch den Erfahrungshorizont mit, der diese Geburt ermöglicht hat. Im weiteren Verlauf wird auf diese Erfahrungen der Gewalt als Ermöglichungsgrund der Menschenrechte noch im Besonderen eingegangen, die mit Johannes Morsink als eine *epistemic foundation*[7] betrachtet werden können.

Anerkanntermaßen werden die Menschenrechte als universale Rechte akzeptiert, sie werden in einer grundlegenden und aus einer Gewissheit kommenden Weise von vielen Menschen unterschiedlichster Kultur, Religion oder Nation als gut und unverrückbar betrachtet. Daher stellt der erste Artikel des deutschen Grundgesetzes die unantastbare Würde des Menschen voran, dieser Artikel ist der Leithorizont (Leitbegriff) des gesamten Grundgesetzes. In ihm spiegelt sich der Terror der historischen Erfahrung wieder.

In diesem Leithorizont des Grundgesetzes und in der Formulierung der Allgemeinen Erklärung der Menschenrechte wird aber nicht nur jedem Menschen ein ihm zukommendes Recht zugesprochen, sondern auch etwas über diesen Menschen selbst ausgesagt, über sein Person-sein und seine Würde, seinen Anspruch in Bezug auf die Gemeinschaft, in der er lebt und eben auch über die Erfahrungen, die sein Leben prägen und aus denen heraus er die Werte seines je eigenen Lebens formuliert.

Deshalb sollen folgend die in der ersten These formulierten Themen nochmals bedacht und in ihren Zusammenhängen und Differenzen dargestellt werden. Inwieweit hier Konkretionen für die Soziale Arbeit herausgearbeitet werden

---

6   Kontingent ist als Begriff schillernd, doch ist hier eine Nicht-Notwendigkeit gemeint. Das Thema des Zufalls, dass im Terminus der Kontingenz mitschwingt, tritt deshalb als weiterer Aspekt von Kontingenz zurück.

7   Vgl. Johannes Morsink, The Universal Declaration of Human Rights. Origins, Drafting and Intents, Philadelphia 1999, 36ff., vgl. hierzu Joas, Die Sakralität der Person 113.

können oder es bei Fragen bleibt, die das Grundsätzliche ein weiteres Mal einfordern, liegt möglicherweise am Thema selbst. Ein abgeschlossenes Verständnis von Menschenrechten und der menschlichen Person zu haben, hieße nur, sich der Hybris einer totalen Deutung zu ergeben.

Die Genealogie (Geburt) der Menschenrechte

Wie schon erwähnt kann die Genealogie der Menschenrechte als eine affirmative Genealogie verstanden werden, also als eine Entstehung, eine Generierung von Werten aufgrund von Erfahrungen. Die Geneaologie ist damit eminent historisch und bietet *eine* Form an, ihre Konstituierung zu erklären. Die Methode der Genealogie als historisches Verfahren bietet in ihrer Umschreibung von Ereignissen der Geschichte, die zu Deklarationen wie etwa der Amerikanischen Unabhängigkeitserklärung von 1776 oder der Französischen Revolution von 1789 führen, auf dem Boden von Erfahrungen, die zu diesen Kodizierungen geführt haben, eine Möglichkeit an, die Universalität der Menschenrechte am Faktum der Geschichte selbst zu begründen. Damit unterscheidet sie sich von anderen Wegen der Begründung dadurch, dass in diesen Erfahrungen eine Vielzahl von Überzeugungen, Weltanschauungen, Glaubensansichten usw. einfließen, ohne einer einzigen einen Vorrang zu geben oder eine einzelne als Initiationsgrund der Menschenrechte zu behaupten. So ist nicht etwa die religiöse Begründung der Menschenrechte von vorne herein die Maßgebende, auch wenn es „*in allen großen Religionen – Hinduismus, Judentum, Buddhismus, Konfuzianismus, Christentum und Islam – emphatische Stellungnahmen zur Würde des Menschen, aller Menschen, und zur Pflicht, leidenden, wer immer sie seien zu helfen, zusammenzutragen und diese zum Ursprung der Menschenrechte zu erklären.*" (Joas 23). Liegt dies möglicherweise daran, dass in der Geschichte dieser Religionen immer auch die Verneinungen der Menschenrechte zu finden sind, ob aus machtpolitischen oder anderen Gründen? Dass sich in der Entstehungsgeschichte der Menschenrechte jedoch auch religiöse Motive wieder finden, ist dagegen unbestritten, zeigt aber, dass nicht die Religionen, welche auch immer, selbst als Verursacher der Menschenrechte anzusehen sind. Was aber bedeutet dies für die Genealogie selbst und die daraus folgenden Überlegungen und Handlungsansprüche?

Ist es das Anliegen, in den Deklarationen der Nordamerikanischen Unabhängigkeitserklärung[8] und nachfolgend in der der Französischen Revolution die Geburtsstunde für die Entstehung der Menschenrechte auszumachen, so kommen

---

8 Vgl. Joas, Die Sakralität der Person, 25. „Eine prägnante Charakterisierung meiner These zur Entstehung der Menschenrechte lautet, dass die Menschenrechte keineswegs in Frankreich entstanden sind; dass zwar der Geist der Aufklärung für diese Entstehung wesentlich war, aber keineswegs notwendig im Sinne einer religionsfeindlichen Aufklärung…"

hier Aspekte zusammen, die in ihrer historischen Analyse[9] eine ideologische Vereinnahmung im Sinne einer evidenten Begründung verhindern. Weder ausschließlich religiöse Motive (Amerika) noch eine antireligiöse Reaktion (Frankreich) zeichnen die Genealogie der Menschenrechte aus. Zudem verstärkt die Bewegung in Nordamerika die Einsicht, dass nicht einzig und allein die Anliegen der Aufklärung leitend waren, sondern ein erfahrungsbezogener Pragmatismus. Dies führt aber in der Tat zu der Einsicht, dass nur in der Zusammenschau verschiedenster Motive[10] sich ein Charisma der Vernunft (Vgl. Joas 26) bilden konnte, das die Entstehung der Menschenrechte möglich machte. Mit dieser Zusammenschau im Initiationsmodul des Charismas der Vernunft wird ein Forum geschaffen, das die Möglichkeit eröffnet, über die Menschenrechte in einen weltanschaulich neutralen (d.h., nicht einseitigen) Diskurs einzutreten, der die Menschenrechte gerade so in ihrer weltanschaulichen Universalität ausweist. Historisch gesehen hat die Begründung der Menschenrechte sich ihrer ideologischen Vereinnahmung nicht entziehen können und sich mit einer rein philosophischen[11] wie einer rein soziologisch-systemischen[12] Begründung schwer getan. Im offenen Horizont der Erfahrungen von Gewalt, Unterdrückung, Ausbeutung, Turbokapitalismus usw., die Menschen machen, kann und darf es wohl auch keine einseitigen Deutungen durch methodische Ausschlussverfahren und keine Denkverbote geben, ebenso wenig wie das Übergehen des Anspruchs der Faktizität durch Metaphysikvermeidung und Dekomplexierungsstrategien.[13]

Die von Joas vorgeschlagene Genealogie der Menschenrechte hat ihre Brisanz in der Behauptung, der Prozess der Entstehung der Menschenrechte und der

---

9   Hierzu Joas, Die Sakralität der Person, 23-62.
10 Dieses Motiv der Zusammenschau hat Ernst Cassirer in seinem Buch *Substanzbegriff und Funktionsbegriff* im Blick auf die Kosmologie verwendet und damit eine einzige Weltdeutung als die wahre argumentativ zu vermeiden gesucht. Vgl. Ernst Cassirer, Substanzbegriff und Funktionsbegriff. Untersuchungen über die Grundlagen der Erkenntniskritik, Darmstadt 51980, 422-426; dazu auch Markus Hundeck, Die Angst vor der Unverfügbarkeit und der Anspruch auf Autopoiesis. Überlegungen zur Systemtheorie und zur Wissenschaftlichkeit sozialer Arbeit, in: Bernd Birgmeier/Eric Mührel (Hrsg.), Die Sozialarbeitswissenschaften und ihre Theorien, Positionen, Kontroversen, Perspektiven, Neuwied 2009, 279-289.
11 Vgl. hierzu Immanuel Kant, Grundlegung zur Metaphysik der Sitten, in: Ders., Werke Bd.6. Hrsg. Von Wilhelm Weischedel, Darmstadt 1983, 11-102, bes. 62ff.68ff.
12 Der systemische Ansatz mag in der Praxis seine Stärke und Evidenzen aufbringen, hingegen scheint mir ein Ansatz, der auf rein biologischen Annahmen (z.B. Humberto Maturana und FranciscoVarela) im Begründungsverfahren beruht schon deshalb fraglich, weil hier Metaphysikvermeidung zum ideologischen Instrument wird. Damit aber ist ein offener Diskurs nicht mehr möglich.
13 Wenn hier Luhmanns Ansinnen der Dekomplexierung von Wirklichkeit in Frage gestellt wird, so nur insoweit, als dass hier methodisch ein Ausschlussverfahren durchgeführt wird, das die Intentionen jener Analogie von Menschenrechte und Person, von der ich oben gesprochen habe, unmöglicht macht.

Sakralisierung der Person verlaufe synchron. Denn Sakralisierung, also die Heiligung der Person, wird in der Zuschreibung der Heiligkeit auf den Menschen zum Surrogat, das in seiner ursprünglichen, d.h., religiösen Bedeutung dem gesamten Thema natürlicherweise einen religiösen Bezug verleiht. Wo dies jedoch der Fall ist, ist die Ideologiedebatte nicht fern. In der Tat hat dies dazu geführt, die Begründung der Menschenrechte zu einem Diskurs mit oder einen gegen die Religion zu machen. Die Sakralisierung der Person als religiöses Surrogat genommen, spitzt die Sachlage an diesem Punkt zu. Aufklärung in strenger Definition wird dann leicht zum Kampfbegriff gegen eine religiöse Deutung der Welt stilisiert. Säkularisierung wird somit einseitig nur als Negativierung bzw. Absenz des Religiösen verstanden. Emile Durkheims Diktum, die Menschenrechte aufgrund der Sakralisierung der Person quasi zu einer Ersatzreligion zu machen[14], überreizt nicht nur die gesamte Diskussion, sondern wirkt eher kontraproduktiv als ein Argument bzw. Mittel zu ideologischen Verhärtungen. Die Menschenrechte als Ersatzreligion zu bezeichnen, unterschlägt wissenschaftstheoretisch die verschiedenen Ebenen, auf denen argumentiert wird. Es sagt aber einiges über die angewandte Hermeneutik und deren Hintergründe aus, die diesen Diskurs prägen. Denn der religiöse Quasi-Charakter intendiert für das Phänomen Menschenrechte all jene Eigenschaften, die einer Religion an sich zukommen. Damit aber wird man der Sache nicht gerecht, denn die Menschenrechte sind zuerst eine Aussage über den je einzelnen Menschen selbst und ein sich daraus ergebender Anspruch des Handelns[15], sie sind ein Leithorizont für nationale und internationale Rechtskodifizierungen. Die Menschenrechte müssen sich daher ihrer religiösen Vereinnahmung wie ihres Gegenteils verweigern und taugen auch nicht zur Instrumentalisierung in der Säkularisierungsdebatte[16].

---

14   Vgl. hierzu Emile Durkheim, der die Moral der Menschenrechte eine Religion nennt, in der der Mensch zugleich Gläubiger und Gott sei, hierzu Joas, Die Sakralität der Person, 82. Anm. 15. Bezug genommen wird auf Durkheims Schrift *Der Individualismus und die Intellektuellen* von 1898.
15   Hier ist durchaus sowohl an die sogenannte Goldene Regel als Kants Kategorischen Imperativ zu denken, wobei es um das Handeln selbst geht und nicht um die Frage, ob aus einer Goldenen Regel Rechtsansprüche abzuleiten seien. Auf der Ebene des Rechts ist die Goldene Regel nicht anwendbar, hier gilt die Kritik von Samuel Pufendorf und John Locke stellvertretend, dass beispielsweise der Richter im Sinne des Gesetzes über den Angeklagten und nicht nach der Goldenen Regel Recht sprechen muss.
16   Die Säkularisierungsdebatte hat gerade im gesellschaftlichen und innerchristlichen Raum in den letzten Jahren wieder eine große Brisanz entwickelt. Dies hat sicherlich mit der neu aufgekommenen Bedeutung der Religion einerseits, mit ihrem Verschwinden aus gesellschaftlichen Feldern andererseits zu tun; mit dem Verhältnis von Religion und Politik und der religiösen Neutralität des Staates; mit der Frage nach den Wurzeln der okzidentalen Welt usw. Vgl. zu dieser Debatte immer noch Hans Blumenberg, Die Legitimität der Neuzeit, Frankfurt 1988; Charles Taylor, Ein säkulares Zeitalter. Aus dem Englischen von Joachim Schulte, Frankfurt/2009, Hans Joas, Braucht der Mensch Religion? Über Erfahrungen der Selbsttranszendenz, Freiburg/Br. 2004; Ders., Glau-

Besteht die Geneaologie der Menschenrechte als ein Prozess der Wertegenerierung, so sind die Werte, die durch, in und mit der Erfahrung generiert werden, Ausdruck der Ideale und Vorstellungen, Sehnsüchte und Überzeugungen der Menschen. Dieser Ausdruck, der repräsentativ für den Ausdruck jedes menschlichen Lebens steht, bildet und formuliert, ja artikuliert sich als Anspruch der Würde und Hoheit jedes einzelnen Menschen. Diesen Ausdruck nennt Joas im Prozess der Entstehung der Menschenrechte das Faktum der Idealbildung (vgl. Joas 155ff.), eine Anlehnung an Kants Faktum der reinen praktischen Vernunft, und doch geht er über Kant mit dem Begriff Idealbildung weit hinaus. Denn der Begriff des Ideals ist viel weiter, reicher, näher am Menschen als der der Moral bei Kant. Denn Moral setzt einen Moralkodex bzw. ein Moralsystem voraus, das demjenigen vorgegeben ist, der seine je eigenen Erfahrungen von Gewalt, Totalität usw. allererst in einen Wert, ein Ziel, ein Ideal transformieren will. Im Ideal wirkt die Erfahrung viel ursprünglicher nach. Im Ideal kommt zuerst die unbedingte Neutralität und Anspruchslosigkeit zum Ausdruck, sein offener Geltungsanspruch, der sich aus der Erfahrung entwickeln und historisch bilden kann. Das Bilden steht hier in einem nicht nur sprachlich engen Zusammenhang mit dem Entstehen, mit der Genealogie. Deshalb inhäriert der Bildungsbegriff jenes historische Moment der Entwicklung, auf den Kants unbedingter Geltungsanspruch verzichten muss, will er sich nicht selber widersprechen.[17] Für die Insistenz auf der historischen Entwicklungsfähigkeit universaler Werte ist dies insofern von Belang, als hier für das unvorhersehbare Moment der Wertgenerierung optiert wird und damit der empirische Charakter der Wertgewinnung seinen universalen Charakter beibehält. Deshalb von einer Rationalitätskritik zu sprechen scheint nicht ganz unberechtigt, denn hier wird nicht mit einem Rationalitätsmodus argumentiert, der unabhängig von der Erfahrung und in deren unterschiedlichen Modi und Deutungskategorien besteht, sondern von einer Rationalität, die in sich die pluralen Deutungsmuster von Kultur trägt. In der Konkretion heißt dies, dass sowohl Individualwerte (z.B. Autonomie, Charakterfestigkeit, Konsequenz usw.), Sozialwerte (gegenseitige Achtung, Gerechtigkeit u.ä.) und Gemeinschaftswerte (Solidarität, gegenseitige Verbundenheit etc.) eine universal anerkannte Rationalität (i.S. einer Plausibilität und unbedingten Geltung) in sich tragen, also einen unbedingten Anspruch formulieren, aber eben nicht unabhängig von ihrer historischen Genese zu verstehen sind. Durch die historische Dimension der Genealogie der Menschenrechte (dem Faktum der Ide-

---

be als Option. Zukunftsmöglichkeiten des Christentums, Freiburg/Br. 2012; sowie die Arbeiten von Gianni Vattimo u.a.

17 Die Frage wäre interessant, inwieweit es einen Zusammenhang oder ein unbedingtes gegeneinander von Genesis und Geltung gibt. Vgl. hierzu Joas, Die Sakralität der Person, 13; weiterhin Ders., Die Entstehung der Werte, Frankfurt/M. 1997.

albildung) und ihrer Verschränkung von Individual-, Sozial- und Gemeinschaftswerten bekommt jedoch auch die Geschichte des je einzelnen Menschen (seiner Biographie[18]) ihre unumkehrbare Bedeutung für die Geschichte als Ganze, und umgekehrt scheint in der Biographie jedes Menschen der universale Anspruch der Menschenrechte auf. In radikaler Weise bedeutet dies, dass der einzelne Mensch, der uns begegnet, der uns wirklich begegnet, in einer aller Profession vorausgehenden Weise die eine ganze Menschheit und ihre Rechte repräsentiert.[19] Aufgrund dessen steht etwa die Soziale Arbeit als handlungsorientierte Wissenschaft unter dem Anspruch des biographischen Erfahrungshorizontes des je einzelnen Menschen und ist daher eine Menschenrechtsprofession[20] zu nennen.

Parallelität und Proportionalität

Scheint aber in jeder Biographie des Menschen der universale Anspruch der Menschenrechte auf, ist jeder Mensch also Repräsentant der jedem Menschen zukommenden Rechte, dann ist eine Parallelsetzung der Genealogie universal geltender Menschenrechte und der Herausbildung (als Idealbildung) der Sakralisierung der Person gegeben. Für die hier vorgestellte Argumentation bezeichnet Parallelität eine historische Kategorie, denn es geht um Herausbildung, Entstehung und dadurch Manifestierung dessen, was entsteht. Und was entsteht ist nicht nur die Generalisierung der Werte selbst, sondern auch die Entwicklung,

---

18 Vgl. hierzu Markus Hundeck, Verstrickt-sein in Geschichten. Biographie und Person als Grundkategorien Sozialer Arbeit, in: Eric Mührel (Hrsg.), Zum Personenverständnis in der Sozialen Arbeit und der Pädagogik, Essen 2009, 77-96.
19 Emmanuel Levinas hat diesen Gedanken in seiner Philosophie in radikaler Weise formuliert und dabei Gedanken aufgegriffen, die schon im osteuropäischen Judentum beheimatet waren, die den Gedanken der Stellvertretung solchermaßen formulieren, dass aus der Perspektive der Rettung eines einzelnen Menschen die ganze Welt gerettet wird. Vgl. hierzu Levinas, Menschwerdung Gottes?, in: Ders., Zwischen uns. Versuche über das Denken an den Anderen, München-Wien 1995, 73-82.
20 Auch wenn die vorliegenden Überlegungen sich deutlich von denen von Werner Obrecht und besonders Silvia Staub-Bernasconi unterscheiden, so kommt doch gerade Letzterer der Verdienst zu, die Soziale Arbeit als Menschenrechtsprofession nicht nur wissenschaftstheoretisch begündet, sondern auch international in den Diskurs eingebracht zu haben. Vgl. hierzu besonders Staub-Bernasconi, Das fachliche Selbstverständnis Sozialer Arbeit – Wege aus der Bescheidenheit. Soziale Arbeit als „Human Rights Profession", in: Wolf Rainer Wendt (Hg.), Soziale Arbeit im Wandel ihrs Selbstverständnisses, Freiburg/Br. 1995, 57-104; Dies., Soziale Arbeit als „Menschenrechtsprofession", Armin Wöhrle (Hg.) Profession und Wissenschaft Sozialer Arbeit, Pfaffenweiler 1998, 305-332; Dies., Sozialrechte – Restgröße der Menschenrechte?, in: Udo Wilken (Hg.), Soziale Arbeit zwischen Ethik und Ökonomie, Freiburg/Br. 2000, 151-174; Dies., Soziale Arbeit als Handlungswissenschaft. Systemtheoretische Grundlagen und professionelle Praxis – Ein Lehrbuch, Bern-Stuttgart-Wien 2007.

Weitung und Bildung des Trägers dieser Werte. Dieser Träger wird in seiner Würde als heilig bezeichnet. So wie auch die Menschenrechte als heilige Rechte bezeichnet wurden. So bezeichnet die französische Erklärung der Menschen- und Bürgerrechte vom August 1789 die Menschenrechte als heilig und darin nennt Artikel XVII besonders das Eigentum ein unverletzliches und heiliges Recht.[21] Beide Grundmotive, der der Genealogie und der der Sakralisierung der Person sind miteinander verwoben, bilden eine bedingungslose Verschränkung. Wir können sogar von einer Proportionalität beider Momente sprechen.[22] Mit dieser Verschränkung und dieser Proportionalität ist das Gesamt der Rechte, eben die Menschenrechte wie der einzelne Träger dieser Rechte, der zugleich Repräsentant dieser universalen Werte ist und damit die ganze Menschheit vertritt, als Anspruch an die Menschheit selbst gegeben. Damit aber bezeichnen die Menschenrechte in ihrer Verwobenheit und Proportionalität Rechte, die dem Staat vorausgehen und übergeordnet sind (vgl. Joas 35). Diese aber der Staatsform und der Staatsgewalt übergeordneten Rechte, die Ausdruck von Erfahrungen von totalitärer Gewalt, Willkürherrschaft, die Person vernichtendes Stände- und Adelsdenken, Unrechtserfahrungen und Ungerechtigkeitsempfindungen sind, stellen damit die Staatsgewalt und den Staat selbst in Frage, sie formulieren sich als politisches Regulativ und sind doch zuerst legitimer Ausdruck eines menschlichen Lebenswunsches, sind Lebensprogramm, das trotz seiner Prozesshaftigkeit über die Epochen hinweg eine universalhistorische Bedeutung behält.

Dürfen wir dann im Umkehrschluss behaupten, dass, aufgrund dieser Proportionalität, die Heiligkeit der menschlichen Person, die Würde, die allen Menschen zukommt (allen Menschen aller Zeiten?)[23], immer auch der Grundanspruch in alle Institutionen hinein und über alle diese hinaus an den Umgang mit Gewalt und staatlicher Macht ist? Hier erweist sich diese Parallelität als Impetus der Gewaltenteilung, als geteilte Macht, an der jeder Mensch aufgrund der Hoheit seiner Würde partizipieren darf. Partizipation, d.h., Teilhabe aller an den Ressourcen der Welt ist deshalb ein Grundrecht aller und deren demokratische

---

21 Vgl. Joas, Die Sakralität der Person, 34ff.
22 An dieser Stelle sei eine kleine theologische Fußnote erlaubt. Karl Rahner hat in seinem berühmten Aufsatz über das Konzil von Chalkedon (451 n.Chr.) von 1951 über die Christologie und das Verhältnis von Gottheit und Menschheit in Jesus Christus nachgedacht und von einer Proportionalität von Gottheit und Menschheit gesprochen. Dieser Gedanke der Proportionalität trifft durchaus auch auf das Verhältnis von Menschenrechten und der Sakralität der Person zu. Vgl. Karl Rahner, Probleme der Christologie von heute, in: Ders., Schriften zur Theologie I, Einsiedeln u.a. 81967, 169-221; in anderer Weise auch Markus Hundeck, Welt und Zeit. Hans Blumenbergs Philosophie zwischen Schöpfungs- und Erlösungsordnung, Würzburg 2000, 323-364, bes. 358ff.
23 Im Blick auf die Zeit eine universalhistorische Annahme bezüglich der Würde des Menschen zu machen scheint mir nicht verwegen, soll aber hier trotzdem nur als Frage formuliert sein. Siehe auch Hundeck, Welt und Zeit, 330ff. 358ff.

Legitimation, weil sie in eben genau dieser Proportionalität von Menschenrechten und Heiligkeit der Person gründet.

Die Genealogie der Menschenrechte aus der Erfahrung der Gewalt zu begründen ist die eine Seite, über die folgend nachgedacht werden soll. Die andere ist die, dass in der genannten Proportionalität die Würde des Menschen eben nicht nur eine Frage der Legalität, also des Rechts ist, sondern vielmehr eine Legitimität, die dem Recht als es selbst begründende vorausgeht.

Gewalterfahrung und Menschenrechte

Der unabweisbare Zusammenhang von Gewalterfahrung und Menschenrechten ist schon vielfach untersucht worden, die Geneaologie, die aus der Erfahrung von Menschheitsverbrechen und dem Terror der historischen Erfahrung begründet worden ist, scheint gerade im Blick auf die Allgemeine Erklärung der Menschenrechte von 1948 evident zu sein. Es ist hier in den Blick zu nehmen, wie aus Erfahrungen Rechte werden[24]. Der im Begriff der Genealogie steckende Begriff der Erfahrung weist auf eine bestimmte wissenschaftstheoretische Fragestellung hin. Denn die Genealogie der Menschenrechte bzw. ihre Begründung als einem historischen Erwachen trägt in sich das Merkmal der Kontingenz und nicht einer positiven Setzung der Menschenrechte im Ausgang aus einer Bedürfnistheorie[25]. Diese Unterschiedlichkeit hängt an einigen grundsätzlichen Punkten wie etwa der Bindung an Werte, die als gut erkannt und durch Erfahrung in ihrer Richtigkeit bestätigt worden sind. Joas hat, im Anschluss an Rudolf Otto, darauf aufmerksam gemacht, dass jedoch nicht nur enthusiastische Erfahrungen des Guten den Menschen dazu bringen, bestimmte Werte als Rechte für alle Menschen zu formulieren, sondern ebenso auch Erfahrungen des Leids, der Ohnmacht, Unterdrückung usw.. Erfahrungen der Ohnmacht, also negative und lebensbedrohende Erfahrungen, können zu einer Wertegenerierung führen, nicht nur die, die wir etwa in Schulderfahrungen wahrnehmen und die in archaischen Kulturen religiö-

---

24 Vgl. Joas, Die Sakralität der Person, 108ff. Ich sprach oben im Anschluss an Joas von der Wertegenerierung aus gemachten Erfahrungen.

25 Noch einmal sei hier der Hinweis auf Werner Obrecht und Silvia Staub-Bernasconi erlaubt (siehe Anm. 20), die ihre systemtheoretisch ausgerichteten Arbeiten letztlich auf einem Modell der Biologie gründen (Humberto Maturana und Francisco Varela u.a.) und ihre Anwendungen auf das Soziale hin interpretieren müssen. Obrecht nennt seine systemische Theorie, auf die sich Staub-Bernasconi bezieht, einen emergentistischen Systemismus. Siehe Werner Obrecht, Soziale Systeme, Individuen,, soziale Probleme und Soziale Arbeit, in: Roland Merten (Hg.), Systemtheorie Sozialer Arbeit. Neue Ansätze und veränderte Perspektiven, Opladen 2000, 207-223; grundsätzlich dazu Humberto Maturana, Die Organisation und die Verkörperung von Wirklichkeit, Braunschweig 1982; Ders./Francisco Varela, Der Baum der Erkenntnis, Bern 1987; auch Hundeck, Die Angst vor der Unverfügbarkeit und der Anspruch auf Autopoiesis, 284ff.

se Deutungen hervorgerufen haben[26], „dass aus ihnen Wertbindungen"[27] hervorgehen konnten. Können im Blick auf die Genealogie der Menschenrechte Gewalterfahrungen der Grund für die Begründung der Menschenrechte sein? Inwieweit können Gewalterfahrungen zu einer Wertegenerierung führen, die universalistischer Natur sind?[28] Generell würde niemand negativen Erfahrungen einen Wert beimessen, diese können nur zum Impuls, zur Motivation, zur Aufgabe werden, diese durch eine Veränderung und Positivierung der Lebenswirklichkeit zu überwinden.

Bevor auf die diese Frage eine Antwort versucht wird, soll noch einmal der Aspekt virulent werden, der beim Thema Menschenrechte m.E. im Mittelpunkt steht und der, wie wir im vorherigen Abschnitt sahen, uns doch ins Zentrum des eigentlichen Problems führt. Denn die Frage nach dem Menschen, nach dem Menschsein selbst, stellt doch jede Begründung der Menschenrechte vor die Frage nach dem Menschenbild[29] und seiner Rechtfertigung in einer offenen und pluralistischen Gesellschaft. Denn die Undefinierbarkeit des Menschen führt nicht nur zu einer Pluralität von Menschenbildern, sondern letztlich auch zu der Frage, inwieweit hier Transformationen in positives Recht, etwa die Menschenrechte, in einer definitorischen Weise möglich sind ohne die Pluralität außer acht zu lassen. „*Dass Menschenrechte formuliert werden, setzt aber voraus, dass wir das, was der Mensch ist und auch in Zukunft sein soll, bereits wissen oder gewusst haben, also mindestens ein Verständnis davon haben.*"[30] Im Blick auf die Möglichkeiten der Anthropotechniken etwa wird dies zum Ernstfall, unter dem die Debatte um die Menschenrechte steht. Denn wenn Menschsein gerade nicht definierbar ist, so stehen die Deutungen der menschlichen Person auch unter dem Diktum ihrer Undefinierbarkeit. An diesem Punkt stehen wir aber schon mitten im Diskurs um das, was Person ist und zugleich, wissenschaftstheoretisch ge-

---

26 Joas stellt hier den positiven Erfahrungen des Guten die negativen gegenüber, die eben in und durch Schulddeutungen zu Werten und allgemeinen Moralvorstellungen erwachsen konnten. Nicht umsonst zitiert Joas hier Rudolf Otto, Das Heilige. Über das Irrationale in der Idee des Göttlichen und sein Verhältnis zum Rationalen, München 1979. Otto spricht hier vom *tremendum fascinans*. Der Zusammenhang von Schulderfahrung und Machtausübung ist sicherlich ein Thema nicht nur der Religionsgeschichte, sondern auch eines, das ein Heer von Psychologen und Therapeuten gegenwärtig beschäftigt.
27 Joas, Die Sakralität der Person, 109.
28 Vgl. ebd. 109f.
29 Vgl. hierzu Hundeck, Kompensation narzisstischer Kränkungen. Anthropotechnik und die Frage nach dem Menschen, in: Susanne Dungs/Uwe Gerber (Hg.), Der Mensch im virtuellen Zeitalter. Wissensschöpfer oder Informationsnull, Frankfurt/M. 2003, 159-178, hier 160.; Dietmar Mieth, Was sollen wir können? 442ff. „Für eine offene, pluralistische und säkulare Gesellschaft ist es kennzeichnend, dass es nicht nur ein Menschenbild gibt, sondern viele Menschenbilder, viele Leitmotove und Typologien."
30 Hundeck, Kompensation narzisstischer Kränkungen, 161.

sprochen, auf einer anderen Ebene als die Systemtheorie. Damit ist schon das Thema Gewalt und Gewalterfahrung als *epistemic foundation* vorbereitet.

Bedeutung von Gewalt als Negativierung der Person[31]

Die Erfahrung von Gewalt betrifft die menschliche Person in ihrem Innersten und kann ihr zugleich das rauben, was als Krone der AEMR von 1948 und als inhärenter Movens des Grundgesetztes (GG Art. 1,1) gelten kann, nämlich ihre Würde und ihre Hoheit. Die Würde und Hoheit der Person kristallisiert sich also angesichts ihrer möglichen Vernichtung, ihrer Deformation oder einseitigen Zurechtschreibung heraus und wird gerade so zum Dreh- und Angelpunkt der Menschenrechte selbst. Deshalb darf die Kodifizierung der Menschenrechte durchaus als eine Reaktion auf die Erfahrung von Gewalt betrachtet werden, als eine ins Recht gesetzte Gewaltenteilung. Gewaltenteilung als Begriff ist zuerst neutral und intendiert eine Pluralität, vermeidet sozusagen den Ausnahmezustand[32] einer einzigen Gewalt, die als Souverän auch darüber entscheidet, was Person ist und wer Person sein darf. Als Beispiel dient jedwedes Souveränitätsdenkens, das Gewaltenteilung verneint und eine potestas absoluta durchsetzt. Damit ist jede absolute Form eines politischen, religiösen oder weltanschaulichen Totalitarismus gemeint, die in der Geschichte dazu geführt hat, dass sich in der Opposition gegen totale Systeme die Forderung nach Rechten des Einzelnen erhoben haben, was letztlich zu einer Initiation der Sakralisierung der Person geführt hat.[33] Deshalb sind die Erfahrungen von Gewalt und der sie auslösenden Macht immer eine Frage des Zusammenhangs von Gewalterfahrung und Menschenrechten. Wie Joas luzide dargestellt hat, ist die Genealogie der Menschenrechte nur vor dem Hintergrund der Gewaltgeschichte zu zeigen. Für die AEMR von 1948 und das deutsche Grundgesetz ist die Barbarei des Nationalsozialismus

---

31 Verena Krenberger spricht sogar von der Möglichkeit einer „Vernichtung" der Person und führt Beispiele aus der Rechtsprechung an, die dem nahekommen und die Negativierung, von der hier gesprochen wird, nochmals überbieten. Vgl. Verena Krenberger, Die Vernichtung der Person, in: Hans-Helmuth Gander (Hg.), Menschenrechte. Philosophische und juristische Positionen, München 2009, 108-139.

32 Der Begriff Ausnahmezustand wird hier von Carl Schmitt entlehnt, dem Kronjuristen des Dritten Reichs, der in seiner Politischen Theologie I den Begriff des Souveräns als denjenigen definiert, der über den Ausnahmezustand entscheidet. Vgl. Carl Schmitt, Politische Theologie. Vier Kapitel zur Lehre von der Souveränität, Berlin (1932) 92009; dazu auch Giorgio Agamben, Homo Sacer. Die souveräne Macht und das nackte Leben. Aus dem Italienischen von Hubert Thüring, Frankfurt/M. 2002, 36ff.

33 Hans Joas hat diesen Begriff von Weber und Dürkheim kommend als eine Heiligung, als sich immer mehr herauskristallisierende und damit begründbare Würde der Person verstanden. Vgl. Joas, Die Sakralisierung der Person, 63-107.

evident, diese wird ja ausdrücklich erwähnt, hier hat die Gewaltgeschichte gleichsam zu einem historischen Bewusstsein geführt. Es wird in diesen, wie den Vorläuferdokumenten[34], ein direkter Bezug zu Barbarei und Vernichtung bzw. zur Geißel des Krieges[35] genommen.

Joas zitiert hier Johannes Morsink[36] und spricht mit ihm von einer *epistemic foundation*. Mit *epistemic foundation* sei gemeint, dass die negativen Grundlagen der Menschenrechte, die sich durch die historischen Erfahrungen demonstrieren lassen, hier im Modus eines theoretischen Terminus in die wissenschaftliche Diskussion um die Menschenrechte eingebracht werden können. Dabei macht dieser Terminus zudem deutlich, wie sehr sich unterschiedlichste Positionen zu einer Begründung der Menschenrechte in diesem Terminus finden lassen. Denn gerade der Begriff *epistemic foundation* ist historisch zu verstehen, ist ihm der Horizont der geschichtlichen Erfahrung doch inhärent. Begrifflichkeit und Begründung verbleiben hier nicht im leeren Raum einer irgendwie naturrechtlichen oder dogmatistischen Setzung, sondern sind gebunden an die historische Erfahrung. Damit spiegelt dieser Begriff so etwas wie eine wissenschaftstheoretische Verantwortung wieder, d.h., hier gibt es keine weltanschauliche Vereinnahmung von irgendeiner Seite. Dies zeigen beispielsweise in besonderer Weise auch die Vorbehalte, die politische und religiöse Gruppen gegen die AEMR vorgebracht haben[37] und immer noch vorbringen[38].

Wie sich an der Genealogie der Kodices der Menschenrechtserklärungen zeigen lässt, ist die Herausbildung der Menschenrechte, ausgehend von der Amerikanischen Unabhängigkeitserklärung von 1776, den Erklärungen zu den Menschen- und Bürgerrechten der Französischen Revolution von 1789, den rechts- und staatsphilosophischen Überlegungen des 18. und 19. Jahrhundert abhängig von der Disparatheit einer nicht endenden Gewaltgeschichte und somit ein wesentlicher Grund für die immer noch und wohl auch bleibende Selektivität des Menschenrechtsdiskurses[39]. Mit der Eindeutigkeit, mit der die Entstehung der Menschenrechte aus

---

34 Vgl. Joas, Die Sakralität der Person, 111. Joas nimmt hier auf die Vorgängerdokumente des Grundgesetzes Bezug, so etwa auf die Präambel der Verfassung Bremens von 1947.
35 So in der Gründungscharta der Vereinten Nationen aus dem Jahr 1945, die auf das Ziel bezogen war, „künftige Geschlechter vor der Geißel des Krieges zu bewahren.", hier zit. nach Joas, Die Sakralität der Person, 113.
36 Vgl. Johannes Morsink, The Universal Declaration of Human Rights. Origins, Drafting and Intent. Philadelphia 1999, vgl. hierzu Joas, Die Sakralität der Person, 113, Anm. 6.
37 Hierzu Joas, Die Sakralität der Person, 23-62.
38 Als Beispiel kann hier die Kairoer Erklärung der Menschenrechte von 1991 gelten, indem auf der Basis des islamischen Rechts der Schari'a die Menschenrechte in islamischer Weise formuliert werden und so als ein Gegenentwurf zur AEMR zu verstehen sind. In Artikel 24 heißt es etwa: „Alle in dieser Erklärung festgelegten Rechte und Freiheiten sind der islamischen Schari'a nachgeordnet."
39 Hierzu Joas, Die Sakralität der Person, 115-118.

den Erfahrungen von Gewalt in ihrem geschichtlichen Fortgang gezeigt werden kann, ist noch nicht das variable und prozesshafte Moment ausgeschlossen, dem die Menschenrechte unterliegen, weil die Genealogie der Menschenrechte an die Fortschrittsgeschichte selbst gebunden ist. Was aber auch bedeutet, dass nicht aus allen Erfahrungen von Gewalt sich universale und damit für alle Menschen geltende Rechte ableiten lassen. Wie heutige Beispiele aus der Medizin, den religiösen Diskursen und den modernen Finanzmärkten zeigen, ist die Fortschrittsgeschichte auch eine Fortschrittsgeschichte der Gewalt, die nicht immer in der Formulierung und Kodizierung von Rechten endet. Joas zeigt sehr eindrücklich auf, dass in einer globalisierten Welt mit ihren ethnischen und kulturellen Vielfältigkeiten die Herausbildung von Rechten immer an der jeweiligen veranschlagten Hermeneutik hängt. Nicht umsonst ist das Tempo der Rechtsbildung in Kulturen mit einem starken religiösen Hintergrund oftmals ein anderes als in eurozentrischen Kulturen, die eine Aufklärung durchlaufen und eine starke Justierung am Personenbegriff vorgenommen haben. Wie ambivalent und selektiv dieser Prozess ist, dies machen vielleicht die Diskurse um dem 11. September 2001 deutlich, wo menschenunwürdige und fanatische Gewalt nicht Rechtsprechung im Sinne der Menschenrechte zur Folge hatte, sondern sich eher in einer Problemlösung mit kriegerischen Mitteln und in staatspolitischem Fanatismus geäußert hat. Die Reaktionen auf die Terroranschläge vom 11. September ist kritisch als Außerkraftsetzen von Menschenrechten gesehen worden, ebenso die Gefangennahme und Internierung vermeintlicher Terroristen ohne Gerichtsverhandlung in Guantanamo Bay, die als eine Missachtung der Genfer Konvention betrachtet worden ist. Vereinbarte rechtliche Grundlagen werden außer Kraft gesetzt und rechtfertigen Gewalt, die auf Gewalt folgt und offenbaren nur das Dilemma und das Nichtzutreffen einer Logik, aus einer Gewalterfahrung würden sich immer Rechte bilden. Denn Gewalt gebiert oftmals nur wieder Gewalt[40] und keine Steigerung des Person-seins bzw. eine Sakralisierung des Menschen. Dies bedeutet aber ebenso zwingend, dass jede Gewalterfahrung, jede Verletzung oder Missachtung der Menschenrechte gerade und in neuer Weise ein Ansporn sein muss, über die Menschenrechte und deren Umsetzung nachzudenken. Nicht umsonst hängen deshalb Art. 1 und Art. 2 der AEMR in unmittelbarer Weise zusammen, denn auf die Anerkenntnis der Würde und Hoheit jedes Menschen und deren universaler Geltung folgt der Aufruf zu verfassungsrechtlicher Umsetzung.

Dass hier Gewalt zuerst ausschließlich als staatliche Gewalt erlebt wird, machte einen weiteren sehr entscheidenden Punkt der ganzen Debatte sichtbar. Die Umsetzung der Menschenrechte verläuft m.E. parallel zu einer staatlichen

---

40 Vgl. Max Weber, Die protestantische Ethik und der Geist des Kapitalismus, Tübingen 1920,. 547, hier zit. nach: Joas, Die Sakralität der Person, 115.

Gewaltenteilung, die in der verfassungsrechtlichen Verankerung der Menschenrechte diese wirksam und damit auch rechtlich bindend werden lässt.

Gewaltenteilung

Gewalterfahrung gab in der Vergangenheit bisweilen den stummen Impuls, durch Gewaltenteilung Gewalt nicht nur handhabbar zu machen, sondern zu ihrer Vermeidung beizutragen. Die Genealogie der Menschenrechte ist deshalb auch eine Geschichte der Gewaltenteilung. Denn in ihr, d.i. die Gewaltenteilung, scheint der Prozess demokratischer Vergesellschaftung und Weltwerdung auf.[41]

Zur Genealogie der Menschenrechte und analog dazu zur Sakralisierung der Person gehört die Gewaltenteilung, die in diesem Sinne eine Pluralisierung und damit eine Individualisierung bedeuten kann. Denn die AEMR zeigt dies in einer sehr plausiblen Weise. Zwar leben die Menschenrechte von ihrer Universalisierung, sonst könnten sie eben so nicht genannt werden, aber sie werden doch immer auf den einzelnen Menschen hin gesprochen, auf den je einzelnen Menschen, die je einzelne Person. Auch das Grundgesetz folgt diesem Tenor. D.h. aber, dass sich der je einzelne Mensch in seiner Stellung zum Ganzen und in seiner je eigenen Würde, die zugleich für alle Menschen gilt, angesprochen fühlen darf, dies macht ihn aus und artikuliert zugleich den inneren Antrieb der Menschenrechte.

So wie Hans Joas die Genealogie der Menschenrechte anhand der amerikanischen und französischen Bewegungen aufzeigt, die zu den Erklärungen und Ereignissen von 1776 und 1789 geführt haben, so soll in einem kurzen Exkurs eine anderes geistesgeschichtliches Moment dargestellt werden, dass das bisher Gesagte weiter verstärkt und die Sakralisierung bzw. die Sakralität der Person nochmals unterfüttert.

Die Neuzeit kann als Emanzipationsbewegung verstanden werden, die sich in der Initiation des Subjekts gegen einen theologischen Absolutismus behauptete.[42] Diese Behauptung des menschlichen Selbstverständnisses folgte aus der kosmologischen Erkenntnis, die Erde sei ein Stern unter Sternen. Die von Kopernikus, Cusanus und Giordano Bruno herkommende Einsicht, verband schließlich Galilei zu dem für das menschliche Selbstbild analog zu denkende Paradigma, die Erde sei ein Stern unter Sternen. Mit diesem Kniff einer Pluralisierung des Kosmos, wenn ich dies so nennen darf, geschieht eine Bedeutungsverschiebung, die vom Ganzen zu seinen Teilen übergeht. Damit war die Geburtsstunde

---

41 Gewaltenteilung ist in diesem Sinne nicht zuerst ein rechtlicher Begriff, sondern ein philosophischer. Hierzu Hans Blumenberg, Die Legitimität der Neuzeit, 11ff. 139ff.
42 Vgl. Hans Blumenberg, Die Legitimität der Neuzeit, 139-262.

des Individuums vorbereitet und ein subjektives Selbstverständnis und Selbstverhältnis des Menschen wurde möglich. Dieses Ereignis ist selbst ein Stück Gewaltenteilung. Hans Blumenberg hat diesen Prozess der Gewaltenteilung als einen legitimen Prozess der Neuzeit bezeichnet. Mit *Legitimität* ist jedoch nicht *Legalität*, also eine Verrechtlichung, gemeint[43], sondern jene sich aus der Genealogie des neuzeitlichen Selbstverständnisses ergebende legitime Weltstellung des Menschen, aus der sich ein Recht, eine Legalität, herausbilden kann. Im Blick auf unsere Fragestellung ergibt sich daraus eine weitere Nuance. Legitimität geht der Legalität voraus, formuliert einen Anspruch auf Freiheit und Selbstbestimmung des je einzelnen Subjekts. Zudem inhäriert der Begriff der Legitimität eine Gegenbewegung[44] gegen den (Theologischen) Absolutismus (d.h., gegen jede Form absolutistischer oder totalitärer Weltdeutung) und formuliert eine Erfahrung, die die Legitimität des je eigenen Lebens- und dem sich daraus ergebenden Deutungsentwurfes prägt. Diese Erfahrung ist die Erfahrung des Ich, das als Ich einmalig und unverwechselbar einzig ist, und bildet daher die Grundlage für jede mögliche Legalität.[45] Übersetzt könnte dies etwa so formuliert werden: Die Legitimität bezeichnet das Eigentliche des Menschseins angesichts des Absoluten und es steht zur Debatte, wie es zum Ausdruck gebracht werden, wie es als das Ausgedrückte in den Anspruch des Rechts gebracht und mit diesem eingefordert und durch dieses geschützt werden kann. Aus der Erfahrung seiner Negativierung und sogar etwaiger Vernichtung der Person eröffnet sich erst die Perspektive für eine Soziale Arbeit als Menschenrechtsprofession, kann sich eine solche daraus entwickeln und entfalten.

Schlussthesen

Die Menschenrechte und die Sakralität der Person bilden den unhintergehbaren Anspruch einer Profession Sozialer Arbeit.

---

43 Blumenberg hat sich hier in Auseinandersetzung mit Carl Schmitt befunden, siehe Hans Blumenberg, Die Legitimität der Neuzeit, 99-113 (Kap. VIII: Politische Theologie I und II). Die Überschrift deutet bereits auf Schmitt hin, denn die Politische Theologie I stammt von 1922 und die Zweite ist späte Antwort auf Hans Blumenberg von 1970 gewesen. Die politische Theologie II trägt den bezeichnenden Untertitel „*Die Legende von der Erledigung jeglicher politischen Theologie*".
44 Charles Taylor hat in seinem monumentalen Werk Das säkulare Zeitalter von der Neuzeit als einem reaktiven Prozess gesprochen. Vgl. Charles Taylor, Ein säkulares Zeitalter, 200.
45 In diesem Zusammenhang wäre interessant, die Bedürfnistheorie von Werner Obrecht und Silvia Staub-Bernasconi als Modus der Legitimität zu betrachten, der aller Legalität vorausgeht.

Die Deklaration der Menschenrechte formuliert einen offenen Prozess, der erst in der verfassungsrechtlichen Umsetzung jedes einzelnen Staates der Weltgemeinschaft seine ganze und tatsächliche Entfaltung gefunden haben wird.

Die Genealogie der Menschenrechte und die Bildung der Sakralisierung der Person verhalten sich proportional zueinander. Der einmal erreichte Status der Proportionalität ist nicht revidierbar.

Menschenrechte und Würde jedes einzelnen Menschen gelten als ideale und unfassbare Werte, die jeder Disposition entzogen sind. Der undefinierbare Kern, die Inkommunikabilität[46] der menschlichen Person macht seine Würde und Hoheit aus.

Die Würde und Hoheit der Person kristallisiert sich angesichts ihrer möglichen Vernichtung[47], ihrer Deformation oder einseitigen Zurechtschreibung als Anspruch heraus und wird gerade so zum Dreh- und Angelpunkt der Menschenrechte selbst. Soziale Arbeit wird hier zu einer bewahrenden Profession.

Ist die Basis einer Entstehung der Menschenrechte in den Erfahrungen von Gewalt, Folter, Unterdrückung und Bedrohung des Lebens zu suchen, dann bedeutet eine Menschenrechtsprofession die Schaffung und Institutionalisierung von Lebensumständen, die ein menschenwürdiges, freies und selbstbestimmtes Leben möglich machen.

Jeder Ausschluss eines Menschen aus der Mitte der Menschengemeinschaft, aus welchen Gründen auch immer, stellt die universale Geltung der Menschenrechte und ihren Anspruch für jeden Menschen in Frage.[48]

Der einzelne Mensch in seinem Person-sein repräsentiert in einer aller Profession vorausgehenden Weise die eine ganze Menschheit und ihre Rechte.

---

46 Vgl. hierzu Hundeck, Verstrickt-sein in Geschichten, 86ff. 92ff. mit Bezug auf die Person-Definition Richard von St. Viktor's: *„Persona est naturae intellectualis incommunicabilis existentia"*.
47 Hierzu Verena Krenberger, Die Vernichtung der Person, 136f.
48 Dem kann wohl nur entgegengewirkt werden in der bedingungslosen Achtung der Person, beispielsweise im modernen Strafvollzug, der, ist er auch Behandlungsvollzug geworden, so doch gerade auch in der unbedingten Achtung der Person des Straftäters Ausdruck finden muss. In der menschlich vielleicht nicht für jeden akzeptablen Weise heißt dies auch, dass auch ein Straftäter keine Person zweiter Klasse ist. Andere Beispiele wie der Umgang mit pflegebedürftigen und dementen Menschen zeigen hier nur den rigiden Anspruch auf, der durch das Person-sein und die Menschenrechte gestellt werden. Vgl. hierzu Verena Krenberger, Die Vernichtung der Person, 138.

Läuft alles Gesagte auf diese Einsicht hinaus, so wäre diese nun am Phänomen, d.h., in der Wirklichkeit selbst zu verifizieren und beispielhaft zu erläutern. Die Menschenrechte gelten als universale Werte für alle Menschen (aller Zeiten), sonst wären sie nicht universal. Gleichwohl sind sie in ihrer Diktion dem je einzelnen Menschen zugesprochen. Dies impliziert eine Ethik der Stellvertretung, deren Anspruch immer wieder neu einzuholen ist. Hier wird die Profession vor der jeder Profession[49] erkennbar, hier erhält sie ihre universale Geltung.

---

49 Zum Thema Profession siehe meinen Aufsatz Durchbrochene Kontingenz und verdankte Existenz als Perspektive Sozialer Arbeit. Ein Beitrag zur Profession Sozialer Arbeit aus christlicher Sicht, in: Eric Mührel (Hg.), Ethik und Menschenbild in der Sozialen Arbeit, Essen 2003, 51-72, bes. 64ff.; daran anschließend Eric Mührel, Verstehen und Achten. Philosophische Reflexionen zur professionellen Haltung in der Sozialen Arbeit. 2. überarbeitete und erweiterte Ausgabe, Essen 2008, 66ff.

Gibt es im Völkerrecht ein *Recht auf Demokratie*?
Eine rechtswissenschaftliche Perspektive auf die Beziehung von Menschenrechten und Demokratie im Kontext der Vereinten Nationen[1]

Linus Mührel & Eric Mührel

Seit Dezember 2010 ist ein Umbruch in der arabischen Welt zu beobachten, weithin bekannt als „Der arabische Frühling" oder „Arabellion". Die jeweils aktuellen Informationen und Nachrichten aus diesen Ländern bewegen auch die europäischen Gesellschaften sehr. Hierzu gehören die Unruhen in Algerien, die Revolutionen in Ägypten und Libyen, der Bürgerkrieg in Syrien und die Proteste von tausenden Menschen in vielen anderen arabischen Ländern. Ursachen der Bewegung sind der Unmut über die autoritären Regimes, die weitreichende Korruption in Staat und Wirtschaft, die steigenden Lebensunterhaltungskosten, die wachsenden Arbeitslosenzahlen und eben auch die fehlenden politischen und gesellschaftlichen Partizipationsmöglichkeiten der Bürger. In Ägypten, Libyen und Tunesien sind die Diktatoren bzw. autoritären Regime gefallen. Weitere könnten ihnen folgen. Die Länder stehen vor einem Neuanfang, müssen sich eine neue Verfassung geben und neue gesellschaftliche, bestenfalls *demokratische* Strukturen aufbauen. Das wirft die Diskussion auf, wie dieser Aufbau zu erfolgen hat und ob einem jeden die Demokratie gewährleistet sein sollte bzw. der Staat ggf. verpflichtet ist oder sein könnte, demokratische Strukturen zu schaffen.

Gibt es im Völkerrecht das Recht auf Demokratie? Diese rechtswissenschaftliche Forschungsfrage, die auch für die Wissenschaft der Sozialen Arbeit in ihren Bezügen zu den Menschenrechten und den Demokratietheorien von großer Bedeutung ist, soll anhand der Untersuchung der folgenden zwei Thesen eine Beantwortung finden.

Die erste These behauptet, dass es im Völkerrecht kein (schriftlich) manifestiertes Recht auf Demokratie als solches gebe, sondern nur Proklamationen zur *Förderung* demokratischer Strukturen und Institutionen. Sie bezieht sich auf das gesamte Völkerrecht. Die zweite These ist der ersten untergliedert und bezieht sich ausschließlich auf die Vereinten Nationen (VN), die Edward Newman zu folge wegen ihres universellen Charakters besonders befähigt sind, Post-Konflikt-Gesellschaften Hilfe zur selbstständigen politischen Entwicklung zu

---

[1] Der Beitrag basiert auf einer herausragenden Seminararbeit zum Völkerrecht von Linus Mührel. Für die Veröffentlichung wurde diese von beiden Autoren bearbeitet.

leisten, weil sie im Gegensatz zu anderen einseitigen und regionalen Demokratieförderern kulturell neutral und sensitiv vorgehen.[2] Die zweite These stellt die Behauptung auf, der *Schlüssel* zur Demokratie läge in der positiven Korrelation zwischen Demokratie und den Zielen der VN.

Die VN stellen aus den genannten Gründen einen besonderen Schwerpunkt dieser Arbeit dar. Bevor auf ihre (interne) Organisation und die unterschiedlichen Vorgehensweisen im zweiten Teil eingegangen wird, beschäftigt sich der erste Teil dieser Arbeit mit dem Begriff Demokratie und welche Art von Recht auf Demokratie bestehen könnte. Hier soll erklärt werden, was ihre Voraussetzungen sind und warum der Demokratie eine solche Bedeutung beigemessen wird. Den Abschluss bildet eine Bewertung der gewonnenen Ergebnisse in ihrer Perspektive für weitere Entwicklungen.

1 Grundlegendes: Die Begriffe Demokratie und Recht

1.1 Demokratie

Nach Giovanni Sartori leben wir in einem Zeitalter der „verworrenen Demokratie", weil jeder behaupte sie zu lieben, ohne einverständlich zu wissen, was sie sei. Demokratie habe, so Sartori weiter, mehrere Bedeutungen und sie müsse diffus und vielseitig sein, dürfe aber nicht alles und jedes bedeuten.[3]

Um den Befürchtungen Sartoris entgegenzuwirken und den Untersuchungsgegenstand transparenter zu gestalten, wird der Demokratiebegriff in diesem Kapitel erst konkretisiert. Anschließend kommt es zu einer Erläuterung, warum sich die Suche nach einem Recht auf Demokratie im Völkerrecht überhaupt lohnt.

Für die Untersuchung des Völkerrechts bzgl. eines Rechtes auf Demokratie kommen zwei Herangehensweisen in Betracht: Einerseits können die völkerrechtlichen Rechtsquellen auf die Verwendung eines demokratischen Begriffes analysiert und bewertet werden. Andererseits besteht die Möglichkeit, einen eigenen Begriff von Demokratie zu definieren und das Völkerrecht nach einer solchen, wenn auch nicht tatsächlich „Demokratie" genannte Institution, zu durchleuchten. Jedoch gibt es im Völkerrecht keine ausdrückliche Definition von Demokratie.[4] Diese wäre lediglich durch Herleitung zu gewinnen, was einen Konstruktionsbeweis darstellte. Ein solcher Beweis wäre zum einen nur sehr schwer durchführbar, zum anderen würden Regeln vorausgesetzt, mittels derer der Demokratiegehalt in den Völkerrechtsquellen bestimmt würde. Für ein sol-

---

2 *Newman*, UN democracy promotion, S. 200.
3 *Sartori/Wildenmann*, Demokratietheorie, S. 15.
4 *Wheatley*, Democracy, minorities and international law, S. 128.

ches Verfahren müsste zusätzlich festgestellt werden, ob die Regeln ein verbindlicher Maßstab sind. Daher soll der zweite Ansatz befolgt werden:

In einem gewöhnlichen Lexikon wird die Demokratie „als sog. „Volksherrschaft", eine Staatsform, in der die Staatsgewalt vom Volk ausgeht", definiert.[5] Demokratie ist ein *undurchsichtiges* Wort und die aufgezeigte Definition macht sie lediglich an ihrer wörtlichen Urbedeutung fest. Doch der Ausdruck Demokratie geht über den Wortlaut hinaus. Es muss gefragt werden, welchen Gegenstand bzw. welches Konzept sie bezeichnet.[6] In der Literatur existieren vielfältige Interpretationen zum Demokratiebegriff. So könnte bspw. bei einem holistischen Demokratieverständnis, das seinen Ausgangspunkt bei einem zur Nation integrierten Volk nimmt, oder einem menschenrechtlichen, das als Ausgangspunkt den betroffenen Einzelnen wählt, angesetzt werden. Desgleichen könnten eine emphatische Demokratiekonzeption oder ein skeptisches Demokratieverständnis in Betracht gezogen werden.[7] Letztlich gibt es minimalistische Konzepte, die es bei Wahlen belassen, während andere darüber hinaus die Gewaltenteilung, die Rechtsstaatlichkeit, einen Minderheitenschutz oder Grundrechte umfassen.[8] Da das demokratische Ideal aber niemals die demokratische Realität definiert und umgekehrt eine reale Demokratie nicht dasselbe wie eine ideale ist und sein kann und die Demokratie aus den Wechselwirkungen zwischen ihren Idealen und ihrer Wirklichkeit entsteht und gestaltet wird,[9] wird im Zusammenhang der hiesigen Fragestellung die Suche nach einem Recht auf Demokratie im Völkerrecht anhand eines minimalistischen Konzepts vollzogen. Dies geschieht auch vor dem Hintergrund, dass im Völkerrecht verschiedene kulturelle Ausprägungen aufeinandertreffen, die schwerlich ein allumfassendes ideales Konzept vermuten lassen. Werden die bestehenden und allgemein anerkannten Demokratien zu einem Vergleich gezogen, stellt sich ein Konsens, ein Kern des Demokratiebegriffs heraus: Die Legitimierung von Staatsgewalt durch sich periodisch wiederholende, unabhängige und freie Wahlen mit mehr als einer Partei.[10]

Vorzüge und Nachteile der Demokratie

Die folgende Analyse soll eine gewisse Legitimierung der Forschungsfrage darlegen und ihre Bedeutung näher ausführen. Dazu wird sich eines Vergleiches

---

5 dtv-Lexikon, Bd. 5, S. 156–158.
6 *Sartori/Wildenmann*, Demokratietheorie, S. 15.
7 *Bogdandy*, ZaöRV 2003, S. 858–859.
8 *Petersen*, Demokratie als teleologisches Prinzip, S. 30–31.
9 *Sartori/Wildenmann*, Demokratietheorie, S. 17.
10 Eine andere Möglichkeit wäre, die Demokratie in einem Dreistufensystem zu untersuchen, vgl. *Schmidt*, Ist die Demokratie wirklich die beste Staatsverfassung?, S. 188.

von demokratischen- und nichtdemokratischen Staaten in den Punkten Friedenssicherung, Wahrung der Menschenrechte und Wirtschaftlichkeit bedient. Zusätzlich soll erschlossen werden, inwieweit Divergenzen vom demokratischen Ideal rechtfertigungsfähig sind.

Friedenssicherung

Immanuel Kant plädierte in seinem Werk „Zum ewigen Frieden" (1795) für die demokratische Regierungsform, da diese im Gegensatz zu nichtdemokratischen Herrschaftsformen eine Voraussetzung für einen lang anhaltenden Frieden seien. Der „Meister von Königsberg" sah den Grund zum einen darin, dass die Bürger in einer Demokratie nicht nur über Gesetze, sondern auch über Krieg entscheiden würden, den sie selbst zu finanzieren hätten.[11] Zum anderen behauptete er, Tyranneien tendierten eher zu Aggressivität und das Vorhandensein verschiedener Regierungsformen bedeute zwangsläufig mehr Instabilität, unter anderem weil Demokratien miteinander keine Kriege führten, sondern nur gegen Unrechtsregime, um Übergriffen vorzubeugen.[12] Interpretiert man die Überlegungen der Beschlussfassenden allein als „Kosten-Nutzen-Kalkulation", erschiene der Beitrag der Demokratie zum Frieden instabil. Denn die Friedensneigung würde demzufolge sinken, wenn technologische Entwicklungen oder eine veränderte Militärstruktur die einzelnen Kosten-Faktoren beeinflussten.[13] Gegen den Einwand spricht, dass der Bürger auch bedenken wird, was der Krieg für seine Freiheit und sein Leben bedeutet. Die (überlieferte) Erfahrung mit dem Despotismus, in Form von Vergrößerungssucht, Gewaltenfusion und Militarisierung, verdeutlicht dem Bürger den Wert seines demokratischen Systems, an dem er festhalten möchte.[14] Des Weiteren spricht der höhere Institutionalisierungsgrad für die Demokratie, der verhindert, dass die Politik im Interesse einer herrschenden Person handelt, was allgemein auf eine geringere Risikobereitschaft hinausläuft.[15]

In seiner Agenda für den Frieden[16] bezog der ehemalige VN-Generalsekretär Boutros Boutros-Ghali (1992-96) die friedensstiftende Wirkung der Demokratie auch auf das Innenverhältnis eines Staates. Demzufolge seien freigewählte Regierungen im Verhältnis zu totalitären Herrschaftssystemen weniger geneigt, ihre Macht gegen das eigene Volk zu richten.

---

11 *Kant*, Zum ewigen Frieden, S. 10–15.
12 *Kant*, Zum ewigen Frieden, S. 4 ff. und 16 ff.
13 *Eberl*, Demokratie und Frieden, S. 187–188.
14 *Eberl*, Demokratie und Frieden, S. 189; Als Beispiele wären hier die unterschiedlichen Demokratieentwicklungen in Europa im Ausgang des Absolutismus zu nennen.
15 *Petersen*, Demokratie als teleologisches Prinzip, S. 40–41.
16 A/47/277-S/24111 (17. Juni 1992).

Mithin lässt sich zusammenfassen, dass Demokratien einen Krieg zwar nicht ausschließen, ihn aber unwahrscheinlicher machen. Zugleich muss jedoch festgehalten werden, dass auch gewogene Autokratien existieren können, für deren Gewogenheit es aber weder Garantie noch institutionelle Zensur, noch hinreichend empirische Belege gibt.[17]

Wahrung der Menschenrechte

Kofi Annan, VN-Generalsekretär von 1996-2006, unterstrich 1997 in seinem Report die Wechselwirkung von Demokratie und Menschenrechten.[18] Der erste Blick lässt vermuten, die Demokratie trage zu einem großen Schutz der Menschenrechte bei, während das durch die Nachrichten vermittelte Bild die Autokratie der regelmäßigen Verletzung von Menschenrechten bezichtigt. Habermas als Vertreter der republikanischen Position geht davon aus, dass die Menschenrechte die Demokratie überhaupt erst ermöglichen und unterstützt damit Annans These.[19] Folglich wäre Demokratie aber nicht mehr durch Menschenrechte einschränkbar. Dem steht die liberale Position gegenüber, die die Menschenrechte als Naturrechte, also unabhängig von der Demokratie versteht und die kontrollierend bzw. einschränkend auf diese einwirken.[20] Die liberale Position erscheint einschlägiger, wenn man sich vergegenwärtigt, dass Menschenrechte in ihrer ursprünglichen Bedeutung dem Schutz des Individuums bzw. dem Minderheitenschutz dienen, während demokratische Beschlüsse das Produkt einer Mehrheitsentscheidung sind, die theoretisch zur Beschränkung von Individualrechten führen können. Vor solchen Eingriffen schützt die Rechtsstaatlichkeit[21], die sich aus der oben herausgearbeiteten Definition von Demokratie nicht per se ableiten lässt. Es widerspricht ebenfalls nicht dem autokratischen Modell rechtsstaatlich zu sein. Menschenrechtsverletzungen sind häufig genug auch in demokratisch geführten Staaten anzutreffen, sodass die Schlussfolgerung, Demokratie sei ein ausreichendes Kriterium für die Wahrung von Menschenrechten unzulässig ist, auch wenn in der Praxis eine solche Tendenz zu erkennen ist.

---

17 *Petersen*, Demokratie als teleologisches Prinzip, S. 41.
18 A/52/513 (21. Oktober 1997).
19 *Habermas*, Faktizität und Geltung S. 89 ff.
20 *Böckenförde*, Ist Demokratie eine notwendige Forderung der Menschenrechte?, S. 233.
21 *Grimm*, Verpflichten Menschenrechte zur Demokratie, S. 19.

Wirtschaftlichkeit

Seit jeher wird die Auswirkung der Regierungsform auf die wirtschaftliche Leistungsfähigkeit eines Staates diskutiert. Dass autokratisch geführte Staaten, wie China, Katar oder Singapur seit Jahrzehnten einen wirtschaftlichen Aufschwung zu verzeichnen haben, wohingegen demokratische Länder stagnieren, lässt die Vermutung aufkommen, die Demokratie behindere das Wirtschaftswachstum.[22] Für diese These spräche, dass durch Wahlen legitimierte Regierungen für ihre Wiederwahl kurzfristige Erfolge benötigen und nicht wie autoritär geführte Regime längerfristige Planungen vollziehen können. Gegen die These kann eingewendet werden, dass in Demokratien bessere Vorkehrungen gegen Korruption existieren und wegen der politischen Stabilität bzw. wegen der geschützten Eigentumsrechte ein besseres Investitionsklima herrscht, wohingegen in nichtdemokratischen Staaten die Gefahr besteht, dass sich die Machtinhaber selbst bereichern.[23]

Adam Przeworski kam in einer ausgedehnten Studie[24] durch breitgefächerte Vergleiche zu dem Schluss, dass in Ländern mit einem geringeren PKE (Pro-Kopf-Einkommen) als 3000 USD/Jahr die Wirtschaftsleistung wegen der stark eingeschränkten finanziellen Möglichkeiten unabhängig von der Regierungsform sei, demgegenüber stelle sich bei dem Vergleich der Länder mit einem höheren PKE als 3000 USD/Jahr heraus, dass die Demokratie einen affirmativen Effekt auf die wirtschaftliche Leistung habe. Diese rein empirisch nachgewiesene Tendenz sollte jedoch mit Vorsicht proklamiert werden, wenn man bedenkt, dass ebenso andere Faktoren, wie soziale Gegebenheiten oder wirtschaftliche Institutionen, den Ausschlag gegeben haben könnten.

Die Ergebnisse der Analyse zeigen, dass Demokratien einen Beitrag zu Friedensicherung, Wahrung der Menschenrechte und Wirtschaftswachstum leisten können. Dass sie in diesen Punkten gegenüber autokratisch regierten Staaten Vorteile aufweisen, lässt sich jedoch nicht zweifelsfrei bestätigen. Was die Demokratie aber zu leisten weiß, ist die ausgeprägte Kontrolle über Entscheidungsträger. Diese Garantie fehlt der Autokratie.

1.2 Recht

Zu überlegen ist, welcher Art ein Recht auf Demokratie ist – ein objektives oder ein subjektives. Während das subjektive Recht zum einen eine Pflicht auferlegt und zum anderen den Anspruch eines Einzelnen statuiert, ist das objektive Recht

---

22 *Faust*, Zeit Online vom 04.05.2009.
23 *Sunde*, Wirtschaftliche Entwicklung und Demokratie, S. 4–7.
24 *Przeworski*, Democracy and Economic Development, S. 11.

darauf angelegt ausschließlich Allgemeininteressen zu dienen.[25] Wie aus den vorigen Überlegungen geschlossen, ist Demokratie etwas Gemeinschaftliches. Eine demokratische Entscheidung kann nur im Kollektiv gefasst werden. Somit muss auch die notwendige Differenzierung zum Menschenrecht auf politische Partizipation und eine Befähigung zu demokratischen Handeln getroffen werden.

2 Die Vereinten Nationen

Die Demokratieförderung ist nach Generalsekretär Ban Ki-moon (seit 2007) eine der Hauptaufgaben der VN. Dies untermauerte er in der „Guidance note of the Secretary-General on democracy"[26]: die Demokratie sei ein geeignetes Mittel, um die Ziele *Internationaler Frieden, Wirtschaftlicher und sozialer Fortschritt* und *Schutz der Menschenrechte* zu erreichen.

In diesem Kapitel werden zum einen die möglicherweise demokratiefördernden Maßnahmen der VN untersucht, zum anderen wird auf die Strukturen der VN eingegangen, um herauszustellen, inwiefern die interne Organisation mit den Maßnahmen übereinstimmt bzw. eine demokratische Präsenz darstellt.

2.1 Interne Organisation

Voraussetzungen der Mitgliedschaft

Von einer demokratiefördernden Organisation könnte erwartet werden, dass sie selbst demokratisch gegliedert und geführt ist und sich aus Demokratien zusammensetzt.

Bei der San Francisco- Konferenz von 1945, in der die Charta der VN erarbeitet wurde, wurden Überlegungen angestellt, nur demokratisch verfasste Staaten als Mitglieder aufzunehmen. Zumal aber die Gleichheit und die Universalität den Charakter der VN ausmachen sollten, wurden die Staaten nicht nach ihren politischen Institutionen unterschieden. An dieser Zusammensetzung verschiedener Systeme hat sich bis heute nichts geändert.[27] Die VN setzen gem. Art. 4(1) der Charta[28] als einziges Aufnahmekriterium für die Mitgliedschaft voraus, dass ein Staat friedliebend und willens und fähig ist, die Ziele aus der Charta zu erfül-

---

25 Objektives Recht Definition in: RECHTSWÖRTERBUCH DE, http://www.rechtswoerterbuch.de/recht/o/objektives-recht/ (27.12.11 besucht am 10.12.2011).
26 *Ki-moon,* Guidance note of the Secretary-General on democracy.
27 *Steinorth,* ZaöRV 2011, S. 482.
28 Alle folgenden nicht gekennzeichneten Artikel sind solche der VN-Charta.

len. Es wird also kein politisches System vorgeschrieben. Hinzu kommt das in Art. 2(1) verankerte Prinzip der souveränen Gleichheit der Mitgliedsstaaten, durch welches jedem Staat, unabhängig von der Regierungsform, die gleiche Völkerrechtssubjektivität zukommt.[29]

Zur Gründungszeit nach dem 2. Weltkrieg haben diese Mechanismen, unter Berücksichtigung des Scheiterns des Völkerbundes, gerade wegen fehlender Universalität, durchaus eine notwendige Voraussetzung für ein universelles Sicherheitssystem dargestellt.[30] Somit konnte die Regimeneutralität selbst während des Kalten Krieges ermöglichen, dass sich ideologisch bekämpfende Staaten in einer Weltorganisation vereint wurden.[31] Andererseits muss die Frage erlaubt sein, wie dienlich autokratische Regime bei der Ausgestaltung und Durchsetzung demokratiefördernder Maßnahmen sein können und ob der Vorteil der Universalität heute noch durch eine Demokratieforderung verloren gehen könnte.

Die Generalversammlung und der Sicherheitsrat

Die Vereinten Nationen sind gem. Art. 7 in verschiedene Organe untergliedert. Zwei der Hauptorgane, die VN-Generalversammlung und der VN-Sicherheitsrat, sollen auf Grund ihrer herausragenden Stellung im öffentlichen Interesse im Folgenden auf ihre Demokratietauglichkeit untersucht werden.

Die Generalversammlung setzt sich aus allen 193 Mitgliedstaaten der VN zusammen. Wegen ihrer Zusammensetzung und ihren Aufgaben, dazu zählen gem. Art. 18(2) unter anderem die Haushaltsplanung und die Wahl des Generalsekretärs und der 15 Richter des IGH, könnte sie als ein Parlament bewertet werden.[32] Dagegen spricht, dass es sich bei den Vertretern der einzelnen Länder um weisungsgebundene, diplomatische Beamte der jeweiligen Regierungen, also die jeweilige nationale Exekutive handelt, die nicht durch Wahlen direkt legitimiert wurden, zumeist keine (intensive) Kontrolle durch nationale Parlamente erfahren und außerdem die Interessen ihrer Völker im Auge haben müssten.

Fraglich ist im Hinblick auf demokratische Strukturen zudem, dass gem. Art. 18 jeder Mitgliedstaat in der VN-Generalversammlung eine Stimme besitzt, was dem in Art. 2(1) konstatierten Prinzip der souveränen Gleichheit der Staaten entspricht.[33] Stellte man im demokratischen Kontext, in dem das Volk der Souverän ist, auf die hinter den Staaten bzw. einzelnen Stimmen stehenden Men-

---

29 *Steinorth,* ZaöRV 2011, S. 476.
30 *Bauer,* Der völkerrechtliche Anspruch auf Demokratie, S. 90.
31 *Steinorth,* ZaöRV 2011, S. 476.
32 *Stein,* ZaöRV 2004, S. 563 ff.
33 Wolfrum in: Charta der Vereinten Nationen, Art. 18, Rdnr. 3-6.

schen ab, müssten deren Anzahl und die Integration des Volkswillens im vertretenen Staatswillen Beachtung finden. Dies ist aber nicht der Fall. Stattdessen steht jedem Staat, unabhängig von seiner Einwohnerzahl, seiner geographischen Größe und seiner Regierungsform, eine Stimme zu. Die jetzige Organisationsstruktur eröffnet auch Staaten mit geringer Bevölkerungszahl die Partizipation in den VN. Um aber einer demokratischen Struktur gerecht zu werden, müsste der Grundsatz der souveränen Gleichheit und das damit verbundene „Ein Staat, eine Stimme-Prinzip" durch Kriterien der Bevölkerungszahl, der Leistungskraft und möglicherweise auch der *good governance* eingeschränkt werden.[34]

Auch wenn die Generalversammlung selbst nicht übermäßig demokratisch strukturiert ist, könnte sie eine demokratische bzw. eine kontrollierende Funktion in Bezug auf den Sicherheitsrat einnehmen. Der VN-Sicherheitsrat besteht gem. Art. 23 aus den fünf ständigen Mitgliedern USA, Großbritannien und Nordirland, Frankreich, China und Russland und zehn von der VN-Generalversammlung für zwei Jahre gewählten, nichtständigen Mitgliedern. Im Gegensatz zur Generalversammlung bildet der Sicherheitsrat somit ein mitgliedarmes Direktorium, dem gem. Art. 24(1) die Hauptverantwortung für die Wahrung des Weltfriedens und der internationalen Sicherheit übertragen wird, um ein schnelles und wirksames Handeln gewährleisten zu können.[35] Durch diese explizit zugeteilte Hauptverantwortung und zusätzlichen, über diejenigen der Generalversammlung hinausgehenden Kompetenzen, wie bspw. das Recht gem. Art. 25 in Streitfällen für die Mitgliedsstaaten der VN verbindliche Entscheidungen zu treffen oder verbindliche Zwangsmaßnahmen gegen einen Staat gem. Art. 39 anordnen zu können, ist der Sicherheitsrat das politisch entscheidendere Organ.[36] Neben der Begrenzung des Handlungsspielraumes durch Art. 24(2), wonach der Sicherheitsrat „im Einklang mit den Zielen und Grundsätzen der Vereinten Nationen" zu handeln hat – diese Normierung stellt ein Willkürverbot dar[37] – könnte die Berichterstattungspflicht des Sicherheitsrates gegenüber dem der Generalversammlung aus Art. 24(3) eine Kontrollfunktion und darüber hinaus sogar ein Über- Unterordnungsverhältnis begründen. Gerade gegen das Über- Unterordnungsverhältnis spricht aber, dass die Generalversammlung nicht die Kompetenz innehat, den Sicherheitsrat zur Rechenschaft zu ziehen und gegebenenfalls wegen der konkreten Maßnahmen Sanktionen gegen ihn zu verhängen. Dies gilt auch für den Fall, wenn ein solcher Bericht mangelhaft sein sollte oder gar nicht erst erstattet wurde.[38]

Ein noch größeres Machtungleichgewicht findet Ausdruck in dem Vetorecht und der Beständigkeit der fünf in Art. 23(1) explizit genannten Mitglieder. Zum

---

34 *Kokott*, ZaöRV 2004, S. 533.
35 Geiger in: Charta der Vereinten Nationen, Art. 23, Rdnr. 1.
36 Delbrück in: Charta der Vereinten Nationen, Art. 24, Rdnr. 9.
37 Delbrück in: Charta der Vereinten Nationen, Art. 24, Rdnr. 11.
38 Delbrück in: Charta der Vereinten Nationen, Art. 24, Rdnr. 14.

einen bedürfen sie keiner Wahl durch die Generalversammlung, sind also nicht durch ein demokratisches Verfahren legitimiert, zum anderen besitzen sie gem. Art. 27(3) ein Vetorecht, das, wenn es in Anspruch genommen wird, einen Beschluss im Sicherheitsrat verhindert. Häufig kommt es zum Missbrauch des Vetorechts, um eigene Interessen zu wahren, wie z.B. die bis vor kurzem anhaltenden starren Abstimmungsverhalten Chinas und Russlands[39] zu einer Resolution gegen Syrien vermuten lassen. Gerade während des Ost-West-Konflikts wurde das Vetorecht zwischen den Streitenden gegeneinander ausgeübt, was zu einer praktischen Handlungsunfähigkeit des Sicherheitsrates führte.[40]

Bei der Erarbeitung dieser Rechtsgrundlage wurde davon ausgegangen, dass die Durchsetzung von verbindlichen Entscheidungen ohne oder gegen den Willen der Großmächte nicht möglich sei und man erhoffte sich zugleich Entscheidungen, denen kein Vetorecht entgegenstehe, besonderen Nachdruck verleihen zu können.[41]

Schlussfolgerungen

Die fünf ständigen Mitglieder des Sicherheitsrates können durch das Vetorecht und fehlende Wahlen ihre eigenen Interessen verfolgen, wie autokratische Regime. Die Strukturen mögen bei ihrer Erschließung den Zielen, die Friedenssicherung nach dem zweiten Weltkrieg und dem Versagen des Völkerbundes, und den globalen Gegebenheiten entsprochen haben. Auch wird das Prinzip der souveränen Gleichheit bzw. die Stimmgleichheit ihren Vorteil darin (gehabt) haben, (potentiellen) Mitgliedern trotz ihrer geringen Bevölkerung, etc. einen Anreiz zu verschaffen, um sie somit in die Verantwortung und Pflicht zur Wahrung der internationalen Sicherheit zu nehmen. Die Strukturen der VN sind dennoch als veraltet anzusehen und durch die Sonderstellung des Sicherheitsrates sind die VN vielmehr eine Herrschaft der Wenigen.

2.2 Demokratiefördernde Maßnahmen der VN

Nachdem die VN auf die Demokratietauglichkeit ihrer inneren Organisation untersucht wurde, sollen im Weiteren die demokratiefördernden Maßnahmen der VN analysiert werden. Gegenstand der Analyse sind zum einen die durch den

---

39 UN-Sicherheitsrat greift jetzt doch ein, Handelsblatt vom 10.12.2011: Moskau hat in Syrien einen Marinestützpunkt und Syrien ist wichtiger Waffenkunde der Russen und Chinesen.
40 Delbrück in: Charta der Vereinten Nationen, Art. 25, Rdnr. 3.
41 Delbrück in: Charta der Vereinten Nationen, Art. 25, Rdnr. 1.

Sicherheitsrat veranlassten militärischen Interventionen in Haiti und in Libyen sowie die Friedensmission im Kosovo, zum anderen die demokratie- und die wahlbezogenen Resolutionen der Generalversammlung.

2.2.1 Demokratieförderung durch militärische Interventionen?

Kapitel VII der VN-Charta stellt eine in Art. 2(7) ausdrücklich benannte Ausnahme vom Interventionsverbot dar, welches ein Verfassungsprinzip[42] ist. Art. 39 nennt die Bedingungen, unter denen der Sicherheitsrat zu Maßnahmen ermächtigt ist: Bruch oder Bedrohung des (internationalen) Friedens oder das Vorliegen einer Angriffshandlung. Die Gewaltanwendung im internen Bereich der Staaten wird hingegen nicht einbezogen. Ein Bürgerkrieg bspw. müsste besondere Kriterien erfüllen, um zur Bedrohung des internationalen Friedens zu führen.[43] Sonst gilt er als innerstaatlich und es dürfte keine Einwirkung von außen erfolgen. Der Begriff der Friedensbedrohung ist sehr unpräzise, sodass dem Sicherheitsrat bei dessen Bestimmung bzw. Diagnose ein gewisser Ermessensspielraum zukommt.[44] Fraglich ist, ob Kapitel VII eine Rechtsgrundlage für Demokratisierungsmaßnahmen darstellt und inwiefern der Sicherheitsrat überhaupt die Demokratieförderung anstrebt. Dies soll anhand der Einsätze in Haiti und Libyen untersucht werden. Der Einsatz in Haiti ist interessant, weil durch ihn eine gestürzte Demokratie wiederhergestellt wurde und er teilweise als Präzedenzfall[45] für die Herausbildung eines völkerrechtlichen Anspruchs auf Demokratie angesehen wird. Der Libyen-Einsatz wegen seiner Aktualität und seinem Bezug zu den Aufbrüchen in der arabischen Welt.

Der Haiti-Einsatz als pro-demokratische Intervention

Jean-Bertrand Aristide wurde 1990 mit einer zwei Drittel Mehrheit in von der VN beobachteten Wahlen[46] zum haitianischen Präsidenten gewählt. Acht Monate nach seinem Amtsantritt wurde er im September 1991 durch einen Staatsstreich des Militärs gestürzt.[47] Nachdem neben der OAS auch die VN-Generalversammlung zu einem Wirtschaftsembargo rieten, welches jedoch nur dürftig um-

---

42 Ermacora in: Charta der Vereinten Nationen, Art. 2(7), Rdnr. 10.
43 Frowein in: Charta der Vereinten Nationen, Art. 39, Rdnr. 7.
44 Frowein in: Charta der Vereinten Nationen, Art. 39, Rdnr. 17–23.
45 *Petersen*, Anforderungen des Völkerrechts an die Legitimation politischer Entscheidungen, S. 185.
46 A/RES/45/2 (10.Okt. 1990).
47 *Oehrlein/Domingo*, FAZ vom 13.02.2004.

gesetzt wurde, verließ der Sicherheitsrat seine passive Haltung und beschloss 1993 auf Anfrage des gestürzten Präsidenten ein verbindliches Wirtschaftsembargo gegen Haiti.[48] Diese wurden aufgehoben, nachdem Aristide und Cedras, der Oberbefehlshaber des Militärs, das *Abkommen von Governors Island* abgeschlossen hatten, das unter anderem eine Rückkehr Aristides vorsah. Die Militärs kamen ihrer Verpflichtung jedoch nicht nach und verübten stattdessen weitere Gewalt gegen Anhänger Aristides, woraufhin der Sicherheitsrat erneut Sanktionen erließ. Letztlich besiegelte der Sicherheitsrat durch Resolution 940 die Ermächtigung für UN-Mitgliedstaaten zur militärischen Intervention nach Kapitel VII.[49] Aristide selbst hatte sein Verlangen zu einer solchen Intervention zuvor bekräftigt.[50] Am 19.9.1994 kam es am Tag der Intervention zu Verhandlungen zwischen der US-Regierung und der Militärjunta, die ihren Rücktritt und die Rückkehr Aristides billigte.[51]

Zur Diskussion steht, ob der Einsatz zur Wiederherstellung der Demokratie geführt wurde, wie in Resolution 917 festgehalten,[52] und aus ihm somit ein universeller Anspruch auf Demokratie gezogen werden kann oder ob andere Motive den Hintergrund des Einsatzes bildeten bzw. bilden mussten.

Anlass für die Intervention könnte zunächst die in Art. 39 genannte militärische Aggression Haitis gewesen sein. Da aber die Anzahl der Streitkräfte des haitianischen Militärs zu dem Zeitpunkt sehr überschaubar war und keine dahingehende Äußerung getätigt wurde, ist dieser Grund abzulehnen.[53] Die Aggressionen des Militärs richteten sich vielmehr gegen die eigene Bevölkerung, wodurch es zu Flüchtlingsströmungen in die Dominikanische Republik und die USA kam. Gegen die Flüchtlingsströme als Grund zur Intervention spricht jedoch, dass in vergleichbaren Fällen, in denen die Anzahl der Flüchtlinge wesentlich größer ausfiel, nicht eingegriffen wurde – es sei denn, man möchte der USA in diesem Fall unterstellen, sie habe in ihrem Interesse zur Intervention gedrängt, um den Flüchtlingsstrom in das eigene Land aufzuhalten. Selbiges Argument steht den durch das Militär verübten Menschenrechtsverletzungen gegenüber.[54] Auch eine Zustimmung durch die Aufforderung Aristides an den Sicherheitsrat hatte wohl keine konstitutive Wirkung.[55] Es kann auch nicht davon ausgegangen werden, dass eine wirtschaftliche Destabilisierung als Gefährdungsgrund für die internationale Sicherheit herangezogen wurde. Zwar wird dies in den Resolutio-

---

48 S/RES/841 (16. Juni 1993).
49 S/RES/940 (31. Juli 1994).
50 S/1994/905 (29 Juli 1994).
51 *Gruber*, Focus/34 1994.
52 S/RES/917 (06.Mai 1994).
53 *Bauer*, Der völkerrechtliche Anspruch auf Demokratie, S. 98–99.
54 *Bauer*, Der völkerrechtliche Anspruch auf Demokratie, S. 99.-100.
55 *Bauer*, Der völkerrechtliche Anspruch auf Demokratie, S. 99.

nen 841 und 940 zum Ausdruck gebracht, aber erstens kommt der haitianischen Wirtschaft keine dermaßen große globale Rolle zu, die ein Eingreifen erzwungen hätte, und zweitens wurde die angesprochene wirtschaftliche Destabilisierung viel mehr durch die Embargos der VN hervorgerufen.[56] Der Ausschluss der behandelten Gründe und die Tatsache, dass in Resolution 917 des Sicherheitsrates die Wiederherstellung der Demokratie als Ziel genannt wurde, gibt Anlass zu der Vermutung, dass der Sicherheitsrat die Zerstörung von demokratischen Strukturen als Gefahr für den internationalen Frieden charakterisierte.[57] Das gewaltsame Einschreiten durch den Sicherheitsrat in Haiti könnte als Schutz aller Demokratien gedeutet werden, um weitere Umstürze gewählter Regierender zu vermeiden. Jedoch veranlasst diese Feststellung schon zu Zweifeln, der Haitieinsatz entfalte ein universelles Demokratiegebot. Er könnte sich höchstens als völkerrechtliches Verbot interpretieren lassen, einen Umsturz gegen eine gewählte Regierung zu verüben.[58] Außerdem waren nicht nur demokratisch legitimierte Regierungen maßgeblich an der Entscheidung beteiligt, sondern auch autoritär geführte Staaten, welchen die Stärkung und Durchsetzung von Demokratie wenig als Motivation gedient haben dürfte. Darüber hinaus bezeichnete der Sicherheitsrat selbst die Mission in den Resolutionen als verlangte außergewöhnliche Maßnahmen.[59] Letztlich wird nicht der Sturz des demokratisch gewählten Aristides durch den Militärputsch ausschlaggebend gewesen sein, sondern der Bruch des *Abkommens von Governors Island* und der einhergehenden Missachtung der Resolution des Sicherheitsrates.[60] Hierdurch waren die Glaubwürdigkeit der VN und somit auch das kollektive Sicherheitssystem in Gefahr. Um eben jenes zu wahren, war der Sicherheitsrat gezwungen zu handeln.[61] Die Wiederherstellung der demokratischen Verhältnisse hat nur als Mittel gedient, um die Autorität der VN zu wahren und eine sich anbahnende humanitäre Katastrophe zu verhindern.[62] Ein Anspruch bzw. ein Recht auf Demokratie erstreckt sich demzufolge mit hoher Wahrscheinlichkeit nicht aus dem Haiti-Einsatz.

Der Libyeneinsatz

Im Februar 2011 begannen die zu dem Bürgerkrieg führenden Unruhen in Libyen mit breitgefächerten Protesten der Bevölkerung gegen den autoritären Herr-

---

56 *Bauer*, Der völkerrechtliche Anspruch auf Demokratie, S. 100.
57 *Naguib*, Haiti in den Jahren 1993 bis 1994, S. 5.
58 *Petersen*, Demokratie als teleologisches Prinzip, S. 135.
59 S/RES/940 (31. Juli 1994).
60 *Naguib*, Haiti in den Jahren 1993 bis 1994, S. 6.
61 *Naguib*, Haiti in den Jahren 1993 bis 1994, S. 7.
62 *Naguib*, Haiti in den Jahren 1993 bis 1994, S. 9.

scher Muammar al-Gaddafi.[63] Die gegen die Bevölkerung gerichtete Gewalt wurde vom Sicherheitsrat als Verbrechen gegen die Menschlichkeit aufgefasst und er reagierte am 26. Februar 2011 durch die VN-Resolution 1970 mit Sanktionen nach Art. 41 gegen Libyen in Form von Kontensperrungen, einem Waffenembargo und Reisebeschränkungen, um dem brutalen Vorgehen Gaddafis Einhalt zu gewähren und die libysche Regierung zum Schutz der Zivilbevölkerung aufzufordern.[64] Am 17. März 2011 erließ der Sicherheitsrat die Resolution 1973 als Reaktion der Nichtbefolgung der Resolution 1970 durch die libyschen Behörden. Er verurteilte die systematischen Menschenrechtsverletzungen und betonte, „dass verstärkte Anstrengungen unternommen werden müssen, um eine Lösung für die Krise zu finden, die den legitimen Forderungen des libyschen Volkes gerecht wird." Außerdem ermächtigt die Resolution die VN-Mitgliedstaaten, eine Flugverbotszone über Libyen einzurichten und „alle notwendigen Maßnahmen" zu ergreifen, um die Bevölkerung zu schützen. Dabei wurde jegliche Form von Besatzung libyschen Territoriums ausgeschlossen.[65] Am 19. März begannen NATO-Staaten unter der Führung Frankreichs, Großbritanniens und der USA mit Luftangriffen gegen Gaddafis Truppen.[66] Das Mandat der NATO war auf „Responsibility to Protect" beschränkt,[67] der Einsatz wurde aber möglicherweise auch zur Unterstützung der nach mehr Mitspracherecht fordernden und gegen das Gaddafi-Regime vorgehenden Rebellen vollzogen.[68] Der Einsatz der Nato bzw. der Beschluss des Sicherheitsrates könnten folglich auch als demokratieförderlich charakterisiert werden. Dafür spräche, dass gemäß den Zielen der Resolution 1973 eine Lösung im Interesse des libyschen Volkes vollzogen werden sollte. Hinzu kommt, dass die Regierungen der einsatzführenden Staaten die Beendigung der Diktatur und die Einführung der Demokratie (nachträglich) als Grundlage für ihr Engagement nannten. So ließ z.B. der damalige französische Präsident Sarkozy verlauten: „Wir werden das Kapitel der Diktatur und der Kämpfe beenden und ein neues Klima der Zusammenarbeit mit dem demokratischen Libyen beginnen."[69]

Es sprechen dementgegen viele Gründe gegen die Demokratieförderung als Motivationsgrundlage der Resolution 1973 und des NATO-Einsatzes. So stellt das Gesamtbild der Resolution vielmehr den Schutz der Zivilbevölkerung in den Vordergrund und auch die NATO beließ es offiziell bei der Formulierung „hu-

---

63 Libyan police stations torched, Aljazeera vom 16.02.2011.
64 S/RES/1970 (26. Februar 2011).
65 S/RES/1973 (17. März 2011).
66 *Högens,* Spiegel-online vom 22.12.2011.
67 Responsibility to Protect, http://www.natowatch.org/rtp (besucht am 20.12.11).
68 *Perthes,* Süddeutsche vom 27.08.2011.
69 Junghans, Daniela, Sarkozys verkappte Siegesfeier für Libyen.

manitäre Intervention"[70]– obwohl durch den Einsatz mehrere Dutzend Zivilisten getötet wurden.[71] Hinzu kommt, dass auf der Londoner Libyen-Konferenz vom 29. März 2011 Vertreter des libyschen Übergangsrates der französischen Regierung 35 Prozent der libyschen Erdölreserven für die Anerkennung der Rebellen als legitime Vertreter Libyens und für die Unterstützung im Kampf gegen das Gaddafi-Regime versprachen.[72] Dies lässt sogar vermuten, dass vielmehr wirtschaftliche Einzelinteressen Anlass zur Intervention gaben. Doch muss schon vorher bei der Gültigkeit der Resolution angesetzt werden. Reinhard Merkel stieß diese Diskussion in einem Beitrag in der FAZ an, mit dem Ergebnis, dass schon die Resolution 1973 gegen die Grundsätze der Charta aus Art. 2(4) und 2(7) verstoße.[73] Wie oben bereits erläutert[74] muss ein Bürgerkrieg weitere Merkmale aufweisen, um die Kriterien des Kapitel VII der VN-Charta zu erfüllen und ein Eingreifen des Sicherheitsrates zu erlauben. Der Sicherheitsrat stützte sich auf das Bevorstehen eines Völkermordes und systematische Verbrechen gegen die Menschlichkeit durch das Gaddafi-Regime. Wann diese anzunehmen sind, bestimmt Art. 7 des Statuts des IStGH. Doch deren Vorliegen ist nicht nur nach Merkel äußerst zweifelhaft, weil das Vorgehen Gaddafis nicht zum Ziel hatte eine nationale, rassische, religiöse oder ethnische Gruppe als solche" zu zerstören. Auch eine Gefährdung der internationalen Sicherheit und des Weltfriedens lagen nicht vor. Flüchtlingsströme und Menschenrechtsverletzungen fallen in vergleichbaren Fällen wesentlich stärker aus und auch eine Aggression war nicht abzusehen. Des Weiteren hätte der Sicherheitsrat in dieser Argumentationslinie die Verhältnismäßigkeit wahren müssen und vorerst zu stärkeren Sanktionen oder zur Aufnahme von Flüchtlingen aufrufen können.

Zusammenfassend verstieß die Resolution mit hoher Wahrscheinlichkeit bereits gegen die Charta der VN. Die Intervention der NATO basierte folglich auf einer nichtigen Ermächtigungsgrundlage. Das erörterte Ergebnis des Libyeneinsatzes führt hinsichtlich der Thematik dieser Arbeit zu der Vermutung, dass der Sicherheitsrat und insbesondere die fünf Vetomächte ihre Machtposition nicht demokratieförderlich einsetzen, stattdessen diese für die Durchsetzung ihrer eigenen Interessen missbrauchen und sogar gegen Grundsätze der Charta der VN, hinter der alle Mitgliedsstaaten stehen, verstoßen. Zusätzlich kaschieren sie, wie das Bsp. der französischen Regierung belegt, ihr Handeln mit einer demokratischen Intention und tragen vielmehr zur Skepsis bei. Der Einsatz in Libyen trägt in keiner Wei-

---

70   NATO and Libya – Operation Unified Protector vom 25.09.2011, http://www.nato.int/cps/en/SID-A05B0E84-F4625C97/natolive/topics_71652.htm? (besucht am 20.12.11).
71   *Chivers/Schmitt*, New York Times vom 17.12.2011.
72   *Filippis*, Libertation vom 01.09.2011.
73   *Merkel*, FAZ vom 22.03.2011.
74   s.o. unter B. II. 1.

se zu einem Recht auf Demokratie im Völkerrecht bei, sondern verdeutlicht vielmehr, dass die Strukturen der VN einer Herrschaft der Wenigen gleichen und Interessen der Machtinhaber willkürliche Durchsetzung finden.

Aus den zwei erörterten Interventionen lässt sich mit hoher Wahrscheinlichkeit kein Recht auf Demokratie bzw. eine Verpflichtung zu dieser ziehen. Auch scheinen die Einsätze wenig demokratieförderlich, was auch dem genannten grundlegenden Ansinnen Ban Ki-moons[75] zu widersprechen vermag.

2.2.2 Demokratisierung in Post-Konflikt-Situationen durch Friedensoperationen am Beispiel der UNMIK

Nachdem im Kapitel über die Interventionen festgestellt wurde, dass nicht im Namen der Demokratie interveniert wird bzw. werden kann, sollen in diesem Kapitel die konkreten zur Demokratie beitragenden Tätigkeiten der VN-Friedenstruppen in Post-Konflikt-Situationen untersucht werden.

Friedensoperationen der VN sind seit den 1990er Jahren mit dem Ende des Kalten Krieges in zunehmendem Maße mit internationalen Übergangsverwaltungen verbunden, die eine Reaktion auf zerfallende Staaten und den Zusammenbruch öffentlicher Ordnung und Infrastruktur in Krisenregionen sind. Das Ziel internationaler Übergangsverwaltungen ist die regionale Stabilisierung nach dem Zerfall hegemonialer Ordnungen.[76] Dabei können die Übergangsverwaltungen in drei Kategorien differenziert werden. Die stärkste Form stellt die Treuhandverwaltung dar, in welcher die VN die volle Regierungsgewalt übernimmt. Die schwächere Form ist die Variante, in der die Regierungsgewalt durch Vertreter der Territorialbevölkerung ausgeübt wird und die VN nur eine Kontrollfunktion innehaben. Den dritten Fall bilden Besatzungen, bei denen die Regierungsgewalt durch eine Besatzungsmacht ausgeübt wird.[77]

Das herangezogene Beispiel der UNMIK (UN Interim Administration Mission in Kosovo) ist eine solche stärkere Form der Übergangsverwaltung, eine Treuhandverwaltung. Die Wahl der UNMIK als Untersuchungsgegenstand ist durch zwei Faktoren bedingt. Erstens ist die UNMIK die erste Gebietsverwaltung gegen den Willen der Territorialherren,[78] was zu einer zwanghaften Hinführung zur Demokratie gedeutet werden könnte. Und zweitens standen die VN im Kosovo vor einem Neuaufbau, da auf keine bestehenden Infrastrukturen zurückgegriffen werden konnte. Durch den Abzug der serbischen Soldaten brachen alle

---

75 s.o. unter C.
76 *Seibel*, Moderne Protektorate als Ersatzstaat, S. 499.
77 *Petersen*, Demokratie als teleologisches Prinzip, S. 196.
78 *Kiderlen*, Von Triest nach Osttimor, S. 59.

staatlichen Strukturen zusammen. So gab es zum Missionsstart weder Regierung noch Parlament, Gerichte, Rechtstaat oder lokale Verwaltungen.[79] Eine hohe Herausforderung für diese Friedensmission stellte der historische Hintergrund eines über Jahrhunderte währenden ethnischen Konflikts im Kosovo dar.[80]

Die UNMIK wurde durch den Sicherheitsrat am 10. Juni 1999 mit der Resolution 1244[81] als VN-Friedensmission für die Wiederherstellung und den Wiederaufbau des Kosovo ins Leben gerufen. Vorangegangen war ein 78 Tage währender Bombenkrieg der NATO im Frühjahr 1999 gegen Jugoslawien, der verhindern sollte, dass sich im Kosovo „ethnische Säuberungen" wiederholten, denen zuvor in Kroatien sowie in Bosnien und Herzegowina nicht rechtzeitig Einhalt geboten wurde.[82] Auch wenn allseits auf eine breitgefächerte Kritik[83] an dem Einsatz der NATO und der genannten Resolution zu stoßen ist, sollen auf deren Hintergründe und mögliche Legitimationsdefizite nicht weiter eingegangen werden. Gegenstand der Untersuchung sollen ausschließlich die demokratiefördernden Maßnahmen durch die UNMIK sein.

Die Resolution 1244 beinhaltet neben der zivilen Komponente eine militärische, zwischen denen jedoch keine einheitliche Führung besteht. Die militärische Führung verblieb der KFOR (Kosovo Force), die zivile bei den VN, die unter der Leitung eines vom Generalsekretär zu benennenden Sondergesandten mit der übergangsweisen Verwaltung des Krisengebietes und dem Aufbau lokaler Selbstverwaltungsorgane beauftragt wurde. Durch die erteilte Befugnis des Sicherheitsrates zur Verwaltung des Gebietes wurden UNMIK alle legislativen, exekutiven und judikativen Kompetenzen im Kosovo übertragen.[84] Die UNMIK besteht aus den vier Säulen: Zivile Verwaltung, humanitäre Hilfe, Wiederaufbau und Demokratisierung und Institutionalisierung, die teilweise von der EU, der OSZE und dem UNHCR übernommen wurden.[85] Im Folgenden soll der Demokratisierungsprozess durch die VN-Übergangsverwaltung im Kosovo, der sich in

---

79 *Schoch*, Demokratisierung im ungeklärten Staat?, S. 7.
80 *Uthmann*, Der Tagesspiegel vom 01.06.1999; Die „ewige Feindschaft" zwischen Serben und Albanern entspringt dem ersten Balkankrieg (1912-1913), in dem zum muslimischen Glauben konvertierten Albaner auf der Seite des osmanischen Reiches gegen die Serben kämpften. Unter osmanischer Besetzung gehörten die Albaner zur gehobenen Schicht, während die Serben als Stadthalter des Erzfeindes Russland galten. Auch muss an dieser Stelle auf die Minderheit der Serben im Kosovo und die beiderseitigen Ansprüche auf das Gebiet des Kosovo hingewiesen werden (ca. 7%).
81 S/RES/1244 (10. Juni 1999).
82 *Kiderlen*, Von Triest nach Osttimor, S. 59–63.
83 Siehe zur Kritik bei: *Meyer*, Die Konfliktregelungskompetenz der VN, 471, (S. 493–494).
84 *Saxer*, Die internationale Steuerung der Selbstbestimmung und der Staatsentstehung, S. 577–578.
85 Mission der Vereinten Missionen zur Übergangsverwaltung des Kosovo (Oktober 1999), http://www.unric.org/de/frieden-und-sicherheit/26357 (besucht am 26.12.11).

verschiedene Phasen unterteilen lässt,[86] stückweise geschildert werden, bevor ein Resümee zum gesamten Einsatz gezogen wird.

In der ersten Phase von 1999-2001 errichtete die UNMIK Gemeindeverwaltungen mit einem Bevollmächtigten in jeder Gemeinde und bildete im Dezember 1999 eine Interimsverwaltung, die sich zur Hälfte aus Kosovaren und internationalen Vertreter zusammensetzte und dem Sondergesandten beratend dienen sollte. Um nicht demokratiegefährdenden Nationalisten in die Karten zu spielen, setzte die UNMIK im Oktober 2000 zuerst von KFOR und OSZE überwachte Kommunalwahlen an. Zudem wurde die vorher nicht existierende Pressefreiheit eingeführt und die OSZE vergab Lizenzen für Medien.[87]

Die zweite Phase ist durch die Etablierung behelfsweiser Institutionen der Selbstregierung charakterisiert. Im November 2001 wurde eine aus 120 Abgeordneten bestehende Nationalversammlung als neue Legislative gewählt, die sich nach der vom Sondergesandten *Constitutional Framework for provisional self-government*[88] erlassenen Richtlinie bestimmte und den Präsidenten und den Regierungschef wählte. Außerdem wurden weitere provisorische Institutionen, wie eine unabhängige Justiz und ein für den Schutz der Menschenrechte zuständigen Schiedsmann ins Leben gerufen. Die KFOR diente weiterhin dem Minderheitenschutz.[89]

Die dritte Phase von 2004-2007 kennzeichnen Neuwahlen und Regierungswechsel. Eine neue zentrale Wahlkommission führte mit Unterstützung der OSZE im Oktober 2004 vom Europarat als freie und faire bezeichnete Neuwahlen durch. Der Sondergesandte übertrug der 15 Minister umfassenden neuen Regierung im Dezember 2005 die Justiz und die Innenpolitik. Auch der Aufbau der Polizei war voran geschritten und umfasste einen Großteil einheimischer Beamter, die nach und nach die Kontrolle von den internationalen Polizisten übernommen hatten. Ferner wurde ein Medienkommissar zur Einschränkung der Propaganda und zur Förderung der Unabhängigkeit der Medien etabliert. Im November 2007 reagierte der Sondergesandte auf die ausufernden Differenzen zwischen Serben und Albanern und setzte von der zentralen Wahlkommission durchgeführte Neuwahlen an und weitete die Exekutivkompetenzen der Bürgermeister aus.[90]

Das in den drei Phasen geschilderte Vorgehen der UNMIK liest sich auf den ersten Blick wie ein gelungener Demokratisierungsprozess. Doch müssen weite-

---

86 *Petersen,* Demokratie als teleologisches Prinzip, S. 197-198.
87 *Schoch,* Demokratisierung im ungeklärten Staat?, S. 10–11.
88 UNMIK/REG/2001/9 (15. Mai 2001), http://www.unmikonline.org/constframework.htm (besucht am 17.12.11).
89 *Schoch,* Demokratisierung im ungeklärten Staat?, S. 11–16.
90 *Schoch,* Demokratisierung im ungeklärten Staat?, S. 16–32.

re Fakten mit einbezogen werden, die das Gesamtbild trüben. So muss erwähnt werden, dass der Sondergesandte zu jeder Zeit das Parlament auflösen und Neuwahlen ansetzen konnte.[91] Alle Macht ging von der UNMIK aus, was Kontrovers zu dem in der Resolution 1244 verkündeten „Willen des Volkes" steht. Auch war die UNMIK nicht ausreichend auf die im Kosovo fehlende Rechtsstaatlichkeit vorbereitet und schaffte es nicht eine funktionstüchtige Justiz aufzubauen, was unter anderem auch an der Zusammensetzung der zuständigen UNMIK-Juristen lag, die aus verschiedenen Rechtskulturen stammten.[92] Die Medien wurden für Propagandazwecke missbraucht, es kam zur Clanbildung und den Minderheiten kam gerade in den ersten zwei Phasen kein ausreichender Schutz zu.[93] Den Höhepunkt bildete das gegen die UNMIK und Serben und andere im Kosovo lebende Minderheiten gerichtete Pogrom bzw. Aufmarsch im März 2004, in dem 28 Menschen bei den intensivsten Gewaltausbrüchen seit Ende des Kosovo-Krieges 1999 ums Leben kamen und 65 orthodoxe Kirchen und Klöster sowie 110 Häuser zerstört oder beschädigt wurden.[94] Auch nach der Unabhängigkeitsproklamation des kosovarischen Parlaments im Februar 2008 konnten Korruption und organisierte Kriminalität nicht eingedämmt werden.[95] Die erneuten Spannungen mit Todesfolge zwischen Serben und Albanern im Juli 2011[96] zeigen, dass sich an der geschilderten Situation wenig geändert hat.

Wird der Demokratieprozess anhand der oben genannten Minimaldefinition begutachtet und berücksichtigt, dass die VN bis zum Kosovo-Einsatz keinerlei Erfahrung mit Gebietsverwaltungen in dem Maße aufwies,[97] könnte er durchaus als Erfolg gewertet werden – auch wenn Freiheit und Unabhängigkeit der Wahlen unterschiedlich bewertet werden können. Andererseits kann aufgrund der negativen Entwicklung im Kosovo die Frage aufgeworfen werden, ob es für die VN überhaupt möglich ist, eine Demokratisierung in ethnisch fragmentierten Nachbürgerkriegsgesellschaften durchzuführen. Letztendlich bedarf es für Demokratie eines bestimmten Maßes an gemeinsamen Grundvorstellungen und Zusammengehörigkeitsbewusstsein. Diese ist nur beständig, wenn eine Konsensbildung existiert und Zerfall und Gegnerschaft in einer Gesellschaft begrenzt sind und bleiben.[98] Gerade diese historisch begründeten Dissoziationen wusste die UNMIK nicht aufzuhalten allenfalls einzudämmen, was unter anderem an der Etablierung unterschiedlicher Ausbildungssysteme von Serben und Albanern festgemacht werden

---

91 *Schoch*, Demokratisierung im ungeklärten Staat?, S. 12.
92 *Schoch*, Demokratisierung im ungeklärten Staat?, S. 13–14.
93 *Schoch*, Demokratisierung im ungeklärten Staat?, S. 11–14.
94 *Bickel*, Neues-Deutschland vom 24.03.2004.
95 *Severin*, Jurnalul National vom 22.07.2010.
96 Neue Unruhen im Kosovo, zdf-online.
97 *Kiderlen*, Von Triest nach Osttimor, S. 71.
98 *Böckenförde*, Ist Demokratie eine notwendige Forderung der Menschenrechte?, 233, (S. 238).

kann.[99] Schließlich lässt sich mit hoher Wahrscheinlichkeit auch aus der Friedensoperation im Kosovo kein Recht auf Demokratie ableiten. Diese Feststellung kann nicht auf andere Friedensoperationen übertragen werden.

2.2.3 Resolutionen und Grundsatzerklärungen der VN-Generalversammlung[100]

Ein Recht auf Demokratie oder eine Verpflichtung zur Demokratie könnte sich zudem aus den Resolutionen der Generalversammlung erschließen. Im Gegensatz zu den Resolutionen des VN-Sicherheitsrates sind jene der VN-Generalversammlung völkerrechtlich nicht bindend, können jedoch politisches Gewicht erlangen, wenn sie die Entscheidung einer Mehrheit der Mitgliedstaaten darstellen. Das heißt nicht, dass ihre Entscheidungen völkerrechtlich ohne Wirkung bleiben müssen. Die Resolutionen der Generalversammlung können unter bestimmten Voraussetzungen zur Ausbildung von verbindlichem Völkergewohnheitsrecht beitragen.[101] Die zu untersuchenden Resolutionen lassen sich in wahlbezogene- und demokratiebezogene Resolutionen untergliedern[102] und sollen im Folgenden einer Analyse unterzogen werden.

2.2.3.1 Wahlbezogene Resolutionen

2.2.3.1.1 Allgemeine Menschenrechtserklärung

Ein Recht auf Demokratie könnte sich aus dem Artikel 21 der Allgemeinen Erklärung der Menschenrechte (AEMR), am 10 Dezember 1948 von der Generalversammlung in Paris verkündet, ergeben. Nach Abs. 1 wird jedem das Recht auf unmittelbare Gestaltung der öffentlichen Angelegenheiten gewährt oder auf Mitwirkung durch frei gewählte Vertreter. Abs. 3 drückt aus, dass der Wille des Volkes, der durch regelmäßige, unverfälschte, allgemeine und gleiche Wahlen zum Ausdruck komme, die Grundlage für die Autorität der öffentlichen Gewalt bilde. Weil die Allgemeine Menschenrechtserklärung von allen VN-Mitgliedsstaaten ratifiziert wurde und auch von Neumitgliedern automatisch anerkannt wird, könnte in Artikel 21 die Verpflichtung aller VN-Mitgliedsstaaten gesehen werden, Wahlen durchzuführen und ein demokratisches System zu etablieren. Dem ist entgegenzu-

---

99 *Schoch*, Demokratisierung im ungeklärten Staat?, S. 20.
100 Die Darstellungen im folgenden Kapitel orientieren sich an den Ausführungen von *Petersen*, S. 94 ff. Diese wurden einer eigenständigen kritischen Reflexion unterzogen.
101 *Hobe/Kimminich*, Einführung in das Völkerrecht, S. 128–131.
102 *Petersen*, Demokratie als teleologisches Prinzip, S. 94.

halten, dass die Allgemeine Erklärung von Ländern mit verschiedenen politischen Systemen verabschiedet wurde. Der Artikel 21 kann demnach gar kein politisches Modell vorschreiben.[103] Hinzu kommt, dass die AEMR nicht juristisch bindend für die Staaten ist und es keine höhere Gewalt gibt, welche die AEMR durchsetzen könnte. Somit statuiert Art. 21 zwar keine Pflicht der Staaten. Der AEMR kommt aber insgesamt eine große moralische und politische Bedeutung zu. Sie bildet die Grundlage für Konventionen, die wiederum eine Pflicht für Staaten statuieren.[104]

2.2.3.1.2 Pro-Wahlen-Resolutionen

Ab 1988 verabschiedete die Generalversammlung mehrere Resolutionen unter dem Titel „Verstärkung der Wirksamkeit des Grundsatzes regelmäßiger und unverfälschter Wahlen". Die erste der Resolutionen vom 8.12.1988[105] beschränkt sich vor allem auf die Verurteilung des Apartheidsystems in Südafrika. Bezüglich der Wahlen „unterstreicht" sie, „daß der Wille des Volkes, der in regelmäßigen Wahlen zum Ausdruck kommt, die Grundlage für die Autorität der öffentlichen Gewalt bildet", hebt die weitreichende Bedeutung des Volkswillens hervor und „erklärt", dass es zu dessen Feststellung eines Wahlprozesses bedarf, „der unterschiedliche Wahlmöglichkeiten zuläßt". Es kommt jedoch zu keiner expliziten Forderung, Wahlen zur Legitimierung von Staatsgewalt durchzuführen. Die Intention der Resolution stellt lediglich eine Empfehlung und eine pro-Wahlen-Positionierung dar. Bemerkenswert ist, dass die Resolution ohne Abstimmung verabschiedet wurde, was für einen großen Rückhalt im Gremium spricht, die Resolution aber zugleich auch betont, „daß jeder Staat das Recht hat, sein politisches, soziales, wirtschaftliches und kulturelles System frei zu wählen und zu gestalten". Die zweite Resolution aus dem Jahre 1989[106], die ebenfalls ohne Abstimmung verabschiedet wurde, bedeutete einen Rückschritt. Zum einen wird die Betonung auf die unterschiedlichen Wahlmöglichkeiten unterlassen und hervorgehoben, dass „das souveräne Recht eines jeden Staates, seine (…) Systeme frei zu wählen und zu gestalten, nicht in Frage stehen sollte, gleichgültig, ob diese den Präferenzen anderer Staaten entsprechen oder nicht". Zum anderen wurde am selben Tag eine „Gegenresolution"[107] verabschiedet, die hervorhebt, dass Wahlen, Wahlprozesse und die zugehörigen Methoden innerstaatliche An-

---

103 Erläuterungen zu Art. 21 AEMR in: Informationsplattform humanrights.ch, http://www.humanrights.ch/de/Instrumente/AEMR/Text/idart_522-content.html?zur=7 (besucht am 12.12.2011).
104 *Engelmann*, Menschenrechte und Vereinte Nationen, S. 3–4.
105 A/RES/43/157 (8. Dezember 1988).
106 A/RES/44/146 (15. Dezember 1989).
107 A/RES/44/147 (15. Dezember 1989).

gelegenheiten seien, in die sich nicht eingemischt werden dürfe.[108] Die Resolution in gleicher Sache von 1990[109] „bekräftigt" zum ersten Mal „den Wert der Wahlhilfe, den die Vereinten Nationen auf Ersuchen der Mitgliedstaaten im Kontext der uneingeschränkten Achtung ihrer Souveränität geleistet haben" und fordert in Punkt neun zur Entwicklung von Plänen auf, wie zukünftig auf das Ersuchen der Mitglieder reagiert werden könne, „die bemüht sind, ihre Wahlsituationen und – verfahren zu fördern und zu stärken". In der Resolution von 1991[110] wird zwar auf der einen Seite einschränkend erklärt, die Wahlverifikation dürfe „nur ausnahmsweise und unter klar festgelegten Umständen", die eine internationale Dimension aufweisen, vollzogen werden. Andererseits wird die Ernennung eines Koordinators festgelegt und das erste Mal die Verbindung der Wahlhilfe zur Demokratie als Teil des Prozesses verdeutlicht. Außerdem akzentuiert sie besonders in Punkt 3 die Vorzüge der regelmäßig und unverfälscht stattfindenden Wahlen. Die folgenden pro-Wahlen-Resolutionen nahmen ab 1994 den Titel „Die Stärkung der Rolle der Vereinten Nationen bei der Steigerung der Wirksamkeit des Grundsatzes regelmäßiger und unverfälschter Wahlen und der Förderung der Demokratisierung" an und konzentrierten sich auf die Empfehlung an die VN, den Mitgliedstaaten auf deren Ersuch Wahlhilfe zu leisten.

Das Fundament für die Förderung von Wahlen bzw. von Demokratie der Generalversammlung wurde durch die bearbeiteten Resolutionen gelegt. Die anschließenden pro-Wahlen-Resolutionen gingen viel mehr auf die Empfehlung an die VN ein, Mitgliedsstaaten bei Anfragen in ihren Wahlprozessen zu unterstützen.

Eine noch nennenswerte Gegenresolution verabschiedete die Generalversammlung am 19. Dezember 2001[111], die erklärt, dass regelmäßige, faire und freie Wahlen wichtige Bestandteile der Förderung und des Schutzes der Menschenrechte sind" und das Recht der Völker bekräftigt Wahlmethoden festzulegen und Wahlinstitutionen einzurichten, für deren erforderlichen Mittel die Staaten sorgen sollen, um die Mitwirkung des Volkes an Wahlvorgängen zu erleichtern. Während ersteres lediglich zum Ausdruck bringt, dass eine Verbindung zwischen Wahlen und Menschenrechten besteht, bezieht sich die zweite Formulierung auf ein Recht des Volkes auf Wahlen. Problematisch ist nur, dass damit keine Pflicht für die Staaten einhergeht. Denn, dass die Staaten die Sorge für die Mittel zu tragen haben, wird von dem Vorhandensein der Wahlinstitutionen abhängig gemacht. Der Staat soll in diesem Falle lediglich für Erleichterung sorgen.[112]

---

108 Zu fast jeder Pro-Wahlen-Resolution gab es eine Gegenresolution, die sich bis 1999 jedoch nicht bemerkenswert veränderten.
109 A/RES/45/150 (18. Dezember 1990).
110 A/RES/46/137 (17. Dezember 1991).
111 A/RES/56/154 (19. Dezember 2001).
112 *Petersen*, Demokratie als teleologisches Prinzip, S. 100–101.

Die behandelten pro-Wahlen-Resolutionen drücken kein unmittelbares Recht auf Wahlen oder gar Demokratie aus. Sie stellen auch keine Verpflichtung der Staaten dar. Sie beziehen sich viel mehr auf die Begleitung der Wahlprozesse und stellen eine helfende Grundlage für Demokratisierungsprozesse für anfragende Staaten dar. Die Resolutionen lassen aber auch erkennen, dass sich die Generalversammlung bemüht ihre Hilfe zu optimieren und zu professionalisieren und stellen somit eine Förderung demokratischer Prozesse und die Institutionalisierung der Wahlhilfe dar.

2.2.3.2 Demokratiebezogene Resolutionen

Unter diesem Punkt sollen diejenigen Resolutionen untersucht werden, die tatsächlich den Gegenstand „Demokratie" behandeln.

2.2.3.2.1 Wiener Menschenrechtserklärung

Die Wiener Menschenrechtserklärung aus dem Jahre 1993[113] beinhaltet in den Punkten acht und neun einen Bezug zur Demokratie. Im erstgenannten Punkt betont sie, dass ein Zusammenhang von Demokratie, Entwicklung und Achtung der Menschenrechte und Grundfreiheiten besteht, und fordert internationale Maßnahmen zur Förderung der Demokratie. Doch stellt dies lediglich einen Verweis auf ein anzustrebendes Ziel dar. Aus der Verwendung des Verbs „sollte" wird deutlich, dass es keine rechtliche Verpflichtung beinhaltet.[114] Im zweiten Punkt wird ein Anspruch der am wenigsten entwickelten Länder auf Unterstützung des Demokratisierungsprozesses, soweit sie sich der Demokratie verpflichtet haben, bekräftigt. Die Internationale Gemeinschaft solle ihnen dabei Unterstützung leisten. Wiederum steht das Verb „sollte" einer rechtlichen Verpflichtung entgegen. Außerdem bezieht sich diese Formulierung einzig auf den Demokratisierungsprozess, nicht aber auf den Zustand.[115]

2.2.3.2.2 Resolutionen über Demokratie

Am 6. Dezember 1996 verabschiedete die Generalversammlung die erste Resolution unter dem Titel „Unterstützung der Bemühungen der Regierungen um die

---

113 A/CONF.157/23 (12. Juli 1993).
114 *Rudolf,* Die thematischen Berichterstatter und Arbeitsgruppen der UN-Menschenrechtskommission, S. 483.
115 *Petersen,* Demokratie als teleologisches Prinzip, S. 102.

Förderung und Konsolidierung neuer oder wiederhergestellter Demokratien durch das System der Vereinten Nationen"[116], in welcher vor allem Lob für die Konferenz neuer und wiederhergestellter Demokratien und der Wert der Demokratie zum Ausdruck gebracht werden. Auch werden die Mitgliedstaaten „ermutigt", aber nicht aufgefordert oder verpflichtet, „die Demokratisierung zu fördern". Zusätzlich wird erneut festgelegt, dass demokratiefördernde Maßnahmen ausschließlich auf Ersuchen des jeweiligen Staates getätigt werden dürfen. Der Charakter der Resolutionen unter dem genannten Titel hat sich auch bis zu der letzten Resolution vom 9. November 2009[117] nicht grundlegend geändert. Hinzu kamen lediglich 2003 die beschlossene Zusammenarbeit des internationalen Instituts für Demokratie und Wahlhilfe[118] und 2007 die Einführung des internationalen Tages der Demokratie.[119]

Sehr detailliert und umfassend formuliert die Resolution „Förderung und Konsolidierung der Demokratie"[120] die Forderung an die Mitgliedstaaten, die Demokratie zu etablieren. Die Resolution mit ihren acht Unterpunkten, die teilweise durch bis zu neun Unterpunkte beschrieben werden, kommt einer Anleitung zur Demokratisierung gleich. Die Forderung belässt es nicht bei der Einführung von Wahlen, sondern verlangt für den (erfolgreichen) Demokratisierungsprozess darüber hinaus auch nachhaltige Entwicklung, Sozialstaatlichkeit, *good governance*, Pluralismus, Rechtsstaatlichkeit und die Wahrung der Menschenrechte und Grundfreiheiten. Jedoch drückt auch diese Resolution keine Verpflichtung zur Demokratie oder ein Recht auf Demokratie aus. Sie gibt aber unmissverständlich die Auffassung der VN wider, welchen Umfang ein Demokratisierungsprozess besitzt und stellt einen Leitfaden zur Etablierung und Festigung demokratischer Strukturen dar.

In ähnlicher, gleichwohl weniger ausführlicher Weise beschreibt die Resolution des Menschenrechtsrates vom 27. April 1999[121] seine Auffassung von Demokratie. Hier wird die Demokratie als Mittel aufgegriffen, das zur „vollen Realisierung aller Menschenrechte" führt und umgekehrt alle Menschenrechte Demokratie realisieren. Es bestünde demnach eine *Interdependenz von Menschenrechten und Demokratie.*[122] Der Titel der Resolution handelt freilich von der Förderung des Rechts auf Demokratie, woraus sich möglicherweise schluss-

---

116 A/RES/51/31 (6. Dezember 1996).
117 A/RES/64/12 (9. November 2009).
118 A/RES/58/83 (9. Dezember 2003).
119 A/RES/62/7 (8. November 2007).
120 A/RES/55/96 (4. Dezember 2000).
121 E/CN.4/RES/1999/57 (27. April 1999).
122 Diese Auffassung steht im Widerspruch zu meinen oben dargelegten Ergebnissen bzgl. der Beziehung von Menschenrechten und Demokratie und entspräche der bereits erläuterten republikanischen Sichtweise der Menschenrechte.

folgern lässt, dass das Recht bereits vorhanden ist. Der Inhalt hingegen behandelt „Rechte der demokratischen Regierungsführung". Ein explizites Recht wird nicht genannt.

2.2.3.2.3 Millenniums-Erklärung der Vereinten Nationen und die Weltgipfel 2005

In Punkt sechs der Millenniums-Erklärung[123] wird die Auffassung vertreten, dass die Freiheitsrechte „am besten durch eine demokratische und partizipatorische Staatsführung auf der Grundlage des Willens des Volkes gewährleistet" werden. Im fünften Abschnitt wird erläutert, welche Schritte zur Förderung von Menschenrechten und Demokratie angedacht sind. Doch geht aus dem Wortlaut und schon aus dem Wesen der Erklärung hervor, dass weder Anspruch noch Verpflichtung für den Staat auf eine demokratische Regierung bestehen. Denn die Millenniumserklärung beschreibt vielmehr die Rolle der VN im 21. Jahrhundert und die gewünschten Ziele, die für die Mitgliedssaaten unverbindlich sind.[124] Auf dem Weltgipfel 2005[125] wurde erneut der universelle Wert der Demokratie und ihre Wechselwirkung mit der Achtung der Menschenrechte festgemacht, gleichzeitig aber auch betont, dass es wichtig sei die Souveränität der Staaten zu achten. Zusätzlich kam es zu der Schaffung eines Demokratiefonds, der zur Unterstützung der Demokratieprozesse durch die Vereinten Nationen auf Anfrage angelegt wurde. Auch aus den Ergebnissen des Weltgipfels lässt sich kein Recht auf Demokratie ableiten. Der Fonds soll über freiwillige Beiträge finanziert werden, was zeigt, dass auch keine verpflichtete, damit einhergehende breite Unterstützung beschlossen wurde. Vielmehr ist durch die Betonung der Souveränität ein Trend gegen die demokratiebetonende Haltung zu interpretieren.

Zum Ende dieses Kapitels sei festgehalten: die interne Organisation der VN ist wie erläutert nicht demokratisch. Mit hoher Wahrscheinlichkeit ist aus den untersuchten Vorgehensweisen der VN *kein* Recht auf Demokratie erwachsen.

3 Schlussfolgerungen und Perspektiven

Das Ergebnis zu den in der Einleitung aufgeführten Thesen fällt auf den ersten Blick nicht zufriedenstellend aus: Für eine umfangreiche Bewertung der ersten These – *es gibt kein manifestiertes Recht auf Demokratie im Völkerrecht* – war

---

123 A/RES/55/2 (13. September 2000).
124 *Spielmanns*, Einleitung: Der MDG-Gipfel 2010, S. 4.
125 A/RES/60/1 (15. September 2005).

der Umfang der Untersuchungsgegenstände zu gering. Neben der Organisation und den Verfahren der VN, aus denen sich mit hoher Wahrscheinlichkeit kein Recht auf Demokratie ableiten lässt, hätten noch zahlreiche Völkerrechtsquellen herangezogen werden müssen. Die analysierten Resolutionen und Friedensoperation im Kosovo könnten jedoch durchaus als Förderung demokratischer Strukturen und demokratischer Institutionen beurteilt werden. Auf die zweite These, nach welcher der Schlüssel zur Demokratie in der positiven Korrelation zwischen Demokratie und den Zielen der VN liegt, muss differenziert eingegangen werden. Einerseits gibt es, wie dargelegt, Bestrebungen in der VN die Ziele „Friedenssicherung und internationale Sicherheit" mit Demokratisierung zu erreichen. Andererseits bestehen zahlreiche Bedenken. Es erscheint bereits fraglich, ob es zu einem guten Ergebnis führt, wenn Fragen der Demokratie auf internationaler Ebene nur von Regierungsvertretern und Völkerrechtsexperten behandelt werden, die von dem Rechtssystem ihrer Heimat beeinflusst sind. Darüber hinaus werden offensichtlich eigennützige Interventionen, wie in Libyen oder im Irak, von ständigen Mitgliedern des Sicherheitsrates mit vermeintlich demokratischen Intentionen kaschiert. Hierdurch wirkt die Demokratisierung der VN wenig identitätsstiftend. Auch wenn im Zusammenhang der Forschungsfrage *Gibt es ein Recht auf Demokratie?* einer minimalistischen Definition gefolgt wurde, umfasst die Demokratie doch weit mehr. Sie ist ein moralisches Konzept und stellt eine Lebensform dar, die eine bestimmte Entwicklungszeit benötigt, um auch im Individuum und heterogenen Gemeinschaften wie Gesellschaften Anklang zu finden, was der VN zumindest im Kosovo nicht zu vermitteln gelang und z.B. durch Wahlhilfe nicht allein zu bewerkstelligen sein dürfte. Eine Möglichkeit, wie Demokratie universellen Anklang finden könnte, wäre eine Demokratisierung der VN selbst, die aus der Historie entwickelt vielleicht nur so zur Friedenssicherung beitragen konnte, mit der Schaffung eines Weltparlaments, dem stückweise Kompetenzen übertragen würden und das gewisse Aufnahmekriterien für Neumitglieder hätte. Die Abgeordneten würden von den Weltbürgern direkt gewählt. Die Wahlen könnten an Länderwahlen gekoppelt und durch einen Kriterienkatalog auch diese demokratisieren. Bezogen auf die sich im Aufbruch befindenden arabischen Länder hängt die Etablierung der Demokratie wohl weniger von der Hilfe der VN ab, als vielmehr von der Aufnahmebereitschaft der Völker. Die VN können diesen Prozess lediglich begleiten und durch Wahlhilfe etc. fördern.

Literatur

Bauer, Barbara, Der völkerrechtliche Anspruch auf Demokratie: Zur Rolle internationaler Organisationen im weltweiten Demokratisierungsprozess (zit.: *Baur,* Der völkerrechtliche Anspruch auf Demokratie), (Frankfurt am Main, New York) 1998.

Bernhardt, Rudolf/Simma, Bruno, Charta der Vereinten Nationen: Kommentar (zit.: *Autor* in: *Charta der Vereinten Nationen*) (München) 1991.

Bickel, Markus, Unmut in UNMIKistan: Fünf Jahre nach Beginn des NATO-Krieges gegen Jugoslawien brach in Kosovo erneut Gewalt aus, Neues-Deutschland vom 24.03.2004, http://www.ag-friedensforschung.de/regionen/Serbien-Montenegro/pogrom.html (besucht am 28.12.2011).

Böckenförde, Ernst-Wolfgang, Ist Demokratie eine notwendige Forderung der Menschenrechte? in: Gosepath, Stefan/Lohmann, Georg (Hrsg.), Philosophie der Menschenrechte (zit.: *Böckenförde,* Ist Demokratie eine notwendige Forderung der Menschenrechte?), (Frankfurt am Main) 1998, S. 233.

Bogdandy, Armin von, Demokratie, Globalisierung, Zukunft des Völkerrechts – eine Bestandsaufnahme, ZaöRV 2003, S. 853.

Chivers, C. J./Schmitt, Eric, In Strikes on Libya by NATO, an Unspoken Civilian Toll, New York Times vom 17.12.2011, http://www.nytimes.com/2011/12/18/world/africa/scores-of-unintended-casualties-in-nato (besucht am 19.12.2011).

Eberl, Oliver, Demokratie und Frieden: Kants Friedensschrift in den Kontroversen der Gegenwart (zit.: *Eberl,* Demokratie und Frieden), (Baden-Baden) 2008.

Engelmann, Claudia, Menschenrechte und Vereinte Nationen (zit.: *Engelmann,* Menschenrechte und Vereinte Nationen), (Berlin) Dezember 2011, http://www.dgvn.de/fileadmin/user_upload/PUBLIKATIONEN/Basis_Informationen/ Basisinfo40_Menschenrechte_final_screen.pdf (besucht am 22.12.2011).

Faust, Jörg, Autokratien können kein Vorbild sein: Offene Wirtschaft, repressive Innenpolitik: Ökonomisch erfolgreiche Autokratien werden als alternative Entwicklungsmodelle diskutiert, Zeit Online vom 04.05.2009, http://www.zeit.de/online/2009/19/autokratie-entwicklungspolitik (besucht am 10.12.2011).

Filippis, Vittorio de, Pétrole: l'accord secret entre le CNT et la France, Libertation vom 01.09.2011, http://www.liberation.fr/monde/01012357324-petrole-l-accord-secret-entre-le-cnt-et-la-france (besucht am 20.12.2011).

Grimm, Sonja, Verpflichten Menschenrechte zur Demokratie: Über universelle Menschenrechte, politische Teilhabe und demokratische Herrschaftsordnungen (zit.: *Grimm,* Verpflichten Menschenrechte zur Demokratie), (Berlin) 2004.

Gruber, Peter, Der große Naive, Focus 34/1994, http://www.focus.de/politik/ausland/ausland-der-grosse-naive_aid_149108.html (besucht am 31.12.2011).

Habermas, Jürgen, Faktizität und Geltung: Beiträge zur Diskurstheorie des Rechts und des demokratischen Rechtsstaats (zit.: *Habermas,* Faktizität und Geltung), 4. Aufl. (Frankfurt am Main) 1994.

Hansmeier, Antonia, dtv-Lexikon: In 24 Bänden (zit.: dtv-Lexikon), Bd. 5 (München) 2006.

Hobe, Stephan/Kimminich, Otto, Einführung in das Völkerrecht (zit.: *Hobe/Kimminich*), 8. Aufl. (Tübingen) 2004.

Högens, Clemens, 11 Entscheidende Minuten 2011: Letzte Rettung Feuersturm , Spiegelonline vom 22.12.2011, http:// www.spiegel.de/politik/ausland/0,1518,803399, 00.html (besucht am 22.12.2011).
Junghans, Daniela, Sarkozyc verkappte Siegesfeier für Libyen, http://www.tagesschau.de/ausland/libyen1382.html (besucht am 20.12.11).
Kant, Immanuel, Zum ewigen Frieden: Ein philosophischer Entwurf (zit.: *Kant,* Zum ewigen Frieden), (Stuttgart) 2008.
Kiderlen, Hans Fabian, Von Triest nach Osttimor: Der völkerrechtliche Rahmen für die Verwaltung von Krisengebieten durch die Vereinten Nationen (zit.: *Kiderlen,* Von Triest nach Osttimor), (Berlin) 2008.
Ki-moon, Ban, Guidance note of the Secretary-General on democracy (zit.: *Ki-moon,* Guidance note of the Secretary-General on democracy), 2009, http://www.un.org/democracyfund/Docs/UNSG%20Guidance%20Note%20on%20Democracy (besucht am 03.12.2011).
Kokott, Juliane, Souveräne Gleichheit und Demokratie im Völkerrecht, ZaöRV 2004, S. 517.
Libyan police stations torched, Aljazeera vom 16.02.2011, http://www.aljazeera.com/news/africa/2011/02/20112167051422444.html (besucht am 19.12.2011).
Merkel, Reinhard, Die Militärintervention gegen Gaddafi ist illegitim, FAZ vom 22.03.2011, www.faz.net/aktuell/feuilleton/voelkerrecht-contra-buergerkrieg-die-militaerintervention-gegen-gaddafi-ist-illegitim-1613317.html (besucht am 10.12.2011).
Meyer, Berthold, Die Konfliktregelungskompetenz der Vereinten Nationen zwischen hehren Zielsetzungen und nationalen Eigeninteressen in: Imbusch, Peter/Zoll, Ralf (Hrsg.), Konfliktregelung und Friedensstrategien, Eine Einführung (zit.: *Meyer,* Die Konfliktregelungskompetenz der VN), (Wiesbaden) 2011, S. 471.
Naguib, Tarek, Haiti in den Jahren 1993 bis 1994 (zit.: *Naguib,* Haiti in den Jahren 1993-1994), http://www.humanrights.ch/upload/pdf/050603_haiti_lang.pdf (besucht am 01.01.2012).
Neue Unruhen im Kosovo in: Heute in Europa, zdf-online vom 28.07.2011, http://www.zdf.de/ZDFmediathek/beitrag/video/1397560/ZDF-heute-in-europa-vom-28.-Juli-2011#/beitrag/video/1397560/ZDF-heute-in-europa-vom-28.-Juli-2011 (besucht am 22.12.11).
Newman, Edward, UN democracy promotion: Comparative advanteges and constraints in: Newman, Edward/Rich, Roland (Hrsg.), The UN role in promoting democracy, Between ideals and reality (zit.: *Newman,* UN democracy promotion), (Tokyo, New York) 2004, S. 188.
Oehrlein, Josef/Domingo, Santo, Aristide, ein politisches Stehaufmännchen, FAZ vom 13.02.2004, http://www.faz.net/aktuell/politik/ausland/haiti-aristide-ein-politisches-stehaufmaennchen-1145302.html (besucht am 31.12.2011).
Perthes, Volker, Nato-Einsatz in Libyen: Offene Unterstützung und heimliche Hilfe, Süddeutsche vom 27.08.2011, http://www.sueddeutsche.de/politik/nato-einsatz-in-libyen-offene-unterstuetzung-und-heimliche-hilfe-1.1135552 (besucht am 07.12.2011).

Petersen, Niels, Demokratie als teleologisches Prinzip: Zur Legitimität von Staatsgewalt im Völkerrecht (zit.: *Petersen,* Demokratie als teleologisches Prinzip), (Berlin) 2009.

Petersen, Nils, Anforderungen des Völkerrechts an die Legitimation politischer Entscheidungen – Zwischen domaine réservé und right to democratic governance in: Vöneky, Silja/Hagedorn, Cornelia/Clados, Miriam u. a. (Hrsg.), Legitimation ethischer Entscheidungen im Recht, Interdisziplinäre Untersuchungen (zit.: *Petersen,* Anforderungen des Völkerrechts an die Legitimation politischer Entscheidungen), (Berlin) 2009, S. 173.

Przeworski, Adam, Democracy and Economic Development in: Mansfield, Edward D. /Sisson, Richard (Hrsg.), Political Science and the Public Interest (zit.: *Przeworski,* Democracy and Economic Development), 2004, politics.as.nyu.edu/docs/IO/2800/sisson.pdf (besucht am 09.12.2011).

Rudolf, Beate, Die thematischen Berichterstatter und Arbeitsgruppen der Un-Menschenrechtskommission: ihr Beitrag zur Fortentwicklung des internationalen Menschenrechtsschutzes (zit.: *Rudolf,* Die thematischen Berichterstatter und Arbeitsgruppen der Un-Menschenrechtskommission), (Berlin) 2000.

Sartori, Giovanni/Wildenmann, Rudolf, Demokratietheorie (zit.: *Sartori/Wildemann,* Demokratietheorie), (Darmstadt) 1992.

Saxer, Urs W., Die internationale Steuerung der Selbstbestimmung und der Staatsentstehung: Selbstbestimmung, Konfliktmanagement, Anerkennung und Staatennachfolge in der neueren Völkerrechtspraxis (zit.: *Saxer,* Die internationale Steuerung der Selbstbestimmung und der Staatsentstehung), (Heidelberg, New York) 2010.

Schmidt, Manfred G., Ist die Demokratie wirklich die beste Staatsverfassung?, ÖZP 28/1999, S. 187.

Schoch, Bruno, Demokratisierung im ungeklärten Staat?: Das UN-Protektorat im Kosovo – eine Bilanz (zit.: *Schoch,* Demokratisierung im ungeklärten Staat?), (Frankfurt am Main) 2010, http://edoc.vifapol.de/opus/volltexte/2011/3198/pdf/reoport 1310.pdf (besucht am 25.12.2011).

Seibel, Wolfgang, Moderne Protektorate als Ersatzstaat: UN-Friedensoperationen und Dilemmata internationaler Übergangsverwaltungen in: Schuppert, Gunnar Folke/Zürn, Michael (Hrsg.) (zit.: *Seibel,* Moderne Protektorate als Ersatzstaat), Governance in einer sich wandelnden Welt (Wiesbaden) 2008, S. 499.

Severin, Adrian, Kosovo auf dem Weg ins Nirgendwo, Jurnalul National vom 27.07.2010, http://www.presseurop.eu/de/content/article/299811-kosovo-auf-dem-weg-ins-nirgendwo (besucht am 27.12.2011).

Spielmanns, Heike, Einleitung: Der MDG-Gipfel 2010 in: Verband Entwicklungspolitik deutscher Nichtregierungsorganisationen (Hrsg.), Die Millenniumsentwicklungsziele 2010: Erfolge und Handlungsbedarf, VENRO-Projekt »Perspektive 2015 – Armutsbekämpfung braucht Beteiligung« (zit.: *Spielmanns,* Einleitung: Der MDG-Gipfel 2010), (Bonn), S. 4.

Stein, Torsten, Demokratische Legitimierung auf supranationaler und internationaler Ebene, ZaöRV 2004, S. 563.

Steinorth, Charlotte, Demokratie lite? Möglichkeiten und Grenzen des Demokratisierungsbeitrags der Vereinten Nationen in Postkonflikt-Gesellschaften, ZaöRV 2011, S. 475.

Sunde, Uwe, Wirtschaftliche Entwicklung und Demokratie: Ist Demokratie ein Wohlstandsmotor oder ein Wohlstandsprodukt? (zit.: *Sunde,* Wirtschaftliche Entwicklung und Demokratie), (Bonn) 2006, http://ftp.iza.org/dp2244.pdf (besucht am 12.11.2011).

UN-Sicherheitsrat greift jetzt doch ein, Handelsblatt vom 10.12.2011, http://www.handelsblatt.com/politik/international/un-sicherheitsrat-greift-jetzt-doch-ein/5944250.html?p5944250=all (besucht am 14.12.2011).

Uthmann, Jörg von, Warum hassen sich Serben und Albaner, Herr Kadaré?, Der Tagesspiegel vom 01.06 1999, http://www.tagesspiegel.de/kultur/warum-hassen-sich-serben-und-albaner-herr-kadare/79252.html (besucht am 16.12.2011).

Wheatley, Steven, Democracy, minorities and international law (zit.: *Wheatley,* Democracy, minorities and international law), (Cambridge) 2005.

Teil II:
Theoretische Ansätze und Diskurse zu einer an Menschenrechten und Demokratie orientierten Sozialen Arbeit

Menschenrechte als Bezugsrahmen Sozialer Arbeit

Eine kritische Explikation der ethisch-anthropologischen, fachwissenschaftlichen und sozialphilosophischen Grundlagen[1]

Eric Mührel & Dieter Röh

Einführung

Weitgehend akzeptiert wird seit geraumer Zeit, dass die Prinzipien der Menschenrechte auf der einen und die Idee einer sozialen Gerechtigkeit auf der anderen Seite die ethischen Grundlagen der Sozialen Arbeit bilden. Die weit über die Grenzen der Praxis Sozialer Arbeit auch in der Disziplin rezipierte Proklamation der International Federation of Social Workers von 2000 – „Principles of human rights and social justice are fundamental to social work" – (IFSW Definition of Social Work) legt diese beiden Prinzipien der normativen Definition Sozialer Arbeit zu Grunde. Führende Vertreter der Wissenschaft der Sozialen Arbeit definieren Gegenstand und Funktion Sozialer Arbeit ebenfalls als an den Menschenrechten orientiert und beschreiben diese als *eine Menschenrechtsprofession* (Staub-Bernasconi 2003 u. 2008; Wronka 2008; Ife 2008) und mit Amartya Sen (2004, 319) können wir festhalten, dass „human rights generate reasons for action for agents who are in a position to help in the promoting or safeguarding of the underlying freedoms."

In diesem Beitrag wird die postulierte Grundlegung Sozialer Arbeit entlang des Menschenrechtsdiskurses und der Menschenrechtsdeklaration der Vereinten Nationen von 1948 expliziert und mit weiteren ethischen und sozialphilosophischen Theoriebezügen untermauert. Dabei sollen folgende Fragen erkenntnisleitend sein: In welchem Verhältnis stehen Menschenrechte und soziale Gerechtigkeit miteinander? Welche Verbindung gibt es zwischen menschrechts-, bedürfnis- und gerechtigkeitstheoretischen Ansätzen? Der unmittelbare Bezug von Menschenrechten und Menschenwürde generiert eine anthropologische Grundlage der Sozialen Arbeit im Verständnis einer humanistischen Profession, da sich in den Menschenrechten das Menschen*bild* des Humanismus ausdrückt (siehe Mührel 2009). Dabei wird darauf hinzuweisen sein, dass es durchaus unterschiedliche – humanistische – Zugänge zur Beschreibung der Menschenwürde gibt. Über die ethisch-anthropologische Grundlage hinaus stellen die Menschen-

---

[1] Diesem Beitrag liegt ein Artikel zugrunde, der in der Zeitschrift Widersprüche (Nr. 107, 2008, S. 47-64) veröffentlicht wurde und für diese Publikation weitreichend überarbeitet wurde.

rechte zudem eine fachtheoretische sowie sozialphilosophische Basis der Sozialen Arbeit dar. Denn die Menschenrechte beziehen sich in ihrem Schutz der Menschenwürde auf Bedürfnisse von Menschen, die, um deren Würde zu sichern, befriedigt sein müssen. Damit artikuliert sich zugleich auch der gesellschafts- und sozialpolitische Auftrag Sozialer Arbeit: innovative Kritik an staatlichen, sozialen und gesellschaftlichen Prozessen und Strukturen und zugleich Förderung sozialer Gerechtigkeit. Dies kann nur geschehen, indem die notwendigen Lebens- und Umweltbedingungen bereitgestellt werden, die es Menschen erlauben, die grundlegenden Bedürfnisse zu erfüllen. Diese können u.a. mit verschiedenen Bedürfnistheorien bzw. mit dem seit den Arbeiten von Amartya Sen und Martha Nussbaum entwickeltem Capability Approach gefasst werden. Bedürfnisse und Capabilities haben – so wird zu zeigen sein – in ihren Dimensionen sehr viele Gemeinsamkeiten und können damit ebenfalls eine sozialanthropologische Grundlage der Sozialen Arbeit bilden.

Zur Erörterung dieses Programms der Menschenrechte als Grundlage der Sozialen Arbeit werden zunächst die Menschenrechte in ihrer geschichtlichen Entwicklung und inhaltlich beschrieben. Anschließend wird auf den Bezug von Menschenrechten und Menschenwürde sowie einer Begründung der Menschenwürde eingegangen. Der darauf folgende Abschnitt befasst sich explizit mit den Menschenrechten als einer fachwissenschaftlichen Grundlage der Sozialen Arbeit. Wir werden dabei auf die Vorarbeiten der Zürcher Schule um Staub-Bernasconi zurückgreifen. Neben diesen wird uns in diesem Zusammenhang die Ethik des guten Lebens nach Martha Nussbaum wertvolle Hinweise liefern.

Beschreibung der Menschenrechte in ihrer Entwicklung

Mit Norberto Bobbio, einem der wohl einflussreichsten politischen Philosophen im Ausgang des letzten Jahrhunderts, können wir von drei Phasen in der Entwicklung der Menschenrechte ausgehen (siehe Bobbio 2000, 17-38; siehe aber auch Galtung 1994 oder Grayling 2008).

Bobbio beschreibt drei Phasen der Entwicklung der Menschenrechte. Als erstes lassen sich die Menschenrechte in den Ideen antiker Philosophen aufspüren. Dabei ist vor allem die philosophische Schule der Stoa[2] zu nennen. Diese wurde um 300 v. Chr. von Zenon von Kition in Athen gegründet und endet mit dem Tod ihres letzten Vertreters, dem römischen Kaiser Marc Aurel, 180 n. Chr. Kennzeichnend für die Stoa ist die Idee einer Weltgesellschaft vernünftiger Menschen. Diese weitreichende stoische Erkenntnis dürfte auch und gerade in heuti-

---

2   Die Philosophenschule hatte ihren Namen von dem ursprünglichen Versammlungsort, der *Stoa poikile*, der bunten Säulenhalle, in Athen.

ger Zeit in der Diskussion des weltpolitischen Geschehens sehr bedeutsam und wachrüttelnd sein. Das Zusammenleben der Menschen soll vor allem von den Vernunfttugenden bestimmt werden und nicht von den Kriegstugenden. Der vernünftige, nachdenkende Mensch gilt als Ideal, nicht der Kriegsheld oder die Kampfmaschine! Vor allem in der *Vernunft* liegt demnach der Schlüssel des Zusammenlebens und der friedlichen Koexistenz der Menschheit, nicht nur innerhalb nationaler Grenzen, sondern über die Grenzen der Völker hinweg. Der vernünftige Mensch ist daher kein Bürger eines bestimmten Staates, er ist Weltbürger.[3] Es dauert dann fast 1500 Jahre bis sich die philosophische Idee zu einem Naturrecht herausbildet. Der Mensch gilt fortan von Natur aus, d.h. von Geburt an, als Träger von Rechten, die ihm niemand, auch kein Staat, nehmen kann. Zudem kann er diese Rechte auch nicht selbst veräußern. Mit als erstes hat dies John Locke (1632-1704) formuliert. Nach Locke ist es die Aufgabe der Gesellschaft, die im Naturzustand des Menschen angelegten Rechte und Freiheiten weitestgehend zu fördern. Dadurch bleiben diese Naturrechte Ideen, die jedoch grundlegende Werte einer kommenden Gesetzgebung darstellen können.

Die zweite Phase der Entwicklung der Menschenrechte wird durch die Manifestierung der philosophischen Idee in Staatsauffassungen eingeläutet, wie wir sie in der Amerikanischen Unabhängigkeitserklärung von 1776 und der Französischen Revolution von 1789 wiederfinden. Die Menschenrechte gelten nun für lange Zeit als Ausgangspunkt eines modernen Rechtssystems, sind aber zunächst auf das Territorium einzelner Staaten begrenzt, womit sie de facto zu *Bürger*rechten werden, da sie nur den Bürgern – und erst Anfang des 20. Jahrhunderts den Bürgerinnen – des jeweiligen Staates zugute kommen.

In der dritten Phase der Entwicklung werden die Menschenrechte zu universalen Rechten, d.h. sie sind nicht mehr nur Rechte von Bürgern bestimmter Staaten, sondern gelten für alle Menschen. Diese Phase beginnt mit der Allgemeinen Erklärung der Menschenrechte 1948. Allerdings bleibt auch hier eine gewisse Ambivalenz offenkundig. Es mögen zwar die Rechte der Menschen im Sinne von Weltbürgern universal beschrieben sein, doch welche Instanz setzt sie durch? Trotz der Einrichtung internationaler Institutionen wie beispielsweise des Europäischen Gerichtshofes für Menschenrechte (1954) und des Internationalen Strafgerichtshofes für Kriegsverbrecher (1993 in Den Haag) sind für viele Men-

---

3 Später nahmen die Aufklärungsphilosophen Thomas Hobbes und John Locke diesen Gedanken in ihren jeweiligen politischen Theorien insofern auf, als das auch sie davon überzeugt waren, dass die Menschen auf Dauer über friedliche Kooperation mehr Wohlstand und mehr Gerechtigkeit finden würden, als über den Krieg *Aller gegen Alle*. Hobbes und Locke waren in ihren Präferenzen der dazu einzusetzenden Mittel durchaus unterschiedlicher Meinung und aus heutiger Sicht erscheint der Sozialvertrag von Locke als frei eingegangenes gesellschaftliches Arrangement durchaus attraktiver als der Hobbe'sche Leviathan und seine Präferenz für einen machiavellistischen Souverän.

schen dieser Welt die Menschenrechte nicht einklagbar. Sie bleiben der Willkür ihrer Staaten und Gesellschaften ausgesetzt.[4] Die Vereinten Nationen wirken insgesamt in vielen Belangen zu machtlos gegenüber ihren einzelnen Mitgliedsstaaten. Die Menschenrechte als Rechte von Weltbürgern bleiben ein Ziel, das eventuell am Ende der von Bobbio beschriebenen dritten Phase erreicht werden mag. Im Grunde zeichnet sich diese dritte Phase durch eine Weiterentwicklung und Differenzierung der allgemeinen Menschenrechte aus. So wurden und werden die Rechte einzelner Gruppen von Menschen in speziellen Konventionen spezifiziert. Beispiele sind hierbei die Rechte des Kindes, die der Behinderten und die der Frauen. Zudem wächst die Zahl der Rechtsgüter innerhalb der Menschenrechte, man denke z.B. an das Recht auf eine saubere und lebenswerte Umwelt, sowie die der Rechtsansprüche, was gut an der Entwicklung der Informationstechnologien und dem drohendem *digital devide* für viele Menschen sichtbar wird.

Die Entwicklung der Menschenrechte ist keinesfalls abgeschlossen. Sie zeigt bisher aber deutlich:

- Menschenrechte dienen dem Schutz der Würde des einzelnen Menschen.
- Sie sind unveräußerlich und unteilbar.
- Sie benötigen die UN und andere Institutionen als starke Vertreter zur Beförderung, Kontrolle und Garantie.

Inhaltlich lassen sich die Menschenrechte in einer möglichen Variante in drei Gruppen einteilen. Obwohl diese Einteilung in der Menschenrechtsdiskussion nicht durchgehend geteilt wird, übernehmen wir diese, da sie einen ersten übersichtlichen Zugang zur Thematik eröffnet. Nach dieser Einteilung gibt es zum einen die Menschenrechte *gegen* den Staat, die so genannten Abwehr- bzw. Freiheitsrechte, die mit Berlin (1995) gesprochen zu einer negativen Freiheit führen und mir ein Leben ermöglichen, das nicht durch Dritte, auch den Staat, eingeschränkt wird. Ein Beispiel hierfür ist Art. 12 der Allgemeinen Erklärung der Menschenrechte: „Niemand darf willkürlichen Eingriffen (z.B. durch staatliche Institutionen wie die Polizei – Anm. d. Verf.) in sein Privatleben, seine Familie, seine Wohnung und seinen Schriftverkehr oder Beeinträchtigungen seiner Ehre und seines Rufes ausgesetzt werden. Jeder hat Anspruch auf rechtlichen Schutz gegen solche Eingriffe oder Beeinträchtigungen."

Die zweite Gruppe bilden die Menschenrechte *im* Staat – oder mit Berlin (1995) die positiven Freiheiten –, die auch als Partizipationsrechte bezeichnet wer-

---

4 Wie trotz politischer und gesellschaftlicher Um- und Widerstände eine systematische Soziale Arbeit mit den Menschenrechten möglich ist, beschreibt Nivedita Prasad in ihrem Beitrag in diesem Band; vgl. auch Prasad 2011.

den. Ein Beispiel hierfür finden wir in Art. 21 Abs. 1 der Allg. Erklärung der Menschenrechte: „Jeder hat das Recht, an der Gestaltung der öffentlichen Angelegenheiten seines Landes unmittelbar oder durch frei gewählte Vertreter mitzuwirken."

Zur dritten Gruppe gehören die Menschenrechte, die *durch* den Staat garantiert werden, die sozialen Menschenrechte– mit Berlin (1995) auch als positive Freiheiten zu bezeichnen, und die Minderheitenrechte. Dazu gehören u.a. das Menschenrecht auf Schutz gegen jegliche Art von Diskriminierung, beispielsweise wegen Hautfarbe, sozialer Herkunft, Geschlecht, Alter oder Behinderung (Art. 7) und das Menschenrecht auf Bildung (Art. 27).

Vor diesem Hintergrund wird weiter unten der Frage nachzugehen sein, ob sich die positiven Rechte aus einer Bedürfnistheorie ableiten lassen, oder ob dies nur für die negativen Rechte zutrifft. So deutet zwar einiges darauf hin, dass fehlende Bedürfnisbefriedigung als soziales Problem und damit Aufgabe Sozialer Arbeit im reaktiven Sinne und Bedürfniserreichung gleichfalls als präventive Arbeit feststellbar ist, doch wie könnte es gelingen, die Menschen so auszustatten, dass die positiven Menschenrechte als Verwirklichungschancen gelten könnten. Bei den negativen Abwehrrechten gegenüber staatlichen oder privaten Eingriffen in die Freiheit sind wir da anscheinend weiter als bei der gerechten Güterverteilung im Sinne gerechter Verwirklichungschancen.

Menschenrechte basieren auf der Menschenwürde

Im ersten Absatz der Präambel der „Allgemeinen Erklärung der Menschenrechte" von 1948 finden wir den Grund und somit die Begründung für die Erklärung der Menschenrechte: „Da die Anerkennung der allen Mitgliedern der menschlichen Familie innewohnenden Würde und ihrer gleichen und unveräußerlichen Rechte die Grundlage der Freiheit, der Gerechtigkeit und des Friedens in aller Welt bildet, (...)."

Wer den Sinn der Menschenrechte erfassen will, muss sich daher mit Begriff und Inhalt der Menschenwürde[5] befassen. Was aber meint und beinhaltet Menschenwürde?

Der Begriff der Würde (lat. dignitas) eröffnet zwei Lesarten, die sich aus seiner Entwicklung heraus seit seiner Beschreibung durch den Stoiker Cicero (106-43 v.Chr.) ergeben (vgl. Horstmann 1984 sowie Tiedemann 2006, 68-71): Zum einen bezeichnet er in einer Bedeutung des lat. *dignitas* den Rang eines

---

[5] Es sei in diesem Zusammenhang darauf hingewiesen, dass der Begriff Menschenwürde schon um die Mitte des 19. Jahrhunderts im Rahmen der Forderung eines menschenwürdigen Lebens für alle Menschen zum politischen Schlagwort und somit zum Grundprinzip der gesellschaftlichen Gerechtigkeit wurde.

Menschen innerhalb einer Gesellschaft. Würde bezieht sich dann auf die Wertigkeit eines Menschen, ausgedrückt in einer besonderen Anerkennung seiner gesellschaftlichen Position. Diese Verstehensweise korrespondiert mit der Ableitung des deutschen Wortes Würde (ahd. *wirti*, mhd. *wirde*) von dem Adjektiv *wert*. Wert besitzt jenes, was einen Gegenwert hat. Einem Menschen kommt demnach Würde dann zu, wenn er für die Gesellschaft einen Wert hat, der ihn besonders ehrt. Zum anderen bezeichnet *dignitas* die innere Qualität dessen, dem Würde zukommt. *Menschen*würde bezieht sich in dieser Lesart auf das den Menschen im Unterschied zu anderen Lebewesen auszeichnende Merkmal. Dieser *innere Wert* des Menschen steht in keinerlei Bedingung zu seinem *äußeren Wert* für die Gesellschaft.

Interessanterweise erscheint diese Doppelbedeutung auch noch in der bereits oben erwähnten Definition of Social Work der IFSW in Abschnitt „Values": „Social work grew out of humanitarian and democratic ideals, and its values are based on respect for the *equality, worth, and dignity* of all people." (IFSW 2012), wohingegen in der deutsche Übersetzung der „Wert" (worth) nicht vorkommt: „Soziale Arbeit basiert auf humanitären und demokratischen Idealen, und diese Werte resultieren aus dem Respekt vor der *Gleichheit und Würde* aller Menschen." (DBSH 2012)

Liedke fasst diesen Umstand der zwei möglichen Lesarten von Menschenwürde, die sich seit Cicero bis heute im Grunde tradiert haben, so zusammen, dass es sich bei(m) Menschen um zweierlei geschätztes Leben handelt: den zu berechnenden gesellschaftlichen und somit auch volkswirtschaftlichen Wert und der nicht zu verrechnenden Würde qua seines Menschseins (Liedke 2007). Die Menschenrechte zielen vornehmlich auf den Schutz dieser nicht zu verrechnenden Würde als *inneren Wert* des Menschen. Im Folgenden beziehen wir uns bei der Verwendung des Begriffs Menschenwürde immer auf dieses Faktum.

Doch wie lässt sich diese Menschenwürde begründen? Warum kommt Menschen eine spezifische Würde zu als Unterscheidung zu allen anderen Lebewesen? Für diese Begründung kann auf zwei verschiedene Konzeptionen zurückgegriffen werden. Die heteronomischen Konzepte gehen davon aus, dass die Würde des Menschen von einer Macht *außerhalb seiner selbst* verliehen bzw. gestiftet oder geschöpft wird. Autonomische Konzepte basieren auf der Einschätzung, dass die Würde des Menschen *innerhalb seiner selbst* begründet liegt (vgl. Tiedemann 2006, Kap. III).

Heteronomische Konzepte der Menschenwürde

Tiedemann beschreibt als Charakteristikum heteronomischer Konzeptionen der Menschenwürde die Verleihung derselben durch eine äußere Gegebenheit. Dies kann im Sinne der Stoiker die Berufung zu einem der Vernunft gemäßen Leben in Übereinstimmung mit dem vernünftigen Prinzip des *Kosmos* (altgriech. Begriff für Ordnung) sein (vgl. Tiedemann 2006, 50-51).

Ein anschauliches Beispiel für heteronomische Konzepte stellt das jüdisch-christliche Menschenbild dar. Demnach besitzen Menschen ihre Würde dadurch, dass sie das Bild Gottes in sich tragen. In der Gottebenbildlichkeit liegt ein Schlüssel zum Verständnis der Würde des Menschen. Erwin Dirscherl beschreibt in einem Grundriss theologischer Anthropologie sehr anschaulich die folgende Argumentationskette, die wir an dieser Stelle nur sehr verkürzt und unvollständig wiedergeben können (vgl. Dirscherl 2006, Kap. 3).[6] Die Gottebenbildlichkeit (lat.: *imago dei*) ist die Voraussetzung dafür, dass der Mensch im verschiedenen Maße und nie absolut Gottähnlichkeit (lat.: *similtudo dei*) erreichen kann. Als Ebenbild Gottes ist damit der Mensch in Freiheit gesetzt, sein Leben zu realisieren und schöpferisch zu gestalten; jedoch gemäß den Vorstellungen eines der Offenbarung Gottes gemäßen Lebens. Dies meint bzgl. des Judentums die Ausrichtung des Lebens nach der Thora, dem Gesetz Gottes, und bzgl. des Christentums die Ausrichtung nach der christlichen Erziehung, deren erster Lehrer Jesus Christus ist. Zudem ist in der absoluten Trennung von Gott der Mensch zugleich in Beziehung gesetzt, d.h. er gestaltet sich im Dialog mit Gott, Mitmensch und Welt. Als Ebenbild Gottes ist der Mensch somit in eine stellvertretende Verantwortung für die Gestaltung seines Lebens gestellt. Seine Würde liegt in diesem – geschenkten – Selbststand der Freiheit und Verantwortung sowie des In-Beziehung-Stehens zu Gott, Welt und Mitmensch. Als Mensch ist er eben *mehr* als nur ein Individuum einer spezifischen Gattung mit bestimmten biologischen Ausprägungen. Dieses *Mehr* liegt in seiner Freiheit und Verantwortung – begründet durch das Mysterium der Ebenbildlichkeit Gottes. Der Grund der Menschenwürde entzieht sich damit seiner Verfügbarkeit. Daher können Menschen über ihr eigenes Menschsein sowie das Menschsein der Mitmenschen im Letzten nicht bestimmen.[7]

Alois Baumgartner fasst die Menschenwürde wie folgt in einem Satz zusammen: „Menschenwürde heißt nach christlichem Verständnis, dass jedem, der Menschenantlitz trägt, in jeder Phase seines individuellen Entwicklungsstands und unabhängig, von seinen Eigenschaften und Leistungen ein unbedingter Wert

---

6   Zur Bestimmung des Menschenbildes der Sozialen Arbeit siehe auch die Beschreibungen des dialogischen Menschenbildes (vgl. Mührel 2008, Kap. 1.4.).
7   Parallel zu der Entwicklung des Verständnisses von Menschenwürde entwickelt sich auch das der *Person*. In dem hier dargestellten Zusammenhang der Menschenwürde wäre in einer Lesart der Mensch als Person durch Inkommunikabilität als Nichtverrechenbarkeit und somit Unauslotbarkeit und Geheimnishaftigkeit bestimmt. So beschreibt Richard von St. Viktor (gest. 1173) die Person im Sinne von *persona est naturae intellectualis incommunicabilis existentiae*. Person ist eine Existenz als Herausgerufensein in eine vernunftbegabte und gleichzeitig inkommunikable Natur (vgl. Hundeck 2009).

zukommt, der – negativ – jede instrumentalisierende Verrechnung verbietet." (Baumgartner 2004, 268)

Die durch die Gottebenbildlichkeit verliehene Menschenwürde als spezifisches Merkmal des Menschen im Unterschied zu den anderen Lebewesen ist nicht im Zuge von Wert und Gegenwert verrechenbar. Ganz entsprechend der jeweiligen Entfaltung der menschlichen Existenz ergeben sich verschiedene Ebenen und Dimensionen menschlicher Entfaltungsweisen wie -möglichkeiten und damit verschiedene geistige, soziale, individuelle wie wirtschaftliche Bedürfnisse. Genau auf den Schutz dieser zielen die Menschenrechte in Breite wie Tiefe und deshalb sollte die Soziale Arbeit fehlende Bedürfnisbefriedigung erkennen und Bedürfnisbefriedigung sichern, möglichst unter Förderung der Freiheit des Menschen (Empowerment).

Autonomische Konzepte der Menschenwürde

Die autonomischen Konzepte der Begründung der Menschenwürde zielen auf einen Grund innerhalb des Menschen selbst, der eben ausschließlich aus sich selbst heraus wirkt und daher nicht von außen bestimmt ist. Tiedemann (2006, 60-66) subsumiert hierunter Beschreibungen des Menschen als Schöpfer seiner selbst (z.B. durch Pico della Mirandola, 1463-1494), autonomes, moralisches Wesen (z.B. durch Immanuel Kant, 1724-1804) und fehlbares Wesen, das zu jeder Zeit neu sein Leben zu bestimmen vermag (z.B. Avishai Margalit, geb. 1939). Merkmal aller Konzeptionen ist die Betonung der Willensfreiheit und Selbstbestimmung.

Die entscheidende Absetzung von heteronomischen Konzeptionen der Menschenwürde wird vor allem bei Pico della Mirandola deutlich (vgl. im Folgenden grundlegend Mührel 2003):

Im Jahre 1485 bereitet der 22- jährige Giovanni Pico della Mirandola von Florenz aus eine öffentliche Disputation über 900 von ihm aufgestellte Thesen vor. Pico, in seinem jungen Alter schon Universalgelehrter, beabsichtigt für die geplante Disputation Theologen und Philosophen aus ganz Europa als Gesprächspartner nach Rom einzuladen. Ziel der Darstellung seiner Thesen sowie der Disputation ist die Versöhnung gegensätzlicher Meinungen verschiedener religiöser, philosophischer, mystischer und magischer Schulen, die nach Picos Bekunden im Grunde im Zeichen einer Einheit der Wahrheit, vor allem in ihrem Verständnis vom Menschen und seiner Würde zu betrachten sind. Die 900 Thesen werden 1486 in Rom veröffentlicht. Papst Innozenz VIII. verbietet die Disputation und später werden Picos Thesen als häretisch verurteilt. In der 1487 erscheinenden Verteidigungsschrift Picos ist die nie gehaltene Eröffnungsrede der Disputation *Über die Würde des Menschen* enthalten, die als eines der ersten und edelsten Vermächtnisse des Humanismus der Renaissance das Verständnis vom Menschen bis in die heutige Zeit grundlegend geprägt hat. Pico eröffnet seine Rede mit folgenden Worten: Ich las in den Werken der Araber, ehrenwerte Väter, der Sarazene Abdala habe auf die Frage, was es auf dieser irdischen Bühne, um einmal den Ausdruck zu benutzen, als das am meisten Bewunderungswürdige zu sehen gebe, geantwortet: nichts Wunderbareres als der Mensch." (Pico della Mirandola 1990, 3)

Die in diesen Worten anklingende Einzigartigkeit und Erhabenheit des Menschen begründet Pico im Zusammenhang einer Schöpfungsgeschichte, in der Gott als der höchste Baumeister sein Weltenwerk vollendet und sich anschließend ein Wesen wünscht, das dieses imposante Werk lobpreise, dessen Schönheit liebe und die Größe bewundere. Diesem Wesen konnte er jedoch nichts eigenes mehr geben, da er keine Archetypen, die jedem Geschaffenem seine einmalige Form und Bestimmung auferlegten, mehr zur Verfügung hatte. Da „(...) beschloss der höchste Künstler, dass der, dem er nichts eigenes geben konnte, Anteil habe an allem, was die einzelnen jeweils für sich gehabt hatten" (ebd., 5). Im Mensch als Geschöpf von unbestimmter Gestalt sind „(...) bei seiner Geburt von Gottvater vielerlei Samen und Keime für jede Lebensform angelegt" (ebd., 7)[8]. Damit erhält der Mensch den Auftrag zur Gestaltung und Bildung seiner Selbst: „Weder haben wir dich himmlisch noch irdisch, weder sterblich noch unsterblich geschaffen, damit du dein eigener, in Ehre frei entscheidender, schöpferischer Bildhauer dich selbst zu der Gestalt ausformst, die du bevorzugst. (...) welch hohes und bewundernswertes Glück des Menschen! Dem gegeben ist zu haben, was er wünscht, zu sein, was er will." (ebd., 7)

Der entscheidende Punkt in der Absetzung zu dem christlich-jüdischen Menschenbild liegt nun darin, dass bei Pico die Schöpfungsmacht *ganz* auf den Menschen übertragen wird – trotz der Einbindung in eine Schöpfungsgeschichte! Der Mensch hat nicht nur mehr die stellvertretende Verantwortung für die Gestaltung seines Lebens, sondern die alleinige ohne jeglichen Bezug auf ein anderes. Diese Selbstgestaltung geschieht in individueller Selbstbestimmung ohne notwendigen Bezug auf ein göttliches Gesetz oder eine außerhalb des Menschen angesiedelte Vernunft.

Mit der Beschreibung der dem Menschen innewohnende Selbstbestimmung stimmt Pico della Mirandola auf das ein, was später der deutsche Philosoph Immanuel Kant (1724 – 1804) in seiner Grundlegung zur Metaphysik der Sitten unter dem Paradigma der Autonomie des Menschen – wiederum in einer Absetzung zur stoischen Auffassung – ausführt. Kant sah die Menschenwürde vor

---

8 Diesen Gedanken der Weltoffenheit bei gleichzeitig mitgebrachtem Potential finden wir auch in der Anthropologie Arnold Gehlens, der sich wiederum auf Johann Gottfried Hegel (1744-1802) bezieht und in der Pädagogik als Bildsamkeit (vgl. Benner 2005).

allem darin begründet, dass kein Mensch den anderen nur als Zweck für seine eigenen Ziele brauchen dürfe: „Handle so, daß du die Menschheit, sowohl in deiner Person, als in der Person eines jeden andern, jederzeit zugleich als Zweck, niemals bloß als Mittel brauchest. […]Im Reich der Zwecke hat alles entweder einen Preis, oder eine Würde. Was einen Preis hat, an dessen Stelle kann auch etwas anderes, als Äquivalent, gesetzt werden; was dagegen über allen Preis erhaben ist, mithin kein Äquivalent verstattet, das hat eine Würde." (Kant 1999, 2. Abs. (III 60 f.), – erstmalig 1785 erschienen)

In Verbindung mit dem kategorischen Imperativ Kants („Handle stets so, dass die Maxime deines Willens jederzeit zur allgemeinen Gesetzgebung reiche!") kommt den(m) Menschen durch den Vernunftgebrauch zu. Die Würde bestimmt sich demnach in der Fähigkeit, sich selbst gegebenen und gleichzeitig allgemeinen Gesetzen unterwerfen zu können. Der Mensch kann sich in Freiheit selbst (auto) in das allgemein Gesetzliche (nomos) einbinden (vgl. ebenda, 68-69). Als autonomes und autopoietisches, d.h. sich selbst erschaffendes, selbst erhaltendes und selbst erneuerndes Wesen verfügt es über sich selbst. Dass dieser Vernunftgebrauch vielfach nicht immer vernünftig ist, sondern mitunter nur rational[9] liegt im Bereich des empirisch Möglichen und ist damit als eine Möglichkeit des Vernunftgebrauchs hinzunehmen. Rationale Entscheidungen sind solche, die sich an kurzfristigen Zielen orientieren können, ohne die volle Vernunftqualität einer nachhaltigen Bedürfnissicherung meinerseits und die anderer Menschen zu erreichen. Aus diesem Grund verweist Amartya Sen in seiner Gerechtigkeitstheorie auf die Sozialwahl statt der rationalen Wahl, die einen öffentlichen Vernunftgebrauch als Garant einer „besseren" Wahl ansieht. Bei Nussbaum (1999, 47) finden wir eine weitere autonomische Konzeption der menschlichen Würde, wenn sie schreibt: „Denn sie [die starke, vage Konzeption des Guten, Anm. der Autoren] enthält die Erkenntnis, dass bestimmte Aspekte des menschlichen Lebens eine besondere Bedeutung haben. Ohne diese würden wir uns selbst und andere nicht als das erkennen, was wir sind; sie sind die Grundlage dafür, daß wir Wesen, die sich durch Ort, Zeit und konkrete Lebensweise von uns unterschieden, als Mitglieder unserer eigenen Art erkennen."

Sie bestimmt damit die Würde eines Menschen in einer interpersonellen und kulturinvarianten Weise, zu dessen Grundlegung Nussbaum sich in Anlehnung an Aristoteles verschiedener konstitutiver Bedingungen des Mensch-Seins bedient. Auf diese Grundstruktur der menschlichen Lebensform möchten wir später noch zurückgreifen.

---

9 (vgl. zu dieser Unterscheidung John Rawls 2006, 27 und 134)

Diskussion der Konzepte

Bei eingehender Betrachtung wird deutlich, dass heteronomische und autonomische Konzeptionen der Menschenwürde sich widersprechen. Sie lassen sich nicht zu einer Konzeption verbinden. Anders ausgedrückt ist *Menschenwürde* zumindest zweideutig. Das kann bzgl. verschiedener Fragestellungen zu Disputen und Diskussionen führen. Verfügt der Mensch nun über sich selbst oder nicht? Das ist beispielsweise mit ausschlaggebend für die jeweiligen Argumentationen bzgl. der Fragen von Sterbehilfe und/oder Sterbebegleitung, Selbsttötung, der Einführung von Humantechnologien in der Medizin oder auch der Verbindung von Mensch und Maschine. Ein Konsens ist unmöglich, da beide Konzeptionen universelle Geltung beanspruchen. Welche Konzeptionen sich auf Dauer durchsetzen können, bleibt offen (vgl. Tiedemann 2006, 66-67).

Die autonomischen Konzeptionen repräsentieren genuin europäisches, säkulares Denken (Renaissance und Aufklärung) und werden daher in anderen Kulturen und Weltregionen – wie zuweilen auch in der eigenen Kultur – als befremdend wahr- und aufgenommen.

In jüngster Zeit hat Hans Joas eine Genealogie der Menschenrechte aus vorwiegend soziologischer und sozialphilosophischer Perspektive entwickelt (dazu Joas 2011). Demnach formieren sich die Menschenrechte als Schutz der Menschenwürde aus der Bewältigung von kulturellen Traumata in allen Kulturen und Gesellschaften, wodurch die Menschenrechte nicht einem speziellen Kulturkreis zuzuordnen seien. Dieser für die Soziale Arbeit äußerst interessante Ansatz, der eine mögliche kulturelle Konfrontation in der internationalen Menschenrechtsarbeit von Grund auf in Frage stellt, wird in anderen Beiträgen in diesem Band eingehend erörtert. Daher verzichten wir an dieser Stelle auf eine explizite Darstellung (vgl. die Beiträge von Markus Hundeck und Eric Mührel in diesem Band).

Menschenrechte und system- bzw. bedürfnistheoretische Modelle

Wenn Soziale Arbeit als eine Menschenrechtsprofession betrachtet wird, dann werden häufig Parallelen zu bedürfnistheoretischen Ansätzen beschrieben. Diesem Weg möchten auch wir folgen, zumal Bedürfnisse von Menschen eine ontologische Beschreibung des „Menschseins" ermöglichen. Unseres Erachtens (vgl. Mührel/Röh 2007) besteht die Funktion Sozialer Arbeit sowohl in individueller wie kollektiver Hinsicht in der Förderung des friedlichen und gerechten Zusammenlebens mit Hilfe der Expertise für die Zusammenhänge zwischen Individuen und sozialen Systemen (Gruppen, Gesellschaften, Nationen, Kulturen) auf der Basis eines gerechten Systems der Bedürfnisbefriedigung. Soziale Arbeit ist damit auch Kommunikatorin und Verfechterin der Menschenrechte auf der Basis eines humanistischen Verständnisses, dass auf religiöse oder weltanschauliche Begründungen zwar nicht verzichtet, diese aber in ihrer Heterogenität auf ein letztlich gemeinsames Menschenbild sinnvoll einbindet, wie dies u.a. in den Konzeptionen der Menschenwürde bei Pico della Mirandola und Nussbaum deutlich wird. Alkire (2002) zeigt zudem, wie viele Ansätze es in den Humanwissenschaften gibt, die alle gemeinsam die menschliche Entwicklung fokussieren und dies mit relativ großen Übereinstimmungen zwischen ihnen in der Bestimmung menschlichen Wohlergehens und Gedeihens einhergeht. Wenn es also möglich sein sollte, eine – ähnlich der Menschenrechtscharta – annähernd konsensuelle Übereinstimmung über zentrale Bedürfnisse des und der Menschen zu erreichen, wäre damit auch die Soziale Arbeit in ihrem Anspruch eine Menschenrechtsprofession zu sein und zur gerechten Bedürfnisbefriedigung beizutragen gestärkt. Wenn Humanismus u.a. bedeutet, den Menschen als ein bedürftiges, wenn auch kompetentes Wesen zu verstehen, dann ist es diese Art von Humanismus, die eine Grundlage schaffen kann für Kooperation und Kommunikation. Denn im Rahmen interkultureller Konflikte müssen Menschrechte und Bedürfnisse erst kommuniziert und begründet werden, wenn sie als entwickelte Form von Rationalität oder Vernunft Geltung besitzen wollen. Diese Kompetenz als Kommunikatorin bzw. Mediatorin zwischen widerstreitenden Kulturen und als Verfechterin für die Einhaltung der Menschenrechte könnte die Soziale Arbeit im 21. Jahrhundert zu einem *global player* werden lassen. Dazu wäre die Arbeit des Ethik-Komitees der IFSW bzw. auf nationaler Ebene in den Berufsverbänden dahingehend zu erweitern, dass regelmäßig Menschenrechtsverletzungen (als mangelnde Bedürfnisbefriedigung) als Themen der Sozialen Arbeit veröffentlicht werden, ähnlich der Arbeit von *amnesty international* oder auch der UN-Menschenrechtskommission, allerdings – und das ist der Unterschied zu ihnen: die Menschenrechtsverletzungen sollten in ihrer Manifestation als soziale Probleme verdeutlicht werden.

Um diese Verknüpfung zu erreichen, muss – so unsere Hypothese – die Frage, ob es sich bei dem Konstrukt „Soziale Arbeit als Menschenrechtsprofession" um ein politisch-normatives und/oder wissenschaftlich-theoretisches Modell handelt, noch näher geklärt werden.

Im Folgenden sollen deshalb im ersten Schritt eine Bestandsaufnahme bisheriger Arbeiten aus der Wissenschaft der Sozialen Arbeit erfolgen, um diese hiernach einer kritischen Analyse zu unterziehen und schließlich eine Erweiterung des Modells unter Zuhilfenahme sozialphilosophischer Theorien und eine modellhafte Skizze zur Verknüpfung der unterschiedlichen Zugänge vorzuschlagen.

Für sich als Profession und Disziplin die Menschenrechte als Basis des Handelns zu definieren, könnte als Ausdruck von Omnipotenzträumen erscheinen, wie Albrecht (1999, 31) bereits kritisch bemerkte: „Was veranlasst und berechtigt, so könnte man fragen, ein Fach wie die Soziale Arbeit dazu, sich über die Menschenrechte zu legitimieren? Wird hier das Anspruchsniveau nicht zu hoch gehängt – sollen SozialarbeiterInnen und SozialpädagogInnen zu globalen MenschenrechtswächterInnen werden? Hat es vielleicht etwas mit Anmaßung zu tun, wenn eine Profession das höchste Gut auf dieser Erde für sich reklamiert – Soziale Arbeit: die Menschenrechtsprofession?"[10]

Mit Recht weist Albrecht hier auf die Schwierigkeit hin, Soziale Arbeit durch den Bezug zu einer so großen Kategorie wie den Menschenrechten zu legitimieren. Trotzdem vermittelt dieser Versuch eine hohe Attraktivität. Wie lässt sich diese Attraktivität verstehen und welche damit verbundene theoretische Begründung ist notwendig? Handelt es sich um eine politische Kategorie mit hohen moralischen bzw. ethischen Implikationen, wie dies in den bisherigen Ausführungen zu Menschenrechten und Menschenwürde deutlich wurde, oder um eine fachwissenschaftliche Kategorie oder sogar um beides?

Will man den Menschenrechtsbezug nur als moralisch-normative Idee verstehen, so bleibt ein gewisses Unbehagen über die damit noch lückenhafte Verbindung zur Wissenschaft der Sozialen Arbeit. Als normative Kategorie gelten die Menschenrechte als unhintergeh- und unhinterfragbar, wie wir oben anhand der Erörterung zur Menschenwürde gezeigt haben, weshalb es als Konzept im Bereich der ethischen und professionellen Darstellung des Auftrages und der Funktion Sozialer Arbeit einiges an *Grundorientierung* zu bieten hat.

Allerdings ist mit Recht davon auszugehen, dass sich diese normative Grundlage nur vermittels einer Gegenstandstheorie vollständig für die Soziale Arbeit erschließen und etablieren lässt. Mit dem systemtheoretischen Paradigma der Züricher Schule (Obrecht 2001a; 2001b; 2004; Staub-Bernasconi 1995; 2006) wurde diesem Zusammenhang bereits eine geschlossene Gestalt gegeben, indem eine *Objekttheorie der Sozialen Arbeit*, die den Begriff des Bedürfnisses in den Mittelpunkt gerückt hat, mit einem daran anknüpfenden Professionalitätsmodell (Tripelmandat etc.) zu einem umfassenden Gedankengebäude verbunden. In ähnlicher Weise liegt vielleicht auch im Capabilities Approach von Martha Nussbaum eine Möglichkeit, Soziale Arbeit grundlegend zu begründen und sie als eine Profession zu verstehen, die an der Verwirklichung von Chancen zur besseren Bedürfnisbefriedigung mitwirkt (vgl. Röh 2011 und in diesem Band).

Die eigentliche Verbindung von Menschenrechten und Bedürfnissen dürfte darin bestehen, dass wir definitiv bestimmter Dinge (materieller wie immaterieller Art) „bedürfen", die es uns erst überhaupt ermöglichen, ein menschenwürdiges Leben zu führen und unseren Menschenrechten praktischen Ausdruck zu

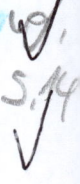

---

10 Anders als in diesem Zitat genannt, geht die aktuelle Diskussion davon aus, dass Soziale Arbeit *eine* Menschenrechtsprofession sei und nicht *die Menschenrechtsprofession* (vgl. Staub-Bernasconi 2003).

verleihen. Wenn beispielsweise Kinder ein Recht auf Beteiligung an Freizeit, kulturellem und künstlerischem Leben haben (Artikel 31 der Kinderrechtskonvention), dann ist damit zum einen auch ihr Bedürfnis ausgedrückt, zu spielen, Freizeit zu haben sowie kulturelle und künstlerische Produkte zu schaffen und zum anderen aber auch die Notwendigkeit beschrieben, ihnen solche Materialien oder Gelegenheiten anzubieten, dass sie diesen Bedürfnissen nachgehen können. Wenn behinderte Menschen ein Recht haben am öffentlichen und politischen Leben teilzuhaben (Artikel 29 der Behindertenrechtskonvention), dann steht dahinter die Annahme, dass sie – wie alle nicht-behinderten Menschen auch – ein Bedürfnis danach haben und die Gesellschaft bzw. der Staat dazu aufgefordert ist, die entsprechenden materiellen (Barrierefreiheit von öffentlichen Stätten des politischen Lebens sowie von Informations- und Diskussionsmedien) wie immateriellen (Abstimmungs- und Diskussionsprozesse sowie der darin angelegten Regeln) Rahmenbedingungen zu schaffen.

Weitere sozialphilosophische und ethische Begründung einer menschenrechts- und bedürfnistheoretisch konzipierten Sozialen Arbeit

Eine humanistische Grundlage Sozialer Arbeit wird also davon ausgehen, dass alle Menschen bestimmte Bedürfnisse haben, die zudem als Rechte zu kodizieren sind, und deren Befriedigung ihnen mittels gerechter Lebensbedingungen möglich sein muss. Ähnlich den systemtheoretischen Überlegungen Staub-Bernasconis (2007; 1995) hat in den 1920er Jahren bereits die Fürsorgetheoretikerin Ilse Arlt eine Bedürfnistheorie der Sozialen Arbeit formuliert. Arlt verstand Bedürfnisse ebenfalls als eine *conditio humana* und schuf für sie den Begriff *„Gedeihenserfordernisse"* (Arlt 1921, vgl. S. 53 in der von Maiss herausgegeben Werkausgabe Ilse Arlt, Band 1), deren Befriedigung die notwendige Bedingung für ein Leben bedeutet. „Armut ist sonach die wirtschaftliche Unmöglichkeit zur ausreichenden Befriedigung aller oder einzelner der wirtschaftlichen Grundbedürfnisse" (ebd., S. 45). Auch wenn hier die definitorische Festlegung auf die „wirtschaftliche Unmöglichkeit" nicht vollständig die auch bei Arlt vorfindliche Erziehung und Bildung abbildet, so finden wir doch auch hier eine klar bedürfnistheoretische Fundierung, die Arlt selbst mittels einer – wenn auch unsystematischen – Liste von 13 Grundbedürfnissen klassifiziert: Ernährung, Wohnung, Körperpflege, Kleidung, Erholung, Luft, Erziehung, Geistespflege, Schutz (Rechtspflege), Familienleben, ärztliche Hilfe und Krankenpflege, Unfallverhütung und Erste Hilfe, Erziehung zur wirtschaftlichen Tüchtigkeit (vgl. ebd.).

Damit weist Arlt auf die Notwendigkeit hin, Menschen in ihrer Lebenskompetenz darin zu unterstützen, für sich die notwendigen Ressourcen zu erschließen, um ihre Eigensinnigkeit ebenso wie ihren Gemeinschaftssinn zu leben. Heute verstehen wir diese konzeptionellen Erwägungen der Fürsorge nach Arlt als Teil eines umfassenden Empowermentkonzepts, in dem die Förderung des „schöpferischen Konsums" als kritische Selbstbefähigung verstanden wird. In dem (Rück-)Erwerb einer *schöpferischen Lebensführungskompetenz* liegt der emanzipatorische Kern des Empowerments. Von Gronemeyer (1988) ist dies mit dem Begriff des „Lebens-in-Daseinsbedingungen" bzw. „Lebens-in-Fähigkeiten" bezeichnet worden. Die ebenfalls als Bedürfnisphilosophie zu verstehende Analyse Gronemeyers (1988) zeigt, dass Bedürfnisproduktion und Bedürfnisbefriedigung – als zwei Seiten einer Medaille – in der Moderne zunehmend voneinander getrennt werden und zwar bis zu dem Grad, an dem Bedürfnisse vom Individuum und seinem Umfeld nicht mehr selbst befriedigt werden können. Besteht diese Verbindung kann von einer Art *biopsychosozialer Existenzwirtschaft* ausgegangen werden, besteht sie nicht, ist der Einsatz sozialpolitischer und sozialprofessioneller Mittel indiziert. Die Moderne produziert jedoch durch ihre gesellschaftlichen Auswirkungen (von der Industrialisierung zur Globalisierung) immer wieder Bedürfnisrisiken bzw. schneidet Menschen durch mangelnde sozio-ökonomische Ausstattung, segregierende Bildungsprozesse und -strukturen und damit verbundene Teilhabeprobleme von einer eigenen Bedürfnisbefriedigung ab. Als eine Variante dessen wurde insbesondere in den 1970'er und 1980'er Jahren die „Dominanz der Experten" (Freidson 1979) problematisiert und dann auch in der Sozialen Arbeit als eine professionelle Bedürfnisbefriedigungskultur (fürsorgliche Belagerung) interpretiert, deren notwendiges Korrektiv im Empowerment gefunden wurde. Die von Gronemeyer schließlich vorgeschlagene Alternative lautet daher in einer Wiederbelebung eines „Lebens-in-Daseinsbedingungen", d.h. eines möglichst *vollständigen Bedürfniszirkels*, der Bedürfnisse durch die Bedürfnisträger selbst zu befriedigend trachtet. Damit es nicht zu einem solipsistischen Individualismus degeneriert, benötigt dieses Modell die Ergänzung durch Menschenrechte bzw. vor allem durch die Menschenwürde. Niemand sollte eben sein Leben auf Kosten Anderer leben und ihn damit als „Mittel zum Zweck" sehen. Allerdings kann die Kluft zwischen den subjektiv erfahrenen Bedürfnissen und den intra- wie interpersonell und sozial zu nutzenden Ressourcen nur mittels einer autonomen Konzeption des Menschen geschlossen werden.

Wilhelm Schmid beschreibt in seiner „Philosophie der Lebenskunst" (1998) eine solchermaßen verstandene *Lebenskunst* als „Sorge um sich", die wesentlich durch die Moderne herausgefordert und vom Individuum unter Rückgriff auf persönliche, soziale und gesellschaftliche Fähigkeiten zu leisten ist. Schmid selbst intendiert dadurch kein individualistisches Lebensprogramm, sondern reflektiert selbst die Entstehungs- und Wirkungszusammenhänge. Mit Mühlum (2004, 141) könnte man deshalb von einer „Lebensbewältigung unter erschwerten Bedingungen" sprechen, die von der Sozialen Arbeit aufgegriffen wird und ihren Gegenstand darstellt (vgl. auch Feth 2004).

Die erschwerten Bedingungen ergeben sich unter Einbezug einer dialektisch-materialistischen Sichtweise aus einer fehlenden Bedürfnisbefriedigung im Rahmen einer problematischen Gesellschaftsformation.

Darüber hinaus finden wir in der Gerechtigkeitsphilosophie Martha Nussbaums Ansätze für eine mit dem bisherigen Diskurs in der Sozialen Arbeit übereinstimmende theoretische Begründung.

Nussbaum hat mit ihrer Ethik, die sie, angelehnt an die aristotelische Philosophie des guten Lebens, als eine Konzeption der Lebensführung versteht, auch zu einer Neubelebung des Menschenrechtsdiskurses beigetragen (siehe zum Verhältnis von Menschenrechten und Capabilities Approach Nussbaum 2002). Neben der inhärenten, wenn auch von ihr nicht explizierten Bedürfnistheorie entfaltet sie vor allem einen „Fähigkeitenansatz", der sich gleichzeitig als ein politisches Programm verstehen lässt, dass insbesondere staatliches Handeln als Garant für ein menschenwürdiges Leben versteht (vgl. dazu Röh in diesem Band). Nach Nussbaum, die sich dabei von der Gerechtigkeitstheorie John Rawls abgrenzt, steht am Beginn der ethischen Reflexion nicht der „gleiche Mensch", der sich ausgehend von gleichen Startbedingungen unterschiedlich entwickelt und damit auch Ungerechtigkeit bis zu einem gewissen Maß zulässt, sondern einer, dessen „Kräfte der praktischen Vernunft zu ihrer Entwicklung institutioneller und materieller Voraussetzungen bedürfen, die nicht immer vorhanden sind. Man kann also annehmen, daß Bürger, die die moralischen Fähigkeiten bei sich selbst und bei anderen schätzen und deren Ziel ein Gerechtigkeitsbegriff ist, der ihnen ein gutes Zusammenleben in der Gemeinschaft ermöglicht, über diese Voraussetzungen nachdenken und gute politische Prinzipien nicht nur darin erblicken, die Verteilung der instrumentellen Grundgüter zu regeln, sondern auch darin, die angemessene Verwirklichung dieser und anderer menschlicher Fähigkeiten der Bürger zu fordern." (Nussbaum 1999, 61).

Interessanterweise kommt Nussbaum dabei zu dem Schluss, dass neben einer *Güter-Theorie* auch ein *Fähigkeiten-Ansatz* zu einem guten Leben führen kann[11]. "Das Ziel politischer Planung besteht darin, für jeden Bürger die Voraus-

---

11 Das dies evtl. zu einem Ausschluss und einer Abwertung von Menschen mit Behinderungen führen kann, sollte näher untersucht werden, da Nussbaum die sog. G-Fähigkeiten als „Bedürfnisse nach der Ausübung von Tätigkeiten" (1999, 112) versteht. In einer jüngeren Publikation wird dies von Nussbaum in der Form abgeschwächt, als dass sie nur noch von internen und kombinierten Fähigkeiten spricht, wobei jedoch ein Mindestmaß an Fähigkeit vorhanden sein muss: „The one limitation is that a person has to be […] capable of at least some sort of active striving; thus a person in a permanent vegetative condition or an anencephalic person would not be qualified fo equal political entitlements under this theory." (Nussbaum 2011, 24) Zu dieser Thematik siehe auch den Beitrag von Sandro Bliemetsrieder und Susanne Dungs in diesem Band.

setzungen zu schaffen, die es ihm ermöglichen, ein gutes menschliches Leben zu wählen und zu führen. Diese distributive Aufgabe zielt auf die Entwicklung von Fähigkeiten ab. Das heißt, sie konzentriert sich nicht auf die Zuteilung von Gütern, sondern will auch die Menschen befähigen, bestimmte menschliche Tätigkeiten auszuüben." (Nussbaum 1999, 87).

Sie stellt also stärker auf die tatsächliche Befähigung als auf die rein formale Frage nach der Gerechtigkeit ab und kritisiert damit auch vertragstheoretische oder prozedurale Gerechtigkeitstheorien wie die John Rawls', denn die zentrale Frage lautet: Was ist eine Person in der Lage zu tun oder zu sein? (vgl. Nussbaum 2011, 20)

Mit anderen Worten: Nicht nur die negativen Menschenrechte sind im Sinne einer guten Politik zu wahren, sondern auch die positiven und kollektiven Rechte sind als Grundgüter und noch viel mehr als Potential zur Entwicklung von Fähigkeiten zu sichern. Das hieße für die Soziale Arbeit, dass die materiellen wie immateriellen Lebensbedingungen als sozio-ökonomische und sozio-ökologische Faktoren auf die Lebensbewältigung bzw. Lebensführung als Potentiale oder Limitierungen wirken und bei Gefährdung zu sichern sind. Nussbaums Ausgangspunkt ist daher eine über distributive Politikansätze hinausgehende Förderung von subektiven Kompetenzen, so dass ein System dann als gut bezeichnet werden kann, wenn es nicht nur die Grundlagen liefert, sondern auch die „Ausübung tugendhafter [d.h. i.d.S. würdevoller, Anm. der Autoren] Handlungen ermöglicht" (Nussbaum 1999, 197). Die von ihr angestrebten Kompetenzen sollten sich direkt aus den Gütern ergeben.[12]

Dabei reflektiert sie durchaus die Bedingungen einer gesellschaftlich ausgewogenen Verteilungsdebatte: „Every real society should be a caring society; therefore it has to deal with the fact of human neediness and dependence. It should find such ways of dealing with this, that are compatible with the self-respect of the care-receivers and that don't exhaust the care-givers." (Nussbaum 2003, 183)

Ein Wissenschaftsprogramm der Sozialen Arbeit, welches die bislang aufgezählten theoretischen Ansätze der ethischen Perspektive der Menschenrechte ebenso wie der bedürfnistheoretischen und ethischen Erweiterung auf der Grundlage des Capabilities Approachs als Ausgangspunkte nähme, würde sich durch die systematische Vereinigung dieser Beiträge zu einer Handlungstheorie Sozialer Arbeit führen lassen:

---

12 Hinsichtlich der oft vorgetragenen Kritik an den positiven, insbesondere den sozialen und ökonomischen Menschenrechten sei hier auf die Erwiderungen von Sen (2004, 348) hingewiesen, der z.B. die Kritik der Unerfüllbarkeit dieser Menschenrechte nicht als Beweis für ihre Berechtigung, als Menschenrechte angesehen zu werden, gelten lässt.

```
                Fähigkeiten-Ansatz; Leben-in-
                Fähigkeiten; schöpferischer Konsum

Menschenrechte,         Soziale Arbeit        Bedürfnisse;
Menschenwürde                                 Gedeihens-Erfordernisse

                Leben-in-Daseinsbedingungen;
                Daseinsmächtigkeit; gelingendes Leben
```

Abbildung 1: Matrix der ethischen, fachwissenschaftlichen und sozialphilosophischen Grundlagen Sozialer Arbeit als Menschenrechtsprofession

Mit der vorliegenden Matrix, die sowohl bedürfnistheoretische, moralische, politische und philosophische Überlegungen vereint, liegt ein transdisziplinär begründetes Modell vor, das es erlaubt, von der Sozialen Arbeit als einer Menschenrechtsprofession zu sprechen und zwar in dem Sinne, dass die Menschenrechte politisch ausformulierte Bedürfnisse bezeichnen, denen zentrale moralische Werte und philosophische Ideen eines guten Lebens zugeordnet werden können und zur Verwirklichung desselben im Sinne von Empowerment bzw. einer Daseinsmächtigkeit der Menschen zu nutzen wären.

Ausblick

Auch nach der Darstellung ihrer ethisch-anthropologischen, fachwissenschaftlichen, sozialpolitischen und sozialphilosophischen Dimensionen bleiben bzgl. der Formel „Menschenrechte als Bezugsrahmen der Sozialen Arbeit" – trotz ihrer faszinierenden Reichweite – einige offene Fragen, die wir hier kurz skizzieren wollen.

Sind beispielsweise ein (abgeschlossener) Bedürfniskatalog, wie ihn die Soziale Arbeit schon seit den Arbeiten von Ilse Arlt und von Obrecht kennt, sowie eine normativ geschlossene Vorstellung von gutem Leben nach Nussbaum im Sinne menschwürdigen Lebens gegenüber offenen Konzeption – wie bei Sartres existenzialistischem Verständnis eines Humanismus (Sartre 2007) oder im Rahmen einer Phänomenologie des Humanen als Selbstbehauptung der Menschen vor den verschiedenen Spielarten (politisch, ökonomisch, wissenschaftlich) der Totalitarismen (Hundeck 2006) – zu bevorzugen? Kann hierüber überhaupt ein Konsens in der Fachwissenschaft Soziale Arbeit erreicht werden?[13]

Nach unserer Einschätzung spricht vieles dafür, sozialstaatlichen und weiteren gesellschaftlichen Entwicklungen (z.b. der Tendenz einer weiteren Ökonomisierung des Sozialen) ein starkes Konzept von gutem Leben entgegen zu setzen. Wir gehen deshalb davon aus, dass ohne ein positiv-normatives, dem Wohlergehen von Menschen förderliches Modell die Profession Soziale Arbeit bei der Bearbeitung sozialer Probleme kriterienlos bleibt.[14]

Eine weitere Frage, die sich an dem Bedürfnisansatz anschließt, ist die Frage, ob die Bedürfnisse zunächst postuliert werden oder ob es sich auch um empirisch nachweisbare Kategorien handelt. Die größte Kritik am Auflisten von Bedürfnissen, besonders wenn sie abschließend sind, besteht wohl in der Gefahr, dadurch Menschen auszuschließen. Insbesondere bei Menschen, die durch Behinderungen in ihrer Autonomie eingeschränkt sind, kommen die normativen Bemühungen um eine Theorie guten Lebens eventuell an ihre ethischen Grenzen.

Unseres Erachtens spricht jedoch vieles dafür, die ethisch-moralischen, gesellschafts- und sozialpolitischen sowie die sozialphilosophischen Aspekte zu einem fachwissenschaftlichen Programm zu bündeln. Wir sind überzeugt, dass es diese Verbindung braucht, um das Modell einer Sozialen Arbeit als Menschenrechtsprofession als eine Möglichkeit u.a. für die Entwicklung der Wissenschaft der Sozialen Arbeit konsequent zu erschließen (vgl. Röh 2011).

Literatur

Albrecht, Friedrich (1999): Soziale Arbeit als Menschenrechtsprofession. Zur Bedeutung und Entwicklung des Interkulturellen Dialogs im Studium der Sozialen Arbeit. In: Wilken, Etta / Vahsen, Friedhelm (Hg.): Sonderpädagogik und Soziale Arbeit. Rehabilitation und soziale Integration als gemeinsame Aufgabe. Neuwied. S. 31-43
Arlt, Ilse (1921): Die Grundlagen der Fürsorge. Wien
Baumgartner, Alois (2004): Personalität. In: Heimbach-Steins, Marianne (Hg.): Christliche Sozialethik. Ein Lehrbuch. Bd. 1. Regensburg. S. 265-269
Benner, Dietrich (2005): Allgemeine Pädagogik – eine systematisch-problemgeschichtliche Einführung in die Grundstruktur pädagogischen Denkens und Handelns. Weinheim

---

13 Vgl. zuletzt die Diskussion zwischen Bossong (2011) und Röh (2012)
14 Im Übrigen gilt in Anwendung des Kant'schen Satzes: „Gedanken ohne Inhalt sind leer, Anschauungen ohne Begriffe sind blind", dass ein Professionsmodell Sozialer Arbeit Begriffe wie Menschenrechte, Menschenwürde, „gutes Leben" usw. benötigt, diese jedoch mit Gedanken gefüllt werden müssen, um stets aktuell und überprüfbar zu sein.

Bobbio, Norberto (2000): Das Zeitalter der Menschenrechte. Ist Toleranz durchsetzbar? Frankfurt/Main

Bossong, H. (2011): Wohl-Wollen, Staatsauftrag und professionelles Eigeninteresse. Eine Kritik aktueller fachdisziplinärer Maßstäbe in der Sozialen Arbeit. In: neue praxis, Heft 6: 591-617

DBSH: Internationale Definition Sozialer Arbeit. Unter: http://www.dbsh.de/html/was istsozialarbeit.html [10.0.2012]

Dirscherl, Erwin (2006): Grundriss Theologischer Anthropologie. Die Entschiedenheit des Menschen angesichts des Anderen. Regensburg

Feth, Reiner (2004): Eine Sozialwissenschaft neuer Prägung – Ansätze einer inhaltlichen Konturierung. In: Mühlum, Albert (Hg.): Sozialarbeitswissenschaft – Wissenschaft der Sozialen Arbeit. Freiburg 2004. S. 218-248

Gronemeyer, Marianne (1988): Macht der Bedürfnisse. Reflexionen über ein Phantom. Reinbek bei Hamburg

Horstmann, Rolf Peter (1984): Menschenwürde. HWPh. Bd. 5. S. 1124-1127

Hundeck, Markus (2006): Biographisches Erzählen als humane Selbstbehauptung. In: Mührel, Eric (Hg.): Quo vadis Soziale Arbeit? Auf dem Wege zu grundlegenden Orientierungen. Essen. S. 41-52

Hundeck, Markus (2009): Verstrickt-sein in Geschichten. Biographie und Person als Grundkategorien Sozialer Arbeit. In: Mührel, Eric (Hg.): Zum Personenverständnis in der Sozialen Arbeit und der Pädagogik. Essen. S. 77-96

Ife, Jim (2008): Human Rights and Social Work. Towards Rights-based Practice. Cambridge

IFSW: Definition of social work. Unter: http://ifsw.org/policies/definition-of-social-work/ [10.06.2012]

IFSW: Statement of Ethical Principles. Unter: http://ifsw.org/policies/statement-of-ethical-principles/ [10.0.2012]

Joas, Hans (2011): Die Sakralität der Person. Eine neue Genealogie der Menschenrechte. Berlin

Kant, Immanuel (1999): Grundlegung zur Metaphysik der Sitten. Hamburg

Liedke, Ulf (2007): Geschätztes Leben – zum Menschsein zwischen Wert und Würde. In: ZfSp 3/2007. S. 252-274

Mührel, Eric (2009): Was ich liebte. Epilog zur Bestimmung der Sozialpädagogik. In: Mührel, Eric; Birgmeier, Bernd (Hg.): Theorien der Sozialpädagogik – ein Theorie-Dilemma? Wiesbaden. S. 185-199

Mührel, Eric (2008): Verstehen und Achten. Philosophische Reflexionen zur professionellen Haltung in der Sozialen Arbeit. Zweite Auflage. Essen

Mührel, Eric (2003): Ethik und Menschenbild der Sozialen Arbeit. Eine Einführung. In: ders. (Hg.): Ethik und Menschenbild der Sozialen Arbeit. Essen. S. 7-14

Mührel, Eric; Röh, Dieter (2007): Soziale Arbeit und Menschenrechte. Perspektiven für eine soziale Weltgesellschaft. In: neue praxis. 3/2007. S. 293-307

Nussbaum, Martha C. (1999): Gerechtigkeit oder Das gute Leben. Gender Studies. Frankfurt/Main

Nussbaum, Martha C. (2002): Capabilities and Human Rights. In: De Greiff, Pablo/ Cronin, Ciaran: Global Justice and transnational politics: Essays on the moral and political challenges of globalization. MIT

Nussbaum, Martha C. (2003): Langfristige Fürsorge und soziale Gerechtigkeit. Eine Herausforderung der konventionellen Ideen des Gesellschaftsvertrages. In: Deutsche Zeitschrift für Philosophie, 51/2, S. 179-198

Nussbaum, Martha C. (2010): Die Grenzen der Gerechtigkeit. Behinderung, Nationalität und Spezieszugehörigkeit. Frankfurt/Main

Nussbaum, Martha C. (2011): Creating Capabilities. The Human Development Approach. Cambridge/London

Obrecht, Werner (2004): Soziale Systeme, Individuen, soziale Probleme und Soziale Arbeit. In: Mühlum, Albert (Hg.): Sozialarbeitswissenschaft – Wissenschaft der Sozialen Arbeit. Freiburg. S. 270-294

Obrecht, Werner (2001a): Das Systemtheoretische Paradigma der Sozialen Arbeit als Disziplin und Profession. Eine transdisziplinäre Antwort auf die Situation der Sozialen Arbeit im deutschsprachigen Bereich und die Fragmentierung des professionellen Wissens. Zürcher Beiträge zur Theorie und Praxis Sozialer Arbeit. Bd. 4. Zürich

Obrecht, Werner (2001b): Umrisse einer biopsychosozialen Theorie menschlicher Bedürfnisse. Zürich

Pico della Mirandola, Giovanni (1990): Über die Würde des Menschen. Hamburg

Prasad, Nivedita (2011): Mit Recht gegen Gewalt. Die UN-Menschenrechte und ihre Bedeutung für die Soziale Arbeit. Ein Handbuch für die Praxis. Opladen

Rawls, John (2006): Gerechtigkeit als Fairness. Ein Neuentwurf. Frankfurt/Main

Röh, Dieter (2011): „…was Menschen zu tun und zu sein in der Lage sind." Befähigung und Gerechtigkeit in der Sozialen Arbeit: Der capability approach als integrativer Theorierahmen?!. In: Mührel, Eric/Birgmeier, Bernd (Hrsg.): Theoriebildung in der Sozialen Arbeit. Wiesbaden, S. 103-122

Röh, Dieter (2012): Daseinsmächtigkeit, Lebensqualität und die Funktion Sozialer Arbeit. Eine Replik auf Horst Bossongs Kritik am Capability Approach und seiner Rezeption in der Sozialen Arbeit. In: neue praxis, 2/2012, S. 217-226

Sartre, Jean Paul (2007): Der Existenzialismus ist ein Humanismus. Vierte Auflage. Reinbek bei Hamburg

Schmid, Wilhelm (1998): Philosophie der Lebenskunst. Eine Grundlegung. Frankfurt/Main

Sen, Amartya (2004): Elements of a Theory of Human Rights. In: Philosophy and Public Affairs. 32/4, S. 315-356

Staub-Bernasconi, Silvia (2008): Die Menschenrechte in ihrer Relevanz für die Soziale Arbeit als Theorie und Praxis. In: Widersprüche. Nr. 107. S. 9-32

Staub-Bernasconi, Silvia (2007): Soziale Arbeit als Handlungswissenschaft. Systemtheoretische Grundlagen und professionelle Praxis – Ein Lehrbuch. Bern

Staub-Bernasconi, Silvia (2006): Der Beitrag einer systemischen Ethik zur Bestimmung von Menschenwürde und Menschenrechten in der Sozialen Arbeit. In: Dungs, Susanne u. a. (Hg.): Soziale Arbeit und Ethik im 21. Jahrhundert. Ein Handbuch. Leipzig. S. 267-289

Staub-Bernasconi, Silvia (2003): Soziale Arbeit als (eine) Menschenrechtsprofession. In: Sorg, Richard (Hg.): Soziale Arbeit zwischen Politik und Wissenschaft. Münster. S. 17-54

Staub-Bernasconi, Silvia (1995): Systemtheorie, soziale Probleme und Soziale Arbeit: lokal, national, international – oder: vom Ende der Bescheidenheit. Bern

Tiedemann, Paul (2006): Was ist Menschenwürde? Eine Einführung. Darmstadt

UN – Zentrum für Menschenrechte, Internationaler Verband der SozialarbeiterInnen (IFSW), Internationale Vereinigung der Ausbildungsstätten für Soziale Arbeit (IASSW) (2002): Menschenrechte und Soziale Arbeit – ein Handbuch für Ausbildungsstätten der Sozialen Arbeit und für den Sozialarbeitsberuf. Übersetzung durch Moravek, Michael. Fachhochschule Ravensburg-Weingarten

Wronka, Joseph (2008): Human Rights and Social Justice. Social Action and Service for the Helping and Health Professions. Los Angeles

(Soziale) Gerechtigkeit – Menschenrechte – Capabilities

Handlungstheoretische Anmerkungen und Fragen zu gerechtigkeitsorientierten Theorieetikettierungen Sozialer Arbeit

Bernd Birgmeier

Die Soziale Arbeit als Menschenrechtsprofession sowie diverse Ansätze des Capability Approach stellen „Theorieetikettierungen" in Sozialer Arbeit dar, deren zentraler Bezugsrahmen ein spezifisches Verständnis von (sozialer) Gerechtigkeit ist. Mit dem Fokus auf „soziale Gerechtigkeit" werden zwar wesentliche sozial- und gesellschaftstheoretische Bestimmungsstücke der Sozialen Arbeit benannt, die jedoch auch – praktisch – im Blick auf das jeweils einzelne Individuum „umgesetzt" werden müssen, um dem Ziel der Entwicklung individueller Handlungskompetenz näher kommen zu können. Die daraus resultierende Notwendigkeit einer Vermittlung bzw. Angleichung politischer resp. gesellschaftlicher Wertemodelle mit jeweils individuellen Lebenswelten, -wirklichkeiten und Wertvorstellungen ist insbesondere aus der Perspektive einer handlungstheoretisch fundierten Sozialen Arbeit – die das Augenmerk auf das Handeln und die Handlungsfähigkeit / -befähigung einzelner Personen und Personengruppen richtet – zu analysieren und zu diskutieren.

1

Zu den „relevanten Merkmale(n) *professioneller* Sozialer Arbeit" zählen einerseits eine wissenschaftliche Basis, andererseits „ihr Bezug auf einen international und national geteilten Ethikkodex, der sich in den neueren Fassungen auf den Werthorizont der *Menschenrechte* und *sozialer Gerechtigkeit* bezieht" (Staub-Bernasconi 2010, 275; Herv. d.V.). Mit diesen Merkmalsbeschreibungen einer Profession Sozialer Arbeit verbunden ist der Rückbezug auf diverse Konzepte „sozialer Gerechtigkeit", wie sie derzeit verstärkt auch in den Ansätzen des Capability Approach diskutiert werden. „Soziale Gerechtigkeit" kann somit als ein gemeinsamer Gegenstandsbereich erachtet werden, auf den sich beide „Theorieetiketten" (vgl. Thole 2010, 42) – das Konzept der Sozialen Arbeit als *Menschenrechtsprofession* und Ansätze zum *Capability Approach* – beziehen. Hervorgehoben wird damit gleichzeitig, dass sich die Profession Soziale Arbeit sowohl an sozial*staatlichen* als auch an sozial*politischen* Zielsetzungen orientiert, indem sie den von freiheitlichen demokratischen Sozialstaaten vermittelten Auftrag an die Sozialpolitik, für *soziale Gerechtigkeit* zu sorgen, wahrnimmt (vgl. Engel 2011, 14). Um diesem Auftrag Rechnung tragen zu können, hat sie – insbesondere als *Menschenrechtsprofession* – nicht nur allgemein zu klären, wie sie ihr Verhältnis zur Sozialpolitik, zu Gesellschaftstypisierungen (sozialstaatlich-integrativ oder marktliberal) und zu Neujustierungsmodellen sozialer Sicherheitsstrukturen (Versorgung oder Aktivierung) bestimmt (vgl. Bettinger 2010, 345; Böllert 2011, 441), sondern auch, welchen Begriff bzw. welches Modell und welches Verständnis von *Gerechtigkeit* sie präferiert und auf welche Gerechtigkeitsprinzipien und -theorien sie sich rückbezieht.

2

Der aktuelle Diskurs zum Gerechtigkeitsbegriff spannt sich – so Horn – vor allem entlang zweier Hauptströmungen auf, die einerseits einen egalitären, andererseits einen adressatenbezogenen bzw. inegalitären Gerechtigkeitsbegriff fokussieren. Gerechtigkeitstheorien des ersten Typs werden dabei prominenterweise von J. Rawls, R. Dworkin und A. Sen verteidigt; als Exponenten des zweiten, „des anspruchsrelativen oder inegalitären Begriffs von Gerechtigkeit" sind A. Margalit oder M. Walzer zu benennen (vgl. Horn 2011, 941 ff.).

Im Hinblick auf diese beiden Hauptströmungen gerechtigkeitstheoretischer Zugänge ist für die Soziale Arbeit v.a. die Frage zu klären, „welche Gleichheit" (Otto, Scherr & Ziegler 2010, 146 ff.) im Zentrum sozialpädagogischen und sozialarbeiterischen Gerechtigkeitsdenkens gelten soll und ob das Gleichheitsprinzip (*Egalitarismus*) – als eines von vier Gerechtigkeitsprinzipien – tatsächlich hinreichend ist, für eine *soziale Gerechtigkeit* zu sorgen. Ist es also (sozial) „gerecht", wenn im Blick auf die gesellschaftlich zu verteilenden Güter „jeder das Gleiche bekommt" (Ernst 2011, 105) oder ist es möglicherweise (sozial) „gerechter", wenn von Gerechtigkeitsprinzipien ausgegangen werden will, die – wie es bspw. das Bedarfs-, Anrechts- und Leistungsprinzip auszudrücken vermögen – auch „Ungleichheiten" zulassen (vgl. Engel 2011, 15)?

Insbesondere die im Anschluss an John Rawls diskutierten gerechtigkeitstheoretischen Modelle gehen davon aus, dass die Mitglieder einer Gesellschaft dann besser gestellt werden können, „wenn die Güter *nicht* gleich verteilt sind, da eine ungleiche Güterverteilung Anreize erzeugt und zu gesteigerter Effektivität führt" (Ernst 2011, 106). Als „rational denkende Wesen" wüssten – so Rawls – die Mitglieder einer Gesellschaft, „dass sie die Fähigkeiten besitzen, eine Vorstellung vom *gelungenen Leben* ... zu entwickeln und ihr Leben an dieser auszurichten, und sie wissen, dass sie dazu 'primäre Güter' wie Grundfreiheiten, Einkommen, Wohlstand, Selbstachtung etc. brauchen" (ebd.; Herv. d.V.; vgl. auch Böllert et al. 2011, 520 f.).

Rawls Theorie wird insbesondere von der Sozialen Arbeit bisweilen kritisch gesehen. Ein Problem seitens der Sozialen Arbeit mit dem Rawls'schen Ansatz bestehe – so Böllert et al. (2011, 520 f.) – vor allem darin, „dass dessen Geltungsbereich durch die 'rationale Autonomie' (Rawls 1993, 75) eines 'normalen und während seines/ihres gesamten Lebens vollständig kooperierenden Mitglieds einer Gesellschaft' (74) begrenzt wird", zumal Kinder oder Menschen „mit Senilität oder mit geistiger Behinderung ... argumentationslogisch tendenziell aus der kontraktualistischen Gerechtigkeitsbegründung von Rawls ausgenommen (Nussbaum 2006)" (ebd.) werden. Im Blick auf so manches Arbeitsfeld (vgl. dazu Bieker & Floerecke 2011) besteht das Problem somit darin, „dass eine nicht unerhebliche Zahl ihrer 'nicht-mündigen' AdressatInnen kaum in den Geltungsbereich der Rawls'schen Gerechtigkeitsbegründung fällt" (Böllert et al. 2011, 521).

3

Solcherart Bedenken sind insbesondere für die Konfiguration einer *handlungstheoretischen* und – auch – an *Handlungs*gerechtigkeit anzulehnenden Sozialen Arbeit ernst zu nehmen, zumal dann dem Menschen als *handelndem Wesen* philosophisch-anthropologisch zu unterstellen wäre, sein „Handeln" sei stets eine gezielte, zweckmäßige, mit Plänen verbundene (und damit: rational gestützte) Verwirklichung von Zielprojektionen (vgl. Lenk 2010, 15). Wie bereits angedeutet orientiert sich jedoch gerade die Soziale Arbeit besonders an Zielgruppen, die eben nicht diesem (scheinbaren) Idealbild des (rational) „handelnden Wesens" entsprechen, sondern an Personen und Personen-/Zielgruppen, die zu einer (auch: rational hergeführten) Handlungsfähigkeit erst bzw. wieder zu „befähigen" sind!

Darüber hinaus verweisen auch Inegalitaristen (wie Margalit oder Walzer) darauf hin, dass eine von Rawls vertretene „Gleichheitstheorie streng genommen nur zwei auszugleichende Faktoren anerkennt: unverschuldetes Leid und selbstverantwortete Leistungen; entgegen unseren moralischen Institutionen muss sie sich also ablehnend gegenüber Unterstützungsanforderungen verhalten, sobald ein Fall von selbstverschuldetem Leiden vorliegt" (Horn 2011, 945). Anhand dieser Kritik am Rawls'schen Egalitarismus wird gleichermaßen ein Problem deutlich, mit dem eine an ethischen Maximen orientierte, *handlungswissenschaftlich* zu konzipierende Soziale Arbeit zu konfrontieren ist mit den Fragen: in welchem Verhältnis stehen (bezieht man unbeabsichtigtes Handeln und dessen – leidvolle – Folgen für die einzelne Person sowie Zufälle und – leidvolle – Widerfahrnisse als Ursachen individueller Leiderfahrungen mit ein) ein durch eigenes oder fremdes Handeln verursachtes „Selbstverschulden" und „Fremdverschulden" und auf welches Verständnis von „Schuld" im Allgemeinen rekrutiert die Profession und Disziplin Sozialer Arbeit?

Und schließlich ist ebenso allgemein zu fragen, weshalb gerade die Grundrechte und Grundfreiheiten Priorität in Rawls Gerechtigkeitsmodell haben bzw. ob es nicht wichtiger, besser: (sozial) gerechter wäre, wie auch von Amartya Sen und Martha Nussbaum vorgeschlagen, „eher auf eine faire Verteilung realer Möglichkeiten zur Verwirklichung individueller Lebenspläne (*equality of capabilities*) anstatt Rawls´scher Primärgüter" (Ernst 2011, 107) zu achten, zumal diese Verwirklichungsmöglichkeiten – eben – individueller, subjektiver, personenspezifischer Art sind, bedingt durch die jeweilige Lebenssituation, in denen sich ein Adressat in Sozialer Arbeit befindet und daher abhängig von den konkreten Umständen, in denen eine Person – nicht zuletzt aufgrund unvorhersehbarer, als leidvoll empfundener Widerfahrnisse – ihr Leben mit Hilfe vielfältigster, v.a. selbstbestimmter *Handlungen* zu „bewältigen" (ver-)sucht (vgl. u.a. Birgmeier 2007; 2010).

4

Sozialstaatliche und -politische Ideen und Theorien von „Gerechtigkeit" haben sich daher nicht nur an den gesamtgesellschaftlich geltenden und in den Grundrechten (Menschenrechten) verankerten Idealen zu halten. Sie gewinnen ihre Legitimation – vor allem durch die Soziale Arbeit – erst dort, wo darüber hinaus auch Mittel gewährleistet und (Handlungs-) Möglichkeiten und (Handlungs-) Freiheiten angeboten werden, durch die die jeweils subjektiven „Lebensbewältigungsaufgaben" (vgl. Böhnisch 2006) und die sozialen und sozialpolitischen (Lebens-) Verwirklichungsmöglichkeiten zueinander – im Sinne eines „gelingenden Lebens" für jeden einzelnen Bürger – vermittelt werden können und in denen auch die Spezifika individuell je unterschiedlich akzentuierter Bildungs-, Erziehungs-, Lern- und Lebensführungs-Tatsachen (vgl. dazu auch Rauschenbach / Züchner 2010, 169 ff.) – auch in Ausnahmefällen, nicht nur im „Normalfall" – Berücksichtigung finden.

Vor diesem Hintergrund und im Vergleich der gegenwärtig am intensivsten diskutierten Gerechtigkeitstheorien in Sozialer Arbeit offenbart die Theorie von Rawls alsbald einige Gerechtigkeitslücken, die vom Capability Ansatz – der durchaus zu den derzeit innovativsten *Handlungstheorien* in Sozialer Arbeit zu zählen ist – so kompensiert werden wollen, indem hier der Blick auf die Notwendigkeit der Ermöglichung *individueller* Chancen und Ressourcen gerichtet wird, die nicht nur gesellschaftlich zu strukturieren sind (vgl. Bartelheimer 2009,

51; in: Böllert et al. 2011, 522), sondern auch derart öffentlich-institutionell zu verankern, dass *„jedem Bürger"* jene materiellen, institutionellen und pädagogischen Bedingungen zur Verfügung zu stellen sind, „die ihm einen Zugang zum guten menschlichen Leben eröffnen und ihn in die Lage versetzen, sich für ein gutes Leben und *Handeln* zu *entscheiden"* (Nussbaum 1999; 24; zit. n. Böllert et al. 2011, 522; Herv. d.V.).

„Capabilities" intendieren damit nicht nur eine Verbindung zwischen institutionentheoretischen mit individualtheoretischen Gerechtigkeitsmodellen (vgl. dazu Horn 2011, 934); sie verweisen ebenso auf die Notwendigkeit einer Politik sozialer Gerechtigkeit, die ihren Fokus auf die Verwirklichungschancen, auf Entfaltungsmöglichkeiten und die *Handlungs-* (und *Entscheidungs-)befähigung* von AdressatInnen in Sozialer Arbeit legt (vgl. Böllert 2011; Böllert et al. 2011). In gleichem Maße verpflichten sie (die Capabilities) geradezu auch eine „gerechte" Sozialpolitik darauf – zumindest – zu versuchen, nicht nur „auf alle gesellschaftlichen Teilbereiche einzuwirken", sondern „gleichzeitig die Individuen mit Fähigkeiten (´capabilities´) auszustatten, damit sie möglichst autonom einen großen *Handlungs*spielraum ausschöpfen können" (Köppe et al. 2011, 1489; Herv. d.V.).

5

Der Sozialpolitik und den an ihr abzuleitenden *politischen Handlungstheorien* für Soziale Arbeit kommt also „die Aufgabe zu, allen Bürgern möglichst große *Verwirklichungschancen* zu bieten (Sen 2000)" (Köppe et al. 2011, 1489; Herv. d.V.). Dies bedeutet: „In Abgrenzung von tradierten Vorstellungen einer Leistungs- oder Verteilungsgerechtigkeit sind die Befähigung zu einem guten Leben, die Lebenschancen und die Lebensqualität, die sich Personen im sozialen Raum tatsächlich eröffnen, die zentralen Inhalte des capability-approach" (Böllert 2011, 442). Und weiter: „Die Intentionen einer hierauf bezogenen Politik der Gerechtigkeit sind daran ausgerichtet, durch die Bereitstellung und Sicherung von Grundbefähigungen dafür Sorge zu tragen, dass Menschen in die Lage versetzt werden, in ihrer Lebensführung *Wahl*möglichkeiten wahrnehmen oder ausschlagen zu können" (ebd.; Herv. d.V.).

Gleichwohl ist jedoch zu beachten, dass – wie es auch Otto, Scherr und Ziegler (2010, 148) zurecht hervorheben – trotz der gerechtigkeitspolitischen Intention des Capability Approach, Menschen in die Lage zu versetzen bzw. sie dazu zu „befähigen", „in ihrer Lebensführung *Wahl*möglichkeiten wahrnehmen oder ausschlagen zu können" (Böllert 2011, 442), die Subjekte, um die es hier aus der Adressatenperspektive geht, keinesfalls (nur) als *„rationale Nutzenmaximierer"* – die sich und ihr Leben im Regelfall stets rational betrachten, rational zwischen potentiellen Optionen wählen und sich für eine bzw. die „nützlichste" bzw. erfolgversprechendste Option entscheiden – zu betrachten sind oder dass sie gar zu diesen „befähigt" werden sollen. Denn „(d)iese theoretische und methodische Verengung findet nicht zuletzt Ausdruck in der Konzeption des Menschen als homo oeconomicus" (Otto, Scherr & Ziegler 2010, 148), die im Zusammenhang mit den Gerechtigkeitsvorstellungen sowohl einer Menschenrechtsprofession als auch der Capability-Ansätze in Sozialer Arbeit zumindest aus *handlungstheoretischer* Perspektive einige Skepsis hervorrufen muss.

Diese Skepsis rührt vor allen Dingen daher, dass die im Capability Approach eingeforderte Maxime der „Befähigung" zur Wahrnehmung von *Wahl*möglichkeiten (von *Handlungsalternativen*) freilich vom Subjekt eine – auch von Rawls postulierte – „Rationalität" voraussetzt, die jedoch – auch hier ist Otto et al. (2010) uneingeschränkt beizupflichten – Gefahr läuft, sich bisweilen in ökonomisch angehauchte „(Handlung-) Theorien der rationalen Wahl" bzw. in ökonomisch-wirtschaftswissenschaftliche *Handlungstheorien* zu verirren (vgl. dazu Homann/Suchanek 2000), die mit Ethikcodizes, Menschenbildannahmen und Gerechtigkeitsidealen der Sozialen Arbeit nur sehr schwer zu vereinbaren sind und alleine schon dadurch als nicht unbedingt „gerecht" wirken, weil sie ausschließlich „rationale" Akteure zu berücksichtigen gewillt sind und somit all jene exkludieren, die eben nicht zum *homo eoconomicus* zu zählen sind – und das sind, wenn wir einen Blick in die Zielgruppen Sozialer Arbeit werfen, auch jene, die zur Gruppe derjenigen zählen können, „die nicht im vollen Bewusstsein verantwortliche Entscheidungen treffen können, z.B. schwer geistig behinderte Menschen, Menschen im Wachkoma oder mit fortgeschrittenen Demenzerkrankungen oder anderen geistigen Funktionseinschränkungen" (Röh 2011, 109).

6

Die auch im Rawls´schen Gerechtigkeitsansatz zur Sprache kommende, *handlungstheoretisch* vorausgesetzte Kombination von „Rationalität" und „Wahl" verleitet so allzu leicht zur Annahme, der Capability Approach stütze sich – begründungstheoretisch – auf „rational-choice"-Ansätze, die vorwiegend aus ökonomischen und soziologischen Handlungstheorien entwickelt wurden und mit denen die philosophisch-ethischen, moralischen, an Normativität gekoppelten, ursprünglichen Kerninteressen des Capability Approach einer methodologisch-individualistisch inspirierten „Versozialwissenschaftlichung" zu unterliegen drohen: einer Versozialwissenschaftlichung, die jedoch gerade nicht darauf abzielt, etwas per se *normativ* vorschreiben zu wollen (vgl. Lenk 2010, 15). Mehr noch: In konkreten Situationen und Lebensphasen, in denen es um die Überbrückung und Bewältigung subjektiver *Handlungskrisen* geht (vgl. dazu Mennemann 2000; Birgmeier 2010), die unzweifelhaft auch emotional durchlitten und vom Menschen (als leidvoll) „erlebt" (vgl. Lenk 1989) werden und vom Betroffenen nicht nur „rational" analysiert werden müssen, verfehlen solcherart soziologisch-ökonomi(sti)sche Denk- und Handlungslogiken die Kerngedanken des Capability Approach, denn sie reduzieren das Wohl, das Wesen und das *Handeln* des Menschen auf lebenssinnstiftende Kosten-Nutzen-Kalkulationen, die mit den Menschenrechten und der Menschenwürde, allgemein: mit humanitären, (zwischen-) menschlichen, an Solidarität, Gemeinwohl, Fürsorge, Mitgefühl und – nicht zuletzt – Nächstenliebe angelehnten Parametern in Sozialer Arbeit nicht mehr viel gemein haben (vgl. Birgmeier 2009, 516). So ist mit Wildfeuer festzuhalten, dass einfache Reduktionen von (sozialen) Gerechtigkeitstheorien, die *Handlungs- auf Herstellungsprozesse* zu reduzieren trachten, i.d.R. allenfalls Surrogatstrategien „der Bewältigung der Aporien des Handelns" darstellen, d.h.: „Aus dem Menschen als Handelndem wird dabei der homo faber als Produzent. Diese Reduktion tritt immer dann zutage, wenn etwa *Gerechtigkeit* soziotechnisch, etatistisch oder distributiv hergestellt werden soll; wenn politisch die Pluralität der Handelnden auf das Prokrustesbett des *Egalitarismus* gespannt wird" (Wildfeuer 2011, 1794; Herv. d.V.).

Den Menschen in seinen *Handlungen* einzig als „rationalen Nutzenmaximierer" anzunehmen, wovor Otto, Scherr & Ziegler (2010) zu Recht warnen, birgt jedoch noch weitere Gefahrenmomente, auf die hinzuweisen ist. So ist kritisch zu fragen, ob eine (egalitaristische) Theorie sozialer Gerechtigkeit den individuell-subjektiven Anspruch des Menschen auf ein gutes, gelingendes Leben abzuleiten imstande ist, wenn diese Theorie – nationalökonomisch (Schumpeter), methodologisch-individualistisch (Hayek) sowie kritisch-rationalistisch (Popper) verwurzelt – mit einer Sozialtheorie (Coleman) sympathisiert, die ausschließlich vom „normalen" Menschen ausgeht und aus deren Annahmen zu einer „Logik der Selektion" dann ein *handlungstheoretisches* Modell formuliert werden soll, das mit seinen Postulaten *über* den Menschen als einen (soziologisierten sowie – offensichtlich – stets wählen und entscheiden könnenden) *homo oeconomicus* so allgemein gültig daherkommt, als wären – soziale wie auch individuelle – Gerechtigkeiten und *Handlungsoptionen* nicht nur theoretisch rational zu beschreiben und zu konzipieren, sondern auch praktisch nach den Maximen der Rationalität umzusetzen (vgl. Birgmeier 2009, 516).

7

(Handlungstheoretische) Überlegungen zur Menschenrechtsprofession Soziale Arbeit sowie in den Capability Approach-Ansätzen sind daher vor einem zu einseitig verwendeten, verkürzenden Begriff des „Nutzens" (d.h. einer konkreten Handlung im Vergleich zu einer Handlungsalternative) zu schützen, der aus dem

Menschenbild des „soziologisierten homo oeconomicus" rekrutiert wird und mit dem der Mensch – als (einseitig) rational „handelndes Wesen" – darauf reduziert zu werden droht, sich optional stets für jene *Handlungsmaxime* entscheiden zu müssen, die (s)einen subjektiven Nutzen zu maximieren versprechen.

Ginge man auch in der Sozialen Arbeit von einem derartigen „rationalen Nutzenmaximierer" aus, so würde dies voraussetzen, dass der Adressat stets in der Lage wäre, seine subjektiven Erwartungen (über die vermutete Wirksamkeit seiner Handlungen) und seine subjektiven Bewertungen (der möglichen „outcomes" seiner Handlungen) zu Gewichten der Alternativen zu kombinieren, um anschließend dann diese Gewichte bei der Selektion der Handlung miteinander zu vergleichen; ein Vergleich, infolge dessen dann auch diejenige Alternative gewählt wird, die den höchsten Wert des jeweils subjektiv erwarteten Nutzens aufweist (vgl. Birgmeier 2009, 517). Dieses Vorgehen entspricht exakt der Regel für die Logik der Selektion, innerhalb derer die „Theorie der rationalen Wahl" eben dieses Kriterium der Maximierung der subjektiven Nutzenerwartung annimmt (vgl. dazu u.a. Esser 1991).

Derlei „rationale" Handlungstheorien können sicherlich zu einer Fundierung „befähigungsgerechter" Logiken in Sozialer Arbeit beitragen; doch es gibt – daneben – eben auch philosophisch-anthropologische und v.a. normative Handlungstheorien (vgl. dazu Lumer 2010), die für die Soziale Arbeit als Menschenrechtsprofession sowie für eine Auslegung von „Capabilities" relevanter und vor allem: humaner erscheinen.

Der Capability Approach-Ansatz steht somit vor der (schwierigen) Aufgabe, Sozialpolitik mit Sozialwissenschaft und Philosophie (darin v.a.: Ethik) miteinander zu vereinen und wichtige Reflexionspotentiale der praktischen Philosophie nutzbar zu machen, die darauf verweisen, dass der Mensch seine *Handlungen* nicht nur nach rationalen Vorgaben plant und realisiert, sondern dass er sein Handeln, seine Handlungsgrenzen, seine Handlungseinschränkungen, seine partielle „Handlungsunfähigkeit" sowie das Fehlen von Wahlmöglichkeiten (zum Handeln) auch (emotional) erlebt! Andererseits ist es – wie Röh zu Recht betont – wichtig, im Capability Approach zwischen „Fähigkeit (capability) und Tätigkeit (functioning)" zu unterscheiden, „denn erstere deutet auf die Möglichkeiten hin, etwas tun zu können und letztere auf die Wahl des Menschen, es auch zu tun" (2011, 107).

8

Mithin verweist diese Unterscheidung darauf hin, dass der Capability Approach, die Soziale Arbeit als Menschenrechtsprofession und v.a. die in beiden Theorieetikettierungen diskutierte Rawl'sche Gerechtigkeitsauffassung einschließlich der mit ihr verbundenen Vorstellungen von sozial gerechtem und subjektiv „angemessenem", will heißen: zweck- und wertrationalem Handeln, sowohl *handlungs-* als auch *entscheidungstheoretische* Kontexte umschließt. Vor allem im Blick auf die Tätigkeit (functioning) haben wir es im Capability Approach nämlich nicht genuin mit einem *handlungs-*, sondern vielmehr mit einem *entscheidungstheoretischen* Kriterium zu tun (vgl. dazu Lumer 2010). Verkörpert der Capability Approach also eher eine an Vernunft und an *normative* sowie – soweit möglich – *rationale* Bewertungen des Subjekts in einer konkreten Situation gebundene Entscheidungs- und weniger eine Handlungstheorie?

Im Vergleich zu (rational geprägten) *Handlungstheorien*, die in ihrer Minimaldefinition zumindest von einem Mindestmaß an menschlicher Vernunft ausgehen, mit der – im Normalfall – dem Menschen intellektuelle Fähigkeiten zugeschrieben werden, über sich und ein vergangenes Geschehen nachzudenken, ihr künftiges Handeln an (potentiellen) Konsequenzen zu orientieren und diese wiederum mit Hilfe klar benennbarer Maßstäbe zu beurteilen (vgl. Martin 2011, 14), geht es bei *Entscheidungstheorien* um Theorien, die sich – und dies gilt auch für „Tätigkeiten" (,functionings') im Capability Approach – explizit mit *Wahl*handlungen beschäftigen, „also mit der Frage, für welche Handlungsalternativen Menschen sich entscheiden" (ebd. 2011, 16). Indem Menschen, denen die Möglichkeiten fehlen, etwas tun zu können (= *Handlungsfähigkeit*), offensichtlich auch nicht die Wahl haben, etwas zu tun (= *Entscheidungsfähigkeit*), sind „Menschenrechtsprofessionen" sowie sachlogische Ableitungen des Capability Approach auf die Soziale Arbeit an die Aufgabe gebunden zu differenzieren, ob ihr Gerechtigkeitsbegriff nun zuvörderst an *handlungs-* oder an *entscheidungs*theoretischen Parametern zu orientieren sei bzw. inwiefern eine dieserart zu bezeichnende „Gerechtigkeitsprofession" Soziale Arbeit insofern nicht selbst in Gefahr ist, etwas zu übersehen, wenn sie – rationalistisch, und darin: möglicherweise auch algorithmisch in Versuchung geführt – ihr durchaus berechtigtes Credo nach „Befähigungsgerechtigkeit" stärker in einer spezifischen, funktional ausgelegten Entscheidungslogik als in einer ganzheitlich, auf das Leben (und die Lebensbewältigung) gerichteten Handlungsbefähigung ihrer Adressaten zu suchen trachtet.

Möglicherweise würde es zur Klärung derlei Fragen helfen, so manche sozialpolitischen Programmatiken (weiterhin) kritisch zu hinterfragen und daraus professionstheoretische Schlüsse zu ziehen, die die gerechtigkeitstheoretisch problematische Disparität überbrücken hilft, die sich aktuell zwischen den Dualen „Selbstverschulden – Fremdverschulden" und „Selbstsorge – Fürsorge" auftun und mit denen potentiell auch das Schwinden des Vorsorgestaats zugunsten eines Modells „unternehmerischen Selbsts" (Bröckling 2007) hofiert wird, das „sein Leben als Abfolge von Projekten sieht und angeht, die mit klugem Ressourceneinsatz (und wohl auch klugen Entscheidungen; B.B.) optimal organisiert werden müssen" (Keupp 2011, 639).

9

In der handlungstheoretischen Annahme, dass sich wohl niemand absichtlich für ein Leben mit mehr Leid als Freud (Kamlah 1973) *entscheidet*, und dass manche auch noch so rational durchdeklinierten Entscheidungen unvermutet doch nicht in das anvisierte Ziel (etwa das, eines guten, gelingenden, glücklichen Lebens) münden, eine Entscheidung (in der konkreten Situation) *für* etwas immer auch als Entscheidung *gegen* etwas anderes betrachtet werden kann und die „Qualität" und die „Erfolgsrate" einer Entscheidung *für* oder *gegen* eine spezifische Handlung *vor* dem Vollzug dieser Handlung aufgrund der unkalkulierbaren, unbeabsichtigten Nebenfolgen, Zufälle oder „Widerfahrnisse" nur sehr schwer abzuschätzen sind und der Mensch mit Marquard als „Handlungs-Widerfahrnis-Gemisch" (2001, 129) zu verstehen ist, das eben nicht nur handelt (und wählt und entscheidet), sondern dem auch Handlungen und Entscheidungen anderer (z.B. der Sozialpolitik) widerfährt, ist die Begründung einer Gerechtigkeitsprofession nicht an solchen Programmen der „Absolutmachung des Menschen" (vgl. Marquard 2005) – etwa durch sein Wahl- und Entscheidungsanthropikum im Kontext von (Lebens-)Projekten – alleine festzumachen, sondern verstärkt auf der Basis philosophisch-anthropologischer Traditionen voranzutreiben, zumal gerade die Frage, ob der Mensch als *handelndes* Wesen tatsächlich die *Wahl* zur Handlung hat oder ob er nicht vorwiegend auch anderen, nicht planbaren und in Projekten umzusetzenden, sondern eher *zufällig* geschehenden Kräften und Phänomenen ausgeliefert ist, zu den wichtigsten Problematiken und Kernthemen der Philosophischen Anthropologie – und weitaus allgemeiner: des Lebens jedes einzelnen Menschen – zählt.

Zufälle, wie sie in der Sozialen Arbeit u.a. in der Biographiearbeit (vgl. Jakob 2011) und einigen Beratungskonzeptionen (vgl. Nestmann/Sickendiek 2011) Berücksichtigung finden, verhindern die subjektiven Möglichkeiten der *Wahl* und der *Entscheidung* für ein Handeln; sie können dadurch entstehen, dass voneinander unabhängige Determinationsketten unvermutet aufeinander treffen. „Einer vergräbt einen Schatz, um ihn zu verstecken; ein anderer gräbt eine Grube, um einen Baum zu pflanzen: Dies ist ein Zufall für jemanden, der eine Grube gräbt, nämlich dabei einen Schatz zu finden. Dabei ist der besondere – für den Menschen bedeutsame – Fall der, dass etwas anderes (als seinerseits determiniert ist) seiner Absicht dazwischenkommt" (Marquard 2001, 119). Rein rationalistische Handlungs- oder Entscheidungstheorien, mit denen auf eine Dominanz des Wahlcharakters im menschlichen Sein – frei nach der Redewendung: „Jeder Selbst ist seines Glückes (und Unglückes) Schmied" – abgehoben wird, leugnen jedoch die Möglichkeit (und Tatsächlichkeit), dass Zufälle dadurch entstehen können, indem ursprünglich voneinander unabhängige Determinationsketten plötzlich vollkommen unvorhersehbar aufeinander treffen; sie übersehen den

Widerfahrnischarakter im menschlichen Leben und propagieren ein Ende des Schicksals (vgl. Marquard 2005, 67 ff.) – ein Schicksal jenseits aller Wahl- oder Entscheidungsoptionen, das so manchen Adressaten in Sozialer Arbeit mit unvorstellbar großem Leid konfrontiert und ihm dadurch bereits die „Möglichkeiten" der Realisierung dessen raubt, was hinlänglich als „Capabilities" gelistet wird.

Gerade diese Widerfahrnisse sind es, die – teils zufällig, teils als (unbeabsichtigte) Folgen eigenen und fremden Handelns – beim Subjekt zu partiellen „Handlungsunfähigkeiten" führen können und der Sozialen Arbeit in ihren „gerechtigkeitstheoretischen" Modellierungen die Aufgabe schlechthin zuführt dafür Sorge zu tragen, das rechte Maß in ihrer Bewertung von Selbst- und Fremdverschulden anzulegen – ein Maß, das sich am Spezifischen der Menschenwürde orientiert, an der Frage also, was den Menschen zum Menschen macht (vgl. Bieritz-Harder 2009, 16) – und nicht an jener, wie der Staat, die (Sozial-)Politik, Professionen oder „Theorieetiketten" den Menschen einzig nach Kriterien der Rationalität „definieren". Rationalität ist sicherlich ein wichtiger Teilbereich des menschlichen Wesens, ein Kriterium für „Gerechtigkeit" im Handeln und für die Befähigung zum Handeln; bei weitem aber nicht der Einzige! ... zumal angenommen werden darf, dass Gerechtigkeit und ein gerechtigkeitsmotiviertes und -orientiertes Handeln jenseits aller kalkulierten, individuellen Nutzenerwartungen nicht nur eine „Kopfsache" sein sollte, sondern i.e.L. auch eine Herzensangelegenheit.

10

Im Kontext all dieser Feinnuancen gerechtigkeitsorientierter Theorieetikettierungen in Sozialer Arbeit erscheint es wichtig, das Verhältnis der Sozialen Arbeit als Menschenrechtsprofession zu den Ansätzen des Capability Approach zueinander abzustimmen, um daraus ein angemessenes, der Würde des einzelnen Menschen entsprechendes, nicht rein rationalistisch verengtes Verständnis von Gerechtigkeit weiter zu denken. Allgemein gilt, dass der Capability Ansatz i.d.R. als eine Spezifizierung des menschenrechtlichen Standpunkts formuliert wird, d.h.: „‚Der capabilities approach', so erläutert Nussbaum (2006: 78), ‚ist in meiner Perspektive eine Form des Ansatzes der Menschenrechte, und Menschenrechte sind häufig in ähnlicher Weise mit der Idee menschlicher Würde verknüpft worden'. Er zielt nicht zuletzt darauf, ein nicht juristisch verengtes Verständnis von Menschenrechten fundieren zu können" (Otto, Scherr & Ziegler 2011, 139). Dieser Spezifikation menschenrechtlicher Standpunkte zufolge haben daher sowohl die (durchaus *normativ* geprägten) Theorieetikettierungen einer Sozialen Arbeit als *Menschenrechtsprofession* als auch jene, die an den Capability Approach angelehnt sind, ihre Bemühungen weiter anzustrengen und zu klären, wo – jenseits eines „juristisch verengten Verständnisses – ihre (sozial-) politischen, (sozial-) wissenschaftlichen, (sozial-) ethischen, (sozial-) anthropologischen bzw. (sozial-)philosophischen Schnittmengen exakt auszumachen sind oder – zumindest – anzugeben, wo die Grenzen der Bereiche „Politik – Wissenschaft – Philosophie – Ethik – Soziale Arbeit" überschritten werden müssen, um der auf bestimmten (sozialen) Gerechtigkeitstheorien gestützten „Idee menschlicher Würde" und v.a. jedem einzelnen Menschen mit seinen Bedürfnissen, Zielen, Wünschen, Absichten, Stärken, Schwächen, Lebensplänen u.v.a.m. tatsächlich auch *gerecht* zu werden.

Literatur

Bartelheimer, P. (2009): Verwirklichungschancen als Maßstab lokaler Sozialpolitik? Sozialer Fortschritt 2-3/2009. 48-55
Bieker, R./Floerecke, P. (2011) (Hg.): Träger, Arbeitsfelder und Zielgruppen der Sozialen Arbeit. Kohlhammer. Stuttgart
Bieritz-Harder, R. (2009): Menschenwürde und die Neutralität des Staates. In: Mührel, E. (Hg.): Zum Personenverständnis in der Sozialen Arbeit und Pädagogik. Die Blaue Eule. Essen. 11-17
Birgmeier, B. (2007): Handlung und Widerfahrnis. Peter Lang. München
Birgmeier, B. (2009): Zur Programmatik ökonomisierter „Standards" – eine Kritik mediatorischer Vernunft. In: Erwägen Wissen Ethik (EWE) 4/2009. Kritik auf den Hauptbeitrag von Montada, L.: Mediation – Pfade zum Frieden. Stuttgart. Lucius & Lucius. 516-518
Birgmeier, B. (2010): Krisen und Widerfahrnisse als Grundkategorien einer handlungswissenschaftlich fundierten Sozialpädagogik. In: Birgmeier, B./Schmidt, H.-L./Mührel, E. (Hg.): Sozialpädagogik und Integration. Die Blaue Eule. Essen. 49-62
Bettinger, F. (2010): Soziale Arbeit und Sozialpolitik. In: Thole, W. (Hg.): Grundriss Soziale Arbeit. VS-Verlag. Wiesbaden. 345-354
Böhnisch, L. (2006): Sozialpädagogik der Lebensalter. Juventa. Weinheim
Böllert, K. (2011): Funktionsbestimmungen Sozialer Arbeit. In: Otto, H-U./Thiersch, H. (Hg.): Handbuch Sozialer Arbeit. 4. Auflage. Reinhardt. München. 436-444
Böllert, K./Otto, H.-U./Schrödter, M./Ziegler, H. (2011): Gerechtigkeit. In: Otto, H-U./Thiersch, H. (Hg.): Handbuch Sozialer Arbeit. Reinhardt. München. 517-528
Bröckling, U. (2007): Das unternehmerische Selbst. Suhrkamp. Frankfurt/M.
Engel, H. (2011): Sozialpolitische Grundlagen der Sozialen Arbeit. Kohlhammer. Stuttgart
Ernst, G. (2011): Gerechtigkeit. In: Jordan, St./Nimtz, Chr. (Hg.): Lexikon Philosophie. Hundert Grundbegriffe. Reclam. Stuttgart. 105-109
Esser, H. (1991): Die Rationalität des Alltagshandelns. In: Zeitschrift für Soziologie. Heft 6/1991. 430-445
Homann, K./Suchanek, A. (2000): Ökonomik. Eine Einführung. Mohr Siebeck. Tübingen

Horn, Chr. (2011): Gerechtigkeit. In: Kolmer, P./Wildfeuer, A.G. (Hg.): Neues Handbuch philosophischer Grundbegriffe. Alber. Freiburg/Br. 933-947
Jakob, G. (2011): Biographie. In: Otto, H.-U./Thiersch, H. (Hg.): Handbuch Soziale Arbeit. Reinhardt. München. 198-206
Kamlah, W. (1973): Philosophische Anthropologie. Bibliogr. Institut + Brockha. Mannheim
Keupp, H. (2011): Individuum/Identität. In: Otto, H.-U./Thiersch, H. (Hg.): Handbuch Soziale Arbeit. Reinhardt. München. 633-641
Köppe, St./Starke, P./Leibfried, St. (2011): Sozialpolitik. In: Otto, H.-U./Thiersch, H. (Hg.): Handbuch Soziale Arbeit. Reinhardt. München. 1485-1497
Lenk, H. (1989): „Handlung"(stheorie)". In: Seiffert, H. / Radnitzky, G. (Hg.): Handlexikon zur Wissenschaftstheorie. Ehrenwirth. München. 119-127
Lenk, H. (2010): Das flexible Vielfachwesen. Velbrück Wissenschaft. Weilerswist
Lumer, Chr. (2010): Handlung/Handlungstheorie. In: Sandkühler, H. J. (Hg.): Enzyklopädie Philosophie. Felix Meiner Verlag. Hamburg. 967-980
Marquard, O. (2001): Apologie des Zufälligen. Philosophische Überlegungen zum Menschen. In: ders.: Apologie des Zufälligen. Reclam. Stuttgart. 117-139
Marquard, O. (2005): Ende des Schicksals? In: ders.: Abschied vom Prinzipiellen. Reclam. Stuttgart. 67-90
Martin, A. (2011): Handlungstheorie. Grundelemente des menschlichen Handelns. WBG. Darmstadt
Mennemann, H. (2000): Krise als ein Zentralbegriff der (Sozial-)Pädagogik – eine ungenutzte Möglichkeit? In: neue praxis 3/2000. 207-226
Nestmann, F./Sickendiek, U. (2011): Beratung. In: Otto, H.-U./Thiersch, H. (Hg.): Handbuch Soziale Arbeit. Reinhardt. München. 109-119
Nussbaum, M. (2006): Frontiers of Justice. Disability, Nationality, Species Membership. Harvard University Press. Cambridge/London
Otto, H.-U./Scherr, A./Ziegler, H. (2010): Wieviel und welche Normativität benötigt die Soziale Arbeit? In: neue praxis 2/2010. 137-163
Rauschenbach, Th./Züchner, I. (2010): Theorie der Sozialen Arbeit. In: Thole, W. (Hg.): Grundriss Soziale Arbeit. VS-Verlag. Wiesbaden. 151-173
Rawls, J. (1993): Die Idee des politischen Liberalismus. Aufsätze 1978-1989. Suhrkamp. Frankfurt/M.
Röh, D. (2011): „... was Menschen zu tun und zu sein in der Lage sind." Befähigung und Gerechtigkeit in der Sozialen Arbeit: Der Capability Approach als integrativer Theorierahmen?! In: Mührel, E./Birgmeier, B. (Hg.): Theoriebildung in der Sozialen Arbeit. VS-Verlag. Wiesbaden. 103-122
Staub-Bernasconi, S. (2010): Soziale Arbeit und Soziale Probleme. In: Thole, W. (Hg.): Grundriss Soziale Arbeit. VS-Verlag. Wiesbaden. 267-282
Thole, W. (2010): Die Soziale Arbeit – Praxis, Theorie, Forschung und Ausbildung. Versuch einer Standortbestimmung. In: ders. (Hg.): Grundriss Soziale Arbeit. VS-Verlag. Wiesbaden. 19-71
Wildfeuer, A.G. (2011): Praxis. In: Kolmer, P./Wildfeuer, A.G. (Hg.): Neues Handbuch philosophischer Grundbegriffe. Alber. Freiburg/Br. 1774-1804

Die Soziale Arbeit als „Menschenrechteprofession" – Ein (zu) hoher Anspruch

Silke Müller-Hermann & Roland Becker-Lenz

1 Einleitung

Seit einigen Jahren versteht sich die Soziale Arbeit in zunehmendem Maß ausdrücklich als Menschenrechtsprofession. Die Menschenrechte haben Einzug in die berufsethischen Dokumente der International Federation of Social Workers (IFSW) und einer Reihe nationaler Berufsverbände gehalten, so auch in die des Deutschen Berufsverbandes für Soziale Arbeit (DBSH) und des schweizerischen Verbandes Avenir Social, auf deren Dokumente wir im Folgenden an verschiedenen Stellen beispielhaft eingehen wollen. Menschenrechte implizieren ethische Prämissen und Werturteile. In früheren Jahren wurden einzelne Werte als Bezugsgrößen oder Basis des sozialarbeiterischen /sozialpädagogischen Handelns genannt, insbesondere (soziale) Gerechtigkeit. Nun kann man argumentieren, dass die Menschenrechte ausbuchstabieren, was aus der Sicht der Sozialen Arbeit unter sozialer Gerechtigkeit verstanden wird. In der Tat trägt dies zur Klärung des ansonsten bestimmungsbedürftigen Begriffs bei und beugt subjektiven (Fehl-)Interpretationen vor. Die Menschenrechte enthalten allerdings darüber hinaus eine Reihe weiterer Bestimmungen, die sich auf Aspekte beziehen, in Bezug auf die zumindest fraglich erscheint, inwiefern die Soziale Arbeit daran beteiligt ist beziehungsweise ob und inwiefern sie in diesem Zusammenhang selbst, jenseits ihres gesetzlichen Auftrages, eine Zuständigkeit beanspruchen und sich selbst einen Auftrag erteilen kann. Vor diesem Hintergrund stellt sich nicht nur die Frage, ob die Menschenrechte mit ihrer notwendigerweise großen Spannbreite tatsächlich als Bezugsfolie sozialarbeiterischen Handelns geeignet sind, sondern auch die Frage, ob und wie ein von dieser Wertebasis abgeleiteter Auftrag legitimiert werden kann. In dem vorliegenden Beitrag möchten wir daher einen kritischen Blick auf das Selbstverständnis der Sozialen Arbeit als Menschenrechtsprofession werfen und zugleich der Frage nachgehen, inwiefern die Menschenrechte dennoch relevant für das berufspraktische Handeln sind.

2 Auftrag der Sozialen Arbeit und Verhältnis zu anderen Akteuren

Um zu beleuchten, welchen Stellenwert die Menschenrechte in Bezug auf die Soziale Arbeit haben, beziehungsweise welche Rolle der Sozialen Arbeit hinsichtlich der Gewährleistung der Menschenrechte zukommt, erscheint es uns unerlässlich, zunächst einmal die grundlegende Frage zu klären, worin der Auftrag der Sozialen Arbeit besteht, beziehungsweise was ihre berufsspezifischen Aufgaben sind. In verschiedenen Dokumenten des IFSW[1] sind Bestimmungen enthalten, aus denen sich zwar kein Auftrag aber eine Aufgabe ableiten lässt. So lautet die Definition Sozialer Arbeit:

> "The social work profession promotes social change, problem solving in human relationships and the empowerment and liberation of people to enhance well-being. Utilising theories of human behaviour and social systems, social work intervenes at the points where people interact with their environments. Principles of human rights and social justice are fundamental to social work."[2]

Die Aufgabe Sozialer Arbeit wird hier darin gesehen, sozialen Wandel zu befördern, Probleme in menschlichen Beziehungen zu lösen und Menschen zu stärken und zu befreien, um ihr Wohlbefinden zu verbessern.[3] Einen Bezug zu Menschenrechten könnte man darin erkennen, dass es um Befreiung von Menschen geht. Die Allgemeine Erklärung der Menschenrechte benennt verschiedene Freiheitsrechte, die allen Menschen zustehen, z.B. den Schutz vor Verhaftung und Ausweisung, das Verbot der Sklaverei oder den Schutz vor willkürlichen Eingriffen in das Privatleben. Wenn diese Art von Freiheitsbeschränkungen gemeint sein sollte, wäre es allerdings merkwürdig die Befreiung an einen Zweck zu binden, nämlich die Verbesserung des Wohlbefindens. Dies würde dem grundlegenden Status der Menschenrechte nicht entsprechen.

Der letzte Satz der Definition verweist explizit auf Menschenrechte. Jedoch sind nicht diese selbst fundamental für die Soziale Arbeit, sondern Prinzipien, die in ihnen enthalten sind. Da es sich um Prinzipien handelt und nicht um die Rechte selbst, wird die Lesart nahe gelegt, die Funktion der Prinzipien darin zu sehen, die Art und Weise der Aufgabenerfüllung näher zu bestimmen, beispielsweise in der Beförderung sozialen Wandels besonders auf die Wahrung der Menschenrechte zu achten.

Diese Interpretation wird auch gestützt durch die Ausführungen unter Art. 4.1 („Human Rights and Human Dignity" in dem Berufskodex des IFSW (Statement of Ethical Principles). Menschenrechte (Recht auf Selbstbestim-

---

1   Vgl. Statement of Ethical Principles (2004), Global Standards, gemeinsam mit der International Association of Schools of Social Work (IASSW) (2004)
2   http://ifsw.org/policies/definition-of-social-work/ Abfrage 23.06.2012
3   Es ist denkbar, dass nur die Stärkung und Befreiung von Menschen ihr Wohlbefinden verbessert. Der Satz könnte jedoch auch so gelesen werden, dass auch die anderen genannten Aufgaben das Wohlbefinden von Menschen verbessern.

mung⁴, Recht auf Partizipation, Recht auf Bildung) sind hier insofern thematisch, als dass sie innerhalb der Aufgabenerfüllung der Sozialen Arbeit geachtet werden müssen. Sie werden nicht dazu verpflichtet, das Recht generell zu gewährleisten.

Bei der eben dargestellten Definition handelt es sich nicht um einen Auftrag, den die Soziale Arbeit erhält, sondern um eine Aufgabe, die sich der Berufsstand selbst gibt, bzw. eine Darstellung seines beruflichen Selbstverständnisses. Eine dezidierte Formulierung eines Auftrages der Sozialen Arbeit liegt unseunseres Wissens auf internationaler Ebene nicht vor.

Der Deutsche Berufsverband DBSH hingegen formuliert in seinem Grundsatzprogramm aus dem Jahr 1998 (DBSH 2009: 15-18) zunächst explizit den folgenden Auftrag:

> „Als Ergebnis von Diskussionen in der Gesellschaft werden Fachkräfte der Profession Soziale Arbeit mit der Lösung sozialer Probleme beauftragt." (ebd., Art. 2.1.1. Politik und Profession, S. 15)

An dieser Stelle wird zugleich ausgewiesen, auf welcher Basis der Auftrag bestimmt wird, nämlich auf der der gesellschaftlichen Diskussion. Im Weiteren wird darauf hingewiesen, dass die Politik die Rahmenbedingungen hierzu schafft. Der Bezugsrahmen der Auftragsbestimmung ist hier folglich der demokratische Nationalstaat. Innerhalb der Berufsethischen Prinzipien aus dem Jahr 1997 (DBSH 2009: 9-11) wird darauf hingewiesen, dass es ebenfalls zu dem gesellschaftlich überantworteten Auftrag der Sozialen Arbeit gehört, die zu lösenden sozialen Probleme und die strukturell bedingten Ursachen sozialer Not auch selbst zu entdecken und zu veröffentlichen (vgl. ebd. Art. 1, S. 9; Art. 2.3, S. 10). Der Auftrag wird zunächst als ein durch „strukturelle, rechtliche und materielle Vorgaben eingegrenzter charakterisiert. Unimittelbar im Anschluss wird jedoch darauf verwiesen, dass die „beruflich geleistete Soziale Arbeit (...) letztlich in universellen Werten (gründet), wie sie etwa im Katalog der Menschenrechte oder den Persönlichkeitsrechten und dem Sozialstaatsgebot des Grundgesetzes zum Ausdruck kommen", und dass diese Werte die Mitglieder des Verbandes dazu auffordern, „den gesellschaftlichen Auftrag der Sozialen Arbeit mit seinen Begrenzungen zu bewerten und gegebenenfalls zu optimieren." (Art. 1) Durch die hier enthaltene (Selbst-)Verpflichtung, den gegebenen Auftrag unter Umständen gemäß universeller Werte zu verändern, eröffnen sich die Be-

---

4   Ein eigentliches Recht auf Selbstbestimmung existiert in der allgemeinen Menschenrechtserklärung nicht, jedoch gibt es Freiheitsrechte, wie das Recht auf Gedanken, Gewissens- und Religionsfreiheit sowie das Recht zur freien Meinungsäußerung und Informationssammlung oder -verbreitung, die man als Selbstbestimmungsrechte auffassen kann.

rufsangehörigen einen Autonomie- und Handlungsspielraum in Bezug auf, aus ihrer Sicht, ethisch unzumutbare Anforderungen von Seiten des Staates. In Bezug auf den deutschen Staat würde das allerdings voraussetzen, dass dieser Forderungen erhebt, die mit seinen eigenen ethischen Grundsätzen nicht kompatibel sind. Die Bindung an eigene ethische und fachliche Standards und die Befürchtung und empirisch sicherlich auch begründete Annahme eines mit diesen in Widerspruch stehenden möglichen Auftrages, drückt sich auch darin aus, dass in der Liste der im Jahr 2001 beschlossenen Qualitätskriterien des Verbandes (DBSH 2009: 29-31) „die Mitwirkung der Fachkräfte an der Definition des Arbeitsauftrages" genannt wird (ebd. S. 29).

Im Berufskodex Soziale Arbeit Schweiz des Verbandes Avenir Social wird der Berufsstand im Gegensatz zu seinem deutschen Pendant von vorneherein als autonomer dargestellt und nicht direkt von einem staatlich oder gesellschaftlich gegebenen Auftrag, sondern den Aufgaben der Profession gesprochen. Dennoch wird, wie in Deutschland so auch in der Schweiz, die Soziale Arbeit durch den Staat zur Behebung von unerwünschten Problemlagen der Bevölkerung eingesetzt und finanziert, der Auftrag ist folglich zunächst ein staatlich gegebener und wird durch entsprechende sozialpolitische Gesetze definiert. Dementsprechend enthalten die berufsethischen Dokumente des deutschen und schweizerischen Verbandes Verweise auf die hoheitsstaatliche Rahmung der Arbeit sowie entsprechende Verfassungen und Gesetze. Ebenfalls werden Bezüge zu überstaatlichen Instanzen hergestellt. Zum Teil ist der Stellenwert dieser Ebenen im Verhältnis zueinander unklar. Und zwar insbesondere dann, wenn die dem Nationalstaat übergeordnete Ebene mit dessen Zielen und Bestimmungen nicht im Einklang steht oder hier potentiell eine Uneinigkeit eintreten könnte. Dies ist beispielsweise gegenwärtig in der Schweiz der Fall: Im Berufskodex von Avenir Social wird zum einen auf die *Übereinstimmung* desselben mit der Schweizerischen Bundesverfassung hingewiesen (Art.3.4). Zum anderen werden die internationalen Übereinkommen des Europarates, die Europäische Menschenrechtskonvention und die Europäische Sozialcharta, als *Basis* des Berufskodexes benannt (Art. 3.3). Die Schweiz hat jedoch die Europäische Sozialcharta bislang nicht ratifiziert. Der Berufsverband gibt sich somit eine Wertgrundlage, an die sich der Staat selbst nicht explizit bindet. Somit kann potentiell der Fall eintreten, dass die Berufsangehörigen, auf der Basis ihrer Bindung an die Europäische Sozialcharta, in ihrer Praxis Entscheidungen treffen, die den staatlichen Interessen und dem rechtlichen Auftrag zuwiderlaufen. Während ihre Kolleginnen und Kollegen in Deutschland sich darauf berufen können, dass die staatliche Vergemeinschaftung sich mit der Ratifizierung der Europäischen Sozialcharta explizit an diese bindet und die darin formulierten sozialen Rechte offiziell gewähren muss, ist dies den Schweizerischen Angehörigen der Sozialen Arbeit nicht möglich.⁵ Es bleibt ihnen nur, auf ihre Verpflichtung gegenüber ihrer eigenen Profession und deren Grundwerte, im Verständnis von Silvia Staub-Bernasconi also auf ihr *drittes Mandat*, zu verweisen.⁶

An dieser Stelle möchten wir nun kurz unsere eigene Position skizzieren. Im Anschluss an die strukturtheoretische Professionstheorie Ulrich Oevermanns (vgl. ders. 1996) betrachten wir die Herstellung beziehungsweise Wiederherstellung von Autonomie und Integrität als den Kern der beruflichen Aufgabe der Sozialen Arbeit (Becker-Lenz/Müller, 2009: 368f.). In ihrem beruflichen Handeln ist die Soziale Arbeit an die geltende Rechtsordnung gebunden. Wir teilen allerdings die Einschätzung, dass die Soziale Arbeit eine professionsethische Basis benötigt, die es ihr unter anderem erlaubt, staatliche Zumutungen fachlich begründet abzulehnen und auf die Minderung gesellschaftlicher Missstände hinzuwirken. Die Berufsethik muss auftragsunabhängig sein und jene fachlichen und ethischen Bezüge des Berufes beinhalten und ausformulieren, die Staub-Bernasconi unter den Begriff eines dritten Mandates fasst. Ein solches drittes Mandat dem ersten Mandat der Gesellschaft und dem zweiten des Klienten gegenüberzustellen, ist nach unserem Dafürhalten jedoch nicht notwendig. Dies vor allem vor dem Hintergrund dessen, dass wir bereits die Differenzierung in zwei Mandate sowie die im Fachdiskurs etablierte Figur eines Doppelten Mandates und das Dilemma, das hiermit verbunden wird, nicht überzeugend finden. Wir vertreten demgegenüber die Position, dass die Soziale Arbeit im Kern nur *ein Mandat* hat und zwar deshalb, weil die Probleme, die sie beruflich bearbeitet, jeweils zugleich individuelle, als auch gesellschaftlich anerkannte sein müssen (ebd.). Idealtypisch gesprochen, handelt sie folglich stets im Interesse ihres konkreten Gegenübers und der Gesellschaft, die sie alimentiert. Grundlegender Bestandteil eines professionellen Habitus der Sozialen Arbeit ist unserer Ansicht nach die Bindung an ein Berufsethos und die Verinnerlichung beruflicher Zentralwerte. Zugleich sehen wir die Ableitung eines selbstgegebenen Auftrages aus den eigenen berufsethischen Grundsätzen kritisch. Die Möglichkeiten, jenseits der gesetzlichen Rahmenbedingungen eigene Aufträge zu verfolgen, sind stark

---

5   Der grösste Schweizerische Berufsverband für Soziale Arbeit, Avenir Social, setzt sich allerdings im Rahmen der Kampagne „Pro Sozialcharta" seit 2009 für die Ratifizierung der revidierten Europäischen Sozialcharta durch die Schweiz ein,

6   Staub-Bernasconi zufolge hat die Soziale Arbeit zwar kein direktes politisches Mandat, denn in diesem Falle wäre sie von der jeweils aktuellen politischen Strömung abhängig. Stattdessen identifiziert sie ein eigenes professionell wissenschaftliches und Menschenrechte basiertes politisches Mandat der Sozialen Arbeit, zu dem auch soziale Gerechtigkeit zählt. Gegeben wird dieses Mandat Staub-Bernasconi zufolge von der weltweiten wissenschaftlichen und professionellen community. Somit handelt es sich um ein selbstgegebenes Mandat der Profession, das zusammen mit dem Mandat der Gesellschaft beziehungsweise des Auftraggebers und dem Mandat des Klienten ein Tripel Mandat der Sozialen Arbeit bildet (vgl. Staub-Bernasconi 2012: 6).

vom betreffenden Staat abhängig. Auf der einen Seite drohen die Berufsangehörigen und ihre Praxis in große Schwierigkeiten zu geraten, wenn dieser Auftrag nicht mit der geltenden Sozialgesetzgebung oder ihr übergeordneten staatlich anerkannten Prinzipien kompatibel ist oder Zuständigkeiten beansprucht werden, die der Sozialen Arbeit nicht zuerkannt werden. Auf der anderen Seite ist es notwendig, sich nicht vollkommen abhängig vom Staat zu machen, um als Berufsstand fachlich begründet auch auf die Veränderungen von Gesetzen hinwirken zu können. Hierzu reichen aber unserer Ansicht nach eine stabile Berufsethik und diese verbürgende starke berufsständische Vertretungen auf nationaler und auch internationaler Ebene aus.

Innerhalb der Sozialen Arbeit wird zunehmend ein über die Grenzen des eigenen Nationalstaates hinausgehender Auftrag gesehen, dem die Berufsangehörigen verpflichtet sind und zwar offenbar mindestens ebenso wie den Aufgaben, die sie qua geltender Sozialgesetzgebung national zu erfüllen haben. Hier kann insbesondere auf den aktuellen Kodex des schweizerischen Berufsverbandes Avenir Social verwiesen werden. Unklar ist vielfach, ob und inwiefern sich die Berufsgruppe in ihren Zielen von einer Sozialen Bewegung unterscheidet oder unterscheiden möchte und in welchem Verhältnis sie zu anderen Akteuren steht, die dieselben Ziele verfolgen, wie in Bezug auf die Menschenrechte beispielsweise Amnesty International. Mit selbst gegebenen Aufträgen ist zudem stets das Problem der Legitimierung verbunden. Daher ist es nur folgerichtig, dass die Soziale Arbeit vermehrt internationale Bezüge herstellt und hinsichtlich der Begründung ihrer Praxis auf konkrete international weitgehend anerkannte Dokumente, unter anderem die Europäische Menschenrechtskonvention, verweist und seit vielen Jahren enge Kontakte mit den Vereinten Nationen und ihren Organisationen pflegt.

Im Folgenden möchten wir einen Blick auf die aktuelle Entwicklung dieser Beziehungen werfen und auf die Erwartungen und Ziele, welche seitens der Sozialen Arbeit mit diesen verbunden werden. Hierzu ist ein Vortrag instruktiv, den Silvia Staub-Bernasconi vor kurzem vor den Vereinten Nationen in Genf gehalten hat und der inzwischen auch online auf der Internetseite des Schweizerischen Berufsverbandes publiziert wurde[7]. Sie stellt darin eine „Global Agenda on Social Work and Social Development" vor, welche von der International Federation of Social Workers (IFSW), der International Association of Schools of Social Work (IASSW) und dem International Council on Social Welfare (ICSW) gemeinsam beschlossen wurde[8]. Bereits der Titel jener Agenda weist deutlich über die Soziale Arbeit hinaus und spannt einen weiten Bogen. Staub-

---

7 http://www.avenirsocial.ch/de/cm_data/GLOBAL_AGENDA_-_Staub_-_UN_GENF_26.3.2012 .pdf Abfrage 23.06.2012
8 http://www.globalsocialagenda.org/ Abfrage 23.06.2012

Bernasconi verweist auf die partnerschaftlichen Beziehungen zwischen der Sozialen Arbeit und der UNO, sowie auf Übereinstimmungen beider in Bezug auf die Adressatinnen und Adressaten. Die „Global Agenda" richtet sich auf lokale, nationale und weltweite Konflikte in der Weltgesellschaft, auf Ungleichheiten in Bezug auf Ressourcen und Macht in ihren Subsystemen. Staub-Bernasconi plädiert für eine Verbindung der beiden je unterschiedlichen Perspektiven auf die sozialen Probleme und Konflikte, mit denen sich beide, die Vereinten Nationen und ihre Organisationen auf der einen Seite, sowie die Soziale Arbeit in ihrer Wissenschaft und Praxis auf der anderen Seite, befassen. Auf Seiten der Berufsangehörigen soll ein Bewusstsein für soziale Gerechtigkeit über nationalstaatliche Grenzen und Gesetze hinweg geschaffen werden. Somit wird zu einer Ausweitung des Bezugsrahmens des eigenen beruflichen Denkens und vor allem auch des eigenen beruflichen und gesellschaftlich determinierten Auftrages aufgefordert. Berufsangehörige werden in die Verantwortung genommen und zwar nicht nur in Bezug auf ihr konkretes Arbeitsumfeld, sondern global. Die Soziale Arbeit erscheint in dieser Sichtweise unabhängig von einer konkreten Sozialgesetzgebung Wirkung entfalten zu können. Dementsprechend bemerkt Staub-Bernasconi, dass Soziale Arbeit auch in Ländern ohne funktionierende Sozialgesetzgebung möglich sei. Um global aktiv werden zu können, benötigt die Soziale Arbeit einen starken weltweit agierenden und legitimierten Partner, tatsächlich erscheinen die Vereinten Nationen und deren Organisationen für diese Rolle geradezu ideal. Die Soziale Arbeit wird in dieser Kooperationsbeziehung gewissermaßen für die Ebene des konkreten Konflikts als zuständig erachtet, die Vereinten Nationen für die übergeordneten Ebenen und Zusammenhänge.

Bei der „Global Agenda" handelt es sich Staub-Bernasconi zufolge um ein transnationales sozial-politisches Dokument, das potentiell Teil des professionellen Mandates der Sozialen Arbeit werden kann und sowohl der Formulierung von Handlungsrichtlinien auf internationaler Basis dienen soll, also auch als sozialpolitische Plattform für weltweite Multi-Level-Allianzen und Projekte (vgl. Staub-Bernasconi 2012: 5). Zugleich soll durch sie zum Ausdruck kommen, dass sich die Soziale Arbeit daran bindet, die gesamte Spannbreite an Menschenrechten auf jeder Ebene der Gesellschaft zu implementieren (ebd.: 4). Staub-Bernasconi weist darauf hin, dass die Soziale Arbeit im Hinblick auf das Programm jener Global Agenda die Unterstützung der UNO brauche, sowie die der darin repräsentierten Staaten. Durch diese Einschätzung wird die Loslösung von dem Willen des eigenen Staates zumindest für diejenigen Berufsangehörigen, die in Mitgliedsstaaten der UNO tätig sind, relativiert. Als weitere Partner bei der Erreichung der Realisierung dieses Programms im konkreten Fall werden unter anderem soziale Bewegungen und Klientengruppen genannt. An dieser Stelle erscheinen die Grenzen zwischen privatem sozialpolitischem Engagement im

Rahmen einer sozialen Bewegung beziehungsweise der Lobbyarbeit für bestimmte Gruppen auf der einen Seite, und der beruflich ausgeübten professionellen Sozialen Arbeit auf der anderen Seite, erneut wenig trennscharf.

Im Hinblick auf die interessierende Frage, ob und inwiefern der Sozialen Arbeit eine besondere Bedeutung im Zusammenhang mit den Menschenrechten zukommt, wird darauf hingewiesen, dass für die Soziale Arbeit, wie für einige andere Berufe auch, charakteristisch sei, dass sie potentiell Zeugin von Menschenrechtsverletzungen werde. Zudem stehe sie in der Gefahr, in ihrer Praxis selbst Menschenrechte zu verletzen. Für Letzteres gibt es sicherlich ausreichend Beispiele aus der Praxis, zugleich kann diese Einschätzung als Ausdruck eines negativen Selbstbildes interpretiert werden, das sich historisch auch in verschiedenen berufsethischen Dokumenten ausdrückt (vgl. Becker-Lenz/Müller 2009). Denn die Menschenrechtsverletzungen durch Berufsangehörige erscheinen hier nicht als individuelle Entgleisungen, sondern als ständig drohende Gefahr in der Praxis Sozialer Arbeit. In dieser Sichtweise ist es nachvollziehbar, dass die Respektierung der Menschenrechte in den berufsethischen Dokumenten enthalten ist. Tatsächlich wurden die Menschenrechte zu einer Richtlinie der Berufsausübung erhoben und als solche in unterschiedliche Dokumente des internationalen Berufsverbandes und selbst in die Definition Sozialer Arbeit aufgenommen. Diese Maßnahme kann Silvia Staub-Bernasconi zufolge (auch) als Reaktion auf die verschiedene Berufe ergangene Aufforderung der Vereinten Nationen verstanden werden, im Rahmen der „Educational Decade", Ausbildungsprogramme zu entwickeln. Insofern haben die Vereinten Nationen mindestens den Anstoß für eine Veränderung beziehungsweise Erweiterung der berufsethischen Standards und der Richtlinien der Sozialen Arbeit gegeben. Staub-Bernasconi macht in ihrem Vortrag darüber hinaus darauf aufmerksam, dass auch auf der europäischen Ebene, durch den Europarat in Straßburg bereits vor gut zehn Jahren konkrete Empfehlungen an die Soziale Arbeit gerichtet wurden, die Menschenrechte in die Theorie und Praxis einzubringen (Staub-Bernasconi 2012: 4). Indem Staub-Bernasconi das Programm der „Global Agenda" und das damit verbundene Vorhaben als ambitiös, atemberaubend und fordernd bezeichnet , wird implizit zugleich ein Kritikpunkt angesprochen, der innerhalb der Debatte um den Stellenwert der Menschenrechte für die Soziale Arbeit genannt wird, dass es nämlich eine Überforderung der Berufsangehörigen bedeuten würde, diese für die Gewährleistung der Sicherstellung der Menschenrechte verantwortlich zu machen.[9]

---

9   Eine ähnliche Kritik wird aktuell auch am Capabilities Approach geübt und diskutiert (vgl. z.B. Horst Bossongs Beitrag in der neuen praxis 6/2011, sowie die Replik von Dieter Röh in Ausgabe 2/2012 derselben Zeitschrift).

3   Inwiefern muss Kritik am Staat möglich sein?

Unsere oben dargestellten Position lässt es zu bzw. sieht vor, dass die Soziale Arbeit öffentlich und bzw. oder nicht-öffentlich auf politische Instanzen Einfluss nimmt, um bestimmte Zustände zu ändern, die ihren Zentralwerten entgegenstehen. Eine Begründung dieser Position sind wir bislang noch schuldig geblieben. Um die Position zu verstehen, die wir einnehmen, ist es hilfreich, sich zwei einander gegenüberstehende Extrempositionen und deren Konsequenzen vorzustellen. Die eine Extremposition ist, dass grundsätzlich keine Kritik am Staat geübt werden darf, die andere ist, dass der Staat prinzipiell in jeder Hinsicht kritisiert werden kann. Wenn grundsätzlich keine Kritik am Staat geübt werden darf und die Aufträge des Staates unwidersprochen ausgeführt werden müssten, so wäre dies gleichbedeutend mit einer bedingungslosen Loyalität zum Staat, die sogar so weit reichen würde, dass der Staat auch in dem Falle nicht kritisiert werden dürfte, wenn er, wie im Nationalsozialismus, in krasser Weise elementare Menschenrechte aufs äußerste verletzt. Die andere Position, das Privileg den Staat prinzipiell in jeder Hinsicht öffentlich kritisieren zu dürfen, kommt vor allem Bürger/-innen und einigen wenigen Berufen zu, unter denen vor allem natürlich der Beruf des Politikers bzw. der Politikerin heraussticht. Bürger/-innen ist es in Demokratien gestattet, ihre Meinung zum staatlichen Handeln auf dem Boden der Verfassung frei zu äußern und es ist ihre Pflicht, sich an der politischen Willensbildung zu beteiligen. Die Berufe, zu deren Berufsrolle es gehört, zu politischen Angelegenheiten in vielen verschiedenen Themenbereichen Stellung zu nehmen, sind im Wesentlichen Politiker/-innen, Journalisten/Journalistinnen, Künstler/-innen und Wissenschaftler/-innen. Die Berufsrolle selbst schreibt dabei keinen bestimmten Wert als politisch zu realisierendes Ziel vor. Gerade dadurch können diese Berufe ihre jeweiligen Aufgaben erst erfüllen, nämlich Wissenschaftler/-innen auf Abweichungen von Wertsetzungen der Gesellschaft hinweisen, Künstler/-innen bestehende Verhältnisse in Frage zu stellen, Journalisten/Journalistinnen die Öffentlichkeit informieren und Meinungsbildung unterstützen, Politiker/-innen dem Gemeinwohl dienen. Dort wo bestimmte Werte Bestandteil der Berufsrolle sind und unter anderem auch auf politischem Wege verfolgt werden, handelt es sich um Professionen oder professionalisierungsbedürftige Berufe, die Einzelfälle[10] (Klienten/Klientinnen, Mandanten/Mandantinnen, Patienten/Patientinnen) bearbeiten. Dabei dürfte der Beruf des Pfarrers bzw. der Pfarrerin die größte Bandbreite der möglichen politischen Stellung-

---

10   Der Kreis der Berufe, die zu den Professionen gezählt werden, umfasst auch Berufe ohne Bezug zu einem einzelnen direkten Klienten. Beispielsweise werden auch Journalisten/Journalistinnen und Wissenschaftler/-innen zu den Professionen gezählt werden (vgl. Oevermann 1996; Gärtner/Gabriel/Reuter 2012)

nahme haben, da es ja um das Seelenheil des ganzen Menschen geht und die kirchliche Sozialethik auf vielfältige Weise das menschliche Leben normiert. Andere Berufe wie die Medizin sind sehr viel spezifischer auf einen bestimmten Wert – hier den der Gesundheit – bezogen. Die Berufsverbände von Ärzte/Ärztinnen, Juristen/Juristinnen, Lehrer/-innen und auch die Kirchen melden sich mit politischen Stellungnahmen zu Wort, die sich auf die jeweiligen Werte beziehen, auf die ihre berufliche Tätigkeit gerichtet ist. Sie nehmen zu anderen politischen Fragen und Themen normalerweise keine Stellung – mit Ausnahme natürlich von Regelungen und Bedingungen, die ihre Berufsausübung betreffen. Grundsätzlich steht es in freiheitlich-demokratischen Gesellschaften jedem Berufsstand offen, für seine Interessen auch politisch einzustehen. Dies ist in den Augen der Öffentlichkeit legitim, in den Satzungen der Berufskammern festgeschrieben und rechtlich abgesichert. Da Berufsrollen in arbeitsteilig hochdifferenzierten Gesellschaften jeweils nur auf sehr spezifische Inhalte konzentriert sind, ist es von der Natur der Sache her kaum zu erwarten, dass Berufsorganisationen (Kammern), sich für Dinge interessieren, die keinen oder nur einen sehr schwachen Zusammenhang mit der Berufspraxis haben. Wenn sie es dennoch täten, so wären sie dafür wenig kompetent und daher würde ihren Stellungnahmen in der Öffentlichkeit keine besondere Beachtung beschieden sein. Auch ließe sich eine konsolidierte Meinungsbildung innerhalb der Berufsorganisation aufgrund mangelnder Sachkompetenz, weit streuender inhaltlicher Positionen und womöglich fehlenden Engagements der Verbandsmitglieder schwer herstellen. Berufsorganisationen formulieren normalerweise keine Interessenpositionen, die mit der Berufsausübung nichts zu tun haben. Sie setzen sich außerdem für die Interessen der Berufsangehörigen ein, nicht für die Interessen von Personen, die dem Berufsstand nicht angehören. Dies ist bei Professionen anders – mindestens in ihren Selbstdarstellungen. Sie stellen sich als Hüter bestimmter zentraler Werte wie z.B. Gesundheit dar, von denen nicht in erster Linie die Berufsangehörigen profitieren, sondern die Gesellschaft als Ganze. Zwar sind ihre Berufsorganisationen genau wie die anderer Berufe natürlich auch an der Herstellung bzw. Bewahrung guter Bedingungen der Berufsausübung interessiert. Sie geben jedoch zumindest vor, darüber hinaus auch weitergehende Ziele zu verfolgen. Beispielsweise lautet Artikel 2, Absatz 2a der Statuten der Schweizerischen Ärztekammer:

„Die FMH bezweckt:
a) der Bevölkerung eine hoch stehende ärztliche Versorgung zu angemessenen Kosten zu gewährleisten, zur Gesundheitsförderung beizutragen und sich für die Erhaltung gesunder Umwelt- und Lebensbedingungen einzusetzen;"[11]

---

11 http://www.fmh.ch/files/pdf5/Statuten_d_2010.08.30_2011.02.14sc.pdf, Abfrage 13.6.2012

Die „Erhaltung gesunder Umwelt- und Lebensbedingungen" geht eindeutig über die ärztliche Versorgung von Patientinnen und Patienten und damit über die unmittelbare Berufstätigkeit hinaus. Sie zielt auf einen Wert, an dem nicht nur Patientinnen und Patienten und Ärzte bzw. Ärztinnen, sondern potentiell alle Mitglieder der Gesellschaft ein Interesse haben. Dieser Sachverhalt, in dem sich Professionen von anderen Berufen unterscheiden, wird in der interaktionistischen Professionstheorie als gesellschaftliches Mandat bezeichnet (vgl. Schütze 1996). Jedoch ist die Bezeichnung insofern irreführend, als ein derart weitreichendes Mandat einer staatlichen Instanz in der Schweiz explizit formuliert nicht vorliegt. Zwar wird in kantonalen Gesetzen die ärztliche Tätigkeit geregelt und auch für bestimmte Aufgaben in Anspruch genommen, z.B. amtsärztliche Aufgaben oder gutachterliche Tätigkeiten beispielsweise im Rahmen von Gerichtsverfahren, jedoch findet sich auf der Ebene von Gesetzen kein allgemeiner Auftrag an die Schweizerische Ärztekammer, sich für die Erhaltung gesunder Umwelt- und Lebensbedingungen einzusetzen. Ebenso wenig findet man in schweizerischen oder deutschen Gesetzen einen Auftrag an die Berufsverbände der Sozialen Arbeit, sich für eine gerechtere Gesellschaft oder die Wahrung der Menschenrechte einzusetzen. Die Berufsorganisationen von Professionen bzw. Berufen, die in Anspruch nehmen eine Profession zu sein, formulieren hier einen eigenen, durch keine andere Instanz legitimierten Anspruch. Beispielsweise wird im aktuell gültigen Berufskodex von Avenir Social der Sozialen Arbeit ein dreifaches Mandat zugeordnet, das mit der Position Staub-Bernasconis im Einklang steht. Art. 5, Abs. 10 lautet:

> „Soziale Arbeit ist einem dreifachen Mandat verpflichtet: (1) dem Doppelmandat von Hilfe und Kontrolle seitens der Gesellschaft und der Anstellungsträger, (2) dem impliziten oder offen ausgesprochenen Begehren seitens der Menschen, die Soziale Arbeit nutzen und (3) seitens der Sozialen Arbeit dem eigenen Professionswissen, der Berufsethik und den Prinzipien der Menschenrechte und der sozialen Gerechtigkeit. Dieses dritte Mandat steuert Professionelle der Sozialen Arbeit durch mögliche Konflikte zwischen dem ersten und dem zweiten Mandat."[12]

Bemerkenswert daran ist unter anderem, dass die ersten beiden Mandate streng genommen keine sind, weil kein explizit formuliertes allgemeines Doppelmandat von Hilfe und Kontrolle seitens der Gesellschaft vorliegt und Begehren von Menschen noch kein Mandat ausmachen. Das dritte Mandat ist ein selbstgegebenes. Der Schweizerische Berufsverband für Soziale Arbeit verpflichtet die Berufsangehörigen hier also aus freien Stücken zu Dingen, die ihnen in dieser Form gar nicht von der Gesellschaft oder von Nutzern angetragen werden, bzw. wer-

---

12 http://www.avenirsocial.ch/cm_data/Do_Berufskodex_Web_D_gesch.pdf, Abfrage 22.6.2012

den könnten. Statt sich selbst Pflichten aufzuerlegen, könnte der Berufsverband auch Zielsetzungen formulieren, die die Berufsangehörigen anstreben sollen. Pflichten beeinflussen das Handeln jedoch stärker als Zielsetzungen. Die in dieser Art formulierten Pflichten schränken nun das berufliche Handeln keinesfalls ein, sondern haben im Gegenteil den Sinn, es gegenüber anderen Verpflichtungen, beispielsweise rechtlicher Art, unabhängig zu machen. Sich selbst ein allgemeines Doppelmandat von Hilfe und Kontrolle zu geben ermöglicht es fallweise auch zu helfen oder zu kontrollieren, wo es staatlicherseits gar nicht verlangt ist. Implizite Begehren von Menschen als Auftrag anzusehen, eröffnet Deutungsspielräume bezüglich der Begehren. Unwillkommene Begehren können durch die Steuerungsfunktion des dritten Mandats abgelehnt werden. Die das dritte Mandat konstituierenden Elemente eröffnen hohe Freiheitsgrade des Handelns, denn welche Schlussfolgerungen aus dem Professionswissen zu ziehen sind, ist sehr unbestimmt und die kodifizierte Berufsethik versteht sich selbst nicht als normierende Handlungsvorschrift, sondern vielmehr als Reflexionshilfe für ethische Probleme. Prinzipien der Menschenrechte schränken Handlungsmöglichkeiten nicht ein, sondern eröffnen im Gegenteil ein weites Handlungsfeld und schlussendlich gibt es sehr unterschiedliche Konzeptionen Sozialer Gerechtigkeit, sodass auch hier die Berufsangehörigen sich nicht auf bestimmte Inhalte festgelegt haben. Die drei Mandate sind keineswegs als eine gemeinwohlorientierte altruistische Selbstverpflichtung anzusehen, ihr Sinn ist es, den Berufsangehörigen Handlungsspielräume zu verschaffen und sie von staatlichen Aufträgen weitestgehend unabhängig zu machen. Entsprechend ist in diesem Kodex auch das Verhältnis zum Recht eindeutig: Die Berufsangehörigen sind dieser Darstellung zufolge nicht an die Schweizer Verfassung und Rechtsordnung gebunden.[13] Legitimiert werden diese enorm hohen Ansprüche an Unabhängigkeit und Handlungsfreiheit durch den Verweis auf diverse internationale Vereinbarungen und Erklärungen zu Menschenrechten. Zugespitzt formuliert stellt der Berufsverband die Soziale Arbeit hier als Hüterin der Menschenrechte dar und prätendiert damit eine quasi universelle, der ganzen Menschheit dienende Aufgabe zu erfüllen. Es stellt sich dabei allerdings die Frage, ob der Berufs-

---

13 An der einzigen Stelle, an der das Verhältnis zur Schweizer Rechtsordnung explizit thematisch ist, wird eine Übereinstimmung mit der Präambel der Schweizer Bundesverfassung festgestellt, ohne dass die Verfassung jedoch für den Kodex bindend wäre. An einer anderen Stelle (Umgang mit Anzeigepflicht) wird implizit deutlich, dass die Fachkräfte sich nicht unbedingt strikt an das Gesetz zu halten haben. Mehrere Stellen weisen darauf hin, dass die Schweizer Gesellschaftsordnung nach Auffassung der Verfasserinnen und Verfasser im Hinblick auf die Menschen- und Sozialrechte und im Hinblick auf Soziale Gerechtigkeit Defizite aufweist, deren Behebung sich die Berufsgruppe zur Aufgabe macht. Im Unterschied zur Schweizer Rechtsordnung sind etliche internationale Abkommen der UNO und des Europarates wichtige Grundlagen für den Kodex.

stand diese Aufgabe überhaupt erfüllen kann. Dieser Frage soll im nächsten Abschnitt nachgegangen werden.

4 Zuständigkeit für Menschenrechte

Sowohl der Internationale Berufsverband der Social Worker (IFSW) wie auch der Schweizerische Berufsverband für Soziale Arbeit und andere nationale Berufsverbände berufen sich in ihren Berufskodizes auf verschiedene Menschenrechtserklärungen und -konventionen der UNO und andere internationale Übereinkommen zu Menschenrechten. Auch in der Definition Sozialer Arbeit, die Avenir Social vom IFSW in eigener Übersetzung übernimmt, wird auf Menschenrechte Bezug genommen. Allerdings wird im Kodex des IFSW nur die Art und Weise der Aufgabenerfüllung konkretisiert, während der Kodex von Avenir Social darüber hinausgehend auch die Gewährleistung von Menschenrechten den Fachkräften auferlegt.

Letzteres deutet sich schon durch die lange Liste von 11 internationalen Übereinkommen an, die im Kodex genannt werden. Es handelt sich hierbei um die Allgemeine Erklärung der Menschenrechte, Pakte zu wirtschaftlichen, sozialen, kulturellen, bürgerlichen und politischen Rechten, Übereinkommen gegen Rassendiskriminierung, Frauendiskriminierung und Folter sowie Übereinkommen zu den Rechten von Kindern, Wanderarbeitnehmern und Behinderten. Grundlegende Rechtspositionen von Menschen sind in der allgemeinen Erklärung der Menschenrechte schon dargelegt. Bei den anderen Übereinkommen geht es um die Konkretisierung dieser Rechtspositionen im Hinblick auf Menschen in besonderen Lebenslagen sowie um deren Umsetzung. Für die Frage, wie bestimmte Aufträge berufsethisch richtig auszuführen sind, ist die allgemeine Erklärung der Menschenrechte eine vorstellbare Bezugsfolie. Die anderen Pakte bzw. Übereinkommen erscheinen dafür jedoch teilweise wenig geeignet, so zum Beispiel das Übereinkommen zur Beseitigung von Rassendiskriminierung oder das Übereinkommen gegen Folter und andere grausame, unmenschliche oder erniedrigende Behandlung. Da sie dennoch aufgelistet werden, könnte ihr Zweck eher darin liegen, die durch das dreifache Mandat sehr weit gesteckten Aufgaben Sozialer Arbeit und nicht die Aufgabenerfüllung zu spezifizieren bzw. zu legitimieren. Tatsächlich scheint dies bei einigen Übereinkommen der Fall zu sein. Im Kodex gibt es Bestimmungen, die thematisch mit den Inhalten der Übereinkommen im Zusammenhang stehen. Aus Platzgründen können wir im Folgenden nur auf einige dieser Artikel eingehen. Zunächst verpflichtet der Kodex die Fachkräfte explizit zum Engagement für die Menschenrechte (vgl. Art. 8.3). Dies harmoniert mit der „Global Agenda" in der die Absicht formuliert wird eine neue soziale Welt-Ordnung herzustellen, in der Menschenrechte und

Soziale Gerechtigkeit in vollem Umfang gewährleistet sind[14]. Diese Selbstdarstellung und Positionierung steht in einem deutlichen Gegensatz zur Charakterisierung der Sozialen Arbeit als „bescheidene Profession" (Schütze 1992) mit im Vergleich zu klassischen Professionen geringerer Autonomie und einem klar umrissenen Zuständigkeitsgebiet. Während einerseits beklagt wird, dass die Soziale Arbeit sich, beispielsweise in der Diagnostik, gegenüber anderen Professionen nicht durchsetzen kann (z.B. Bohler/Franzheld 2012), wird auf der anderen Seite mit großem Selbstbewusstsein dem Berufsstand die Möglichkeit zugesprochen, Menschenrechte zu gewährleisten und gar im Verbund mit anderen eine neue Weltordnung herzustellen. Wir haben hier etwas vor uns, das Staub-Bernasconi bereits 1995 im Untertitel eines Buches als Losung vorgab: das „Ende der Bescheidenheit". Doch sind die selbstbewussten Zielsetzungen tatsächlich auch einlösbar?

Blickt man auf die in der Allgemeinen Erklärung der Menschenrechte aufgeführten Rechte, so kann man bezüglich vier Rechten zu dem Schluss gelangen, dass die Soziale Arbeit in der Schweiz zu deren Verwirklichung beiträgt. Diese sind das Recht auf Soziale Sicherheit (Art. 22) das Recht auf Arbeit (Art. 23), das Recht auf Wohlfahrt (Art. 25) und das Recht auf Bildung (Art. 26). Bezüglich aller anderen 24 Rechten bzw. Artikeln kann höchstens eine sehr indirekte Beteiligung der Sozialen Arbeit angenommen werden, da es sich um Rechtsansprüche handelt, die in erster Linie durch die staatliche Verwaltung, die Justiz oder andere Berufsgruppen sichergestellt werden müssen.

So ist es schwer vorstellbar, wie Soziale Arbeit ihre an Art. 2 der Menschenrechtserklärung angelehnte, in Art. 9.4 sich selbstauferlegte Verpflichtung erfüllen will, jedwede Form von Diskriminierung nicht zu dulden. Eine Nichtduldung von Nichtdiskriminierung wäre nur innerhalb des Einflussbereichs der Fachkräfte möglich, außerhalb davon könnten die Fachkräfte Diskriminierung lediglich kritisieren, sie jedoch kaum verhindern. Auch die in Art. 9.7. enthaltene Verpflichtung Anordnungen, Maßnahmen und Praktiken die unterdrückend, ungerecht oder schädlich sind, öffentlich hinzuweisen und entsprechende Aufträge zurückzuweisen, ist nicht auf das Aufgabengebiet Sozialer Arbeit begrenzt, es sei denn, dass man solche „Aufdeckungsarbeit"[15] als die eigentliche Aufgabe der Fachkräfte begreifen würde. Gleichermaßen entgrenzend verpflichtet Art. 9.8 die Fachkräfte unter anderem darauf, sozialen Ausschluss, Ungerechtigkeit, Stigmatisierung, Unterdrückung und Ausbeutung anzuprangern und Gleichgül-

---

14 Im Anschluss an die Feststellung verschiedener Ungerechtigkeiten folgt der Satz: "Consequently, we feel compelled to advocate for a new world order which makes a reality of respect for human rights and dignity and a different structure of human relationships."

15 Die Überschrift zu dem entsprechenden Absatz im Kodex lautet: „Verpflichtung zur Aufdeckung von ungerechten Praktiken".

tigkeit gegenüber individueller Not, Intoleranz in den zwischenmenschlichen Beziehungen und Feigheit in der Gesellschaft aktiv entgegenzuwirken. Alle diese Absätze des 9. Artikels sind nicht auf die in Gesetzen enthaltenen oder politischerseits übertragenen Aufgabenfelder Sozialer Arbeit beschränkt, sondern stellen freiwillige Selbstverpflichtungen dar. Die Wahrscheinlichkeit ist nicht gering, dass dieses Handeln von anderen Berufsgruppen oder gesellschaftlichen Gruppen als unwillkommene Einmischung verstanden wird.[16] Was als sozialer Ausschluss, als Ungerechtigkeit, als Unterdrückung oder als Diskriminierung zu gelten hat, steht ja keineswegs immer schon fest, sondern ist Definitions- und Interpretationssache und wird auf dem Feld der Politik entschieden. Indem die Fachkräfte der Sozialen Arbeit mit Verweis auf die Menschenrechte beabsichtigen, gesellschaftliche Zuständen und Verhältnissen zu verändern, und zwar über die Grenzen ihres eigenen Wirkungsfeldes hinaus und unabhängig von der politischen Ordnung, riskieren sie, dass ihr Engagement von anderen Berufsgruppen und der Politik als illegitimes Aufspielen einer selbsternannten Menschenrechtspolizei bewertet wird. An den hier zitierten und anderen Stellen des Schweizerischen Berufskodexes wird deutlich, dass die Fachkräfte sich aus freien Stücken eine äußerst große Aufgabe auferlegen, die sie in der Berufsrolle und als Privatpersonen sehr stark fordert. Die konkreten Zielsetzungen sind zum Teil unrealistisch und in der Umsetzung mit Problemen behaftet. Man könnte diesen Sachverhalt so erklären, dass der Berufsstand – nach wie vor mit dem Image einer bescheidenen oder Semi-Profession behaftet – im Versuch dieses Image zu ändern über das Ziel hinausschießt und sich damit überfordert. Unsere Untersuchungen zu den Transformationen der Berufskodizes der Sozialen Arbeit in der Schweiz[17] haben ergeben, dass in den frühen Kodizes für Sozialarbeiter[18] (1974, 1980 und 1990) des zahlenmäßig stärksten Berufsverbandes der Sozialen Arbeit in der Schweiz, dem Schweizerischen Berufsverband Soziale Arbeit (SBS), der 2005 mit zwei anderen kleineren Berufsverbänden zu dem neuen Verband Avenir Social fusionierte, die Aufgaben der Sozialen Arbeit sowie die Art und Weise ihrer Erledigung noch relativ klar, wenn auch nicht gänzlich widerspruchsfrei formuliert werden konnten und auch – mit Ausnahme des 1980er Kodex eine wichtigste Aufgabe über den anderen stand, die nicht als unrealistisch zu beurteilen ist. Die Kodizes sind inhaltlich relativ konsistent und relativ widerspruchsfrei. Erstmals im 1990 Kodex findet eine Bezugnahme auf eine (einzige) Men-

---

16 Staub-Bernasconi (2012: 4) nennt einen solchen typischen Einwand in Bezug auf die Definition Sozialer Gerechtigkeit durch die Soziale Arbeit.
17 Vgl. Becker-Lenz, R./Müller, S. (2009). Eine Monographie zu den Projektergebnissen ist in Vorbereitung.
18 1987 wurde vom gleichen Verband ein Berufskodex für Erzieherinnen und Erzieher verabschiedet, für den die Aussage, dass die Aufgaben der Fachkräfte relativ klar und eindeutig beschrieben sind, nicht zutrifft.

schenrechtserklärung (die europäische Menschenrechtskonvention aus dem Jahre 1987) statt. Die späteren Kodizes des SBS bzw. seiner Nachfolgeorganisation Avenir Social aus den Jahre 1999, 2006 und 2010 nehmen auf mehr Menschenrechtsübereinkommen Bezug. Gleichzeitig wird die Aufgabe Sozialer Arbeit unklarer, uneindeutiger und im 2010er Kodex, bei nach wie vor bestehenden Unklarheiten und Uneindeutigkeiten, extrem breit und anspruchsvoll. Inhaltliche Inkonsistenzen und Widersprüchlichkeiten nehmen deutlich zu. Man kann all dies als Preis dafür ansehen, dass die Soziale Arbeit sich durch Bezugnahme auf die Menschenrechtserklärungen eine gegenüber anderen Professionen und Berufen eigene Domäne und ein eigenständiges Profil verschaffen möchte. Das Ende der Bescheidenheit wäre damit allerdings möglicherweise der Anfang von Überforderung und Unglaubwürdigkeit.

Literatur

Becker-Lenz, R./Müller, S. (2009) Die Rekonstruktion von Transformationen ethischer Richtlinien der Sozialen Arbeit in der Schweiz. In: „Sozialer Sinn". H. 2, S. 317-344

Gärtner, Ch./Gabriel, K./Reuter, H.-R. (2012) Religion bei Meinungsmachern. Eine Untersuchung bei Elite-Journalisten in Deutschland. Wiesbaden

Oevermann, U. (1996) Theoretische Skizze einer revidierten Theorie professionalisierten Handelns. In: Combe, A./Helsper, W. (Hrsg.): Pädagogische Professionalität. Untersuchungen zum Typus pädagogischen Handelns, Frankfurt am Main, S. 70-182

Schütze, F. (1992) Sozialarbeit als „bescheidene Profession". In: Dewe, B./Ferchhoff, W./Radtke, F.-O. (Hrsg.) Erziehen als Profession. Opladen, S. 132-170

Schütze, F. (1996) Organisationszwänge und hoheitsstaatliche Rahmenbedingungen im Sozialwesen: Ihre Auswirkungen auf die Paradoxien des professionellen Handelns. In: Combe, A./Helsper, W. (Hrsg.) Pädagogische Professionalität. Untersuchungen zum Typus pädagogischen Handelns. Frankfurt am Main, S. 183-275

Staub-Bernasconi, S. (1995) Systemtheorie, soziale Probleme und Soziale Arbeit. Lokal, national, international oder: Vom Ende der Bescheidenheit. Bern/Stuttgart/Wien

Staub-Bernasconi, S. (2012): Partnering with the United Nations – Human rights and Social Work, http://www.avenirsocial.ch/de/cm_data/GLOBAL_AGENDA_-_Staub_-_UN_GENF_26.3.2012.pdf

Zitierte Dokumente

Allgemeine Erklärung der Menschenrechte vom 10. Dezember 1948, in F. Ermacora (Hrsg.): Internationale Dokumente zum Menschenrechtsschutz, S. 19-27.

Deutscher Berufsverband für Soziale Arbeit e.V. (2009): Grundlagen für die Soziale Arbeit des DBSH e. V., http://www.dbsh.de/grundlagenheft_-PDF-klein.pdf Abfrage 23.06. 2012

International Federation of Social Workers (2000): Definition of Social Work, http://ifsw.org/policies/definition-of-social-work/ Abfrage 23.06.2012

International Federation of Social Workers (2004): Statement of Ethical Principles: http://ifsw.org/policies/statement-of-ethical-principles/ Abfrage 23.06.2012

International Federation of Social Workers (IFSW)/ International Association of Schools of Social Work (IASSW)/International Council on Social Welfare (ICSW): Global Agenda on Social Work and Social Development (2012): http://www.globalsocial-agenda.org/ Abfrage 24.06. 2012

Die sozialen Grundlagen der Menschenrechte – transforming rights into capabilities

Dieter Röh

> „Rechte ohne Ressourcen zu besitzen,
> ist ein grausamer Scherz."
> (Julian Rappaport 1985, 268)

1 Einleitung

Mit den im Folgenden ausgeführten Gedanken sowie weiteren Vorstudien (Röh 2009, 2011) möchte ich den Versuch vorantreiben, eine Handlungstheorie Sozialer Arbeit zu entwickeln, mit der die theoretische Konversion von Sozialarbeit und Sozialpädagogik in den Bezugsrahmen „Soziale Arbeit" gelingt (vgl. Mühlum 2001). Dies vor allem deshalb, weil ich davon überzeugt bin, dass die Emergenz aus beiden Theorierichtungen genauer repräsentiert, was beide für sich genommen zwar schon gut konnten, jedoch gemeinsam noch besser können; nämlich Probleme von Individuen *und* Probleme von Strukturen gleichzeitig betrachten und bearbeiten zu können. Dies wird auch der Hauptgedanke der folgenden Ausführungen sein: Struktur und Handlung bedingen sich in der Sozialen Arbeit in einer spezifischen Art und Weise und die insbesondere mit den sozialen Folgen dieser Konstellation befasste Soziale Arbeit muss sich in einer systemischen, sozialökologischen oder „trajektiven" Art und Weise (Röh 2009) eines theoretischen Gedankengebäudes bedienen, welches überzeugend darlegen kann, wie Strukturen in Gesellschaft, Gemeinschaft und sozialem Umfeld mit individuellen, subjektivierten Handlungsweisen zusammenpassen. Noch genauer interessiert mich im Folgenden das „problematische" Verhältnis von Struktur und Handlung oder, um mit Dahrendorf (1994) zu sprechen, das Verhältnis von Optionen und Ligaturen und damit letztlich von Freiheit und Gerechtigkeit.

Menschenrechte garantieren weitreichende Optionen und sind gerade deshalb universalistisch, weil sie ohne Ansehen des gerade geltenden gesellschaftlichen Arrangements Gültigkeit beanspruchen. Gleichzeitig ist es mit der reinen Proklamation der Menschenrechte nicht getan, müssen sie doch vielmehr sowohl politisch-strukturell wie auch individuell durchgesetzt werden. Schließlich müssen Menschen als Rechteinhaber auch mit Ressourcen ausgestattet werden, um diese Rechte wahrnehmen zu können.

Dabei spielt, so lehrt es uns der Capability Approach, wie er von Martha Nussbaum (1999, 2006, 2011) und Amartya Sen (2011) entwickelt wurde, die Befähigung eine zentrale Rolle. Befähigende Strukturen bzw. eine befähigende

Güter- und Chancenverteilung zu erreichen wird so zu der conditio sine qua non des Menschenrechtsdiskurses.

Dabei sind als Ergänzung zu bestehenden Theorien der Sozialen Arbeit vor allem folgende Fragen zu klären:

- In welchem Verhältnis stehen Politik, Gesellschaft und Soziale Arbeit zueinander? [Mandatsdiskussion]
- Wer sind die Adressaten der Sozialen Arbeit als Profession? [systemischer bzw. sozialökologischer Doppelfokus „Mensch-in-Umwelt" (Person-in-Environment)]
- Wie kann eine Methodenintegration gelingen (Einzelfallfallhilfe, Gruppenarbeit, Sozialraum- bzw. Gemeinwesenarbeit)?
- Worin bestehen die ethischen Grundlagen, die die auf Freiwilligkeit beruhende Unterstützung, Begleitung, Beratung auf der einen Seite und Eingriff sowie legitimen Paternalismus auf der anderen Seite miteinander verbinden können?

2 Grundlinien des Capability Approach

Als Reaktion auf drei zentrale Begrenzungen der Gerechtigkeitstheorie von John Rawls (2006) reagiert die US-amerikanische Philosophin Martha Nussbaum mit einer „partiellen und minimalen Theorie sozialer Gerechtigkeit" (2010: 105), die sie selbst dem liberalen Spektrum zuordnet[1]. Ihr Capability Approach enthält einen Doppelfokus auf die Frage der Gerechtigkeit: Einerseits hat sie ein klares, fast materialistisches Verständnis derjenigen Güter, oder wie sie sagt „Capabilities", die Menschen ein gutes Leben ermöglichen und andererseits weist sie eindeutig darauf hin, dass zu dessen Realisierung befähigende Strukturen und Ressourcen nötig sind. Damit wird die Analogie zum oben angedeuteten Verhältnis von Sozialarbeit zu Sozialpädagogik oder Verhältnissen zu Verhalten offenkundig und daher für eine Theorie Sozialer Arbeit instruktiv.

---

1 Dies allerdings erst in den jüngeren Veröffentlichungen, in früheren Publikationen bezeichnet sie ihre Gerechtigkeitstheorie eher als „sozialdemokratisch", vgl. Nussbaum 1999) Immerhin wurde sie 2002 auch von der Sozialdemokratischen Partei Deutschlands zu einem Vortrag zu einer „aristotelischen Sozialdemokratie" eingeladen (Nida-Rümelin/Thierse 2002).

Tabelle 1:

Leben	Die Fähigkeit, ein menschliches Leben normaler Dauer bis zum Ende zu leben; nicht frühzeitig zu sterben und nicht zu sterben, bevor dieses Leben so eingeschränkt ist, daß es nicht mehr lebenswert ist.
Körperliche Gesundheit	Die Fähigkeit, bei guter Gesundheit zu sein, wozu auch die reproduktive Gesundheit, eine angemessene Ernährung und eine angemessene Unterkunft gehören.
Körperliche Integrität	Die Fähigkeit, sich frei von einem Ort zum anderen zu bewegen; vor gewaltsamen Übergriffen sicher zu sein, sexuelle Übergriffe und häusliche Gewalt eingeschlossen; Gelegenheit zur sexuellen Befriedigung und zur freien Entscheidung im Bereich der Fortpflanzung zu haben.
Sinne, Vorstellungskraft und Denken	Die Fähigkeit, die Sinne zu benutzen, sich etwas vorzustellen, zu denken und zu schlußfolgern – und dies alles auf jene ‚wahrhaft menschliche Weise', die von einer angemessenen Erziehung und Ausbildung geprägt und kultiviert wird, die Lese- und Schreibfähigkeit sowie basale mathematische und wissenschaftliche Kenntnisse einschließt, aber keineswegs auf sie beschränkt ist. Die Fähigkeit, im Zusammenhang mit dem Erleben und Herstellen von selbstgewählten religiösen, literarischen, musikalischen etc. Werken und Ereignissen die Vorstellungskraft und das Denkvermögen zu erproben. Die Fähigkeit, sich seines Verstandes auf Weisen zu bedienen, die durch die Garantie der politischen und künstlerischen Meinungsfreiheit und die Freiheit der Religionsausübung geschützt werden. Die Fähigkeit, angenehme Erfahrungen zu machen und unnötigen Schmerz zu vermeiden.
Gefühle	Die Fähigkeit, Bindungen zu Dingen und Personen außerhalb unser selbst aufzubauen; die Fähigkeit, auf Liebe und Sorge mit Zuneigung zu reagieren und auf die Abwesenheit dieser Wesen mit Trauer; ganz allgemein zu lieben, zu trauern, Sehnsucht, Dankbarkeit und berechtigten Zorn zu fühlen. Die Fähigkeit, an der eigenen emotionalen Entwicklung nicht durch Furcht und Angst gehindert zu werden. (Diese Fähigkeit zu unterstützen heißt auch, jene Arten der menschlichen Gemeinschaft zu fördern, die erwiesenermaßen für die menschliche Entwicklung entscheidend sind.)
Praktische Vernunft	Die Fähigkeit, selbst eine persönliche Auffassung des Guten zu bilden und über die eigene Lebensplanung auf kritische Weise nachzudenken. (Hierzu gehört der Schutz der Gewissens- und Religionsfreiheit.)
Zugehörigkeit	A. Die Fähigkeit, mit anderen und für andere zu leben, andere Menschen anzuerkennen und Interesse an ihnen zu zeigen, sich auf verschiedene Formen der sozialen Interaktion einzulassen; sich in die Lage eines anderen hineinzuversetzen. (Der Schutz dieser Fähigkeit erfordert den Schutz jener Institutionen, die diese Formen der Zugehörigkeit konstituieren und fördern, sowie der Versammlungs- und Redefreiheit.) B. Über die sozialen Grundlagen der Selbstachtung und der Nichtdemütigung zu verfügen; die Fähigkeit, als Wesen mit Würde behandelt zu werden, dessen Wert dem anderen gleich ist. Hierzu gehören Maßnahmen gegen die Diskriminierung auf der Grundlage ethnischer Zugehörigkeit, Geschlecht, sexueller Orientierung, Kaste, Religion und nationaler Herkunft.
Andere Spezies	Die Fähigkeit, in Anteilnahme für und in Beziehung zu Tieren, Pflanzen und zur Welt der Natur zu leben.
Spiel	Die Fähigkeit zu lachen, zu spielen und erholsame Tätigkeiten zu genießen.
Kontrolle über die eigene Umwelt	A. Politisch: Die Fähigkeit, wirksam an den politischen Entscheidungen teilzunehmen, die das eigene Leben betreffen; ein Recht zu politischer Partizipation, auf Schutz der freien Rede und auf politische Vereinigung zu haben. B. Inhaltlich: Die Fähigkeit, Eigentum (an Land und an beweglichen Gütern) zu besitzen und Eigentumsrechte auf der gleichen Grundlage wie andere zu haben; das Recht zu haben, eine Beschäftigung auf der gleichen Grundlage wie andere zu suchen; vor ungerechtfertigter Durchsuchung und Festnahme geschützt zu sein. Die Fähigkeit, als Mensch zu arbeiten, die praktische Vernunft am Arbeitsplatz ausüben zu können und in sinnvolle Beziehungen der wechselseitigen Anerkennung mit anderen Arbeitern treten zu können.

(Quelle: Nussbaum 2010: 112 ff.)

Für jede der Capabilities (siehe Tabelle 1) sollte ihrer Ansicht nach ein Schwellenwert definiert sein, der für die Realisierung eines guten Lebens überschritten werden muss; sprich eine jede der zehn für ein gutes menschliches Leben zentralen Capabilities muss Menschen mindestens in dieser Qualität und Quantität zur Verfügung stehen. Die von ihr als Capabilities bezeichneten Entitäten sind m.E. treffender als „Capacities" zu konzipieren, weil man ansonsten der Gefahr unterliegen könnte, sie als „Abilities", d.h. als Fähigkeiten zu missverstehen[2]. Vielmehr ist m.E. davon auszugehen, dass diese Capacities (Kapazitäten, Daseinsressourcen[3] etc.) im gesellschaftlichen Raum, in Lebenswelt und Gemeinschaft der Menschen sowie in Funktionssystemen vorzufinden sind und erst durch aktive Subjektivierung zu genutzten oder nicht-genutzten Potentialen werden. Diese Ressourcentransformation (siehe Knecht 2010) stellt wohl den entscheidenden Unterschied zu anderen Theorien dar, da sie einen subjektiven (bzw. kollektiven) Akt der produktiven Nutzung der jeweiligen Güter darstellt. Angesichts des Primats der Freiheit auch im Capability Approach (Sen 2011) sind jedoch weniger die Subjekte adressiert als vielmehr der Staat, der bemüht sein sollte Bürgerinnen und Bürgern über diesen Schwellenwert „zu heben", damit ihnen ein gutes Leben nicht nur als Möglichkeit dargelegt (und damit gegebenenfalls fiktional bleibt) sondern dieses gute Leben von ihnen auch tatsächlich realisiert werden kann.

In „Frontiers of Justice" (2006: 71) spricht Nussbaum davon, dass es sich dabei um ein „social goal" handele[4], wobei noch nicht hinreichend geklärt ist, ob „das Soziale" definitorisch (a) in der Gesellschaft als öffentlicher Sphäre mit jeweiligen Institutionen und damit als funktionell differenziertes System im Allgemeinen (vgl. funktionelle Systemtheorie Luhmanns), als (b) verfasster Staat/Regierung/Verwaltung oder vielmehr als (c) Zivil- oder Bürgergesellschaft verstanden werden muss. Im Sinne gängiger soziologischer Distinktion schlage ich vor, es so zu verstehen, dass sowohl politische Strukturen, Funktionssysteme und Organisationen bzw. Institutionen (sprich Gesellschaft) als auch die Zivilgesellschaft, d.h. vor allem die Bürgergesellschaft (sprich Gemeinschaft) vom Capability Approach und einer darauf aufbauenden Theorie Sozialer Arbeit adressiert werden.

Der Capability Approach geht weiterhin davon aus, dass im konsequent liberalen Sinne kein Zwang zur Nutzung der Capabilities (oder wie gesagt besser: Capacities) besteht, sondern diese auch nicht gewählt oder genutzt werden können. Nur wenn sie in einer konkreten Art und Weise genutzt werden, ergeben

---

2   Fast durchgängig wird „Capabilities" in den deutschen Übersetzungen als „Fähigkeiten" und der damit korrespondierende Begriff der „Functionings" als „Tätigkeiten" übersetzt (Nussbaum 2010; 1999).
3   vgl. das Konzept der „Daseinsmächtigkeit" (Gronemeyer 1988) oder auch Lebensführungstheorien in der Sozialen Arbeit (Meyer o.J.) und zur Lebensführungsethik (Schmid 1998)
4   In der dt. Ausgabe wird dies mit „gesellschaftliches Ziel" (Nussbaum 2010: 105) übersetzt.

sich spezifische „functionings" (dt.: Tätigkeiten), also eine individuell ganz spezifische Lebensweise. Der 10 „central capabilities" umfassenden Liste Nussbaums liegt – in Anlehnung an Marx' Vorstellung eines „reichen menschlichen Lebens" bzw. einer „Totalität der menschlichen Lebensäußerung" – die Annahme zugrunde, dass Menschen mindestens über die Möglichkeit verfügen müssen, diese „Fähigkeiten" zu entwickeln bzw. zu nutzen. Dabei ist weniger Gleichheit in der quantitativen Verteilung dieser Ressourcen anzustreben als vielmehr Gleichheit in der Qualität der Ressourcennutzung[5], was in bestimmten Fällen auch bedeuten kann, dass z.B. Menschen mit Behinderung oder andere benachteiligte Gruppen temporär oder dauerhaft mehr dieser Ressourcen benötigen, um eine gleichwertige Realisierung zu erreichen.

Gleichzeitig ist der Anspruch dieser Gerechtigkeitstheorie in zwei Richtungen einzugrenzen. (1) Erstens ist die Nutzung gesellschaftlich vorhandener Ressourcen nicht zu eng mit einer auch gesellschaftlich akzeptierten Nutzung dieser Ressourcen zu verknüpfen. Nur in bestimmten Fällen, in denen durch die Subjektivierung von Einzelnen oder Gruppen die Chancen oder Fähigkeiten anderer Subjekte beschränkt oder verletzt werden, soll hinter der Ressourcennutzung auch die Pflicht zur guten und gegenseitig achtsamen Nutzung stehen. Beispielsweise wird ein bestimmtes Gesundheitsverhalten von Nussbaum (2006, 2010) in den freiheitlichen Bereich gesetzt, wohingegen die Ausnutzung materieller oder symbolischer Macht achtsam zu geschehen habe und damit durchaus zwingend an die jeweilige Capability gebunden wäre (z.B. Kontrolle über die eigene Umwelt). (2) Zweitens können mit noch so viel gesellschaftlichem Willen, allen vergleichbare Chancen oder eine Wahl zu ermöglichen, bestimmte Menschen trotzdem nicht in die Lage versetzt werden, diese Chancen zu nutzen, wie das z.B. bei Menschen mit schweren geistigen Behinderungen der Fall ist.[6]

3 Was sind die sozialen Grundlagen der Menschenrechte?

Ausgehend von der Hypothese, dass sich Rechte nur auf der Grundlage einer demokratischen Gesellschaft verwirklichen lassen, die diese Rechte nicht nur als Chancen darlegt, sondern auch die Mittel dafür aktiv fördert, diese Chancen zu

---

5   Der auf den ersten Blick kontrastierende Befund von Wilkinson/Pickett (2010), dass gleiche Gesellschaften gerechter wäre, entpuppt sich auf den zweiten Blick als Bestätigung Nussbaums, da Wilkinson/Pickett eine erstaunliche Anzahl von empirischen Daten zusammenfassen, die alle zeigen, dass je weniger Ungleichheit in der Ressourcenausstattung desto größer die Chancen alle auf ein glückliches Leben. Allerdings ist bei Nussbaum der befähigende Aspekt einer ausgewogenen Güterverteilung ausgeprägter.
6   Vgl. das Beispiel des geistig behinderten Kindes Sesha (Nussbaum 2010: 259)

ergreifen (z.B. durch Erziehung, Bildung, Therapie, Rehabilitation, Einkommen/soziale Sicherung und Infrastruktur) möchte ich argumentativ die Erkenntnisse des Capability Approach verwenden, um zu zeigen, was es bedeutet, von den sozialen Grundlagen zu sprechen, die eine befähigende Wirkung haben. Chancengerechtigkeit und Befähigungsgerechtigkeit werden also in einen konstitutionellen Zusammenhang gebracht. In der Sozialen Arbeit sehe ich das zentrale Scharnier zwischen ausreichender Güterausstattung bzw. Chancengewährung und tatsächlicher Realisierung bzw. Chancennutzung, da sie als Agentin des sozialen Wandels wie der persönlichen Befähigung sowohl strukturelle Mängel zu thematisieren als auch persönliche Erziehungs-, Bildungs- und Entwicklungsprozesse zu begleiten, anzuregen und aktiv zu fördern vermag.[7]

3.1 Distribution von Gütern und Chancen als notwendiger, Befähigung als hinreichender Faktor sozialer Gerechtigkeit

Wie bereits in der Kritik Nussbaums bzw. Sens am Gerechtigkeitsprinzip Rawls anklingt, stellt die – wenn auch nach fairen Gesichtspunkten gerechte – Distribution von Gütern und Chancen zwar ein notwendiges, aber noch nicht hinreichendes Merkmal tatsächlicher sozialer Gerechtigkeit dar. Dies liegt vor allem daran, dass sich einerseits die menschlichen Fähigkeiten selbst, teilweise als Resultat, teilweise als Ursache von Ungleichheit, nicht als homogen verteilt verstehen lassen. Im Anschluss an Aristoteles sollte man viel eher davon ausgehen, dass diese höchst unterschiedlich verteilt sind und damit auch die Möglichkeiten, ein gutes Leben nach eigenen Vorstellungen zu erreichen. Desweiteren nahm Aristoteles an, dass zur Herausbildung von Fähigkeiten, um ein gutes Leben zu führen, eine unterschiedliche Güterausstattung notwendig ist. Das berühmte Beispiel des Ringers und des Philosophen, die für ihre Tätigkeit sehr unterschiedliche Nahrungsmittelmengen benötigen, um „ihr" Ziel zu erreichen steht hierfür symptomatisch (Sen 2010). Dabei steht das „Wofür?" des Ressourceneinsatzes stark im Vordergrund und präjudiziert die Frage der Distribution von Gütern in ganz entscheidendem Maße. Dies allerdings nicht, wie häufig im Zuge der Paternalismusvorwürfe behauptet, aus einem direktiven und deduktiven Top-Down-Prozesses heraus, sondern im Sinne der aristotelischen Entelechie als Prozess verstanden, der wesentlich auf der Idee einer „Selbstverwirklichungskraft" beruht (vgl. auch Steckmann 2008). Wir brauchen also eine Konzeption des Guten, die als eine minimale Theorie des Guten verstanden wird und die deshalb „Luft nach oben" hat, d.h. Spielraum für freiheitliche Entwicklungen eigener Vorstel-

---

7   Hier gibt es eine theoretische Wahlverwandtschaft mit der systemischen Handlungstheorie Staub-Bernasconis (2007).

lungen eines guten Lebens. Mindestens jedoch braucht es die Menschenrechte als Basis dessen, was wir ein gutes menschliches Leben bezeichnen sowie teilweise ergänzende theoretische Annahmen (vgl. Röh 2011), um zu wissen, warum welche Mittel und Wege der Chancenverwirklichung eingesetzt werden.

Für Soziale Arbeit als Agentin des sozialen Wandels wie der individuellen Lebensführung ist dies sehr instruktiv, indem nicht nur die Güterverteilung an sich, sondern ihr „befähigender" oder „behindernder" Charakter herausgearbeitet werden muss.

Natürlich wäre es naiv anzunehmen, dass jeder Mensch zu jedem gegebenen Zeitpunkt in der Lage wäre, freie und in seinem bzw. ihren Sinne wirklich gute Entscheidungen zu treffen. Fehler, Irrwege und Umwege dürfen auch in diesem Konzept in ihrer lern- wie moraltheoretischen Wirkung nicht unterschätzt und deshalb unterbunden oder von vornherein ausgeschlossen werden. Lerntheoretisch sind sie deshalb bedeutsam, weil sie den Einzelnen Rückschlüsse über gute, weil funktionale oder befriedigende Konsequenzen ermöglichen und moraltheoretisch deshalb, weil sie Gesellschaften und Gemeinschaften Rückschlüsse über befähigende oder behindernde Rahmenbedingungen Strukturen ermöglichen.

Desweiteren ist allen klar, die mit Menschen in sozialen Problemlagen arbeiten, dass das Konzept der adaptiven Präferenzen von großer Bedeutung ist: Nicht immer wünschen sich Menschen das, was ihnen wirklich wichtig ist, sondern vielmehr jenes, was ihnen realistisch oder sozial erwünscht erscheint. Menschenrechte zu fördern heißt demnach auch, Menschen Mut zu machen ihre Rechte einzufordern und ihre Bedürfnisse zu (anzu-)erkennen und gesellschaftliche Diskurse darüber anzuregen, was des Menschen Recht und Anspruch sein darf. Auch erlernte Hilflosigkeit oder fehlende Selbstwirksamkeitsüberzeugung spielen hier eine Rolle: „Neben den tatsächlich vorgefundenen Interessen werden zusätzlich aber auch solche berücksichtigt, die der Mensch bei ‚unbehinderter' Selbstbestimmung haben würde (...), d.h., die er nur deswegen nicht hat, weil die äußere Situation, in der er sich befindet, ihn verzweifelt macht, abstumpft, kulturell verflacht oder dgl. Einflüsse ausübt. Auch Bevormundung kann zu einem solchen Hindernis werden, wenn sie ihn psychisch überwältigt, so dass er sich ihrer nicht erwehren kann." (Weisser, zitiert nach Knecht 2010: 31)

Trotz oder gerade wegen der Berücksichtigung all dieser Aspekte bleibt das Problem des legitimen Paternalismus bestehen und wir müssen uns fragen, inwieweit Soziale Arbeit auch einen Stellvertretungsanspruch bezüglich der Menschenrechte besitzt, mit dem sie Menschen vertritt, die noch nicht, vorübergehend nicht oder dauerhaft nicht dazu in der Lage sind, ihre Konzeption eines guten Lebens zu entwickeln oder als Interesse zu artikulieren. Der „Willens- und Interessensaspekt" des Utilitarismus kann uns hier vielleicht lehren, warum man – wenn etwas sinnvoll ist – dafür auch paternalistische Maßnahmen ergreifen darf (vgl. Brumlik 2004). Wenn es offensichtlich ist, dass eine bestimmte Handlung oder Lebenslage von Menschen für sie von Nachteil ist, ihre Menschenrechte gefährdet, sie in Lebensgefahr bringt oder ihnen anderweitigen dauerhaften Schaden zufügt, warum soll dann ein stellvertretendes Handeln nicht in ihrem Sinne und damit gut und gerecht sein? Wenn Menschen also, wie John Rawls (2006: 27, 134) es beschreibt, mitunter zwar rational aber nicht immer vernünftig handeln, und wenn man – wie er – davon ausgeht, dass rationales Handeln zwar vorkommt, aber nicht immer vernünftiges Handeln ist und nur vernünftiges Handeln die soziale Kooperation zwischen Menschen tragfähig und gerecht macht, gibt das Anlass zur Überlegung, unter welchen Umständen rationales Handeln thematisiert und kritisiert werden könnte, um letztlich vernünftiges Handeln zu befördern. Dabei müssen sowohl an den freien Willen der Menschen als auch an die sie bedrängenden und sie beschränkende Strukturen Fragen nach deren Vernünftigkeit gestellt werden. Die nunmehr schon zweite Finanzkrise seit 2008 oder auch die andauernde ökologische Krise gäben genügend Beispiele her für diese wichtige Unterscheidung. Aber auch Fragen an Eltern, die die Bedürfnisse ihrer Kinder nicht achten, dürfen dann legitim gestellt werden.

Was bedeutet das allerdings für die Durchsetzung der Menschenrechte? Im Zusammenhang mit der Erkenntnis, dass es adaptive Präferenzen und erlernte Hilflosigkeit ebenso gibt wie exkludierende gesellschaftliche Strukturen, können wir fordern, dass sich Regeln des sozialen Miteinanders stets letztbegründend an der Vernunft und dem vernünftigen Handeln orientieren müssen. Das heißt mit anderen Worten, dass eine Handlung, die zunächst rational erscheint (beispielsweise Arbeitsmarktregelungen der Hartz-Gesetze oder auch die Kinderschutzregelungen), in eine vernünftige Handlung transformiert werden müssten, um tatsächlich ein gutes Leben befördern zu können. Wir könnten zwar den Einsatz von Arbeitsmarktprogrammen (Zweckverfolgung: Anreize zur Aufnahme einer Arbeit) oder auch die strengere Kontrolle von Kindeswohlgefährdungen (z.B. durch verpflichtende medizinische Vorsorgeuntersuchungen) zunächst als rational begründet ansehen, müssten sie dann aber nach Abwägung ihres Vernunftgehalts als zynisch kennzeichnen, wenn z.B. im einen Fall trotz individueller Anstrengung gleichzeitig Chancenlosigkeit auf dem Arbeitsmarkt besteht oder im anderen Fall strukturelle Armutsrisiken einer verantwortlichen Wahrnehmung der Elternrolle zuwiderlaufen.

3.2 Was heißt nun in diesem Zusammenhang 'Befähigung'?

Gemeinhin stellen wir uns Fähigkeiten als individuelle Fähigkeiten und Potentiale vor, die beim Einzelnen durch Erziehung, Bildung hergestellt sowie durch Therapie und Rehabilitation wieder hergestellt werden und somit in oder an ihm bzw. ihr „dran" hängen, somit ein individuelles Merkmal darstellen. Daneben könnte man sich Fähigkeiten aber auch – wie oben bereits gezeigt – als soziale Güter vorstellen, die durch soziale Beziehungen, Anerkennung, Werte und Normen sowie förderliche Strukturen erst nutzbar gemacht werden (vgl. Eurich 2008: 96). Fähigkeiten wären nach dieser Lesart also eher sozialkulturelle Güter, die nur sehr unterschiedlich nutzbar sind (vgl. Bourdieu 1992).

Natürlich sind Fähigkeiten, wenn wir an die Willenskraft und –freiheit der Subjekte glauben und nicht an Schicksal oder Vorherbestimmtheit, Mittel zur Erreichung von Zielen, die jedes Subjekt nach seinen eigenen Vorstellungen eines guten Lebens und nach besten Kräften einsetzen sollte. Gleichzeitig ist aber evident, dass wir eben in unserer Willenskraft und subjektiven Potenzialität auch abhängig davon sind, was unsere soziale Umwelt zulässt bzw. fördert.

Hier gilt für mich die Feststellung von Marx, dass „die Menschen [...] ihre eigene Geschichte [machen], aber sie machen sie nicht aus freien Stücken, nicht unter selbstgewählten, sondern unter unmittelbar vorgefundenen, gegebenen und überlieferten Umständen." (Marx 1983: 226)

Daher spricht auch angesichts vieler empirischer Befunde aus dem Gesundheits- und Bildungsbereich einiges dafür, Fähigkeiten als in extremem Maße durch soziale Ressourcen beeinflusst zu konzipieren (Wilkinson/Pickett 2010; Mielck 2000). Dann wäre der/die Einzelne als Träger/in potentiell verfügbarer, weil in der sozialen Welt vorhandener Potenziale zur Weltgestaltung und Lebensführung zu denken und Sozialisationsprozesse über die gesamte Lebensspanne trügen dann dazu bei, dass diese Potenziale aktuell verfügbar würden oder eben auch nicht oder nicht in ausreichendem Maße.[8] Umgekehrt limitieren nicht vorhandene Potenziale in der Umwelt die Entwicklungschancen bis hin zur völligen Entwicklungsverhinderung.

Ein Beispiel: Wenn also alleine der Migrationshintergrund eines 7-Jährigen in Deutschland oder das Geschlecht einer 12-Jährigen in Indien über deren Bildungschancen entscheiden, und nicht deren potentielle Fähigkeiten, die es noch zu entwickeln gälte, dann kann individuelle Fähigkeit nur ein nachträglich konstruiertes Merkmal sein. Und da hilft es auch nicht, wenn trotz (oder gerade wegen) schlechter sozialer Chancen immer mal wieder „Wunderkinder" und „Genies" entstehen.[9]

---

8   Siehe die aristotelische Unterscheidung von Akt und Potenz
9   Immanuel Kant und Jean-Jacques Rousseau haben also beide Recht (Kant sah den Menschen von der Erziehung durch andere Menschen abhängig; Rousseau sah die Gefahr der Erziehung durch andere Menschen), nur die Wahl ihrer Mittel (hier der Nutzen der Zivilisation, dort deren schädigende Wirkung) fiel unterschiedlich aus.

3.3 Gesellschaft oder Gemeinschaft als Adressat sozialer Gerechtigkeit?

Wer ist nun also wem soziale Gerechtigkeit schuldig (Scanlon 1998), womit jene Rahmenbedingungen thematisiert werden müssen, die es den Subjekten ermöglichen, die für ein gutes Lebens oder eine gelingende Lebensbewältigung hilfreichen Fähigkeiten zu entwickeln? Ist es die Gesellschaft, verstanden als öffentliche Sphäre, in der formal organisiertes, politisch wie juristisch und durch funktifunktionelles Handeln stattfindet, als Gemeinwesen mit Normen, Werten und „Karrieren", d.h. gebahnten Wegen ins gute Leben? Oder ist es doch vielmehr die engere Gemeinschaft, die dafür sorgt, dass ihre Mitglieder eine ausreichende, befähigende Grundlage zur Herausbildung von Fähigkeiten in ihrer Lebenswelt bzw. ihrem sozialen Umfeld vorfinden?

Dass die Gesellschaft in ihrer öffentlichen und funktionalen Form und damit der Staat und seine Institutionen (wie auch die in Wirtschaft, Kultur und Religion) die richtigen Adressaten sind, sah bereits Pestalozzi, der in seinen „Nachforschungen über den Gang der Natur in der Entwicklung des Menschengeschlechts" das Staatsrecht als die einzig zivile Waffe gegen den sich ansonsten in Aufruhr zeigenden und angesichts der Verhältnisse notwendigen Kampf gegen die Unterdrückung ansah. Durchaus ambivalent formulierte er: „Warum steht mir dieses Bild meiner Natur vor meiner Seele, wenn ich mich frage, was ist das Staatsrecht? Ist es, weil wir alle nach ewig ehernen, großen Gesetzen unser Dasein Kreise vollende, also kein Recht, folglich auch kein Staatsrecht statt hat? Oder ist es, weil jedes Recht meines Geschlechts, folglich auch das Staatsrecht, wesentlich dahin wirken soll, das, was den Menschen von allen Wesen, die wir kennen, unterscheidet, in ihm seiner möglichsten Entwicklung näher zu bringen? Unstreitig würde die Staatskunst, wenn sie sich die Entwicklung der menschlichen Kräfte als ihre Bestimmung vorsetzte, mehr leisten, als die Welt bis jetzt von ihr empfangen zu haben scheint." (Pestalozzi 1993: 26).

In einer aktuellen Variante stellt auch Nussbaum den Primat der Politik klar, denn Politik sei der Garant der Gesellschaft für die Herstellung ausgleichender Gerechtigkeit und sie müsse nach Nussbaum genau diese Fähigkeiten und Kräfte durch staatliches Handeln garantieren.

Manches in ihren Erörterungen weist jedoch auf eine Ergänzung hin, nämlich die Bedeutung der Gemeinschaft. Schließlich ist eine der zwei für die Architektur der gesamten Theorie zentralen Capabilities (neben der Urteilskraft) die Gemeinschaft bzw. die Zugehörigkeit zu einer solchen (im Englischen affiliation). "Two [of the central capabilities, Erg. D.R.], however, appear to play a distinctive architectonic role: they organize and pervade the others. These two are affiliation and practical reason. They pervade the others in the sense that when the others are present in a form commensurate with human dignity, they are woven into them." (Nussbaum 2011:39)

Kurzum, angesichts der großen Herausforderung Gerechtigkeit als Befähigung zumindest aller Personen (nicht Menschen)[10] zu erreichen, scheint es geboten, sowohl staatsgesellschaftliche Institutionen – Politik und Verwaltung – als auch zivilgesellschaftliche Institutionen – soziale Gemeinschaften, Familien und andere Beziehungen – zu fokussieren. Gerade angesichts der eher formalen und distanzierten staatlichen „Angebote" kann erfolgreiche Befähigung durch gemeinschaftliches, lebensweltlich rückgebundenes Handeln unterstützt oder erst aktiviert werden.

3.4 Würde und Anerkennung

Eine gerechte Gesellschaftsstruktur wäre also eine, die allen nicht nur formale Chancen darlegt, sondern sie – auch sorgend, beratend, bildend und erziehend – dazu befähigt, diese Chancen für die Gestaltung des eigenen Lebens auch tatsächlich zu nutzen. Nicht alle politischen Programme, auch die gut gemeinten nicht, sind so konzipiert, dass sie zu dieser Befähigung beitragen.

Gleichwohl müssen wir uns in Erinnerung rufen, dass es durchaus um Verschiedenheit geht und nicht um Gleichheit, und zwar sowohl in den Lebensstilen als auch in den Ausstattungen der Menschen. Also keine Gleichheit in der Frage, wie ich mein Leben – insofern mir die Chance zur Verwirklichung meines Lebensentwurfes tatsächlich frei gegeben wurde – führen soll, wohl aber in der Gleichwertigkeit desselben im Vergleich zu anderen Lebensentwürfen, insofern ich dadurch nicht die Chancen anderer Menschen minimiere. Ich glaube, dass Rawls dies meinte, als er zu den zu verteilenden Gütern neben Einkommen, Vermögen, Chancen und Freiheiten auch die „sozialen Grundlagen der Selbstachtung" zählte, auch wenn er hierzu in seinen Schriften wenig ausführt. Die deutlichste Stelle ist wohl folgende, in der er skizziert, was diese sozialen Grundlagen sind, die Selbstachtung fördern, nämlich „die jeweilige soziale Basis der Selbstachtung im Sinne jener Aspekte grundlegender Institutionen, die normalerweise unentbehrlich sind, damit die Bürger als Personen ein prägnantes Selbstwertgefühl entfalten können und in der Lage sind, ihre Ziele mit Selbstvertrauen zu fördern." (Rawls 2006: 101).

Mit Honneth können wir hier auch von Anerkennung sprechen, die er klar bestimmten gesellschaftlichen Sphären zuordnet und die jeweils ihren Teil zum Anerkennungsprozess beitragen. Neben der individuell in primären Sozialisationsprozessen erfahrenen bedürfnis- und affektbezogenen emotionalen Zuwen-

---

10 Vgl. die Diskussion um den Personenbegriff (z.B. Mührel 2009), die hier leider nicht aufgegriffen werden kann bzw. die jeweilige Verwendung bei Rawls (2006) und Nussbaum (2006/2010). Eine weitere Variante bestünde darin, von Subjekten zu sprechen.

dung und der kognitiven Achtung der gegenseitigen moralischen Zurechnungsfähigkeiten kommt der sozialen Wertschätzung von durchaus vielfältigen Fähigkeiten und Eigenschaften bei Honneth eine wichtige Rolle zu. Er interpretiert Anerkennung dabei als reziproken Prozess zwischen Gesellschaft und Subjekten bzw. Gruppen. Nur wenn die Gesellschaft selbst Achtung und Wertschätzung vermittelt, kann sie selbst auf Anerkennung ihres formalen Pflichtenkataloges hoffen und damit wiederum Menschen an sich binden bzw. diese vom guten Sinn der Polis überzeugen. Im Grunde genommen meinte dies auch Rawls mit seinem Differenzprinzip, das ja beschreibt, dass nur solange gesellschaftlicher Zusammenhalt garantiert ist, wie die Anerkennungsverhältnisse trotz unterschiedlicher Leistungen und Beiträge der einzelnen Bevölkerungsgruppen noch Gleichwertigkeit und Chancen mittransportieren. Bei einseitiger Verlagerung des Anerkennungsgewichts z.B. auf die Leistungsseite, gerät dieses sensible Gleichgewicht nämlich außer Kontrolle.

Für den Gestaltungsauftrag einer Sozialen Arbeit, der in der Verwirklichung der Menschenrechte liegt, ist schließlich entscheidend, ob man den gesellschaftlichen Prozess als Kampf um Anerkennung (im Sinne Hegels oder Honneths) oder als konsensuelles Ergebnis eines beständigen Diskurses (im Sinne Habermas) erkennt. Geht es also, wie Habermas (1995) es sich wünscht und dafür Regeln aufstellt, um einen symmetrischen Partizipationsprozess oder wie man andererseits annehmen könnte, um beständige Interessenskonflikte? Ist der Mensch nun für den Anderen ein Gott oder ein Wolf? (»homo homini lupus est.« oder »homo homini deus est.«?). Angesichts des letztlich im sozialen Wesen des Menschen begründeten Angewiesenheit auf andere Menschen ist wohl – trotz weitreichender Gegenbeispiele aus der Geschichte der Menschen – der anthropologischen Annahme einer gegenseitigen Verwiesenheit aufeinander Vorrang zu gewähren. Jedenfalls kann ich mir Sinn und Zweck menschlichen Daseins und damit auch des Fundaments Sozialer Arbeit nur in letzterer Lesart vorstellen. Die Funktion Sozialer Arbeit bestünde dann sowohl in der menschlichen Befähigung als auch in der Gestaltung menschlicher Strukturen, die Menschen sich gegenseitig zu Göttern werden lassen. Im Folgenden soll also das eben Dargestellte auf die Anwendungsbereiche Sozialer Arbeit als sowohl verhaltens- als auch verhältnisgestaltendes Moment zurückbezogen werden, wobei ich wiederum der an anderer Stelle erörterten Figur der Doppelfunktion Sozialer Arbeit als einerseits „Subjektbefähigung" und „Strukturveränderung" (Röh 2011) folgen möchte.

3.5 Erziehung und Bildung als Entwicklung sowie Therapie und Rehabilitation als Reaktivierung von Fähigkeiten

Erziehung und Bildung sowie andere auf die Entwicklung von Fähigkeiten bezogene Tätigkeiten, wie z.b. Kompetenztrainings, stellen für mich, genauso wie Therapie und Rehabilitation als Behandlung manifester Krankheiten oder Behinderungen den dynamischen Teil in der Herstellung von Gerechtigkeit dar. Ihre Dynamik erhalten sie zum Teil angesichts des bereits vorgefundenen individuellen Gewordenseins derjenigen, die zur Zielgruppe der Sozialen Arbeit gehören, andererseits durch die ebenfalls bereits vorgefundenen gesellschaftlichen Reaktionsmuster und Sozialprogramme bezogen auf diese Zielgruppe. Die Schwierigkeit in der Herstellung gerechter Verhältnisse besteht ja gerade darin, dass man nicht – wie in Rawls Urzustand – sozusagen bei „Null anfängt", sondern die individuellen wie gesellschaftlichen Rahmenbedingungen (z.B. Lebens- und Krankheitsgeschichte) des Handelns immer mit reflektieren und berücksichtigen muss (vgl. Wendt 1988). Diese pseudokonkrete Realität (Thiersch/Grunwald/Köngeter 2010) muss für die Soziale Arbeit zwar als zumindest partiell oder vorläufig gültige, jedoch im dialektischen Sinne auch als veränderbare Realität gedacht werden. Ohne diesen Anspruch ergäbe Soziale Arbeit keinen Sinn. Wie ich bereits einmal ausgeführt hatte, ist hierfür der kritische Realismus, wie ihn Kessl (2008) sehr instruktiv dargelegt hat, als erkenntnistheoretische Grundlage am hilfreichsten, da er uns das aktuell Sichtbare erkennen lässt, ohne die tiefer liegende Gründe für die sichtbare Manifestation zu verbergen.

Erziehung und Bildung sind dabei zwar individuelle oder auf Gruppen bezogenen Prozesse, aber auch sie finden gleichsam holistisch in einer gegebenen gesellschaftlichen Realität statt und erhalten daher auch von dort ihre Sinnressourcen, ihre Legitimation und auch ihre materiellen Ressourcen.

Erziehung und Bildung zielen mit Pico della Mirandola (2005) gesprochen auf die Veredelung des Menschen durch Moraltheorie/Ethik (in praxi Erziehung) und durch Dialektik/Erkenntnistheorie (in Praxi Bildung). Erziehung und Bildung stellen also das sittliche Fundament dafür zur Verfügung, dass Menschen sich einerseits anpassen, also gesellschaftliche Regeln befolgen und gesellschaftliche Rollen ausfüllen, und andererseits diese selbst als Gegenstand von Kritik erfassen und gegebenenfalls verändern können. „Folglich soll auch wir, wenn wir auf Erden zum Leben der Cherubim streben, die Seele reinigen, indem wir mit Hilfe der Moralphilosophie die Leidenschaften unserer Triebe zügeln [und, Hinzufügung D.R.] indem wir mit der Dialektik die Dunkelheit in unserem Verstand vertreiben, sodaß wir gleichsam allen Schmutz von Unkenntnis und Lastern tilgen, damit sich weder unsere Affekte blindlings austoben noch der Verstand, ohne es zu bemerken, irgendwann in die Irre geht." (Pico della Mirandola 2005: 19)

Therapie und Rehabilitation stehen in Ergänzung zu Erziehung und Bildung als eher nachgelagerte Formen für die Reaktivierung von Fähigkeiten zur Verfügung, um Menschen wieder in den Stand zu versetzen, sich einerseits einzufügen in ein hoffentlich sinnvolles und gerechtes gesellschaftliches System oder andererseits dieses mit ihrer Stimme und ihrem Einfluss zu verändern (Habilitation und Rehabilitation).

3.6 Soziale Räume als befähigende Strukturen gestalten (Infrastruktur, Institution, Gemeinschaft)

Diese eher den Einzelfall fokussierende und damit die Einzelfallarbeit bzw. Gruppenarbeit legitimierende Sicht ist unbedingt um strukturelle Aspekte zu erweitern, um nicht in die individualistische Falle zu tappen. Denn die hauptsächlich die individuelle Kompetenz befähigende Richtung der Sozialen Arbeit käme nicht ohne die Beachtung und Bearbeitung von befähigenden Strukturen aus[11]. Dabei sind m.E. Infrastrukturen (Verkehr, Wohnen), Institutionen (Schule, Arbeitsplätze), Gemeinschaften (Familie, Peers und andere Gruppen) voneinander zu unterscheiden und mittels verschiedener sozialpolitischer und sozialräumlicher Methoden zu adressieren.

Infrastrukturen sind so zu gestalten, dass sie Menschen Möglichkeiten der Mobilität und Teilhabe ohne Restriktionen ermöglichen, was nicht nur soziale, bauliche oder materielle sondern auch kulturelle Barrieren beinhaltet. Es ist einfach den Einstieg in Busse und Bahnen abzusenken, etwas anderes jedoch, auch die verwirrte alte Dame oder den psychotischen jungen Mann so in seiner Lebenswelt zu begleiten, dass ihr und ihm der gesellschaftliche Verkehr möglich ist.

Institutionen wiederum sind so zu gestalten, dass sie Menschen Möglichkeiten der Teilhabe bieten bzw. den Abruf und die Nutzung von in diesen Institutionen enthaltenen oder vorgehaltenen Ressourcen ermöglichen, was wiederum nicht nur materielle oder organisatorische Reglementierungen beinhaltet, sondern auch kulturelle, indem etwa der menschliche Kontakt anstelle anonymer Dienstleistungsstrukturen oder partizipative Beteiligungsstrukturen in den Vordergrund rückt.

Gemeinschaften schließlich sind so zu gestalten, dass sie Menschen Möglichkeiten der Teilhabe bieten, indem sie sich für Andersartigkeit und Vielfalt öffnen und ggf. auch ihre bisherigen Regeln, Interessensgebiete und Themen verändern oder erweitern.

---

11 Man könnte auch sagen, dass sie sonst zu einer rein affirmativen Nutzung individuumszentrierter Methoden führen würde und damit Gefahr liefe, dem Einzelnen die moralische Verantwortung aufzubürden.

4 Rechte und Befähigung – die UN-Konvention über die Rechte behinderter Menschen

Das Beispiel soll zeigen, in welche Richtung – neben der Deklaration von Rechten – auch die Befähigungs-Agenturen gedacht werden müssen. Dazu möchte ich exemplarisch einen zentralen Artikel aus der 2006 von den Vereinten Nationen verabschiedeten Behindertenrechtskonvention (UN-BRK) betrachten.

Artikel 19 – Unabhängige Lebensführung und Einbeziehung in die Gemeinschaft

Die Vertragsstaaten dieses Übereinkommens anerkennen das gleiche Recht aller Menschen mit Behinderungen, mit gleichen Wahlmöglichkeiten wie andere Menschen in der Gemeinschaft zu leben, und treffen wirksame und geeignete Maßnahmen, um Menschen mit Behinderungen den vollen Genuss dieses Rechts und ihre volle Einbeziehung in die Gemeinschaft und Teilhabe an der Gemeinschaft zu erleichtern, indem sie unter anderem gewährleisten, dass

a. Menschen mit Behinderungen gleichberechtigt die Möglichkeit haben, ihren Aufenthaltsort zu wählen und zu entscheiden, wo und mit wem sie leben, und nicht verpflichtet sind, in besonderen Wohnformen zu leben;
b. Menschen mit Behinderungen Zugang zu einer Reihe von gemeindenahen Unterstützungsdiensten zu Hause und in Einrichtungen sowie zu sonstigen gemeindenahen Unterstützungsdiensten haben, einschließlich der persönlichen Assistenz, die zur Unterstützung des Lebens in der Gemeinschaft und der Einbeziehung in die Gemeinschaft sowie zur Verhinderung von Isolation und Absonderung von der Gemeinschaft notwendig ist;
c. gemeindenahe Dienstleistungen und Einrichtungen für die Allgemeinheit Menschen mit Behinderungen auf der Grundlage der Gleichberechtigung zur Verfügung stehen und ihren Bedürfnissen Rechnung tragen.

Dieser Artikel steht derzeit in vielen Kommunen, Bundesländern, Verbänden und in der Wissenschaft im Mittelpunkt weitreichender Überlegungen. Das Stichwort „Ambulantisierung" bringt die Entwicklungsrichtung ganz gut auf den Punkt: Man möchte zunehmend ambulantere Wohnformen auf den Weg bringen, die möglichst auch die Begegnung mit nicht-behinderten Menschen erfolgreicher als bislang gewährleistet, auf jeden Fall aber eine natürlich Wahlmöglichkeit zwischen verschiedenen Wohnformen bietet: Vom begleiteten Einzelwohnen in eigener Wohnung, über ambulant betreute Wohngemeinschaften bis hin zu speziellen familienbegleitenden Diensten und auch Familienbetreuung in Wohneinrichtungen ist dort mittlerweile vieles entwickelt oder im Aufbau. Somit könnte schon bald das „Recht auf freie Wohnformwahl" von einem immer größer werdenden Teil von psychisch, geistig oder körperlich behinderten Menschen realisiert werden. Gleichzeitig wird schon jetzt deutlich, dass diese neuen Wohnformen allein nicht automatisch zu einer vollen Teilhabe am gesellschaftlichen oder gemeinschaftlichen Leben beitragen können, sondern vielmehr durch initiierte Gemeinschaftsaktion, inklusive Freizeit- und Arbeits- und Beschäftigungsmaßnahmen in ganz normalen Betrieben etc. unterstützt werden müssen. Auch droht die Gefahr, dass hier die Schwächsten vergessen werden.

Stellen wir uns aber folgenden Fall vor: Jemand ist aufgrund seiner Erfahrungen mit seiner Behinderung einer offeneren Wohnform mit mehr individuellem Freiraum und gleichzeitig erheblich reduzierter Präsenz des Personals skeptisch gegenüber eingestellt, was von seinen Angehörigen aus Sorge vor Gefährdungen noch bestärkt wird. Wenn wir die oben eingeführte Unterscheidung von rationaler und vernünftiger Wahl anwenden, wäre es also durchaus eine rational nachvollziehbare Entscheidung, wenn sich die Person für eine vollstationäre Maßnahme entschiede, gleichwohl offensichtlich unvernünftig, weil ihr dadurch die positiven Effekte der kleinen, unauffälligen und damit normalen Wohnverhältnisse (Begegnung mit Nachbarn, Erleben von Anerkennung durch eigenständige Lebensführung etc.) versperrt blieben. Daneben könnten wir uns auch den umgekehrten Fall vorstellen, dass nämlich jemand unbedingt in eine offene Wohnform, vielleicht sogar Einzelwohnen, wechseln möchte, was ja vernünftiger wäre als isoliert und betreut zu leben, und der zuständige Kostenträger würde aus rationalen Gründen (Wirtschaftlichkeit) die damit verbundenen höheren Kosten für Pflege und Betreuung ablehnen.

Die sozialen Grundlagen der Menschenrechte, hier die kommunikative Überzeugung und Ermutigung durch nahe Angehörige oder vertraute Professionelle, die eigenständige Wohnform zu wählen und dort die Vollkostenfinanzierung für das ambulante Wohnen, sind also entscheidend für die Möglichkeit, Rechte auch wahrnehmen zu können. Beides wäre zu tragen von einer gesellschaftlichen Akzeptanz behinderter Menschen als Nachbarn und einem Ressourceneinsatz, der dies ermöglicht.

In den nächsten Jahren wird sich zeigen, inwieweit die UN-Behindertenrechtskonvention tatsächlich gesellschaftsgestaltendes Potential hat. Dafür muss die reine Rechtegewährung sozial konsolidiert und damit befördert werden, durch einen Bewusstseinswandel in der Bürgergesellschaft, bei Arbeitgebern, Ausbildungsinstitutionen, im Freizeitsektor usw., sodass es nicht allein bei der reinen „Wahlmöglichkeit" als Recht bliebe.

Abschließend möchte ich auch erwähnen, dass selbstverständlich auch die Betroffenen vernünftig handeln müssen, um in einer auf sozialer Kooperation basierenden Gesellschaft, Anerkennung und Akzeptanz zu erfahren. Auch das ist mit vernünftigem Handeln gemeint, und hier schließt sich der Kreis zum legitimen Paternalismus, der dann gerechtfertigt erscheint, wenn es im Interesse des Betroffenen angeraten ist, Vernunft durch legitime Vertreter stellvertretend wahrzunehmen.

5 Menschenrechte sind Menschenpflichten bzw. Gesellschaftspflichten

Ich habe hier versucht zu begründen, weshalb es sozialer Grundlagen für die Verwirklichung der Menschenrechte bedarf und warum in der Sozialen Arbeit eine Menschenrechtsprofession gesehen werden kann (vgl. Staub-Bernasconi 2003), die in dieser Funktion wesentlich über Subjektbefähigung und Strukturwandel die sozialen Grundlagen für die Verwirklichung der Menschenrechte schafft.

Ausgangspunkt und Ziel sozialer Gerechtigkeit sind nicht gleiche, sondern gleichwertige Menschen mit ihren Rechten, Bedürfnissen und Ansprüchen, die für ihre Entwicklung „institutioneller und materieller Voraussetzungen bedürfen, die nicht immer vorhanden sind. Man kann also annehmen, daß Bürger, die die moralischen Fähigkeiten bei sich selbst und bei anderen schätzen und deren Ziel ein Gerechtigkeitsbegriff ist, der ihnen ein gutes Zusammenleben in der Gemeinschaft ermöglicht, über diese Voraussetzungen nachdenken und gute politische Prinzipien nicht nur darin erblicken, die Verteilung der instrumentellen Grundgüter zu regeln, sondern auch darin, die angemessene Verwirklichung dieser und anderer menschlicher Fähigkeiten der Bürger zu fordern." (Nussbaum 1999: 61).

Dass diese Forderung nicht nur auf den Ausschnitt sozialer Hilfen für Menschen zielt, die auf die Solidarität anderer gesunder, leistungsfähiger Personen setzt, sondern auf den gesamten gesellschaftlichen Verkehr, ist wohl selbstverständlich. Deshalb bestärkt mich dies auch darin, in der Sozialen Arbeit ein fest verankertes, solides politisches Mandat zu sehen, mit dem nicht für die Menschenrechte an sich zu kämpfen ist, sondern vor allem auch für die sozialen Grundlagen der Menschenrechte, die es erst ermöglichen, potentielle Rechte in wahrgenommene Rechte zu verwandeln.

Etwaige abweichende Einschätzungen, die die Menschenrechte als Basis Sozialer Arbeit oder sogar die Menschenrechte selbst ablehnen, sind m.E. nicht überzeugend, wenn sie entweder argumentieren, dass Menschenrechte keine universalistische Geltung beanspruchen dürften, nicht nützlich seien bzw. sich philosophisch nicht rechtfertigen ließen (vgl. Grayling 2008). Denn letztlich stellen die Menschenrechte eine zivilisatorische Errungenschaft ersten Grades dar und können – wenn nicht absichtlich missachtet oder deformiert – nur Gutes bewirken. Dieses Gute zu bewirken ist schließlich auch das Ziel Sozialer Arbeit und mit ihren Mitteln hält sie die Expertise bereit, um nicht nur Rechte zu vertreten, sondern diese auch in befähigende Chancen für alle Menschen zu transformieren.

Literatur

Bourdieu, Pierre (1992): Ökonomisches Kapital – kulturelles Kapital – soziales Kapital. In: ders.: Die verborgenen Mechanismen der Macht. Hamburg: VSA-Verlag: 49-79

Brumlik, Micha (2004): Advokatorische Ethik. Zur Legitimation pädagogischer Eingriffe. Berlin: Philo

Dahrendorf, Ralf (1994): Das Zerbrechen der Ligaturen und die Utopie der Weltbürgergesellschaft. In: Beck, Ulrich/Beck-Gernsheim, Elisabeth (Hrsg.): Riskante Freiheiten: Individualisierung in modernen Gesellschaften, Frankfurt am Main: Suhrkamp

Eurich, Johannes (2008): Gerechtigkeit für Menschen mit Behinderungen. Ethische Reflexionen und sozialpolitische Perspektiven. Frankfurt/New York: Campus

Grayling, Anthony (2008): Freiheit, die wir meinen: Wie die Menschenrechte erkämpft wurden und warum der Westen heute seine Grundwerte gefährdet. München: Bertelsmann Verlag

Gronemeyer, Marianne (1988): Macht der Bedürfnisse. Reflexionen über ein Phantom. Reinbek bei Hamburg: Rowohlt

Habermas, Jürgen (1995): Theorie des kommunikativen Handelns. Frankfurt/Main: Suhrkamp

Kessl, Fabian (2008): „Real ist real und ist nicht real." – Notate zu aktuellen Konjunkturen eines kritischen Realismus. In: Widersprüche, Heft 108. 53-70

Knecht, Alban (2010): Lebensqualität produzieren: Ressourcentheorie und Machtanalyse des Wohlfahrtsstaats, Wiesbaden: VS-Verlag für Sozialwissenschaften

Marx, Karl (1983): Der achtzehnte Brumaire des Louis Bonaparte. In: Ausgewählte Schriften in zwei Bänden, Berlin: Dietz-Verlag

Meyer, Frauke (o.J.): Soziale Arbeit als Lebenskunstprofession – Überlegungen zur ethischen Dimension Sozialer Arbeit. [07.12.2011 – www.sozialarbeitswissenschaften.de]

Mielck, Andreas (2005): Soziale Ungleichheit und Gesundheit. Bern: Huber

Mühlum, Albert (2001): Sozialarbeit und Sozialpädagogik: ein Vergleich. 3. überarbeitete und aktualisierte Auflage, Frankfurt am Main: Dt. Verein für öffentliche und private Fürsorge

Mührel, Eric (2009) (Hg.): Zum Personenverständnis in der Sozialen Arbeit und der Pädagogik. Essen: Die Blaue Eule

Nussbaum, Martha (1999): Gerechtigkeit oder das gute Leben. Frankfurt a.M.: Suhrkamp

Nussbaum, Martha (2006): Frontiers of Justice. Disability, Nationality, Species Membership, Cambridge/London: The Belknap Press

Nussbaum, Martha (2010): Die Grenzen der Gerechtigkeit. Behinderung, Nationalität und Spezieszugehörigkeit. Frankfurt/Main: Suhrkamp

Nussbaum, Martha (2011): Creating Capabilities. The Human Development Approach. Cambridge/London: The Belknap Press

Pestalozzi, Johann Heinrich (1993): Meine Nachforschungen über den Gang der Natur in der Entwicklung des Menschengeschlechts. Bad Heilbrunn/Obb.: Klinkhardt

Pico della Mirandola (2005): De hominis dignitate: Über die Würde des Menschen. Stuttgart: Reclam

Rappaport, Julian (1985): Ein Plädoyer für die Widersprüchlichkeit: Ein sozialpolitisches Konzept des „empowerment" anstelle präventiver Ansätze. In: Verhaltenstherapie und psychosoziale Praxis 2/1985. 257-278

Rawls, John (2006): Gerechtigkeit als Fairness. Ein Neuentwurf. Frankfurt/Main: Suhrkamp

Röh, Dieter (2009): Metatheoretische Überlegungen zu einem integrativen Theorieansatz für die Sozialarbeitswissenschaft als Auseinandersetzung mit Tillmanns Modell der Trajektivität. In: Mührel, Eric/Birgmeier, Bernd (Hrsg.): Die Sozialarbeitswissenschaft und ihre Theorien(n). Wiesbaden: VS Verlag: 199-208

Röh, Dieter (2011): „...was Menschen zu tun und zu sein in der Lage sind." Befähigung und Gerechtigkeit in der Sozialen Arbeit: Der capability approach als integrativer Theorierahmen?!. In: Mührel, Eric/Birgmeier, Bernd (Hrsg.): Theoriebildung in der Sozialen Arbeit. Wiesbaden: VS Verlag: 103-122

Scanlon, Thomas (1998): What we owe to each other. Cambridge/London: The Belknap Press

Schmid, Wilhelm (1998): Philosophie der Lebenskunst: eine Grundlegung, Frankfurt/Main: Suhrkamp

Sen, Amartya (2007): Ökonomie für den Menschen. Wege zu Gerechtigkeit und Solidarität in der Marktwirtschaft. München: dtv

Sen, Amartya (2010): Die Idee der Gerechtigkeit. München: C.H. Beck

Staub-Bernasconi, Silvia (2007): Soziale Arbeit als Handlungswissenschaft. Bern [u.a.]: Haupt-Verlag

Staub-Bernasconi, Silvia (2003): Soziale Arbeit als (eine) Menschenrechtsprofession. In: Sorg, Richard (Hrsg.): Soziale Arbeit zwischen Politik und Wissenschaft. Münster: LiT-Verlag. 17-54

Steckmann, Ulrich (2008): Autonomie, Adaptivität und das Paternalismusproblem – Perspektiven des Capability Approach. In: Otto, Hans-Uwe/Ziegler, Holger (Hrsg.): Capabilities – Handlungsbefähigung und Verwirklichungschancen in der Erziehungswissenschaft. Wiesbaden: Verlag für Sozialwissenschaften: 90-115

Thiersch, Hans/Grunwald, Klaus/Köngeter (2010): Lebensweltorientierte Soziale Arbeit. In: Thole, W. (Hrsg.): Grundriss Soziale Arbeit. Opladen: Leske + Budrich: 182-196

Wendt, Wolf-Rainer (1988): Das Konzept der Lebenslage. Seine Bedeutung für die Praxis der Sozialarbeit. In: Blätter der Wohlfahrtspflege 4/88. 79-83

Political Democracy is necessary, but not sufficient – Ein Beitrag aus der Theorietradition Sozialer Arbeit[1]

Silvia Staub-Bernasconi

Mein Beitrag folgt dem Titel, das heißt, er begründet erstens, warum politische Demokratie notwendig, warum sie aber zweitens nicht hinreichend ist und deshalb drittens in der sozialkulturellen „Horizontalen" und viertens „sozialen Vertikalen" erweitert werden muss. Dies erläutere ich in vier Abschnitten, denen jeweils ein Set von Thesen vorangestellt wird.

Erste These:
Politische Demokratie als Theorie und gesellschaftlich institutionalisierte Praxis ist notwendig, um eine – historisch und aktuell immer noch wirksame – organisch-holistische Gesellschaftsvorstellung als „Sozialkörper" zu überwinden. Im Rahmen dieser Vorstellung hat das Individuum keinen Eigenwert, sondern ist einem Ganzen, einer Totalität oder sozialen Einheit zu- oder untergeordnet und hat die Pflicht, diese aufrechtzuerhalten und ihr zu dienen.[2] Sie kann dann überwunden werden, wenn sie durch eine Gesellschaftsvorstellung und -praxis ersetzt wird, die von kooperativen wie konfliktiven Beziehungen zwischen vernunftbegabten, lern- und kritik-, zur Selbstgesetzgebung fähigen Individuen mit unverlierbarer menschlicher Würde ausgeht.

Die neue, ideengeschichtlich von Locke, Rousseau und vor allem Kant maßgeblich beeinflusste Konzeption von Gesellschaft und Demokratie bestand und besteht darin, sie als ein soziales Produkt des Willens und der Selbstgesetzgebung von Individuen zu betrachten, die sich auf ein Ensemble von Grundregeln einigen und vertraglich, genauer per Verfassung festlegen, wer mit welchen Verfah-

---

1 Den Titel entlehne ich dem Werk von Mario Bunge: „Political Philosophy",2009, S. 353.
2 Mit Holismus bezeichne ich eine philosophische Kategorie der Ontologie, die davon ausgeht, dass das „Ganze" – sei dies nun eine Gesellschaft oder eines ihrer Sub- und Teilsysteme als Organisationen der Wirtschaft, Bildung, Religion, des Sozialwesens usw. – den Teilen kausal vorausgeht, ethisch-normativ übergeordnet ist und die Teile die Funktion und Pflicht der Aufrechterhaltung des Systems haben. Wenn sie das nicht tun, werden sie als „Abweichende" diszipliniert oder ausgeschlossen.

ren zur Teilnahme an den kollektiv bindenden Entscheidungen berechtigt ist.[3] Diese Vorstellungen entstanden nicht über Nacht. Sie hinterließen vielmehr eine jahrhundertelange Blutspur im Kampf um die Befreiung des Individuums aus feudal-ständischen, religiösen Herrschafts- und despotischen – philosophisch gesprochen – holistisch definierten und sozial strukturierten Verhältnissen. Diese Konzeption von Gesellschaft und Demokratie ist bis heute, wie wir im letzten Jahr mit höchstem Staunen, großer Hochachtung sowie zugleich Zittern und Bangen angesichts der Revolutionen und Revolten in den arabischen Ländern feststellen mussten, nicht versiegt. Die Forderungen betrafen nicht die Errichtung eines islamischen Gottesstaates, sondern „Freiheit" und „soziale Gerechtigkeit".[4] Die ersten Kommentare des sich demokratisch verstehenden Europa zu den Ereignissen in Nordafrika waren folgende Befürchtungen: der steigende Ölpreis, die drohende Flüchtlingsflut, die Moslembrüder und die Kurse an der Wallstreet. Und ein ehemaliger Redakteur der „ZEIT" verstieg sich in gewohnter, westlicher Arroganz dazu, im Fernsehen von einem „Revolutiönchen" zu sprechen.

Zur allmählichen Auflösung der organischen, teilweise mystisch-religiösen Gesellschaftsvorstellungen trugen vor allem folgende sozialphilosophische Entwicklungen bei (Bobbio 2009, S. 68):

- Das bereits erwähnte Menschenbild eines denk- und urteilsfähigen, vernunftbegabten Menschen und damit souveränen Individuums, das sich deshalb weder von der Kirche göttliche noch vom Adel Gesetze und Steuerlasten vorschreiben lassen wollte, und
- damit zusammenhängend die Theorien des Gesellschaftsvertrags des 17. und 18. Jahrhunderts mit den Vordenkern Locke, Rousseau, Kant;
- die Geburt der politischen Ökonomie, und damit verbunden der – atomistisch-individualistische *homo oeconomicus*, der das *zoon politicon* der Tradition ablöste, das nicht für sich selbst, sondern nur als Mitglied einer Gemeinschaft definiert wird (Bobbio, S. 68).

Was heute als neoliberale Wende beschrieben und in der *Scientific and Professional Community der Sozialen Arbeit* zu recht scharf und zugleich end- und zumeist alternativenlos kritisiert wird, ist nur noch ein primitiver, verkümmerter, ja

---

3   So versteht sich beispielsweise die Schweiz seit dem 12. Jahrhundert explizit als „Willensnation" und nicht als eine Nation gleicher ethnisch-völkischer Abstammung wie dies im Nachkriegsdeutschland noch bis ins 20. Jahrhundert der Fall war (für eine neue Monographie zu diesem Thema vgl. Villiger 2009).
4   Dies gilt unabhängig von der nun stattfindenden, noch wenig voraussehbaren politischen Entwicklung, für die – daran sei erinnert – Europa nach der Französischen Revolution zur Etablierung einer stabilen Demokratie über 200 Jahre brauchte und die Erfahrung von Religionskriegen sowie zweier brutalster „Weltkriege" durchmachte.

pervertierter Abklatsch dieser großen Idee des Liberalismus, begründet in der Vernunft- und Vertragsfähigkeit und mithin der Würde eines jeden Individuums, die zur leidvollen, revolutionären Befreiung der Menschen aus Bevormundung, Unterdrückung, Knechtschaft und Terror geführt hat und – wie wir zur Zeit erfahren – bis heute ihre Sprengkraft nicht verloren hat.

Aber wer annimmt, die alte Vorstellung des „Sozialkörpers" sei überwunden, wird sich real, das heißt empirisch, eines Besseren belehren lassen müssen:

- Dies gilt bereits für den *familiären Bereich* – und zwar nicht nur, wie oft unbesehen behauptet wird, für patriarchal strukturierte Einwanderungsfamilien, sondern ebenso für viele einheimische Familien. Implizite wie explizite Vorstellungen von zu schützender Familienehre, koste es was es wolle, liefern dazu die Legitimation. Um mal die Blickrichtung umzukehren: In der Schweiz hatten wir den Fall eines kirchlichen Gemeindevorstehers, der den Liebhaber seiner Frau mit der Begründung der beschädigten Familienehre umbrachte.
- Dasselbe gilt für einen großen Teil der Wirtschaft. Was nämlich bei aller kritischen Darstellung des Neoliberalismus als ideologisch überhöhten und verabsolutierten Individualismus übersehen wird, ist, dass die *Wirtschaft, insbesondere die mittleren sowie inter- und transnationalen Großfirmen* durch und durch holistisch strukturierte Gebilde sind, die ihren Mitarbeitenden Verantwortung und damit Pflichten, aber ohne ernst zu nehmende Mitbestimmungsrechte delegieren. Dies wird teilweise euphemistisch als „Empowerment" bezeichnet, dieweil zugleich die wirklich relevanten Entscheidungen, die Tausende von internen wie externen Bezugsgruppen und Individuen betreffen, mit größter Selbstverständlichkeit auf der obersten Etagenebene getroffen werden: so die Bestimmung von Gewinn- und Investitionszielen, Expansionen, Fusionen, Kapitalisierungen, Massenentlassungen, Transfer von Arbeitsplätzen in Billiglohnländer und Kapital in Steueroasen u.a.m. Und wie in alten feudalen Zeiten, wo man Sklaven, ganze Bevölkerungen oder Seelen und Fürstentümer unter sich verteilte, werden jetzt ganze Abteilungen und Firmen mitsamt ihrem Personal – also den Produktions- und Gewinnerfolg garantierende Menschen – gekauft, verkauft und wieder verkauft, ohne dass dieses auch nur einen halben Satz dazu zu sagen hat. Dazu kommt das, was man als Doppelmoral bezeichnen muss, nämlich: dass die Firmen in ihrem Stammland selbstverständlich alle Freiheitsrechte (Eigentums-, Handels-, Versammlungsfreiheit, demokratische Partizipation, vornehmlich über die massiv zunehmenden Lobbying-Aktivitäten usw.) beanspruchen und bei ihrer Verletzung rechtlich einfordern, dieweil sie in den Investitionsländern gleichzeitig massenhaft Menschenrechte verletzen – und

zwar sowohl Sozial- als auch Freiheits- und demokratische Partizipationsrechte. Noch vor nicht allzu langer Zeit versicherte uns in der Schweiz ein Bankeninserat, dass wenn es den Banken gut geht, es der ganzen Schweiz gut geht – ein werbemäßig gelungenes Beispiel für operationalisierten Holismus und damit Augenwischerei (das Inserat ist in letzter Zeit begreiflicherweise nicht mehr erschienen!).[5] Dafür kann man in einem Artikel in der Neuen Zürcher Zeitung den Lobpreis des autonomen Individuums lesen: „Schwache Persönlichkeiten mit einem angeschlagenen Selbstwertgefühl sind auf ‚Fremdbestimmung' angewiesen. Aber welche Vorgesetzten haben heute noch Zeit und Geduld, sich mit solch kostspieligen, fürsorglichen Tätigkeiten abzugeben? Exzellente Firmen brauchen selbständig denkende und verantwortungsvoll handelnde Personen."[6] Auch wenn es nicht offen deklariert wird, der „Sozialkörper" scheidet seine unproduktiven Schmarotzer und Parasiten zugunsten der Erhaltung des wirtschaftlich Ganzen aus![7] Was wir also heute haben, ist nicht durchgängiger Individualismus, wie dies die Kritik des Neoliberalismus behauptet, sondern eine schlecht durchschaubare *Kombination* von öffentlich proklamierter und wirtschaftlich wie politisch durchgesetzter Individualisierung von Erfolg und Versagen – auch von sozialen Problemen – für die Unter- bis in die obere Mittelschicht und zugleich holistisches Top-Down-Management, das keine ernst zu nehmenden Rückkoppelungsschlaufen oder gar die demokratische „Unterbrechung von Befehlsketten" zulässt (Sennett 1975).

- Holistische Denkfiguren und Sozialstrukturen haben aber auch im *christlich-kirchlichen Bereich* überlebt. Eine Theologieprofessorin zeigt dies am Beispiel des Umgangs der katholischen Kirche mit den zahllosen Fällen sexueller Ausbeutung: „Die in der Kirche lange Zeit geübte Praxis des Vertuschens und Verdrängens von Fällen sexueller Gewalt durch Priester offenbart Relikte eines theologisch überholten Verständnisses der Kirche als ‚societas perfecta', als ‚vollkommene Gemeinschaft', die nach eigener Ordnung und Vollmacht agiert und Probleme in den eigenen Reihen mit den ihr

---

5   Die Steigerung dieser Denk- und Politikfigur findet sich in der aktuellen Debatte über den „Europäischen Euro-Rettungsschirm" wieder, der vor allem das Finanz- und Bankensystem retten soll, dieweil man der Bevölkerung die Kosten dafür über die Kürzung der Bildungs-, Gesundheits- und Sozialversicherungsausgaben aufbürdet und die Privatisierung der Staatsunternehmen vorantreibt.
6   Richard Mil: Empowerment als Mitarbeiterförderung. Erfolg durch Übertragung von Verantwortung, Neue Zürcher Zeitung v. 31.7.2001:24
7   In diesen Zusammenhang gehört auch, dass die Wirtschaft zur Sanierung der Invalidenversicherung die Integration der „Scheinbehinderten" – wie sie von Populisten bezeichnet werden – in die Wirtschaft fordert, aber, wenn es darum geht, ganz konkret Menschen mit Behinderungen anzustellen, jede Art von Ausflüchten findet, dies nicht zu tun, weil dies die Wettbewerbsfähigkeit des Unternehmens gefährde.

eigenen Mitteln zu lösen trachtet – ohne Beteiligung der (rechts)staatlichen Justiz oder ohne angemessene Berücksichtigung humanwissenschaftlicher Erkenntnisse. Theologisch steckt hinter dieser Auffassung ein Bild von der ‚heiligen Kirche' deren geschichtlich offenkundige und theologisch unabweisbare ‚Sündigkeit' ausgeblendet bleibt, als ob die *Kirche als Ganze* von den Fehlern und Sünden ihrer Mitglieder und Repräsentanten unberührt bleiben könnte. „… Anachronistische Strukturen haben ihre Plausibilität und Legitimation eingebüßt: Insofern Handlungsmuster, die *den unbedingten Schutz der Institution über (individuellen) Opferschutz* und Rechtlichkeit gestellt haben, aus historisch gewachsenen Strukturen der Kirche erwachsen sind, greift die Legitimationskrise auf den hierarchischen Zentralismus und die klerikal-absolutistische Herrschaftsstruktur aus. …" (Marianne Heimbach-Steins, In: ICEP Argumente, 6. Jg., 2. Ausgabe, Mai 2010) (herv. StB).

Aber auch in *Definitionen und Theorien der Sozialen Arbeit* hat die Vorstellung eines „Sozialkörpers", wenn auch in nicht immer erkennbarer Form überlebt: beispielsweise als überhöhte Vorstellung von Gemeinschaftserziehung, welcher man sich ein- und unterordnen muss (z.B. bei Scherpner 1968); als neomarxistische Totalitätsidee in den Sozialarbeitstheorien der 1970er Jahre (Hollstein 1973), in denen die Klientel als Revolutionspotenzial betrachtet wurde; als theoretische Vorstellung von binär codierten exkludierenden sozialen Systemen, ohne dafür verantwortliche Akteure einer Machtstruktur und ihre Mechanismen identifizieren zu können (Luhmann und seine Schüler); als Orientierung am rollenbezogenen Funktionieren der AdressatInnen im Hinblick auf gesellschaftlich unhinterfragte Normen, wie ich sie in sozialen und psychiatrischen Diagnose- / Assessmentmodellen vorgefunden habe, usw.. Niemeyer (2009) hat zudem in einer Sammelbesprechung, u.a. unter Bezug auf Benjamin Ortmeiers vierbändige Habilitationsschrift von 2009 über *„Mythos und Pathos statt Logos und Ethos – Zu den Publikationen führender Erziehungswissenschaftler zur NS-Zeit"* den theoretischen Beitrag namhafter Pädagogen zur Völkischen Bewegung im Zusammenhang mit der Vorgeschichte des Nationalsozialismus, ihren Beitrag zur „Rassenhygienischen Bewegung", aber auch zur Fortdauer völkischer Motive im Dritten Reich dargestellt. Dabei geht er mit jenen Fachvertretern ins Gericht, die sich „über Jahrzehnte geweigert haben", dies zur Kenntnis zu nehmen. Beispielhaft genannt seien hier „Klaus Mollenhauer (S. 71), aber auch Theodor Schultze (S. 72) mit ihren … Einwänden gegen Barbara Siemsen, die es 1995 gewagt hatte, eine zentrale Gestalt der ‚Göttinger Schule', Erich Weniger, wegen seiner im ‚Dritten Reich' veröffentlichten Schriften anzugreifen. Hinzuzurechnen sind hier Wolfgang Klafki und Johanna-Luise Brockmann (S. 51ff.), die sich gleichfalls, nun aber im Blick auf ihr Idol

Herman Nohl, schwer getan haben, dem Leser die dunkle Wahrheit über eine fatale Vorlesung Nohls (von 1933/1934) in Gänze zur Kenntnis zu geben" (S. 59). Hier ging es bekanntlich um das „Volksganze" bzw. Carl Schmitt zufolge um die „substantielle Homogenität des politischen Kollektivsubjekts".

Kurz: jede Theorie- und Sozialarchitektur, die von einem makrogesellschaftlichen Top-Down-Modell ohne die gleichzeitige Einführung eines komplexen bio-psycho-sozial-kulturell, das heisst *transdisziplinär erfassten* Menschenbildes, das u.a. von urteils- und kritikfähigen Menschen, die ihre Umwelt (mit)gestalten und verändern können ausgeht, bezieht sich zumeist auf ein unhinterfragtes kollektives Ganzes oder Teilganzes, welches das Individuum für dessen Stabilisierung funktionalisiert und damit als Objekt behandelt.

Zusammenfassend lässt sich also sagen, dass eine rechtsstaatlich institutionalisierte, politische Demokratie notwendig ist, um die Menschen vor den brutalen wie subtil kaschierten Herrschafts- und Ausbeutungsformen der Akteure irgendeines totalitären Systems, sei dies der Staat, die Wirtschaft, religiöse Gemeinschaften – mit eingeschlossen Familiensysteme – zu schützen und zu befreien.

Zweite These:
Demokratie ist notwendig, aber nicht hinreichend, so lange sie auf die Garantie von Freiheit und die politisch institutionalisierte, partizipative Demokratie begrenzt bleibt. Menschen haben nicht nur Bedürfnisse nach Freiheit und Beteiligtsein an Entscheiden, die sie direkt oder indirekt betreffen, sondern auch Bedürfnisse nach psychischer und existenzieller sozialer Sicherheit, nach Lebensperspektiven und Schutz.

Demokratie ist u.a. deshalb nicht hinreichend, weil und wenn

- in Demokratien in vielerlei Hinsicht – wie ich vorhin beispielhaft ausgeführt habe – auf der kulturellen Ebene holistische Denkfiguren, und auf der sozialen Ebene holistisch strukturierte soziale Systeme „überlebt" haben, also in vielen Bereichen noch nicht einmal Freiheit und Partizipation gewährleistet sind;
- weil und wenn sich ihre in Politik umgesetzten Werte in vielen Fällen auf einklagbare Freiheitsrechte, gleichberechtigte demokratische Partizipation und Gleichheit vor dem Gesetz beziehen, dieweil die Sozialrechte eine Art „Restgrösse" darstellen;
- weil sie oft auf Verfahren reduziert wird, bei denen immer wieder die gleichen Minderheiten (Zugewanderte, SozialhilfeempfängerInnen, usw.) unterliegen. Als Beispiele dienen die mehrheitsdemokratisch gewonnene Initiative zur „lebenslangen Verwahrung von Sexualstraftätern", die „Anti-Minarett-Initiative" und die menschenverachtende „Ausschaffungsinitiative

von Ausländern" in der Schweiz. Hier zeigt sich die Problematik der alleinigen Legitimation durch Verfahren, die zu menschenrechtsverletzenden Mehrheitsentscheiden führen. Wenn keine höhere Ebene und Instanz angerufen werden kann, wird damit der Volkssouverän absolut gesetzt (vgl. die Ausführungen zur vierten These).

- weil sich die sozialen Gerechtigkeitsvorstellungen der BürgerInnen und zumeist auch PolitikerInnen und die sich daraus ergebende Sozialgesetzgebung und Sozialpolitik nahezu ausschließlich auf die Bürger einer nationalen Gesellschaft beziehen. Pogge bezeichnet die damit zusammenhängenden theoretischen Vorstellungen als „explanatorischen Nationalismus" (2011: 179ff.). Das heißt, dass sich nach gängiger Meinung die heutige Weltarmut vollständig durch nationale und lokale Faktoren – insbesondere durch Korruption in den armen Ländern – erklären lässt. Ausgeblendet werden dabei die globalen ökonomischen, politischen und kulturellen Abhängigkeiten, Ausbeutungsverhältnisse sowie der Protektionismus der reichen Länder, die für die Migrationsströme mitverantwortlich sind;
- weil sie in vielen Fällen – trotz reichlich vorhandener finanzieller und anderer Ressourcen im Wirtschaftssystem – seit den 1990er Jahren die Produktion künstlicher Finanzknappheit des Staates aufgrund von Steuererleichterungen für die Reichen und Superreichen und ihre Unternehmen zulässt und damit prekäre Arbeitsverhältnisse, arbeitende Arme und Verarmung (mit) produziert;
- und *last but not least* ist Demokratie deshalb nicht hinreichend, weil sie aufgrund ihrer nationalen Wirtschafts-, insbesondere Steuergesetzgebung und -politik fortschreitende Einkommens- und Vermögensungleichheit ermöglicht und deshalb entscheidend zum aktuellen Prozess der Refeudalisierung der reichen Gesellschaften des Nordens beiträgt (Wilkinson/Pickett 2009, Kissling 2008, Mäder et al. 2010, Kissling/Obrecht 2012)[8]: Im obersten gesellschaftlichen Segment haben wir die verfassungsrechtlich und gesetzlich geschützte, unternehmerische Akkumulation und familiendynasti-

---

8 Feudalismus soll als intergenerationelle, *biologisch vererbte* Weitergabe
- von *Landbesitz* (Großgrundbesitzer, Latifundien mit Sklaven, Leibeigenen),
- von *politischer*, je nachdem zusätzlich religiös legitimierter *Macht* (Kaiser- und Königtum mit familiärer Nachfolge, Gottesgnadentum, Adel), und
- von *finanzieller Macht* als unbegrenzte Weitergabe von Vermögen/Kapital und damit verbunden sehr hoher Einkommen – „Transfereinkommen" – an die biologischen Erben, die nicht aufgrund eigener Leistung bzw. eigener Marktbeiträge zustande gekommen sind, definiert werden; damit haben wir eine Ersetzung der alten politischen Aristokratie durch eine Plutokratie, also durch Geldadel, wobei es in diesem schmalen Segment alte, vornehme Geldaristokraten und Neureiche gibt. (Kissling 2008, S. 11). Kulturell gehören zum Feudalismus auch unterschiedlich Moralen für unterschiedliche Gesellschaftsschichten – dies am ausgeprägtesten in einem Kastensystem.

sche Vererbung riesiger Kapitalien, Einkommen und Vermögen und zwar vor allem die letzteren *nicht* aufgrund meritokratischer, leistungsbezogener, sondern biologischer, und damit feudaler Kriterien. Im unteren Segment der Gesellschaft haben wir Sozialgesetzgebungen, die eine minimalste Existenzsicherung an Leistungen bindet und bei nicht erbrachter Leistung den Entzug der Existenzsicherung durchsetzt und zugleich mit Hilfe von Wohlfahrtsorganisationen neu-alte Almosenformen (z.B. Tafeln) aus feudaler Zeit einführt (vgl. Kessl/Schoneville 2010). So wird unter dem „demokratischen Dach" eine Doppelmoral toleriert, die heißt: In den obersten Etagen massenhaftes Einkommen ohne Leistung, in den untersten Etagen Kürzung der äußerst knappen, nicht bedürfnisgerechten Existenzsicherung schrittweise bis auf Null bei nicht eingehaltener Leistungsvereinbarung. Die Kürzungen beginnen bereits bei nicht beigebrachten Unterlagen oder nicht eingehaltenen Besprechungsterminen.

Mit anderen Worten: Eine empirische Analyse der gesellschaftlichen Langzeitfolgen und Machtstrukturveränderungen von Demokratien seit den 1980er Jahren in reichen Gesellschaften zeigt, dass politische Demokratie unzureichend ist, weil sie etliche politische Entscheidungen und Gesetzgebungen hervorbringt und institutionalisiert, die *formal legal, aber ethisch nicht legitim,* das heißt menschenfeindlich und national wie international sozial ungerecht sind (Wilkinson/Pickett 2009, Pogge 2011, Armstrong 2012).

Dritte These:
Ausgehend von den Ausführungen zu den ersten beiden Thesen kann eine dritte These formuliert werden: Politische Demokratie muss angesichts der sich mehr und mehr zeigenden problematischen Folgen für Individuen und Gesellschaften in der *sozialen Horizontalen wie Vertikalen* erweitert werden.

Das heißt zunächst, dass die Probleme der Demokratie auf der sozialen Horizontalen durch mehr Demokratie gelöst werden müssen: zum einen geht es darum, dass alle sozialen Teilsysteme zu Lern-, Bildungs- und Handlungsfeldern der Demokratie werden; zum anderen muss sie um eine mit den Freiheitsrechten und -garantien *gleichwertige,* anstatt nachhinkende bis untergeordnete soziale Gerechtigkeitsdimension erweitert werden.

Norberto Bobbio formuliert diese Vorstellung wie folgt: „Solange in einer fortgeschrittenen Industriegesellschaft die beiden großen Blöcke einer Macht von oben, das Unternehmen und der Verwaltungsapparat, noch nicht vom Prozess der Demokratisierung erfasst wurden ... kann der Prozess der Demokratisierung noch nicht als abgeschlossen gelten. ... Wenn man (also) wissen will, ob in einem Land eine Entwicklung der Demokratie stattgefunden hat, sollte man nicht danach Ausschau halten, ob die Anzahl derjenigen gestiegen ist, die zur Beteiligung an den sie betreffenden Entscheidungen berechtigt sind, sondern danach, ob die Anzahl der (sozialen, StB) Räume oder Bereiche gewachsen ist, in denen man dieses Recht ausüben kann." Gemeint ist ihre Erweiterung auf die Mitglieder sozialer Teilsysteme, das heißt Bobbio zufolge „ihre Ausdehnung auf die Rolle der Gläubigen, Arbeiter, Studenten, Soldaten, Konsumenten, Kranken usw." (Bobbio 2009, S. 76; zu Bobbio bzgl. Menschenrechte vgl. auch Mührel/Röh 2008; Mührel/Röh i. d. B.).

Diese Grundidee und Forderung kann auf eine Theorietradition Sozialer Arbeit zurückgeführt werden. Sie wurde im Jahr 1902 – vierzehn Jahre vor Dewey's Demokratietheorie – von Jane Addams in ihrem Buch „Democracy and Social Ethics" (1902/2002) auf der Basis des Konzeptes „Integrale Demokratie" detailliert entfaltet und um die Dimension sozialer Gerechtigkeit ergänzt (vgl. dazu auch Knight 2005; für eine aktuelle Aufarbeitung zum Thema Gerechtigkeit in Organisationen vgl. Heiderich 2010). Hier nur die wichtigsten theoretischen Aussagen, die ihre Position begründen:

Demokratie kann sich nicht auf das politische System beschränken, wenn damit die gerechte Neu- und Umverteilung von Macht und Partizipationschancen gemeint ist. Obwohl Amerika auf seine Demokratie stolz ist und teilweise auch sein kann, werden Kinder, insbesondere Töchter in patriarchalen Familien, Hausangestellte in bürgerlichen Haushalten, Arbeiter und Arbeiterinnen in kapitalistischen Unternehmen, MigrantInnen als Klientel von Politikern immer noch – wie in feudaler Zeit – als Besitzobjekte der Väter, der Dame das Hauses, der kapitalistischen Unternehmer sowie der Politiker betrachtet, die sich nicht vorstellen können, dass die von ihnen Abhängigen als Subjekte etwas anderes wollen als das, was sie sich als Besitzer, Befehlsgeber und politische Machtträger ausgedacht haben. Zudem: Für die letzteren gilt Freiheit, Gleichheit und Demokratie, für die machtmäßig Abhängigen hingegen gelten Loyalitätspflichten ohne Rechte – was nichts anderes als das Überleben einer Doppelmoral bedeutet, wie man sie aus feudalen Herrschaftsverhältnissen kennt. Auf dieser konzeptuellen Basis wird von Addams nun jedes soziale Teilsystem – Familie, Schule/Bildung, Wirtschaft, Politik – im Hinblick auf seine Machverteilung und Herrschaftsverhältnisse sowie seiner antidemokratischen Doppelmoral, die es aufrechterhält, ausführlich beschrieben. Wie dieses feudale Arrangement auch im Sozialwesen funktioniert, zeigt sie in ihrem Kapitel über Barmherzigkeit bzw. Wohltätigkeit mit dem Titel „Charitable Effort" (S. 13-70). Kritisiert wird dort die freundliche Besucherin, die parasitär vom Einkommen ihres Ehemannes lebt, dieweil sie von einer Wäscherin, die für ihre Kinder sorgt, ihre Unterkunft reinhält, diese selber repariert, gegenüber ihren Nachbarn hilfsbereit ist, verlangt, dass sie zu miserabelsten Arbeits- und Lohnbedingungen arbeiten geht. Kritisiert wird ebenso die moralische Verurteilung und Sanktionierung der jungen Fabrikfrauen, die ihren

Lohn für schöne Kleider, glitzernden Schmuck und Tand ausgeben, anstatt zu sparen. Denn diese Frauen wüssten sehr genau, dass sie – trotz des American Dreams – keine Chance auf soziale Auswärtsmobilität haben, es sei denn indirekt dank einer Heirat mit einem wohlhabenden Mann. Um einen solchen zu gewinnen, sei es nicht nur sozial, sondern sogar ökonomisch höchst rational, ihre soziale Herkunft zu kaschieren, indem sie sich adrett und verführerisch kleiden. Scharf kritisiert Addams ferner die Verurteilung der Saloons als korrupte, moralisch verwerfliche Spelunken (the „horrors of the saloons"), von denen aber vielfältigste Formen von Hilfe und Unterstützung wie Gratisessen, Kleinkredite, Gewährung von Obdach, Vermeidung von Zwangsräumungen usw. ausgehen. Und jemand, der weder Arbeit noch Geld hat, werde dort – ganz im Unterschied zur Wohlfahrtspflege – freundlich behandelt. Im Vergleich dazu seien die freundlichen BesucherInnen in Fällen, in welchen dringend Hilfe gebraucht wird, weit weg und unerreichbar in ihren schönen Wohnquartieren von Chicago.

Aufgrund dieser Analysen führt sie das teilsystemübergreifende ethisch-normative Konzept „integrale Demokratie" ein, das ihr zufolge folgende Merkmale hat:

- Demokratie, beruhend auf Freiheit, politischer Partizipation und Rechtsstaatlichkeit, ist notwendig, aber nicht hinreichend; sie muss durch eine soziale Ethik und Praxis der Gerechtigkeit ergänzt werden, die ebenfalls – wie die Freiheitsvorstellung im Gefolge von Kant – von der Vorstellung der Würde *aller Menschen* ausgeht, und damit auch auf die *besondere sozialstrukturelle Situation* der Machtlosen in einem Teilsystem und der Gesellschaft eine Antwort haben muss;
- Die Aufrechterhaltung und Durchsetzung unterschiedlicher Wert- und Normensysteme – zum einen für die Oberschicht, zum anderen für die Unterschicht – kann nicht als demokratischer Pluralismus bezeichnet werden, da sie gesellschaftliche Gruppen bzw. soziale Kategorien gegeneinander abschottet, die versprochene Aufwärtsmobilität behindert und mit ihren sozialen Regeln die Reichen schützt und begünstigt und die unteren Schichten benachteiligt, unterdrückt oder schutzlos lässt. Damit verletzt sie in flagranter Weise die Vorstellung einer sozialen Demokratie, die Bedürfnis-, Zugangs-, Verteilungs- und Leistungsgerechtigkeit zu gewährleisten hätte. Insofern handelt es sich um einen Scheinpluralismus von Werten und Normen oder – anhand der aktuellen Terminologie – um „beherrschte Diversität";
- Zudem muss die privatistisch-egozentrische Moral der Mittel- und Oberschicht, die sich nur am Wohlergehen der Familie und des Individuums orientiert, um eine soziale, austausch-, gegenseitigkeitsbezogene, an den von allen Menschen geteilten Bedürfnissen anknüpfende soziale Ethik und ent-

sprechend soziale Gerechtigkeit ergänzt werden – etwas, was man von den MigrantInnen und den Gewerkschaften lernen könne (Addams 1907).

Wenn man auf das „Social Work-Bashing" der kritischen Sozialarbeitstheorie der 1968er Jahre – Soziale Arbeit als durch und durch illegitimes Herrschaftsprojekt – zurückblickt, so muss die Frage erlaubt sein, weshalb ausgerechnet in Deutschland die – übrigens bis heute bestehende – Demokratietradition in vielen theoretischen und methodischen Arbeiten aus den USA durchgängig „übersehen" wurde. Im Hinblick auf das damalige Fürsorgewesen formuliert Addams: „Vermutlich gibt es keine soziale Interaktionsbeziehung, welche Demokratie mehr und schneller verändern würde, als die barmherzige Beziehung zwischen WohltäterIn und WohltatempfängerIn. Es gibt keinen Kristallisationspunkt in der aktuellen Erfahrung, der so klar das Fehlen von Gleichheit (equality) offen legt und Demokratie fordert. ... Was soll das Gerede über Brüderlichkeit und Gleichheit, wenn man kein Recht hat, dieses Reden in der Hilfsbeziehung konkret umzusetzen?" (13f., ev. S. 17-18?) Insofern ist sie eine der ersten, wenn nicht die erste Theoretikerin, welche die Integration von Menschenrechten in die Soziale Arbeit gefordert hat. Zugleich hat sie eine Demokratiekonzeption eingeführt, welche auch eine Antwort auf Not- und Unrechtserfahrungen in den verschiedenen Teilsystemen einer funktional differenzierten Gesellschaft zu geben versucht, die ich – trotz Konsultation von mindestens fünfzehn theoretischen Einführungswerken zur politischen Philosophie – nirgends gefunden habe – bis ich auf Bobbio stieß![9]

Vierte These:
Auch eine Erweiterung der Demokratie in Richtung „Integrale, soziale Demokratie" ist gefährdet und vor „holistischen Rückfällen" in Diskriminerung, Repression oder gar feudale Strukturen, usw. nicht geschützt. Es braucht deshalb ihre Erweiterung in die „soziale Vertikale": gemeint ist ein sozialer Ort, wo man über soziale Regeln der Machtstrukturierung sowie die Legitimität. im Unterschied zur Legalität von Verfassungen und Gesetzgebungen, Policies und Verfahren debattieren kann. Dazu leisten, so die These, die Menschenrechte als universelle Minimalethik, ihre Begründung durch eine Philosophie / Philosophien der Menschenwürde und die damit zusammenhängenden institutionalisierten periodischen Überprüfungsverfahren der Vereinten Nationen einen weltweiten Beitrag.

Legalität kann als Anerkennung und Befolgung von Gesetzen, *Legitimität* als Konsens über einen Wert oder eine Norm definiert werden, die man als ethisch

---

9 Vgl. dazu auch Mario Bunge in seinem neuesten Werk über „Political Philosophy" (2009:351-401). Ich schließe nicht aus, dass ich ein Werk übersehen habe.

richtig oder gerecht betrachtet (Kriegel 2010:21). Mit der hinzukommenden Vorstellung einer „Vertikalen" verbindet sich nichts sozial oder geistig „Höherwertiges", menschlichem Verstand Unzugängliches, auch keine nicht mehr zu hinterfragenden „Letztbegründungen", die dem Zugriff von „Laien" entzogen wird. Es handelt sich um das nationen- und mithin weltumspannende soziale Niveau der Weltgesellschaft und um eine ebenso weltumspannende Kultur (Meyer 2005) als Alternative zur derzeit immer noch weltbeherrschenden Kultur des Neoliberalismus und seinen betriebswirtschaftlichen Steuerungsinstrumenten (Willke 2003, Crouch 2011). Die Menschenrechte sind auch auf diesem Niveau von Menschen formuliert, erstritten, erkämpft und im Jahr 1948 durch die UN-Vollversammlung verabschiedet worden. Sie vermitteln auch auf dieser sozialen Ebene keine absoluten Gewissheiten und Eindeutigkeiten und vor allem können sie sich beim Versuch ihrer Um- und Durchsetzung auch klar widersprechen. Dies gilt ganz besonders für die Freiheits- versus Sozialrechte. So begrenzt die Einlösung von Sozialrechten absolut und prioritär gesetzte Freiheitsrechte; und Freiheitsrechte begrenzen absolut und prioritär gesetzte Sozialrechte. Die Sache wird noch komplizierter, wenn es um die Menschenrechte von voneinander unterschiedlich Abhängigen geht, so beispielsweise um die Rechte von ArbeitnehmerInnen und ArbeitgeberInnen, von Eltern und Kindern/Jugendlichen usw. Die Konkretisierung der Menschenrechte in daran anschließende Konventionen und Zusatzprotokolle erfordert desweiteren immer wieder Anstrengungen in den Bereichen der interkulturellen Übersetzung und der Verständigung im Hinblick auf einen „Overlapping Consens" (Rawls 1987). In diesen Konsens gehen die unterschiedlichen Interessen, die erzielten Gemeinsamkeiten, aber auch der notwendige Konsens über die Grenzen der Toleranz ein (z.B. das absolut geltende Folterverbot). Dazu kommen Güterabwägungen, die Suche nach einem fairen, revidierbaren Kompromiss mittels Verhandlungen oder Mediation u.a.m. Es wird also nie einen für alle Zeiten abgeschlossenen Rechtskatalog geben können (Bielefeldt 1998:107).

Wichtig ist in diesem Zusammenhang ferner, dass gegen Verletzungen der demokratischen Grundrechte sowie der Menschenrechte nicht nur die nationalen Bundes- oder Verfassungsgerichte, sondern auch die UNO-Gremien und der Europäische Menschengerichtshof angerufen werden können – und zwar *auch gegen demokratisch zustande gekommene Gesetze und Entscheide* (Bielefeldt 1998:103) Für in demokratischen Prozessen unterlegene Minderheiten (vgl. oben) sowie für Menschen ohne Zugang zum Recht ist dies von nicht zu unterschätzender Bedeutung (Prasad 2011).

Diskurse über Menschenrechte und Menschenwürde ermöglichen entsprechend eine metatheoretische, kritische Reflexions- und Diskursschlaufe, welche die Legitimität von Legalität, das heißt von zumeist nationalen Gesetzen als positiviertes Recht und Verfahrenspraktiken, aber auch von institutionalisierten sozialen

Regeln der Machtstrukturierung und -verteilung zur Diskussion stellen (Pogge 2011). Daraus entsteht die Aufgabe, nach menschenrechtlich befriedigenderen Lösungen zu suchen (in Bezug auf Behindertenrechte vgl. Brakenhoff 2010, in Bezug auf Kinderrechte vgl. Klein 2010, und bezüglich Wirtschafts-, Sozial- und Kultur-, d.h. Sozialrechte vgl. Grießmeier 2011). Dazu folgende Beispiele:

- *Zur Diskrepanz zwischen den Menschenrechten und dem Grundgesetz Deutschlands:*
  Im 2. Artikel, Absatz 1 des Grundgesetzes heißt es: „jeder hat das Recht auf die freie Entfaltung seiner Persönlichkeit, soweit er nicht die Rechte anderer verletzt und nicht gegen die verfassungsmäßige Ordnung *oder* das Sittengesetz verstößt" (Herv. StB). Sofern man das nicht einfach überliest, wird man hier die Idee einer möglichen Gleichrangigkeit von Grund- und Sittengesetz vermuten. Dabei gibt es zu dieser Formulierung die verschiedensten Kommentare – und zwar von der Forderung, diesen Passus zu streichen bis zur Aussage, dass der Ausdruck Sittengesetz offensichtlich auf einen der Verfassungsordnung transzendenten Normenbestandteil verweise.[10] Mit dieser Spannbreite von Interpretationen wurde eben doch ein Einfallstor für alle möglichen religiösen und säkularen, gerade herrschenden Ethik- und Moralvorstellungen geschaffen. Als aktuelles Beispiel dafür kann die Stellungnahme der Deutschen Bischofskonferenz u.a. zu den im Buch von Wensierski (2008): „Schläge im Namen des Herrn – Die verdrängte Geschichte der Heimkinder in der Bundesrepublik" festgehaltenen Zeugnissen von Heimkindern zwischen 1945 bis Ende der 1970er Jahre dienen.[11] Es ging um Freiheitsentzug, schwere, demütigend-erniedrigende psychische und körperliche Behandlung/Prügelstrafe, Zwangsarbeit, Ruhigstellung durch Psychopharmaka, sexuelle Gewalt usw.. Vom Sekretariat der Bischofskonferenz wurde zu diesen Anklagen eine „Sachstandserhebung zur Situation von Heimkindern in katholischen Einrichtungen zwischen 1945 und 1975" in Auftrag gegeben, deren Ergebnisse und Folgerungen auch von der Bundesarbeitsgemeinschaft der Landesjugendämter, vom Caritas-Verband, dem Diakonischen Werk und der Jugendministerkonferenz mitgetragen wurden. Die Sprachregelung war, dass es sich um „bedauerliche Einzelfälle" und nicht um ein „Unrechtssystem" handelte, weil es nicht „gesetzlich intendiert

---

10 Vgl. zum Beispiel: Mangold/Klein-Starck (2010): Kommentar zum GG München 6. Auflage, § 2 I Rn 36 ff
11 In einem erweiterten Sinn geht es um die Verantwortung der menschenrechts- und grundrechtswidrigen Praxis der Jugendfürsorge (Vormünder, Jugendämter, öffentliche und freie Träger der Einrichtungen, insbesondere der kirchlichen Heimleitung und des Heimpersonals, aber auch der Gerichte) unter der während des Zeitraums von fast dreißig Jahren an die 800'000 Kinder und Jugendliche gelitten haben (Kappeler 2011:6).

(war), (sondern) von Menschen ausgeübt wurde"[12] (für eine differenzierte Aufarbeitung der Sachverhalte, welche diese These widerlegen, vgl. Eilert 2010). Der „Verein ehemaliger Heimkinder" machte demgegenüber geltend, „dass das ihnen zugefügte Unrecht und Leid verfassungswidrig und eine Verletzung der Menschenrechte war" (zit. in Kappeler 2010:211). Es geht m.a.W. um Verbrechen, die die demokratisch und rechtsstaatlich verfasste Bundesrepublik zu verantworten hat. Dessen ungeachtet wurde im erwähnten „Sachstandsbericht" argumentiert, dass „ethische Vorstellungen ... (und) die daraus resultierende Praxis – in den 1940ern bis Ende der 1970er Jahre in nahezu allen Bevölkerungskreisen, auch konfessionsübergreifend, in etwa gleich waren. Daraus kann man den Schluss ziehen, dass in kirchlichen Heimen nicht anders erzogen ... wurde als in der damaligen Gesellschaft sonst auch. Die den Heimen heute oft zur Last gelegten strengen Erziehungsmethoden waren allgemein üblich und nicht besonders kennzeichnend für kirchliche Heime" (zit. in Kappeler 2008:377ff.). Mit dieser Argumentation wurden nicht nur die damals Fehlbaren „entschuldet", sondern zugleich die Ansprüche auf eine angemessene Sozialrente für entgangene Entlöhnung und Sozialversicherungsansprüche abgewehrt. Die in einem Zwischenbericht des einberufenen „Runden Tisches Heimerziehung" gemachten Ausführungen der beauftragten Juristen zum Strafrecht / Zivilrecht / Rentenrecht / Opferentschädigungsgesetz zeigten auf, dass auf dem juristischen Weg nichts zu erreichen sei. So heißt es im *Abschlussbericht* des Runden Tisches, dass die „Arbeit in der Heimerziehung ‚stets auch pädagogisch begründet' worden und sogar (sic!) in der ‚rechtswissenschaftli-

---

12 Ein absurder Umgang mit dem „Systembegriff" ist kaum mehr vorstellbar! *Erstens* wird er auf ein Rechtssystem reduziert, wobei Norbert Struck als Mitglied des Runden Tisches zu Recht darauf hingewiesen hat, dass sich fast jedes Unrechtssystem bis hin zu den brutalsten Diktaturen einen Anschein von Rechtmäßigkeit zu geben versucht. *Zweitens* wird hier von einem Dualismus ausgegangen, der Menschen außerhalb der Systeme platziert (vgl. dazu Luhmanns Systembegriff), was u.a. heißt: das Heimsystem war in Ordnung, aber es gab da ein paar „böse Erzieher". (Für die Rettung eines unfehlbaren Systems vgl. die Ausführungen zur ersten These). Ob sie das wissen, wissen wollen oder nicht: ErzieherInnen in Heimen sind ausnahmslos Mitglieder eines sozialkulturellen Systems mit menschenfreundlichen bis hin zu menschenfeindlichen/-zerstörenden sozialen Struktur- bzw. Verhaltensregeln, die je nach Disziplinierungsregime streng oder locker durchgesetzt werden. *Drittens* werden soziale Systeme nicht nur durch (pseudo- oder wider)*rechtliche* Grundlagen, sondern allgemeiner durch *sozial-kulturell (in diesem Fall auch christlich-religiös) legitimierte Regeln* zusammengehalten, auf deren Einhaltung die Mitglieder mit mehr oder weniger Druck und Sanktionen verpflichtet werden. Eine Analyse einschlägiger philosophisch- und religiös-pädagogischer Texte der damaligen Zeit sowie von Alltagserziehungsvorstellungen des Personals hätte sehr wohl bis Ende der 1970er Jahre die – holistisch-funktionalistisches – kulturellen Bedeutungssysteme freigelegt, welche die bekanntgewordenen Unmenschlichkeiten legitimierten (Eilert 2010), und damit das damals bereits bestehende Grundgesetz auf extreme Weise konterkariert haben (für eine allerdings abgeschwächte, neue Variante solcher Denkfiguren vgl. Dallmann, Hans-Ulrich (2011): Fürsorgliche Belagerung, In: Suchtmagazin, Nr. 5:37-40).

chen Literatur ... als wesentliches und zentrales Erziehungsmittel angesehen' worden (sei)" (In: Kappeler 2011:11). M.a.W. entsprachen die beschriebenen Erziehungsmethoden offenbar dem „Sittengesetz" und nicht dem seit dem ersten Tag des Bestehens der Bundesrepublik geltenden Grundgesetz mit der im Art. 1 festgehaltenen Eingangsformulierung der „unantastbaren Würde des Menschen" und dem Art. 3 der Allgemeinen Menschenrechtserklärung „auf Leben, Freiheit und Sicherheit der Person", um nur eines der tangierten Rechte zu nennen. Aufgrund dieser Argumentation wurde also im Jahr 2011 Artikel 1 des Grundgesetzes ausgehebelt – und zwar obwohl „das Bundesverfassungsgericht über die Jahre immer wieder (darauf) hingewiesen (hat), (dass es) durch allgemeine Wertvorstellungen, Verhaltenserwartungen, das sog. Sittengesetz etc. (nicht) geneninterpretiert werden (darf)" (ebd.:11). Dies muss zur Frage führen, warum dieser Passus denn nicht aus dem Grundgesetz gestrichen wurde? Eine vom „Verein Ehemaliger Heimkinder" geforderte Anerkennung des Menschenbzw. Sozialrechts auf einen (im Alter) angemessenen Lebensstandard (Art. 25 der AEM) gab es nicht. Als Trost soll(te) eine Anlauf- und Beratungsstelle geschaffen werden, welche die Opfer des Unrechtssystems zu BittstellerInnen macht. Was sich hier aufdrängt, ist ein Gang nach Straßburg oder an die UNO als diejenige „höhere Ebene", von welcher weiter oben die Rede war.

- *Zur Diskrepanz zwischen den Menschenrechten, der verfassungsmäßig garantierten Tendenzbetriebsklausel und dem Arbeitsrecht:*
Tendenzbetriebe sind Organisationen, die überwiegend politische, konfessionelle oder karitative Ziele verfolgen. Die auf die Weimarer Zeit zurückgehende Tendenzbetriebsklausel erlaubt u.a. den christlichen Kirchen Anstellungs- und Kündigungsbedingungen, die vom menschenrechtlichen Diskriminierungsverbot abweichen sowie die Durchsetzung von sittlichen Moralvorstellungen (bezüglich Ehescheidung, Homosexualität, Lebenspartnerschaften, Kirchenaustritt usw.) erlauben, die menschenrechtlich fragwürdig bis inakzeptabel sind. Zudem kennt das kirchliche Arbeitsrecht kein Streikrecht und keinen von den ArbeitnehmerInnen gewählten Betriebsrat. Dadurch handeln sich die Kirchen und christlichen Wohlfahrtsverbände ein beachtliches Glaubwürdigkeitsproblem ein, wenn sie sich in der Öffentlichkeit für Menschenrechte einsetzen (Loretan 2010: 234ff., 247ff.; Holzleitner 2011). Durch intensives Lobbyieren ist es den deutschen konfessionellen Wohlfahrtsverbänden sogar gelungen, die Tendenzbetriebsklausel in den EU-Verfassungsentwurf hinüberzuretten. Dass für Stellen zur Entwicklung und Vermittlung der je eigenen Lehre BewerberInnen der eigenen Konfession oder Weltanschauung angestellt werden dürfen, ist gewiss plausibel

und zu akzeptieren. Aber dazu braucht es keine durch § 118 Abs. 1 Betriebsverfassungsgesetz BetrVG geschützte Klausel.
- *Zur Diskrepanz zwischen Menschen- bzw. Sozialrechten, Grundgesetz und Sozialgesetzgebung:*
Bekanntlich hat ein Klient – und nicht etwa Professionelle oder Wohlfahrtsverbände – beim Bundesverfassungsgericht die zu tief berechneten Regelsätze der Sozialhilfe (bekannt als „Hartz IV" oder SGB II) eingeklagt und Recht erhalten. So musste die Regierung einen Gesetzesentwurf zur Ermittlung des Regelbedarfes erstellen. Eine rechtsgutachterliche Stellungnahme von Johannes Münder, Experte in Sozial- und Zivilrecht, ergab 14 Textstellen, die nicht verfassungskonform sind, genauer: Das geplante Gesetz ist „nicht hinreichend verfassungsrechtlich abgesichert" (2 Aussagen), „gibt Anlass zu verfassungsrechtlichen Bedenken" (4 Aussagen), „erfüllt die verfassungsrechtlichen Vorgaben des BVG nicht" (1 Aussage), „ist vermutlich verfassungsrechtlich nicht haltbar" (3 Aussagen), „ist verfassungswidrig" (4 Aussagen). Im Klartext heißt dies, dass es nicht einmal die Menschenrechte braucht, um die *Illegitimität der geplanten Sozialgesetzgebung anhand von 14 rechtsgutachterlichen Beurteilungen* festzustellen. Nimmt man den Art. 25 der Allgemeinen Menschenrechtserklärung (Recht auf einen angemessenen Lebensstandard) hinzu, dann zeigt eine, u.a. im Rahmen eines Beitrags zu einem Parallelbericht zu Händen des UN-Sozialrechtsausschusses durchgeführte Studie, dass SozialhilfeklientInnen im letzten Monatsdrittel kein Geld mehr haben, ohne Unterstützung von Gutmeinenden hungern (würden), auf notwendige Medizin und ärztliche Versorgung verzichten, für notwendige Anschaffungen Schulden machen müssen, ihre sozialen Kontakte aus Scham abbrechen sowie die vom Gesetz versprochene kulturelle Teilhabe gar nicht einlösen können (Gurzeler / Ortelli / Rohleder 2009; zum Thema „Armut und Menschenrechte" vgl. Khan 2010, Pogge 2011).

Im Unterschied zum wirtschaftlichen Neoliberalismus, der mit unvergleichlich größerer Durchsetzungsmacht ausgestattet ist, haben die Vereinten Nationen praktisch keine Macht, ihre Empfehlungen, die sie auf der Basis der Staaten- und NGO-Parallelberichte und den damit einhergehenden Anhörungen formulieren, durchzusetzen. Ihre wirksamsten Mittel sind der öffentlichkeitswirksame Prestigeentzug, die Beschädigung der Glaubwürdigkeit und je nachdem die Analyse und Widerlegung der offiziellen Beteuerungen von Repräsentanten des Staates zur Demokratie und zum Sozialstaat. Mehr und mehr sind auch die weltweit operierenden Wirtschaftskonzerne angesprochen. Besonders interessant ist allerdings, dass in den insgesamt 39 „Concluding Observations" zum „Fünften Staatenbericht der Bundesrepublik Deutschland zum Internationalen Pakt über wirtschaftliche, soziale und kulturelle Rechte" sowie zum „Parallelbericht der Allianz für wirtschaftliche, soziale und kulturelle Rechte in Deutschland zu den WSK-Rechten" (WSK-Allianz 2010) seitens der UNO *erstmalig* um folgendes ersucht wird:

> „38. Der Ausschuss ersucht den Vertragsstaat, diese Abschließenden Bemerkungen auf allen Ebenen der Gesellschaft zu verbreiten, insbesondere bei Staatsbediensteten, der Richterschaft und Organisationen der Zivilgesellschaft, sie so weit wie möglich übersetzen zu lassen und zu publizieren und in seinem nächsten periodischen Bericht den Ausschuss über die Schritte zu ihrer Umsetzung zu unterrichten. Er bittet außerdem den Vertragsstaat, auch künftig nationale Menschenrechtsinstitutionen, nichtstaatliche Organisationen und andere Mitglieder der Zivilgesellschaft in die vor der Vorlage des nächsten periodischen Berichts auf nationaler Ebene geführten Gespräche einzubinden."

Dies ist die Legitimation und Chance für die Mitarbeitenden am Parallelbericht – u.a. sechs SozialarbeiterInnen und insgesamt 20 NGO-VertreterInnen – sich bei den Verantwortlichen für Gespräche zu melden, wenn nötig einzumischen, Lobbying, Monitoring und Advocacy zu betreiben, damit die Empfehlungen nicht bis zur nächsten Berichterstattung in einer Schublade liegen bleiben (Prasad 2011, Ferber 2011, Gil 2006). Zugleich braucht es die Entwicklung eines Dokumentationssystems von Menschenrechtsverletzungen im Sozialwesen für den nächsten Schattenbericht.

Versucht man abschließend, nochmals das Verhältnis zwischen Demokratie und Menschenrechten zu formulieren, so sind auf der nationalen Verfassungsebene die Menschenrechte Teil der demokratischen BürgerInnenrechte. Und auf der weltgesellschaftlichen UNO-Ebene ist Demokratie die Basis für einen öffentlich-demokratischen Diskurs über Menschenrechte. Insofern gibt es keinen prinzipiellen Gegensatz zwischen beiden. Sofern beide das Ziel der Verwirklichung einer an Freiheit, Gleichheit und sozialer Gerechtigkeit/Solidarität orientierten nationalen, gesellschaftlichen wie weltweiten politisch-rechtlichen Ordnung verfolgen, sind sie nicht nur ein gegenseitiges Korrektiv, sondern gründen auf einem „gemeinsamen historischen Durchbruch in den Revolutionen des späten 18. Jahrhunderts", was mehr als eine „bloße Koinzidenz" darstellt. (Bielefeldt 1998:107). Aber bei genauerem Hinsehen gibt es beträchtliche Schieflagen und gravierende Widersprüche bzw. Unvereinbarkeiten zwischen nationalem Recht – insbesondere nationaler Sozialgesetzgebung – und Menschenrechten. Eine Disziplin und Profession Sozialer Arbeit, die international konsensual die Menschenwürde, Menschenrechte und speziell soziale Gerechtigkeit (Krennerich 2006) zu ihrer professionsethischen Grundlage gemacht hat, wird sich einen Beitrag zur Aufdeckung und Bearbeitung dieser Widersprüche zu eigen machen müssen.

Literatur

Addams, Jane (1902): Democracy and Social Ethics. New York: Macmillan
Addams, Jane (1907): Newer Ideals of Peace. New York: Macmillan
Armstrong, Chris (2012): Global Distributive Justice. Cambridge University Press
Bielefeldt, Heiner (1998): Philosophie der Menschenrechte. Darmstadt: Wissenschaftliche Buchgesellschaft
Bobbio, Norberto (2009): Ethik und die Zukunft des Politischen. Berlin: Wagenbach
Brakenhoff, Dirk (2011): Die Ratifizierung der UN-Behindertenkonvention in Deutschland. Berlin: Masterthesis Zentrum für Postgraduale Soziale Arbeit Berlin, Berlin
Bunge, Mario (2009): Political Philosophy. Fact, Fiction and Vision. London: Transaction Publ.
Crouch, Colin (2011): Das befremdliche Überleben des Neoliberalismus. Bonn: Bundeszentrale für politische Bildung
Eilert, Jürgen (2010): „Psychologie der Menschenrechte" – Menschenrechtsverletzungen im deutschen Heimsystem 1945-1973 im Spiegel von 9 Lebensläufen, die dem Petitionsausschuß des Deutschen Bundestages am 11.12.2006 vorgetragen wurden,. Berlin: Dissertation an der Freien Universität Berlin
Ferber, Natalie (2010): Argumentation und Persuasion statt Blaming and Shaming – Die Advocacy-Arbeit bundesdeutscher Menschenrechtsorganisationen während des Entstehungsprozesses des Zusatzprotokolls zum UN-Sozialpakt. In: Zeitschrift für Menschenrechte, H. 1:118-133
Gil, David G. (2006/1998): Gegen Ungerechtigkeit und Unterdrückung. Konzepte und Strategien für Sozialarbeiter. Bielefeld: Kleine Verlag
Grießmeier, Nicolas (2011): Der disziplinierende Staat: Eine kritische Auseinandersetzung mit 100%-Sanktionen bei Arbeitslosengeld II-Empfängern aus der Sicht der Sozialen Arbeit und der Menschenrechte. Berlin: Masterthesis Zentrum für Postgraduale Soziale Arbeit Berlin
Gurzeler, Sybille/Ortelli, Annie/Rohleder, Daniela (2009): Leben mit Hartz IV. Reicht die Höhe des ALG II als soziokulturelles Existenzminimum aus, um die biopsychosozialen Bedürfnisse von Menschen in Einpersonenhaushalten zu befriedigen?, Projektbericht, Masterstudiengang „Soziale Arbeit und Menschenrechte", Berlin
Heiderich, Jutta (2010): Gerechtigkeit in Organisationen. Berlin: Wissenschaftlicher Verlag Berlin
Hollstein, Walter (1973): Hilfe und Kapital, In: Sozialarbeit unter kapitalistischen Produktionsbedingungen. Frankfurt/M, Suhrkamp: 167-20
Holzleitner, Elisabeth (2011): Intersektionen von Gender und Religion im Menschenrechtsdiskurs: Der Fall sexueller Orientierung. In: Zeitschrift für Menschenrechte, H. 1:22-41
Kappeler, Manfred (2008): Von der Heimkampagne zur Initiative des Vereins ehemaliger Heimkinder. In: Neue Praxis, H. 4:371-384
Kappeler, Manfred (2010): Zwischen den Zeilen gelesen – Kritik des Zwischenberichts des „Runden Tisches Heimerziehung". In: Neue Praxis, H. 2:195-214

Kappeler, Manfred (2011): Unrecht und Leid – Rehabilitation und Entschädigung? Der Abschlussbericht des „Runden Tisches Heimerziehung". In: Neue Praxis, H. 1:3-19

Kessl, Fabian/Schoneville, Holger (2010): Soziale Arbeit und die Tafeln – von der Transformation der wohlfahrtsstaatlichen Armutsbekämpfung, In: Lorenz, Stephan (Hg.): TafelGesellschaft. Zum neuen Umgang mit Überfluss und Ausgrenzung. Bielefeld, Transcript:11

Khan, Irene (2010): Die unerhörte Wahrheit. Armut und Menschenrechte. Frankfurt/M: Fischer

Kissling, Hans (2008): Reichtum ohne Leistung. Die Feudalisierung der Schweiz. Zürich, Rüegger

Kissling, Hans/Obrecht, Werner (2012): Die Kosten der Ungleichheit. Von mehr Gleichheit profitieren alle. In: Tages-Anzeiger-Magazin April 2012

Klein, Alexander (2011): Kindeswohl und Kindeswille. Das Verhältnis von Kindeswohl und Kindeswille aus kinderrechtlicher Sicht und seine Berücksichtigung in Verfahren der Kinder- und Jugendhilfe am Beispiel einer Studie mit Jugendamtsmitarbeitern aus Nordrhein-Westfalen. Berlin, Masterthesis, Zentrum für Postgraduale Studien Sozialer Arbeit Berlin

Knight, Louise (2005): Citizen. Jane Addams and the Struggle for Democracy. Chicago/London: University of Chicago Press

Krennerich, Michael (2006): Soziale Menschenrechte sind Freiheitsrechte! Plädoyer für ein freiheitliches Verständnis wirtschaftlicher, sozialer und kultureller Rechte, In: Jahrbuch Menschenrechte:57-66

Kriegel, Blandine (2010): The legal and sociological construction of norms, In: Thornhill, Chris/Ashenden, Samantha (eds.): Legality and Legitimacy: Normative and Sociological Approaches. Baden-Baden, Nomos:21-26

Loretan, Adrian (2010): Religionen im Kontext der Menschenrechte. Zürich, Theologischer Verlag Zürich

Mäder, Ueli/Aratnam, Ganga Jey/Schilliger, Sarah (2010): Wie Reiche denken und lenken – Reichtum in der Schweiz: Geschichte, Fakten, Gespräche. Zürich, Rotpunkt

Meyer, John W. (2005): Weltkultur. Wie die westlichen Prinzipien die Welt durchdringen. Frankfurt/M: Suhrkamp

Münder, Johannes (2011): Verfassungsrechtliche Bewertung des Gesetzes zur Ermittlung von Regelbedarfen und zur Änderung des Zweiten und Zwölften Buches Sozialgesetzbuch vom 24.03.2011 – BGBl. I S. 453, In: Soziale Sicherheit Extra, Zeitschrift für Arbeit und Soziales, Sonderheft September 2011:63-95

Mührel, Eric/Röh, Dieter (2008): Menschenrechte als Bezugsrahmen in der Sozialen Arbeit. Eine kritische Diskussion der ethisch-anthropologischen, fachwissenschaftlichen, sozialpolitischen und sozialphilosophischen Dimensionen, In: Widersprüche, 28. Jg., März:47-64

Niemeyer, Christian (2009): Völkische Bewegung und Nationalsozialismus im Kontext von Jugendbewegung und Pädagogik. Neuere Studien, In: Sozialwissenschaftliche Literaturrundschau (SLR), H. 59:57-62

Pogge, Thomas (2011): Weltarmut und Menschenrechte. Berlin/New York, De Gruyter

Prasad, Nivedita (2011): Mit Recht gegen Gewalt. Die UN-Menschenrechte und ihre Bedeutung für die Soziale Arbeit. Opladen: Budrich

Rawls, John (1987): The Idea of an Overlapping Consensus, In: Oxford Journal of Legal Studies, Vol. 7, No. 1, Spring:1-25
Scherpner, Hans (1966): Geschichte der Jugendfürsorge. Göttingen, Vandenhoeck & Ruprecht
Sennett, Richard (1980): Autorität. Frankfurt/M, Fischer
Staub-Bernasconi, Silvia (2008): Menschenrechte in ihrer Relevanz für die Soziale Arbeit als Theorie und Praxis, In: Widersprüche, H. 10, 28. Jg., Nr. 1:9-32
Staub-Bernasconi, Silvia (2010): Soziale Arbeit als Handlungswissenschaft. 2. Aufl. Bern/Stuttgart/Wien: UTB/Haupt
United Nations (1992): Human Rights. Teaching and Learning about Human Rights. A Manual for Schools of Social Work and the Social Work Profession. UN-Centre for Human Rights, Geneva
Villiger, Kaspar (2009): Eine Willensnation muss wollen – Die politische Kultur der Schweiz: Zukunfts- oder Auslaufmodell? Zürich, Verlag Neue Zürcher Zeitung
Wensierski, Peter (2006): Schläge im Namen des Herrn. München, Deutsche Verlagsanstalt, 3. Aufl.
Wilkinson, Richard/Picket, Kate (2010): Gleichheit ist Glück. Warum gerechte Gesellschaften für alle besser sind. Berlin: Tolkemitt-Verlag, 2. deutsche Ausgabe
Willke, Gerhard (2003): Neoliberalismus. Frankfurt/M, Campus
WSK-Allianz (2010): Parallelbericht der Allianz für wirtschaftliche, soziale und kulturelle Rechte in Deutschland – zum fünften Staatenbericht der Bundesrepublik Deutschland zum Internationalen Pakt über wirtschaftliche, soziale und kulturelle Rechte (CESCR), Berlin

Demokratie, Pädagogik und Soziale Arbeit – Irritationen bei der Lektüre von Janusz Korczak

Michael Winkler

1

Nach Demokratie und Menschenrechten zu fragen, als – was auch immer das heißen mag – *Bezugsrahmen* der Sozialen Arbeit, der Sozialpädagogik sowie der Pädagogik in ihren unterschiedlichsten Differenzierungen, scheint gleichermaßen nötig und ergiebig (vgl. etwa Mührel / Röh 2007, 2008, Widersprüche 2008), dann mutig, wie freilich auch ziemlich heikel – und zwar aus mehreren Gründen:

- Zunächst scheint die Frage nämlich peinlich, weil sie den Eindruck weckt, jemand habe nicht so ganz aufgepasst. Denn zumindest in der jüngeren Geschichte der Sozialarbeit hat sich als ihr Selbstverständnis und als Selbstverständlichkeit durchgesetzt, dass sie als politisch zu verstehen ist. Das ist ein Erbe aus der 68er-Bewegung und der Heimkampagne, die – wie sich heute bestätigt – schlicht recht hatte mit ihrer Kritik etwa an den menschenunwürdigen Verhältnissen in Einrichtungen, für die der Ausdruck Jugendwohlfahrt als Zynismus erscheint. Und es gilt in der Konsequenz, dass Sozialarbeit und Sozialpädagogik bei den Debatten präsent sein wollen und sollen, in welchen es um die Gestalt eines politischen Gemeinwesens und damit der gesellschaftlichen Ordnung geht – wobei diese Formulierung allerdings den Vorbehalt gegenüber einem ordnungspolitischen Denken provoziert. Zu Unrecht allerdings. Denn dieses scheint der Sozialen Arbeit zwar nicht angemessen, wenngleich die Forderung nach der gerechten Gestaltung sozialer Infrastrukturen sowie die Hoffnung, individuelle Biographien so zu rahmen, dass Menschen objektiv und subjektiv Sicherheit erleben, nicht anders als Ordnungspolitik verstanden werden muss.

Die Skepsis gegenüber Ordnungspolitik hat nun wiederum *einerseits* damit zu tun, dass das politische Engagement der Sozialen Arbeit meist in enger Beziehung zu dem gesehen wird, was als Menschenwürde bezeichnet wird. Will Soziale Arbeit sich vor sich selbst rechtfertigen, so legt sie Kriterien an, die mit Rechtsstaatlichkeit, dann mit der Wahrung von Selbstständigkeit und mit demokratischer Teilhabe zu tun haben; eine Schwierigkeit darf schon hier nicht übersehen werden: Menschenwürde beruht, nicht nur seit Pico della Mirandola und Immanuel Kant ganz wesentlich darauf, über den eigenen Lebensweg selbst entscheiden und diesen auch gehen zu können und zu dürfen. Das ist wenigstens bei den einfachen Konstruktionen der Agogik nur bedingt gegeben, welche dem Denken und Handeln der Sozialen Arbeit und erst recht dem der Sozialpädagogik zugrunde liegen; beide wehren sich zwar auf der Ebene ihrer Konzepte gegen Vorstellungen, die mit Erziehung zu tun haben könnten – und werden meistens noch in der Ablehnung Opfer des falschen, engen und technischen Verständnisses von Erziehung, wie es in der Öffentlichkeit, in Medien, vor allem auch bei einschlägig politisch Denkenden verbreitet ist. Gegen Dummheit ist bekanntlich kein Kraut gewachsen. Dennoch: selbst wenn man die praktische Grundstruktur der Sozialen Arbeit als Kooperation begreift, welche sich in Zeigehandlungen auf Gegenstände und Praktiken der Sozialen Welt richtet, um diese zu begreifen, es bleibt doch ein Element der Strukturierung enthalten: wenn und indem eine professionelle Handlungssituation geschaffen wird, wenn und indem in dieser auf Welt verwiesen wird, damit ein Klient sie auffassen und aneignen kann. Spuren der Lenkung und Leitung sind hier immer enthalten, wie eben in aller Erziehung, Spuren freilich, die dichter und stärker werden, um sich als Tendenz der Bemächtigung zu erweisen. Ein Bewusstsein davon, dass es um Erziehung gehen könnte und in dieser solche Spuren zu finden sind, könnte sensibilisieren – was übrigens nicht geschieht, wenn der Gedanke an Erziehung vorab verworfen wird. Wer Soziale Arbeit so betreibt, ähnelt dem kleinen Kind, dass in der Gefahr die Augen verschließt und meint, damit sei die Gefahr verschwunden.

Die Skepsis gegenüber einem ordnungspolitischen Verständnis von Politik in der Sozialen Arbeit hat *andererseits* damit zu tun, dass das „Politische der Sozialpädagogik" eben gerade in Unordnung und Kontingenz gründet „und zwar als *tatsächliche* Unmöglichkeit, definitive Aussagen über die Vielschichtigkeit der Lebens- und Problemlagen zu treffen, mit denen sie konfrontiert ist" (Dollinger 2011, S. 238, Hervorh. i. O.). Unordnung und Kontingenz machen den Kern der Probleme aus, mit welchen Soziale Arbeit zu tun hat, sei es auf Seiten der Gesellschaft, sei es im subjektiven Leben der Klienten. So gesehen werden Soziale Arbeit und Sozialpädagogik *politisch* darin, ob und wieweit sie als praktische Komplexitäts- und Kontingenzbewältigungsmaschinen wirken. Das aber kann nur mit der Gewalt von Normalisierungsarbeiten aufgehoben, aber weder theoretisch und schon gar nicht systematisch eingeholt werden; das Politische liegt dann ganz auf Seiten der Professionellen, muss Teil ihres Habitus sein, gesteuert vielleicht durch ihr Ethos. Und das Politische liegt dann darin, zum einen abzuwägen, zwischen den Anforderungen, die als doppeltes Mandat bezeichnet werden, andererseits eine Balance zu finden zwischen Ordnung und Kontingenz.

Noch stärker findet sich dieses vorgeblich sozialpolitisch denkende und auf gerechte Verhältnisse zielende, dennoch ordnende Selbstverständnis im Zusammenhang bildungspolitischer und dann schulpädagogischer Debatten, zumindest wenn es um Aufgaben und Leistungen geht, welche dem Bildungssystem generell zugesprochen werden: Chancengleichheit im Zugang zum Bildungssystem, Bildungsgerechtigkeit bei der Bewertung von Leistungen möglichst unabhängig von sozialer Herkunft – all das gilt heute als relevant für die Prinzipien der Organisation des Bildungswesens. Überall hören und lesen wir also von Grundrechten, hören wir von Demokratie, ganz wie sich das gehört; in schöner Regelmäßigkeit steht dies in den Präambeln der jeweiligen Programme – die sich dann freilich rar machen, wenn es um Verstetigung, um institutionelle Rahmungen und um den Schutz der demokratischen Prozesse ebenso geht wie um die Menschenrechte.

- Zweitens macht die Frage nach Demokratie und Menschenrechten heikel, dass sie einem jeden selbst großzügig überlässt, wie sie denn verstanden werden soll. Schon begrifflich stolpert man. Mehrere Auslegungen sind möglich, weil schon die Begriffe unklar sind. Was bedeutet es eigentlich von einem *Bezugsrahmen* zu sprechen? Vordergründig wirkt ein solcher Ausdruck plausibel. Demokratie und Menschenrechte sind dann Vorstellungen, auf welche man sich bezieht. Aber wie tut man das eigentlich? Ironischerweise ist damit nämlich gar nicht festgehalten, ob Demokratie und Menschenrechte normativ verbindlich sein sollen oder nur schlicht als Beschreibungen von Bedingungen des Geschehens in der Sozialen Arbeit. Unklar bleibt, ob diese als positiv oder als negativ zu fassen sind; von *Bezügen* zu sprechen, bleibt neutral. Man kann sich auf etwas beziehen, das man ablehnt, das einem vielleicht sogar zu schaffen macht. Um Beispiele nur anzudeuten: Menschenrechte sehen starke Regelungen dafür vor, dass und wenn Menschen die Bestimmung über den eigenen Lebensort, die Freiheit genommen wird. Wie halten wir das mit freiheitsentziehenden Maßnahmen in der Jugendhilfe? Oder: die Schulpflicht in Gestalt des Zwangs, zu bestimmten Zeiten an bestimmten Orten zu sein – und zwar ganz ohne Möglichkeit der Kündigung, wie sie etwa einem Fabrikarbeiter immerhin noch zugestanden wird? Oder, ganz heikel: Wieso dürfen Eltern über Kinder in radikaler Weise verfügen? Weil diese schwach sind? Aber es gibt auch Erwachsene, die der Hilfe bedürfen; dennoch würden wir ihnen nicht einfach die Selbstbestimmung nehmen. Bezüge kann also heißen, dass wir Demokratie und Menschenrechte zwar zur Kenntnis nehmen, aber im eigenen Handeln dann bewusst außer Kraft setzen, so wie das früher für die Schule galt, die als rechtsfreier und allein pädagogisch bestimmter Raum behauptet wird. Oppositionelle Schüler klebten dann nächtens und verbotenerweise Schilder mit der Aufschrift an die Eingangstüre: „Vorsicht, Sie verlassen den demokratischen Sektor der Bundesrepublik" (Nur zur Beruhigung: der konkrete Fall ist verjährt.). Eben dies macht auf einen makabren Sinn von *Rahmen* aufmerksam: Gewiss wird man bei der Rede vom *Bezugsrahmen* zunächst einmal daran denken, dass Demokratie und Menschenrechte Orientierungsmomente mit einer solchen Verbindlichkeit darstellen, dass das ihnen folgen muss, was so gleichsam eingefangen, eben gerahmt worden ist. Indes liegt eine Tücke darin, dass zuweilen hässliche Bilder von schönsten Rahmungen umgeben sind. Das Ambiente sagt noch lange nichts darüber aus, was im Innenleben geschieht – um wieder mit einem Beispiel aus der Jugendhilfe zu kommen: In dem äußerlich beeindruckenden Schloss Wilhelminenberg bei Wien, heute – laut Website – geschichtsträchtiges Nobelhotel war bis zum Jahre 1977 ein katholisches Erziehungsheim untergebracht, in dem Kinder und Jugendliche systematisch gequält, vergewaltigt und zur Prostitution gezwungen worden sind. Auch ein Rahmen also. Rahmungen und Rahmen bedeuten also nicht notwendig, dass im Inneren den Prinzipien nach gedacht und gehandelt wird, die in der Außenwelt bestehen; ganz im Gegenteil: der Rahmen grenzt auch ab.

Nun kann man einwenden, dass es hier um Spitzfindigkeit und Wortklauberei geht. Wie die Formulierung gemeint sei, müsse doch jedem rechtschaffen denkenden Menschen sofort einleuchten und verständlich sein. Und dennoch. Selbst dann stellen sich Nachfragen: Geht es bei der Überlegung um Demokratie und Menschenrechte etwa um den Beitrag, den Soziale Arbeit insgesamt und schlechthin, mithin als System und in seiner Funktion für die Demokratie und die Menschenrechte leisten soll und leisten kann? Es gibt zwar reichlich Belege dafür, dass die Soziale Arbeit ebenso wie das Bildungs- und das Gesundheitswesen für Gleichheit und sozialen Frieden, damit für bessere Lebensbedingungen und tatsächlich ein besseres Leben der Einzelnen sorgen können; Wilkinson und Pickett (2011) belegen das in ihrem wunderbaren Buch „the spirit level", ebenso hat Allison Wolf besonders für das Bildungswesen zeigen können, dass dieses mit einer sozialintegrativen Perspektive zum Wohlergehen aller beitragen kann (Wolf 2002). Gleichwohl ist hier wie dort (und selbstverständlich bei ähnlich gelagerten Zugängen) ungeklärt geblieben, ob damit ein Beitrag zur Demokratie geleistet worden ist. Im Gegenteil: durchaus könnte es sich um Vorgänge handeln, die eine Funktion bei dem haben, was als Neuerfindung des Sozialen bezeichnet wird (vgl. Lessenich 2008, Castell 2005) und mit jenen subtilen Formen der Kommodifikation zu tun haben, in welchen alle – in jeder Hinsicht des Geschehens – partikulare und notwendigerweise individuelle Sorge um den anderen in Marktformen gebracht wird (vgl. Hochschild 2003); Gerechtigkeit und allzumal Gleichheit könnten heute weit von dem entfernt sein, was in den Hochzeiten bürgerlicher Revolution mit diesen

Leitformeln verbunden wurde, stattdessen allein der trüben Kapitalisierung menschlichen Lebens angehören. Man muss also durchaus damit rechnen, dass Gleichheit und Gerechtigkeit beim Zugang zu Einzelsystemen ohne Demokratie möglich sind – einige im Blick auf Integration der Bevölkerung erfolgreiche asiatische Gesellschaften belegen das. Und mehr noch, wenngleich systematisch argumentiert: Es lässt sich sogar denken, dass noch diejenigen Einzelnen Unrecht antun und deren Rechte verletzen, welche die Demokratie im Großen und Ganzen stärken wollen; seit Rousseau in seinem *contrat social* die Unterscheidung von *volonté de tous* und *volonté général* eingeführt hat, sind zumindest Anhänger eines kritischen Liberalismus gegenüber generalisierenden Beglückungsversuchen ein wenig skeptisch geworden. Denn gerade die größten Gleichheits-, Gerechtigkeits- und Mitwirkungsfanatiker machen sich selbst anheischig zu kontrollieren, ob sich denn auch alle brav an die nun gesetzten Maßstäbe halten, jede Kontrolle von Demokratie verletzt fatalerweise den Demokratiegrundsatz. In einer anderen Auslegung der Frage könnte man sagen, dass die Frage nach Gerechtigkeit und Menschenrechten darauf zielt, ob die angesprochenen Systeme des Sozialen den von ihnen Inkludierten ein Wissen um Demokratie und Menschenrechte, vor allem die Fähigkeiten zugänglich machen, Demokratie zu gestalten und zu leben – das ist nicht unwichtig sowohl angesichts des zuweilen erschreckend geringen Informationsstandes wie auch gegenüber der Notwendigkeit, Formen des demokratischen Handelns buchstäblich einüben zu müssen. Wer jemals etwa mit einem kommunalen Kinderparlament zu tun hatte, kennt die Problematik. In einer weiteren Auslegung richtet sich die thematisch gemachte Frage endlich darauf, ob die Systeme selbst in ihrem inneren Aufbau dem Anspruch der Demokratie genügen, ob also in ihnen mithin geradezu Demokratie gelebt und gelernt wird. Dass es darum in den Systemen eher schlecht gestellt ist, bedarf eigentlich keiner Erwähnung; weder im Gesundheits- noch im Bildungssystem kann man ernsthaft von wirksamer Demokratie sprechen und selbst für die in mancher Hinsicht sogar vorbildliche Jugendhilfe gilt, dass sie nur bedingt den Ansprüchen der Demokratie genügt, dass häufig genug Menschenrechte in ihr verletzt werden – und zwar sozusagen passgenau.

- Ernsthaft heikel macht die Frage nach Demokratie und Menschenrechten, dass die vorgebliche programmatische Selbstverständlichkeit und die allgemein behauptete Relevanz von Maßstäben der Rechtsstaatlichkeit, der Würde des Menschen oder gar der Menschenrechte höchstens die *eine Wahrheit* aussprechen. Die andere lautet: Oft genug fehlen entscheidende Verfahrensregelungen und vor allem glaubwürdige Appellationsinstanzen, um Rechte und deren Verletzungen einzuklagen, um Bedingungen mit oder selbst zu gestalten, welche das Leben der dann doch bloß Betroffenen bestimmen. Da wird der hehre Anspruch, einen Beitrag zur Demokratie und zur Verwirklichung der Menschenrechte zu leisten, auf den unterschiedlichsten Ebenen schlicht nicht einmal mehr in Betracht gezogen. Wobei für diese Missachtung der Demokratie und der Menschenrechte in jüngerer Zeit häufig Gründe geltend gemacht werden, die auf wissenschaftliche Rationalität verweisen. Einmal mehr zeigt sich die Dialektik der Aufklärung, dass nämlich die Ansprüche auf eine methodisch gesicherte, überprüfbare Objektivität des Wissens die fundamentalen Ideen der Humanität schlicht damit außer Kraft setzen, dass diesen die Begründbarkeit und ihr Geltungsnachweis mit dem Argument abgesprochen werden, man bewege sich so außerhalb der Erfahrungswissenschaften in einem Bereich bloßer Normativität. Obwohl es zu den methodologischen Grundeinsichten gehört, dass empirische und vor allem evaluierende Forschung mit normativen Vorannahmen operieren muss – allein die Entscheidung über die zu prüfenden Leistungsdomänen sowie die über Test-Items fällt dezisionistisch oder aufgrund normativer Vorentscheidungen, die häufig in Alltagsvorstellungen wurzeln –, wird in den fachlichen wie erst recht in den öffentlichen Diskursen das Bild einer gleichsam unabhängig gesicherten Wahrheit verbreitet. Die Kritik an den vorgeblich objektiven *Large Scale Assessments* wie etwa jenen des *Programme for International Assessment* hat dies überzeugend nachweisen können, ohne dass sie übrigens jemals so recht in Betracht gezogen worden wäre; auch in der vorgeblich rationalen Welt der Moderne werden Mythen streng verteidigt, allzumal wenn die Kritik dem Mythos der vorgeblichen Rationalität selbst gilt (vgl. z.B. Jahnke / Meyerhöfer 2006, Karg 2005, Meyerhöfer 2005).

Zu dieser Dialektik der Aufklärung gehört auch die Kritik an einem vorgeblich bloß normativen Denken. Sie ist nicht zuletzt geltend gemacht worden, um der empirischen Bildungsforschung den Weg zu bahnen. Frei von Paradoxien geschah das selten: Um Gerechtigkeit zu sichern, dürfe man Pädagogik dann nicht bloß deklamatorisch und programmatisch an Demokratie und Menschenrechten ausrichten und sie von diesen her verstehen. Vielmehr müsse man empirisch forschen. Aber was soll dann eigentlich erforscht werden und wonach soll nach aller empirischen Untersuchung gehandelt werden – wobei die alte, auf David Hume zurückgehende Problematik von Sein und Sollen sowie des naturalistischen Fehlschlusses noch gar nicht aufgenommen sein muss. Denn unabhängig von diesem handelt es sich bei der Kritik an einem vorgeblichen Normativismus meist um ein Missverständnis, weil nämlich mit ihr die argumentative Reflexion, weil nämlich so der – wie Kant gesagt hätte – Vernunftgebrauch nicht mehr als das eigentlich entscheidende, noch jeder empirischen Forschung Vorangehende inzwischen als unwissenschaftlich verworfen wird. Die Pointe des

Geschehens besteht dann darin, dass Forschung ohne Denken stattfindet und der allerorts zu beobachtende Feldzug gegen die Normativität einer *unbedachten* Normativität Platz macht – was insbesondere im Blick auf unsere Thematik dazu führt, dass Maßstäbe wie die der Demokratie, der Rechtsstaatlichkeit und der Menschenrechte sozusagen explizit ausgeblendet und sogar ausgeschlossen werden, während hinterrücks solche der Ordnung, der wirtschaftlichen Effizienz und der Brauchbarkeit von Menschen machtvoll einrücken.

Man kann das eben nur Angedeutete an vielen Beispielen illustrieren: So haben zwar die Untersuchungen des Bildungssystems gezeigt, wie soziale Herkunft die Positionen im Bildungssystem bestimmt. Doch bei diesen Befunden handelt es sich eher um Nebeneinsichten von Studien, die vorrangig anderen Erkenntnisinteressen gehorchen: Das *Programme for International Student Assessment* fragt nicht nach der Relevanz von Schule für die Demokratie, noch weniger danach, ob Bildungssysteme einen Beitrag für die Verwirklichung von Menschenrechten leisten; es geht vielmehr um den Vergleich der ökonomischen Leistungsfähigkeit des Personals der jeweils einbezogenen Staaten einerseits, um die Überprüfung seiner Tauglichkeit und Brauchbarkeit im Sinne der *employability*. Deshalb können ganz ungeniert Länder an diesen Vergleichen teilnehmen und Erfolge verbuchen, an deren demokratischem Charakter ebenso Zweifel bestehen wie daran, dass in ihnen die Menschenrechte gewahrt sind – und dazu muss man nicht einmal die Maßstäbe von Amnesty International heranziehen. Nicht minder skeptisch sollte man auch bei der Sozialen Arbeit sein. Denn wenn wir sie mit einem strengeren Blick in Betracht ziehen (und uns nicht von der gemütlichen Gemeinsamkeit derjenigen verführen lassen, die sich zu einer solchen Fragestellung versammeln oder in ihren Aufsätzen dazu Stellung nehmen), gewinnen wir ein – vorsichtig formuliert – differenziertes Bild. Schon die Ideologien der Sozialen Arbeit erweisen sich hinsichtlich der Fragestellung als heterogen, übrigens gleich ob wir diese auf der Ebene eher akademischer und somit als szientifisch geladener Vergewisserung oder auf der von sogenannten professionellen Ideologien betrachten (vgl. hierzu beispielsweise Dollinger u.a. 2012). Dort begegnet zwar ein vergleichsweise weites Spektrum von Einstellungen, bei dem Demokratie aber gar nicht auftaucht, bei dem man sich zuweilen schon fragt, ob Menschenrechte noch eine Rolle spielen – allzumal die zunehmend beliebten Trainingsmaßnahmen sind ja in ihren Begründungen ziemlich abenteuerlich, wenn nicht abwegig. So spielen zwar auf der Ebene des praktischen Handelns Motive eine Rolle, die wir zwischen Altruismus und Menschenfreundlichkeit ansiedeln können (was übrigens wenig mit Menschenrechten und schon gar nichts mit Demokratie zu tun haben muss, weil sie häufig genug mit paternalistischen

Denkweisen einhergehen). Nicht selten begegnet jedoch inzwischen ein fast verbitterter Pragmatismus, der Helfer und Klienten zunehmend beim Versuch assimilieren lässt, Überlastungssituationen einfach nur überleben zu wollen. Endlich haben wir im Feld dann auch zu tun mit Rechtsbrüchen, die nicht nur auf der Ebene der Verwaltung Sozialer Arbeit sondern durchaus auch von den unmittelbaren Akteuren des Geschäfts begangen werden, zuweilen sogar unter dem Vorzeichen professionellen Handelns.[1] Dass die wirtschaftliche Jugendhilfe von den Personensorgeberechtigten gewünschte und für die Entwicklung eines jungen Menschen gebotene Leistungen verweigert, stellt den durchaus normalen Rechtsbruch dar. Unsinnige und fachlich unzulässige, Problemlagen erst erzeugende Eingriffe in Familien finden beispielsweise – wie die Forschung zeigt – viel häufiger statt, als dies die vorgeblich humane Programmatik erlaubt. Ein Musterbeispiel bieten die freiheitsentziehenden Maßnahmen, die fleißig unter erlebnispädagogischer Tarnung als längere Schiffsreise angepriesen werden – wobei ohnedies notorisch die Mindeststandards rechtsstaatlichen Handelns ignoriert werden.

Kurzum: in der Wirklichkeit der Sozialen Arbeit sieht es an vielen Ecken und Enden ziemlich trübe aus, wenn wir nach Demokratie und Menschenrechten fragen. Tatsächlich muss man sogar die düstere Prognose wagen, dass die in den letzten Jahrzehnten erreichten Gewinne an Mitwirkung und Teilhabe – notabene: ich rede gar nicht von Demokratie – im Bereich der Jugendhilfe wegschmelzen: In Heimen verschwindet Partizipation, weil man wieder zur Kontrolle aller tendiert, um Übergriffigkeit zu verhindern, bei den Hilfen zur Erziehung versenken die Staatssekretäre der Länder und die Vertreter der Kommunen den Rechtsanspruch auf Hilfen zur Erziehung zu Gunsten einer obrigkeitlichen Gestaltung der Rahmenbedingungen für das Leben von Menschen, was dann in zynischer Weise als Sozialraumorientierung bezeichnet wird.

2

Es gibt also ganz offensichtlich eine Diskrepanz zwischen dem postulierten Selbstverständnis der Sozialen Arbeit wie aller anderen Bereiche des pädagogischen Handelns und der subjektiven Motive von Akteuren in diesen auf der einen Seite, sowie den realen Praktiken auf der anderen Seite. Worin aber gründet diese Diskrepanz? Man muss nicht unbedingt strenger Verfechter der Sys-

---

[1] Dazu haben die jüngeren Untersuchungen des Deutschen Jugendinstituts zur Praxis sogenannter freiheitsentziehender Maßnahmen in der Jugendhilfe doch einige ebenso erhellende wie bedrückende Befunde zusammen getragen.

temtheorie Luhmannscher Prägung sein, um zu vermuten, dass dieser Unterschied mit der Naivität der Beteiligten zu tun hat. Jede ernsthafte Theorie des Sozialen Systems wie des Bildungs- oder Gesundheitswesens wird gegenüber den frommen Wünschen nach Demokratie und Menschenrechten *zum einen* schlicht geltend machen, dass diese Systeme strukturell nur wiedergeben, präsentieren und repräsentieren, was eine Gesellschaft in ihrer politischen Verfasstheit und in ihrem inneren Aufbau auszeichnet. Zum anderen liegt ihre systematische Funktion darin, Integrationsprozesse als Disziplinierung oder Kontrolle zu leisten. Diese Aufgabe der funktionalen Integration vollzieht sich bekanntlich auf zwei Ebenen, nämlich einmal auf der Ebene dessen, was wir als gesellschaftliches System bezeichnen – wobei ich den Begriff des Systems eher vortheoretisch verwende. Banal formuliert bewahren Bildungssystem wie soziales System Gesellschaften davor, dass sie durch ihre zentrifugalen Kräfte auseinander gerissen werden, dass die ihnen ebenfalls inhärente Zerstörung ihrer eigenen Grundlagen sich durchsetzt. Soziales System, Bildungssystem und Gesundheitssystem sorgen schlicht dafür, dass der Laden nicht auseinander knallt – und das heißt heute, sie stellen sicher, dass gewissermaßen die Stabilität der Veränderung gewahrt bleibt. Daher geht es zunehmend darum, die Individuen so an die Gesellschaften anzukoppeln, dass sie der inneren Dynamik des Sozialen nicht allzu sehr im Wege stehen. Im Kern haben wir mit dem zu tun, was die angelsächsische Psychologie in schöner Offenheit als das *good functioning* bezeichnet, das Menschen möglichst umfassend auszeichnen soll – wobei man gut beraten ist, das nicht mit Angepasstheit zu übersetzen, weil dieser Begriff in die Irre führt. Jede Theorie der Sozialen Arbeit wird nämlich festhalten, dass und wie sich die Bedingungen der Funktionalitätsherstellung heute geändert haben. Bildungssystem, soziales System, auch und vielleicht ganz besonders das Gesundheitssystem haben zwar keine andere Aufgabe und Funktion, als die *Integration des Systems* und die *Integration der individuellen Akteure* herzustellen. Und das tun sie ganz jenseits von demokratischen Anforderungen oder der Beachtung der Menschenrechte, vielmehr zunehmend angesichts von Verlagerungen der die gesellschaftliche Integration bestimmenden Problematiken in die Individuen.

In der Tat liegt hierin wohl ein entscheidender Anlass, um die Frage nach Demokratie und Menschenrechten aufzugreifen: Das Problem liegt nämlich darin, dass die Veränderungen der Gesellschaft, dass Prozesse der Beschleunigung (Rosa 2005), der Fragmentierung des Sozialen und Kulturellen, sowie die sie auszeichnende Ambivalenz von Restitution kapitalistischer Strukturen einschließlich massiver Segregationsvorgänge bei gleichzeitiger Verflüssigung und Verflüchtigung des Sozialen (Bauman 2000, 2003, 2005), dass die neuen Zwänge zur Auflösung von Identität durch Flexibilisierung des eigenen Ich, durch die Orientierung an einer Lebensform in Projekten dazu führen (Boltanski o. J.), völlig neu über die Prozesse der Vergesellschaftung nachzudenken und diese zu gestalten; nicht zuletzt die wohl steigende Zahl und die wachsenden Intensität psychischer Erkrankungen verlangen, dass die Rahmenbedingungen des Aufwachsens und des Lebens in den Blick genommen werden – wir stehen buchstäblich am Rande einer Krise, in der die anthropologischen Bedingungen menschlicher Existenz neu definiert werden.

Moderne Gesellschaften verlangen nämlich eine Anpassung der Unangepasstheit, sie fordern eine Sozialisation der – um es für Soziologen gänzlich unerträglich auszudrücken – Nicht- oder Asozialisation, mithin eine dauernde Flexibilität, die auf die eigene Offenheit, auf die Fähigkeit abhebt, das eigene Leben als ständiges Projekt zu betreiben, in welchem man eine Art Identität der Nicht-Identität sucht oder den Kult der Performanz, dem flüchtigen Augenblick verpflichtet (vgl. Boltanski / Chiapello 2003, Sennett 1998, Aubert 2010). Das gilt sozusagen im Grundsätzlichen und Grundlegenden jener sozialisatorischen Prozesse, die in Familie und Schule, mithin im Bildungssystem erfolgen, wie in den Bereichen, wo wir es mit schon vergesellschafteten Akteuren zu tun haben, die auf eine fatale Weise in ihrem asozialen Vergesellschaftetsein nicht funktionieren, beziehungsweise an der verrückten Gemengelage der Identität von Nicht-Identität zerbrechen – vielleicht weil sich Momente ihrer inneren, von Gesellschaft nicht erfassten Natur, ihrer (psychoanalytisch gedacht) Triebhaftigkeit dagegen auflehnen oder auch – neurobiologisch gesehen – ihre neuronalen Strukturen sozial und kulturell in einer Weise gebahnt werden, die mit den Anforderungen der Gesellschaften dann doch nicht kompatibel sind. Moderne Gesellschaften erzeugen in ihren Mitgliedern im Vergesellschaftungsprozess Spannungen, Dissonanzen und Widersprüche, die ihre eigenen, also die der Gesellschaften sind, die sie aber in den Einzelnen gewissermaßen inszenieren, präsentieren oder auch exekutieren (vgl. Kaufmann 2005).

Dieser Hintergrund einer tiefgreifenden Veränderung der gesellschaftlichen Verhältnisse in der Moderne und vor allem ihrer Auswirkungen auf die Subjekte verlangt, die Frage nach der Demokratie und den Menschenrechten als Rahmen der Sozialen Arbeit radikaler als bisher und in einer Weise zu stellen, welche die angedeutete Diskrepanz zwischen Programmatik und Realität verschwinden lässt; um an Colin Crouchs These von der Postdemokratie anzuknüpfen (Crouch 2008): Weil die bislang gültigen objektiven und subjektiven Bedingungen von Demokratie außer Kraft gesetzt werden, muss neu und radikal über Demokratie nachgedacht werden. Dies aber gelingt nur – so meine These –, wenn wir die Leistung der Sozialen Arbeit, die Leistung der pädagogischen und der Gesundheitssysteme nicht bloß äußerlich unter die Maßstäbe einer demokratischen und grundrechtskonformen Regelung stellen und beurteilen, sondern das Geschehen in diesen selbst grundlegend neu verstehen und fassen – sozusagen im Rahmen einer politischen Anthropologie, welche Demokratie und Grundrechte als intrinsische Elemente der jeweiligen Praxis selbst begreift, notabene nicht normativ, sondern als in einer Weise *sachlich* geboten, welche sich aus den von mir kurz angedeuteten Problemlagen menschlicher Verfasstheit heute ergibt. Um es ein wenig paradox zu beschreiben, im Wissen um nicht ganz unproblematische Implikationen dieser Einsicht: Demokratie, die konsequente Achtung der Menschenrechte sind die Antwort auf die gesellschaftliche und politische Lage selbst und die in ihr den Menschen zugemuteten existenziellen Bedingungen, auf Bedingungen, in welchen Demokratie und die Achtung der Menschenwürde unwahrscheinlich geworden sind.

3

Doch wie könnte eine solche Sachbeschreibung Sozialer Arbeit und sozialpädagogischer Praxis aussehen? Um eine Antwort darauf zu geben, soll ein längeres Zitat angeführt werden:

> „Achtung! Entweder wir verständigen uns jetzt, oder wir trennen uns für immer. Jeder Gedanke, der sich wegschleichen und verstecken will, jedes Gefühl, das, sich selbst überlassen, umherschweifen will, müssen zur Ordnung gerufen und mit Willenskraft diszipliniert werden.
>
> Ich fordere die Magna Charta Libertatis als ein Grundgesetz für das Kind. Vielleicht gibt es noch weitere, ich aber habe diese drei Grundrechte herausgefunden:
>
> 1. Das Recht des Kindes auf den Tod.
> 2. Das Recht des Kindes auf den heutigen Tag.
> 3. Das Recht des Kindes, das zu sein, was es ist.
>
> Man muss sich mit den Kindern vertraut machen, um bei der Verleihung dieser Rechte möglichst wenige Fehler zu machen. Irrtümer müssen sein. Wir sollten sie nicht fürchten: das Kind selbst wird sie mit erstaunlicher Wachsamkeit korrigieren, wenn wir nur diese wertvolle Gabe, seine starke Abwehrkraft nicht schwächen. [....]
> Es ist keine leere Phrase, wenn ich sage: Welches Glück für die Menschheit, dass wir die Kinder nicht dazu zwingen können, den erzieherischen Einflüssen und didaktischen Angriffen auf ihren gesunden Menschenverstand und ihre gesunde Willenskraft zu erliegen" (Korczak, SW 4, S. 45).

Die eine oder der andere haben die zitierte Stelle schon einmal gelesen oder gehört. Sie stammt aus einem Werk, das als ein Skandal gilt, allzumal unter Pädagogen. Dass man Kindern einen Rechtsanspruch auf den Tod einräumt, bricht mit allen Vorstellungen von sozialem und erzieherischem Handeln. Mit solchen Rechtsvorstellungen wollen weder die Prügelpädagogen, die Erziehung ganz schlicht mit Disziplin und Ordnung gleichsetzen, noch die Testfanatiker, welche prüfen, ob sich die Probanden nach dem Treatment verändert haben, aber auch jene nicht zu tun haben, die an glückliche, engelhafte Kindlein glauben und die Mahnrufe Jesu im Kopf haben, nach welchen mit Mühlsteinen zu foltern sei, wer sich Kindern gegenüber verwerflich verhalte.

Doch nicht nur dieser seltsam klingenden Kinderrechte wegen ist der Autor gleichzeitig weltberühmt und völlig ignoriert – er war schlicht und ergreifend ein Quertreiber, naturwissenschaftlich interessiert, wo es doch um Human- und Sozialwissenschaften gehen soll, mit Familie beschäftigt, wo Professionalität gefordert wurde, für Kollektiverziehung und Heime, wo Familie als allein selig machend galt: Selbst die Klassiker-Anthologien und Klassiker-Übersichten der Pädagogen kennen ihn in der Regel nicht (vgl. z.B. Scheuerl 1979, Tenorth 2003). Häufig genug wird er als Anhänger der Antipädagogik gescholten. Irgendwie mag bezeichnend sein, dass die in der DDR herausgegebene „Geschichte der Erziehung" nicht einmal im Register seinen Namen nennt. Eine feste Position kommt ihm nur in den Debatten um die UN-Kinderrechtskonvention zu; dort wird Bezug auf ihn genommen, weil er als der erste und eigentliche Urheber von Kinderrechten gilt – wobei gerade hier Zweifel anzumelden sind, ob die Bezugnahme auf ihn zurecht und in seinem Sinne geschieht (vg. Kerber-Gänse 2009).

Zitiert wurden die Rechte des Kindes aus dem Buch „Wie liebt man ein Kind" – eine frühere, falsche Übersetzung des Titels als „Wie man ein Kind lieben soll" führte in das Missverständnis eines normativen Textes. Es handelt sich um das pädagogische Hauptwerk von Janusz Korczak, einem polnischen Juden, der – 1878 oder 1879 als Henryk Goldsmith in Warschau geboren wurde (vgl. zum Folgenden: Beiner 2011, Engin, M u.a. 2011). Korczak war als Arzt ausgebildet und praktizierte zunächst als Pädiater, wurde dann bald als Kinderbuchautor mit seinen Romanen über „König Maciuś" berühmt. 1911 übernahm er die Leitung des jüdischen Dom Sierot in Warschau, schrieb nebenbei noch eine Vielzahl von pädagogischen und sozialkritischen Aufsätzen, um ab 1935 als „alter Doktor" sogar im Rundfunk über Kinder und mit diesen zu sprechen. 1940, ein Jahr nach dem Deutschen Überfall auf Polen musste das Waisenhaus in das Warschauer Ghetto umziehen, 1942 wurde Korczak mit rund 200 Kindern in das Vernichtungslager Treblinka gebracht, wo er vermutlich im August ermordet wurde. Internationaler Protest hätte ihm ermöglicht, der Deportation zu entgehen. Er hatte sich dem verweigert. Andrzej Wajda hat das Leben Korczaks ergreifend verfilmt, in der Holocaust-Gedächtnisstätte Yad Vashem in Jerusalem erinnert man schon im ersten Raum an ihn, an seine Kinder dann im Kinder – Memorial – beides übrigens Erfahrungen, die man im Leben nicht mehr vergisst.

Doch in unserem Zusammenhang soll es nicht um die an Korczak exemplarisch darzustellende Mahnung Adornos gehen, dass Auschwitz nicht mehr sein dürfe – obwohl diese Mahnung vielleicht die einzig konkrete Gestalt der Forderung nach Menschenrechten und Demokratie darstellt. Korczak hat, so die These, eine Theorie der Sozialen Arbeit und der Pädagogik (wie übrigens auch der Arbeit im Gesundheitswesen) entworfen, welche die Prinzipien von Demokratie und Menschenrechte in eine sachlich angemessene Beschreibung des Geschehens transformiert hat. Er hat in der oben angesprochenen radikalen Weise das Denken über die Praxis des Miteinanders von Menschen verändert. Dabei muss man sich zunächst von dem Irrtum frei machen, dass er normativ argumentiert. Korczak war stets nüchterner Naturwissenschaftler, unvoreingenommener Beobachter der pädagogischen Praxis, die er auf ihre systematischen Implikationen einerseits, auf die Konsequenzen des Handelns andererseits untersuchte, welche sich aus den jeweils genutzten Prämissen ergeben. Sein Denkstil unterscheidet sich grundlegend von dem der Reformpädagogen, denen er allerdings – ohne Nachweis – zugerechnet wird. Einiges spricht zwar dafür, dass er durch den im Osten Europas populären Herbartianismus inspiriert war, letztlich aber könnte man ihn als einen Positivisten bezeichnen, der die empirischen Befunde logischer Untersuchung unterwarf, um so eine Art Handlungsstrukturanalyse zu betreiben. Gleich zu Beginn von „Wie liebt man ein Kind", das übrigens als eine Tetralogie vier ganze biographische Phasen vollständig umfassende pädagogische Lebensformen und Lebenszusammenhänge idealtypisch erfasst, nämlich „Das Kind in der Familie", „Das Internat", „Sommerkolonien" und „Dom Sierot (Haus der Waisen)", hält er ausdrücklich fest, dass er keine Antworten auf pädagogische Fragen und keine Anweisungen geben kann und will. Sein Buch ist un- oder nicht-praktisch, weil er sich vor allen Ratgebern und Anleitungen fürchtet, da diese die Tatsächlichkeit sowohl des Kindes selbst, der anderen Person, wie vor allem der Situationen und Prozesse ignoriert, in welchen Pädagogik betrieben wird. So lautet sein dritter Satz im Buch: „Und ich antworte: Ich weiß nicht." (Korczak SW 4, S. 10)

Dass das wenig befriedigt, ist ihm klar. Zugleich macht er aber deutlich, dass er in eben diesem Eingeständnis der Nicht-Festlegung und Festlegbarkeit überhaupt erst die Möglichkeit eröffnet, die Tatsachen zur Kenntnis zu nehmen. Man kann sagen, dass die von ihm gewählte methodologische *und* methodische Zugangsweise einer offenen Positivität nicht nur das Ideologische vieler Erziehungstheorien entlarvt, sondern zugleich einen Raum freigibt, in welchem – verantwortliches – Handeln überhaupt erst möglich wird. Dabei überrascht vielleicht, dass Korczak zu einer positivistischen Haltung tendiert, diese aber eben das – wenn man so will – emanzipatorische Potenzial pädagogischen Handelns freilegt: Doch die elementare Tatsache, wie sie sich am kleinsten Kind schon zeigt – sofern man sich nicht von den gewissermaßen possessivpädagogischen Einstellungen eines „mein Kind" leiten lässt –, ist die der menschlichen Souveränität. Einer Souveränität, die darin besteht, sich auf eigenwillige Weise und in Eigenzeit selbst zu entwickeln, sich in der historisch bestimmten und sozialen

Umgebung zu bewegen und zu verändern, wenn und sofern man nicht durch andere festgelegt und festgestellt wird.

Damit wird deutlich, was Korczak in seinen Rechten des Kindes zum Ausdruck gebracht hat: Einmal, dass die Rechte des Kindes nicht einfach zu haben sind. Man hat allerdings die mit ihnen gegebene Sichtweise zu wählen, in einem bewussten Akt der (Selbst-)Aufklärung, der an Kants *sapere aude* erinnert. Das signalisiert Korczak mit dem „Achtung, Du muss Dich entscheiden". Ja, man kann eben auch anders denken, aber das hieße, den Blick vor den Tatsachen des Lebens zu schließen und zugleich einen Übermachtanspruch geltend machen zu wollen – was unter dem Strich nur um den Preis von Krankheit, von Gewalt, von Zerstörung, von buchstäblich unmenschlicher Lebensweise geschieht, wie Korczak häufig selbst noch in dem beschreibt, was als „Sozialmedizinische Schriften" von ihm veröffentlicht wurde (vgl. Korczak SW 8). Verweigert man sich den Kinderrechten, dann nähert man sich sozusagen einem kategorialen Mord an, der aus der Nichtanerkennung menschlicher Existenz entsteht. Freilich ist dieser – so der Befund Korczaks – weit verbreitet in dem, was als Erziehungsdenken gerne behauptet und in Anspruch genommen wird. Demgegenüber steht nun das, was die Rechte des Kindes aussprechen, die doch veritable Rechte von Menschen überhaupt sind: Du bist Herr über dich selbst, von Anfang bis zum Ende, Du bist das hier, in Deiner Besonderheit und Eigenwilligkeit.

Wichtig wird nun aber das eingangs mit dem Verweis auf das Humesche Differenz der Seins-Sollens-Sätze angesprochene Problem: Mit seiner Erinnerung an die Rechte des Kindes spricht Korczak keine Normen aus. Er bringt vielmehr eine politische Anthropologie zum Ausdruck, die den Menschen in seiner politischen Stellung zum Ausgangspunkt aller weiteren Überlegung macht – und zwar als *Tatsachenfeststellung*. Man kann einwenden, dass Korczak hier dem erliegt, was als *naturalistic fallacy* gilt, dem vorgeblich falschen Übergang von Urteilen über Sachverhalte in Normen des Handelns. Er würde das zurückweisen, denn der Vorbehalt spricht ein undifferenziertes Veto aus: Zwar ist in der Tat die Grenze zwischen der Einsicht in die Bedingungen des menschlichen Lebens und einer Festsetzung und Festlegung von Standards für diese außerordentlich schwer zu ziehen, sofern wir mit naturwissenschaftlichen Sachverhalten zu tun haben. Eine andere Lage ergibt sich, wenn anthropologische Sachverhalte anzusprechen sind, die ihrerseits immer – sozusagen als Ausdruck der conditio humana selbst – an Reflexivität, an Prozesse der Verständigung von Menschen über sich selbst und auf ihre Selbstbestimmung noch in dem angewiesen sind, was sie als wesentlich human ansehen und wiederum dem Verständnis menschlichen Handelns als Möglichkeitsraum der Praxis selbst zu Grunde legen wollen und müssen; eine lange Tradition philosophischer und sozialwissenschaftlicher Theoriebildung hat sich mit dieser Problematik auseinandergesetzt, neuzeitlich wohl bei Vico beginnend, über Hegel, Marx und Dilthey bis hin etwa zu Norbert

Elias. Man kann ihr nicht entgehen, wie sich nicht zuletzt in den Debatten um den capability approach zeigt, den man als einen Versuch interpretieren kann, unter den Prämissen einer aristotelisch gefärbten Grundannahme als einen Versuch einer Anthropologie interpretieren kann, nämlich dem Leben in Praxen, die sich selbst wiederum als wertvolle Gütergemeinschaften verfestigen.

Genauer noch: Korczak verhandelt eine politische Anthropologie, welche begründet durch die Einsicht in die Wirklichkeit des Menschen die Sicht auf Menschen in ihren Handlungen und Entwicklungen frei legt. Vorsichtig deutet Korcak an: „Vielleicht irren wir uns, wenn wir glauben, das Kind wisse und tue nur, was wir wollen?". Die Alternative ist wahrscheinlicher, nämlich: „Die offenkundig demokratische Gesinnung des Kindes kennt keine Hierarchie" – und deshalb muss es von Anfang an als ein Staatsbürger betrachtet und gewürdigt sein, freilich auch, weil nur so die Möglichkeit eines offenen uns gemeinsam entwickelnden Handelns miteinander besteht. In Verhältnissen der Asymmetrie, gleich ob sie als Schutz gedacht sind oder als Zwang, entstehen nur Falschheit und Gewalt, so dass eine Entwicklung gar nicht möglich wird, welche die Pädagogik, welche aber auch – so dürfen wir ergänzen – die Sorge und Hilfe anregen wollen, die von der Sozialen Arbeit geleistet wird. Pädagogik und Soziale Arbeit sind – mit anderen Worten – in Kooperationsverhältnissen fundiert, in welchen bei aller – etwa durch Alter und körperliche Verfasstheit – individuellen Differenz doch gleiche Subjekte miteinander und bezüglich einer Welt agieren, die sie umgibt. Das trifft präzise die Einsichten der modernen Evolutionsbiologie (vgl. Tomasello 2009, 2010).

Diese Einsicht aber bedeutet, dass mit den Kinderrechten die Methodik einer gleichsam negativen Anthropologie als Ausgangspunkt des professionellen Handelns gesetzt wird. Pädagogische Professionelle müssen sich methodisch auf diese Negativität einlassen, weil nämlich nur diese die Determinationen wegschiebt, welche das Handeln gemeinhin qua Erziehung bestimmen wollen. So paradox das klingt: Die Formulierung der Kinderrechte erfüllt eine antinormative Funktion. Die mit ihnen transportierte negative politische Anthropologie schafft einen Freiraum, in welchen das menschliche Subjekt sich zu sich in einem sozialen Zusammenhang entwickeln kann – übrigens mit den anderen zusammen, also auch mit den Erziehern, für die nicht minder diese methodische Freilegung als eine Prämisse des praktisch pädagogischen Geschehens zum Tragen kommt, welche an die Unbestimmtheit der eigenen Existenz und die Möglichkeit der Autonomie erinnert. Notabene: als Tatsachen, derer wir uns zu vergewissern haben. So wird verständlich, was Korczak am Anfang seines Buches mit dem Verweis auf das Nicht-Wissen verdeutlicht. Es geht gerade darum, nicht nur schöpferisch zu denken, sondern so auch zu handeln – paradoxerweise impliziert dies übrigens, dass man sogar noch die Erwartung in Frage stellen muss, mit Erziehung oder mit Sozialer Arbeit, mit Bildung, vielleicht sogar mit der

Heilkunst für Demokratie zu sorgen und Menschenrechte verwirklichen zu können. Wer sich daran orientiert, weiß doch schon wieder alles besser, legt fest, was die Subjekte selbst entdecken und entwickeln müssen, aus der Tatsache ihrer Freiheit heraus, die ihnen durch die methodische Haltung des Nicht-Wissens zugänglich und gesichert wird.

Dieser Methodik einer Freilegung der unbedingten Positivität menschlicher Freiheit durch die Negation aller Festlegungen entspricht der Schreibstil Korczaks. Dieser ist ungewöhnlich, wirkt sperrig – Korczak sprach davon, wie ein Fuhrknecht zu schreiben (vgl. Schonig 1999): wenig freundlich-verbindlich, vor allem wenig deutend, sondern zuweilen geradezu apodiktisch, eben Tatsachen feststellend. Ebenfalls muss man sich von dem Irrtum lösen, seine Untersuchungen wären auf Kinder zu beschränken. Schon seine Romane machten deutlich, dass es ihm um Analysen von Gesellschaft und Kultur geht, deren Verhältnisse und formativ wirkenden Inhalte sich an unseren Vorstellungen von Kindern in besonderer Weise zeigen. So analysiert er in „Wie man ein Kind liebt" präzise, wie sich Sozialstrukturen über Kultur- und Mentalitätsmuster auf die Vorstellungen und Bilder auswirken, die ihrerseits den Umgang mit Menschen prägen. Ein wenig überspitzt könnte man also sagen, dass sich der – für ihn freilich besondere erfahrungsgesättigte – Blick auf Kinder einerseits als das experimentum crucis der menschlichen Lebenspraxis überhaupt erweist, dass es ihm andererseits darum ging, die übliche, gesellschaftlich erzeugte Anthropologie des Kindes vollständig zu destruieren oder zu dekonstruieren. Seine Idee lautete gewissermaßen: Hört auf, die Kinder in der Weise zu drangsalieren, wie ihr das bisher tut, nicht bloß weil damit keine Erwachsenen entstehen können, sondern weil so der Status der Erwachsenen als Menschen selbst noch beschädigt wird (vgl. Korczak SW 4, S. 399). Oder anders: „Kinder werden nicht erst Menschen, sie sind das bereits" (Korczak SW 9, S. 50) – wer das nicht begreift, wird es in keiner Lebensphase zur menschlichen Existenzform bringen.

Festhalten muss man allerdings zugleich, dass er an keiner Stelle die Einsicht aufgegeben hat, dass Erziehung unabdingbar sei. Sie ist notwendig, unhintergehbar, im Gegenteil: *Wir müssen pädagogisch denken.* Aber: Pädagogik, diese ganz besonders, aber nicht bloß sie allein, sondern aller Umgang von Menschen miteinander muss sozusagen zuerst und gleichsam primordial begreifen, dass sie sich von dem zu befreien hat, was als ein ökonomischer Zwang, als Reduktion des Kindes auf seinen – wie Korczak selbst schreibt – geringen Marktwert wirkt (vgl. Korczak SW 4, S. 399 ff), was als gesellschaftliche und kulturelle Deutungsmuster über die Beteiligten in Geltung ist. Damit habe ich schon angedeutet, wie eine radikale Theorie auch der Sozialen Arbeit aussehen kann und muss, die sich den Menschenrechten verpflichtet, die einen Beitrag zur Demokratie leisten will – gleich auf welcher Ebene wir diesen immer sehen wollen: Sie muss die Verhältnisse der Menschen miteinander und zueinander, genauer: die Menschen in ihrer Gegebenheit und Verfasstheit in einer Weise denken, die man als geradezu negativ, entleerend, besser: als absolut befreiend bezeichnen kann. Solche Befreiung beginnt schon im Kleinen, in der Mikrologik der Sprache: „Du sagst: ‚Mein Kind.'[…] Nein, nicht einmal in den Monaten der Schwangerschaft und in den Stunden der Geburt ist es dein Kind" (Korczak SW 4, S. 11).

Korczak denkt nicht wie Rousseau. Kinder sind nicht von vornherein gut und werden durch die Gesellschaft verdorben. Sie haben vielmehr die „Anlage zum Guten und zum Schlechten" (Korczak SW 9, S. 61), werden allerdings von einer elementaren Neugier als innerer Kraft getrieben (vgl. z. B. Korczak SW 9, S. 182 ff). Und selbst für die theoretische Vergewisserung führt er keinen Isolationsakt durch, wie er dem kleinen Emile widerfährt. Im Gegenteil: das Kind wächst in einer Gesellschaft, in einer Gemeinschaft, im Zusammenhang der Familie auf, die für ihn – wie für das jüdische Verständnis schlechthin – den Menschen in einen historischen Zusammenhang einbettet, mit zunehmender Macht übrigens (vgl. Korczak SW 9, S. 62); selbst die lange Geschichte der Vorfahren spricht noch aus jedem Einzelnen. Schon dieser Zusammenhang wirkt pädagogisch und verlangt pädagogische Aufmerksamkeit wie alle anderen Sozialzusammenhänge, in welchen Kinder aufwachsen und Menschen leben – die freilich auch verrohend wirken können: „Die ganze Menschheit ist in zwei Gruppen aufgeteilt: die psychisch kranke, überwältigende Mehrheit der Benachteiligten und die Minderheit der Satten und scheinbar Zufriedenen, die aber mit einer moralischen Infektion angesteckt sind, die von der hungrigen, kranken Mehrheit zu ihnen herüberschwappt" (SW 7: 386). Gesellschaftliche Zusammenhänge wirken. Armut und das Elend rufen Haltungen und Handlungen hervor, so ist „das Böse im Elend begründet" (GS 7: 400); deshalb müssen sie so gestaltet und organisiert werden, dass dem Einzelnen Freiheit bleibt, die ihm ein Handeln als ein Subjekt im Gemeinsamen erst sichert. Korczak führt hier eine Fundamentalunterscheidung ein, die in der politischen Philosophie erst später verwendet wird, obwohl sie sich seit Beginn des 19. Jahrhunderts, als Nachklang der Aufklärung schon bei Schelling und erst recht bei Hegel andeutet. Korczak differenziert zwischen zwei Formen von Freiheit, swoboda und wolność (vgl. Korczak SW 4, S. 47); eine Unterscheidung die parallel dem zu setzen ist, was Isaiah Berlin sowie Charles Taylor als negative und positive Freiheit bezeichnen: Einmal geht es um die Verfügung über einen selbst, um den Schutz, der aus der Abwehr von Ansprüchen und Zumutungen anderer entsteht und die gesicherte Integrität der eigenen Existenz meint, zum anderen geht es darum, den eigenen Willen in seinem Handeln geltend machen zu können, in einem gemeinsamen Zusammenhang gekonnt und wissend so wirksam zu werden, dass man an der Weltgestaltung teilnimmt – übrigens ist hier noch einmal an die Parallelen zum capability approach zu erinnern.

Letztlich ist das ganze Denken Korczaks auf die in dieser Unterscheidung liegende Spannung ausgerichtet, die man als einen modernen Begriff der Erziehung gelten lassen kann: Entwicklung des Menschen ist zu ermöglichen, so dass er in seinem Lebenszusammenhang agieren kann, ohne den Forderungen der anderen unterworfen zu sein. Dazu ist ihm in einer Weise zu begegnen, die – wie Korczak in einem anderen großen Text ausführt –, von Achtung bestimmt ist, in der seine individuelle Persönlichkeit, seine Kraft und Eigenheit gleichsam aufgenommen und getragen wird, indem alle äußeren Zuschreibungen negiert, wenigstens aber reflexiv kontrolliert sind (vgl. Korczak SW 4, S. 385 ff). Man muss sich noch gegen die Zumutung wehren, die in der Vorstellung einer Asymmetrie von Erwachsenen und Kindern besteht und sich in die Seele einschreibt, als Erwartung, dass man doch groß gemacht werden müsse. In all dem unterwerfen wir uns, unterwirft sich das Kind und verstellt sich sozusagen selbst die eigene Handlungsmöglichkeit. Freilich nimmt der Hinweis auf die reflexive Kontrolle eine Einschränkung vor und damit auf, was an psychischen Kräften in uns wirkt. Die Einschränkung ist nötig, weil Korczak weiß, dass und wie wir etwa auf das äußere Erscheinungsbild eines Kindes, einer anderen Person reagieren. Es habe keinen Sinn, schreibt er einmal, ein Kind darüber zu illusionieren, dass es auf andere hässlich wirkt.

Die Settings aber sind so zu gestalten, dass das Kind, dass der Mensch eben in seiner Welt wirksam werden kann, diese sehen, erkennen und zu begreifen vermag – nicht zuletzt, weil es immer wissen will. Das bedeutet zunächst einmal, die konkrete, empirische Sozialität ebenfalls anzuerkennen, sie aber zugleich in die Hand der Beteiligten zu legen. Das macht das Grundprinzip der von Korczak thematisierten sozialen Zusammenhänge aus – besonders schmerzhaft für die Beteiligten in der Familie, in der doch eine Form der unmittelbaren Vereinnahmung nicht zuletzt aus der Sorge um das Leben des Kindes geschieht, in radikaler Weise allerdings auch im Waisenhaus, das stets durch eine Ausgangslage bestimmt ist, in der das Kind zwangsweise zu- und eingewiesen worden ist. Hier wie dort bedarf es einer radikalen Freilegung der individuellen Existenz und eines sozialen Raums, in dem der Einzelne wirksam werden kann. Vor allem für die Heime hat Korczak das in Gestalt der republikanischen Verfassung und Selbstregulierung, insbesondere in der Form der Kindergerichte realisiert, die als die eigentlich explizite Erziehung zu gelten haben: Kinder machen sich so selbst die für sie geltenden Regeln deutlich, die sie aber geschaffen haben und die sie verändern können. Dabei war er sich aber über die Notwendigkeit im Klaren, dass Entwicklungsprozesse auf Zeigestrukturen angewiesen sind. Die Beteiligten müssen sich über die Wirklichkeit, über soziale und kulturelle Regeln in einem sozialen Prozess verständigen; sie müssen diese nicht nur erkennen können, sondern als letztlich von ihnen selbst geschaffene begreifen; die Analogie zum Arbeitsprozess, wie ihn Makarenko dem pädagogischen Geschehen zugrunde gelegt hat, wird sichtbar. Dieses Sichtbarmachen und Schaffen der Regeln hat Korczak im Dom Sierot durch seine spezifische Form der Information durch kleine Nachrichten realisiert, welche er auf Zettel schrieb und den Kindern gewissermaßen in den Weg gelegt hat, damit sich diese mit den Überlegungen auseinander setzen können, ohne jedoch das Gefühl sich ihnen oder den Wünschen Korczaks beugen zu müssen (oder, Korczak war vorsichtig, seinem Charisma zu erliegen).

4

Die Darstellung und Interpretation des Werks von Korczak lässt sich hier abbrechen (vgl. ausführlich z.B. Ungermann 2006), weil das zentrale Argument sichtbar geworden ist: Nach diesem reicht es nicht aus, allgemein und abstrakt zu postulieren, dass Menschenrechte, dass Demokratie etwas mit der Sozialen Arbeit, mit Bildung oder mit der Gesundheit von Menschen zu tun hat. Solches zu fordern, ist zwar notwendig und sinnvoll, aber es geht nicht über das Raisonnement hinaus, das Staatsbürger nun auch betreiben sollten und müssten, ganz unabhängig von ihrer professionellen Tätigkeit.

Allzumal in einem Zeitalter der Postdemokratie muss das Anliegen der Demokratie und der Menschenrechte im Zusammenhang mit der Sozialen Arbeit konkreter, nämlich auf der Ebene der Arbeitszusammenhänge hin gefasst werden. Die Aufgabe lautet also: die Fragen von Demokratie, Menschenwürde und vor allem von Freiheit *pädagogisch* und *nicht politisch* so zu theoretisieren, dass eine Praxis der Sozialen Arbeit möglich wird, die sich nicht jenseits der damit gegebenen Maßstäbe bewegt, sondern diese in sich, als Element ihrer eigenen Fachlichkeit und somit in sozialpädagogischer Weise birgt und interpretiert. In der Konsequenz muss man für diese Beschreibungen und Analysen auf ihrer Differenz gegenüber politischen Debatten insistieren, man muss Kategorienfehler vermeiden. Politische Debatten werden nämlich notwendig schematisch, wenn nicht sogar dichotom angelegt, als Dual im Sinne des *Ja* oder *Nein*; selbst für diplomatisch gefärbte Realität gilt doch, dass entweder Demokratie besteht oder nicht, dass entweder Rechtsstaatlichkeit gegeben ist oder ein Willkürregime, dass die Menschenrechte geachtet werden oder doch eine Diktatur herrscht. Demgegenüber müssen pädagogische Sachverhalte und solche der Sozialen Arbeit präziser im Blick auf die ihnen inhärenten Prozesse beschrieben werden, wobei man sich jedoch vor der beliebten Verkürzung hüten muss, nach welcher vornehmlich Asymmetrien verringert oder abgebaut werden. So einfach ist das nämlich nicht: wir haben sozusagen mit einem dauernden Wechselspiel der Mächtigkeit zu tun, ebenso wie wir mit ständigem Schwanken in den Herrschaftsaktionen konfrontiert sind – wie man besonders an den Ereignissen in der

Pubertät verfolgen kann. Oder anders: es besteht offensichtlich ein entscheidender Unterschied darin, wie ich die Beschreibung und Analyse jeweils weiter denken will – und zwar durchaus in praktischer Absicht. Politisch muss man fragen, ob nicht unter den Maßstäben menschlicher Souveränität das Machtgefälle abgebaut und Herrschaft begrenzt werden muss, bzw. radikaler gedacht, ob nicht die ganze Pädagogik als Zwangsverhältnis geächtet werden muss. Die Antipädagogik der siebziger Jahre hat diesen Weg eingeschlagen und sich so sofort das Problem eingehandelt, anthropologisch notwendige und in der Wirklichkeit gegebene Sachverhalte dann überhaupt nicht mehr thematisieren zu können, die dann ziemlich unreflektiert durch die Hintertüre wieder hereinplatzen.

Die Idee des Janusz Korczak war hingegen wirklich radikal: Sie besagt nämlich, dass wir im Grunde für das professionelle Handeln alle normativen Festlegungen, so auch die des Eintretens für Demokratie und Menschenrechte, suspendieren müssen, um die basale Freiheit des Menschen als Ausgangsmöglichkeit freizulegen. Das kann durchaus schief gehen – und vielleicht tendierte Korczak zu einer allzu optimistischen Einstellung, wenngleich seine Beobachtungen und Analysen sogar ziemlich drastisch zeigen, dass und wie Kinder böse, sogar grausam agieren können. Von den Kindern als den kleinen Heiligen hält er überhaupt nichts, sie waren in der Tatsachenwelt der Psyche nicht oder ziemlich selten zu finden. Gleichwohl war ihm bewusst: Freiheit, damit auch Demokratie gewinnen Menschen nur, wenn sie Freiheit und Demokratie leben können – und zwar von Anfang an. Das aber verlangt die Reflexion der Mikrologik des Handelns, genauer: der Interaktionen, mithin eine Theorie, mit der sich einigermaßen angemessen (und wiederum empirisch gesättigt) die Strukturen und Prozesse der Praxis begreifen lassen. Eine Theorie allerdings auch, die fundamental und grundlegend das Problem und den Sachverhalt der Freiheit in den Mittelpunkt stellt: hier aber liegt bis heute das größte Defizit sowohl der Theorie der Sozialen Arbeit wie auch der einer jeden Pädagogik: auf eine eigentümliche Art und Weise kennen sie Freiheit nicht oder ignorieren diese, allzumal als konstitutives Merkmal der kindlichen Existenz oder der Lebensweise von Klienten. Vielleicht muss man sich daher an den Satz von Korczak halten, nach dem „es nicht erlaubt sei, Revolution zu machen, ohne an das Kind zu denken" (zit. nach Roos 1973, S. 22) oder an den Klienten, beide als freie Subjekte gedacht, welche wir nicht in ihrer Lebensweise zu bestimmen und festzulegen haben. Eine pädagogische, eine sozialarbeiterische Praxis der Freiheit, das wäre dann wohl ein Beitrag für die Demokratie.

Literatur

Aubert, N. (Dir) (2010): L'individu hypermoderne. Toulouse Edition Éres
Bauman, Z. (2005): Liquid Life. Cambridge: Polity
Bauman, Z. (2003): Liquid Love. On the Frailty of Human Bonds. Cambridge: Polity
Bauman, Z. (2000): Liquid Modernity. Cambridge: Polity
Beiner, F. (2011): Janusz Korczak: Themen seines Lebens. eine Werkbiographie. Gütersloh
Berlin, I. (2006): Freiheit. Vier Versuche (1969). Frankfurt am Main
Boltanski, L. (o. J.): Leben als Projekt. Prekarität in der schönen neuen Netzwerkwelt. In: Das Online-Magazin zur Zeitschrift polar: http://www.polar-zeitschrift.de/position.php?id=110
Boltanski, L. / Chiapello, È. (2003): Der neue Geist des Kapitalismus. Konstanz
Castel, R. (2005): Die Stärkung des Sozialen. Leben im neuen Wohlfahrtsstaat. Hamburg
Crouch, C. (2008): Postdemokratie. Frankfurt am Main
Dollinger, B. (2011): Die politische Identität der Sozialpädagogik. In: Neue Praxis 41 (2011), S. 228-242
Dollinger, B., Kessl, F., Neumann, S., Sandermann, P. (Hrsg.) (2012): Gesellschaftsbilder Sozialer Arbeit. Eine Bestandsaufnahme. Bielefeld
Engin, M. u.a. (2011): Biographie Janusz Korczaks. In: Godel-Gaßner, R. / Krehl, S. (Hrsg.): Kinder sind auch (nur) Menschen. Janusz Korczak und seine Pädagogik der Achtung. Eine Einführung. Jena, 33-43
Godel-Gaßner, R. / Krehl, S. (Hrsg.) (2011): Kinder sind auch (nur) Menschen. Janusz Korczak und seine Pädagogik der Achtung. Eine Einführung. Jena
Hochschild, R. A. (2003): The Commercialization of Intimate Life. Notes from Home and Work. Berkeley, Los Angeles, London: University of California Press
Jahnke, T., Meyerhöfer, W. (Hrsg.) (2006): Pisa & Co. Kritik eines Programms. Hildesheim, Berlin
Kaufmann, J.-C. (2005): Die Erfindung des Ich. Eine Theorie der Identität. Konstanz
Karg, I. (2005): Mythos PISA. Vermeintliche Vergleichbarkeit und die Wirklichkeit eines Vergleichs. Göttingen
Kerber-Gense, W. (2009): Die Menschenrechte des Kindes. Die UN-Kinderrechtskonvention und die Pädagogik von Janusz Korczak. Versuch einer Perspektivenverschränkung. Opladen u. Farmongton Hills
Korczak, J. (1969 ff): Sämtliche Werke. Hrsg. von F. Beiner und E. Dautzenroth. Gütersloh (zitiert im Text als Korczak SW unter Angabe des Bandes und Seitenzahl)
Lessenich, S. (2008): Die Neuerfindung des Sozialen. Der Sozialstaat im flexiblen Kapitalismus. Bielefeld: Transkript
Meyerhöfer, W. (2005): Tests im Test. Das Beispiel PISA. Opladen
Mührel, E., Röh, D. (2008): Menschenrechte als Bezugsrahmen in der Sozialen Arbeit. Eine kritische Diskussion der ethisch-anthropologischen, fachwissenschaftlichen, sozialpolitischen und sozialphilosophischen Dimensionen, in: Widersprüche, Nr. 107, 3/08
Mührel, E., Röh, D. (2007): Soziale Arbeit und Menschenrechte. Perspektiven für eine soziale Weltgesellschaft, in: neue praxis 3/2007

Rosa, H. (2005): Beschleunigung. Frankfurt a. M.
Roos, H. (1973): Eine Schule für das Leben. Einführung. In: Janusz Korczak: Begegnungen und Erfahrungen. Göttingen. 2. Auflage, S. 20-25
Scheuerl, H. (Hrsg.) (1979): Klassiker der Pädagogik. Zwei Bände. München
Schonig, B. (1999): Auf dem Weg zur eigenen Pädagogik. Annäherungen an Janusz Korczak. Baltmannsweiler
Sennett, R. (1998): Der flexible Mensch. Die Kultur des neuen Kapitalismus. Frankfurt am Main
Taylor, C. (1992): Negative Freiheit? Zur Kritik des neuzeitlichen Individualismus. Frankfurt am Main
Tenorth. H. E. (2003): Klassiker der Pädagogik Zwei Bände. München
Tomasello, M. (2009): Die Ursprünge der menschlichen Kommunikation. Frankfurt am Main
Tomasello, M. (2010): Warum wir kooperieren. Berlin
Ungermann, S. (2006): Die Pädagogik Janusz Korczaks. Gütersloh
Widersprüche: Themenheft: Soziale Arbeit und Menschenrechte, 3/2008
Wilkinson, R. / Pickett, K. (2010): The Spirit Level. Why Equality is better for Societies. London
Wolf, A. (2002): Does Education Matter? Myths about Education and Economic Growth. London

Zur Geschichte und Theorie der Sozialpädagogik – vom politischen zum pädagogischen Mandat

Carsten Müller

Einer gängigen Sichtweise zufolge wird Soziale Arbeit als gemeinsames Feld von Sozialpädagogik und Sozialarbeit bestimmt. Historisch wird dies meist professionsgeschichtlich hergeleitet (vgl. Hering/Münchmeier 2007, Kuhlmann 2008), wobei oft weitere Zugänge z.B. methodologische, sozialpolitische oder sozialrechtliche flankierend herangezogen werden. Ausgangspunkt sind meist Überlegungen, wann das Berufsfeld entstanden ist, wie sich das Berufsfeld ausgeweitet und ausdifferenziert (vgl. auch Rauschenbach 1999), wie es abgesichert und ausgestaltet wurde.

Dementsprechend wird die vermeintliche Geburt der Sozialen Arbeit an die Schwelle zum 20. Jahrhundert gelegt, d.h. in die Zeit der manchesterkapitalistischen Industriegesellschaft und den damit einhergehenden Sozialen Fragen. Dies macht durchaus Sinn: So erfordert der massenhafte Pauperismus des Proletariats, der wie damals erkannt wurde, soziale und politische Ursachen hat, auch soziale und politische, eben sozialpolitische Antworten. In diesem Sinn sprach bereits Niklas Luhmann davon, dass es in der modernen Gesellschaft so effektiv wie nie zuvor darum gehe, „an der Beseitigung von Problemfällen" zu arbeiten (vgl. Luhmann 1975: 35; vgl. neuerlich Lambers 2010). Helfen ist in der modernen Gesellschaft von einer klassischen Profession, sozusagen einer priestergleichen Berufung, zu einem gigantischen Sozialsystem geworden, welches in seiner Ausdifferenzierung kaum zu übersehen ist und vielfältige Arbeitsfelder für die Soziale Arbeit bereithält.

Dennoch sollte Folgendes bedacht werden: Mit dieser Sichtweise wird ein bestimmter Blick auf Soziale Arbeit konstruiert. Soziale Arbeit wird als eine besondere Form der Arbeit, als Arbeit am Sozialen bzw. – polemisch überzeichnet – als Reparaturdienst für industriegesellschaftliche Problemen bestimmt. Wie bei anderen mit der Industriegesellschaft entstandenen Arbeits- bzw. Dienstleistungsverhältnissen, hat Soziale Arbeit dann einen bestimmten Auftrag zu erfüllen, der arbeitsteilig-funktional bestimmt wie begrenzt ist und den sich Soziale Arbeit meist nicht selber setzt: Die Aufgabe der Hilfe ist es, Problemfälle zu beseitigen und nicht, so Luhmann weiter, „sich eine Änderung der Strukturen zu überlegen, die konkrete Formen der Hilfsbedürftigkeit erzeugen" (ebd.). Dies scheint zumindest fraglich, wenn unterstellt werden darf, dass Soziale Arbeit auch ein eigenes politisches Mandat habe (vgl. Merten 2001; Sorg 2003), welches sie sich etwa als Menschenrechtsprofession gibt (vgl. Staub-Bernasconi 2003).

Noch fraglicher erscheint diese Konstruktion, wenn Soziale Arbeit wenigstens zu einem Teil auch Pädagogik sein soll. Zwar lässt sich ebenfalls die Pädagogik als ein Berufsfeld, z.b. der der Lehrerinnen[1], beschreiben, aber Pädagogik erschöpft sich nicht hierin. Viel grundsätzlicher geht es in der Pädagogik, zumal wenn diese als soziale Pädagogik verstanden wird, um die Art und Weise, wie – formuliert in Anlehnung an den amerikanischen Erziehungsphilosophen *John Dewey* – soziale Gruppe im generativen Verlauf ihren Fortbestand sichern; wie sie folglich ihren Erfahrungsschatz weitergeben, wie sie sich in Interaktion mit ihrer sozialer Mitwelt verändern, indem sie Probleme lösen und sich dadurch weiter entwickeln.

Andere Zugänge

Deshalb kann es hilfreich sein, wenn neben der oben ausgeführten Sichtweise andere Perspektiven eingenommen werden. Denn ein Perspektivenwechsel ermöglicht, die Geschichte Sozialer Arbeit nicht auf eine Erfolgsstory professioneller Hilfe einzuschränken. Damit ist nicht gemeint, die Professionsgeschichte durch eine Geschichte der Disziplin zu ersetzen. Vielmehr kann die Professionsgeschichte selbst als Geschichte der Überlagerungen, der Wendepunkte und Umbrüche (vgl. in diesem Sinn Kunstreich 1997/ 1998), ja sogar als Archiv Sozialer Konflikte (vgl. dazu Maurer 2009) geschrieben werden. Solche Zugänge entwerfen die Geschichte weniger als Erklärung oder gar Legitimation einer vorgängigen Praxis, wie erfolgreich diese auch immer sein mag, sondern sie bürsten Soziale Arbeit gegen den eigenen Strich – auch zugunsten einer kritischen Praxis.

Dafür gibt es gute Gründe: Es ist doch verwunderlich, dass ganze Dekaden und Epochen in der Sozialen Arbeit stiefmütterlich behandelt werden. Dies verwundert umso mehr es sich um Zeitabschnitte handelt, die in anderen Historiografien durchaus bedeutsam sind: So kommt das späte 18. und frühe 19. Jahrhundert, mit Ausnahme weniger Säulenheiliger, etwa *Johann Heinrich Pestalozzi*, kaum vor. Dabei ist zu diesen Zeitabschnitten in den letzten Jahren vermehrt geforscht worden (vgl. Reyer 2002; Gedrath 2003; Gottschalk 2004; Dollinger 2006 et al.). Es scheint als verschwinde hinter der Fixierung auf die Blütezeit der Industriegesellschaft die bürgerliche Gesellschaft (eine Ausnahme ist Wendt 1995), wobei diese jene doch erst ermöglich hat. So gesehen weiß Soziale Arbeit immer noch recht wenig von ihrer Geschichte und damit über sich selbst.

---

1 Weibliche und männliche Formen werden im willkürlichen Wechsel benutzt.

Hier braucht nicht erst *Walter Benjamin* bemüht werden, um zu begreifen, dass Geschichtsschreibung immer ein Herrschaftsinstrument ist (vgl. Benjamin 1977). Erinnern und Vergessen sind nicht zufällig oder beliebig, sondern werden inszeniert. Der Hobo, Anarchist und US-amerikanische Folksänger *Utah Philipps* hat dies so ausgedrückt: „Immer wenn jemand sagt: »Das ist Vergangenheit«, dann habe ich den Verdacht, dass ich etwas vergessen soll, weil die Erinnerung Ärger einbringen könnte ..." (Philipps/ DiFranco 1997; Übersetzung d. Verf.). Dementsprechend könnte die gängige Geschichtsschreibung Sozialer Arbeit etwas ketzerisch befragt werden, was sie denn vergessen machen will? Moderater formuliert: Die *eine* Geschichte unserer Profession, unserer Disziplin, unseres Faches gibt es nicht. Es gibt allenfalls *Geschichte im Plural*, also Geschichte*n*, welche bestenfalls in kritische Beziehung zueinander gesetzt gehören. Geschichte wird immer wieder neu- und umgeschrieben, denn sie dient der Selbst- bzw. kollektiven Verständigung sowie Auseinandersetzung darüber, was denn nun gelten soll. So gesehen gehören Geschichte und Theorie zusammen, wie der Titel des vorliegenden Beitrages behauptet.

Der besondere Fund: der Begriff „Social-Pädagogik"

In diesem Sinn sind solche Funde von besonderem Interesse, die sich nicht ohne Umstand in die gängige Geschichtsschreibung einsortieren lassen, die die etablierten Geschichtsbilder irritieren und von daher zu einer kritischen Auseinandersetzung herausfordern.

Zur Hebung derartiger Funde durfte der Verfasser beitragen, einen besonderen möchte er herausstellen (vgl. Müller 2005; Müller/Kronen 2010): Der Begriff Sozialpädagogik geht nicht auf *Adolph Diesterweg* zurück, wie bis in die 1980er Jahre etwa durch *Klaus Mollenhauer* überliefert (vgl. Mollenhauer 1959), sondern wurde bereits 1844 vom rheinischen Bürgerschulpädagogen *Karl Wilhelm Eduard Mager* geprägt (vgl. Kronen 1980). Während *Diesterweg* unter Sozialpädagogik Maßnahmen subsumiert, die ganz im heutigen Verständnisses der materiellen, sittlichen und geistigen Not bestimmter benachteiligter Adressatengruppen abhelfen sollen, versteht sein Freund *Mager* zuvor unter dem Begriff Sozialpädagogik etwas anders: „Social-Pädagogik" – bereits die Schreibweise ist philologisch aufschlussreich – ist die Synthese aus einerseits Individualpädagogik und andererseits Kollektiv- bzw. Staatspädagogik (vgl. MGW VIII: 171). Mittels Sozialpädagogik sollen die Erziehung des Menschen zu einem Individuum und sein Anpassung an ein Kollektiv, hegelianisch gesprochen, vermittelt und aufgehoben werden. Sozialpädagogik ist dementsprechend die Erziehung *aller* Menschen zu Bürgern, welche in und *aus* Freiheit am Sozialen teilnehmen und gleichsam das Soziale aktiv mitgestalten.

Diese Auffassung setzt nicht vordringlich an der Sozialen Frage als Bezeichnung für die Not des Proletariats in der Industriegesellschaft an, obschon die Soziale Frage als Probe auf die sozialpädagogische Bildungsidee gelesen werden darf. Sozialpädagogik zielt tiefer: Sie thematisiert die Freiheitsproblematik der bürgerlichen Gesellschaft. Denn mit der Moderne hat sich der Mensch aus den ihn um- und einschließenden Banden, etwa Familie, Kirche und Staat, emanzipiert. Fortan muss er seine Bindungen selbst hervorbringen und gestalten. Dies ist Segen und Fluch zugleich.

Damit setzt Sozialpädagogik an einer Problematik an, die im Grunde jedweder modernen Pädagogik eingeschrieben ist. Spätestens seit *Jean-Jacques Rousseaus* Erziehungsphilosophie (vgl. Rousseau 1971) besteht das Diktum, dass es in der modernen Gesellschaft schwierig geworden sei, gleichzeitig Menschen und Bürger – französisch: ‚citoyen' – zu erziehen. Derartige Versuche würden allenfalls zerrissene Wesen – ‚bourgeois' – erzeugen. Deshalb schwenkt der Kulturpessimist *Rousseau* auf die Erziehung eines einzelnen Menschen zum Menschen um. Die damit einhergehenden Motive des Rückzugs in die pädagogische Provinz, in die Einfachheit und Selbstgenügsamkeit, auf wenige dafür innige Beziehungen usw. speisen bis heute nicht nur reformpädagogische Romantiken. Bemerkenswert ist auch, dass aus sozialpädagogischer Perspektive demgegenüber sowohl der politische *Rousseau* des „contract social" als auch die daran anschließende Französische Revolutionspädagogik zu Geburtstunden der Sozialpädagogik gezählt werden können (vgl. Görland 1906; Edelheim 1902).

Das politische Mandat der Sozialpädagogik

Spannend ist, dass mit dieser Auffassung von Sozialpädagogik eine bestimmte politische Haltung verbunden ist. *Mager* teilt als politischer Pädagoge im Vormärz (vgl. Kronen 1989) und gemäß einer Selbsteinschätzung als wahrer Liberaler mit anderen Liberalen seiner Zeit das Ideal, so die neueste Klassifizierung, einer „klassenlosen Bürgergesellschaft" (vgl. Schabdach 2010; in Bezug auf Gall 2012). Gall bestimmt die Idee der klassenlosen Bürgergesellschaft wie folgt: „Hier die Idee der ‚klassenlosen Bürgergesellschaft' der Zukunft, die sich mit der Verbreitung von Wissen und materiellem Wohlstand auf der Linie der alten, sich selbst regierenden Stadtbürgergesellschaft entwickeln werde mit dem Bürgertum als konstitutivem Kern, als Vorhut jener Gesellschaft und Modell ihres ‚allgemeinen Standes'" (Gall 2012: 27). Eine klassenlose Bürgergesellschaft ist also eine Gesellschaft in der alle, zumindest viele sich als Bürger fühlen, verstehen und verhalten. Sie kann nur entstehen, wenn die Gewalten nicht nur vertikal, wie in der politischen Philosophie *Montesquieus* (vgl. Montesquieu 1994), sondern zudem auch horizontal geteilt sind: Zwischen einerseits Familie und andererseits Staat muss eine gesellschaftliche Sphäre entstehen und sich entfalten, die den Bürgerinnen erlaubt, sich in ihr zu verwirklichen, indem sie ihre Angelegenheiten selbstbewusst in die eigenen Hände nehmen. Nicht nur *Magers* Zauberwort hierfür heißt ‚selfgovernment' – zu Deutsch: Selbstverwaltung. Die Bürger sollen sich in vielfältigen Formen von Gesellschaften, Assoziationen, Genossenschaften – wir würden heute sagen: in der Pluralität der Zivilgesellschaft sowie der sozialen Ökonomien – realisieren. Konsequent ist, dass auch alle pädagogischen Räume nach dem Prinzip der Selbstverwaltung zu gestalten sind. Denn in diesen kann und soll Selbstverwaltung gewissermaßen von klein auf eingeübt werden.[2]

Wird die Spur der Selbstverwaltung weiter verfolgt, dann ist der Weg zur Selbstregierung der Bürger zwar noch ein gutes Stück (vgl. Müller 2010), aber eingeschlagen. Letztendlich trägt eine derart verstandene Sozialpädagogik demokratisch-republikanische Züge. Denn wenn es gelingt, dass sich Bürgerinnen selbst verwalten, dann kann es schließlich auch gelingen, dass sie sich selbst regieren. In diesem Sinn darf Sozialpädagogik als Erziehung zur Demokratie gelesen werden (vgl. Müller 2005).

Anschlussfähigkeiten an eine pro-aktive Soziale Arbeit

Mit diesen knappen Ausführungen zur frühen Sozialpädagogik soll keineswegs eine neue, vollständigere oder gar richtigere Geschichte geschrieben werden. Zwar ist es möglich der Sozialpädagogik eine eigene Geschichte zu schreiben (vgl. z.B. Niemeyer 1998, vor allem Reyer 2002). Auch ist es möglich, einen kleinen Historikerstreit zwischen Sozialarbeit und Sozialpädagogik loszubrechen (vgl. Niemeyer 1999; Reyer 2002a; Niemeyer 2002). Und schließlich kann sogar die frühe Sozialpädagogik historisiert werden (vgl. Reyer 2009). Hier ist lediglich angestrebt, den oben genannten Fund als Instrument zu benutzen, um die herkömmliche Geschichte Sozialer Arbeit – wie angekündigt – gegen den Strich zu bürsten.

Dies kann an einem prominenten Beispiel gezeigt werden: Jahrelang ist „nach überlieferten Fachwissen" davon ausgegangen worden, dass es „keine angelsächsische Sozialpädagogik" gibt (vgl. Kornbeck 2010). Diese Überliefe-

---

2   Deshalb streitet *Mager* so heftig wie wahrscheinlich kein zweiter Pädagoge des 19. Jahrhunderts für eine staatsfreie Schule; für eine Schule in der Hand des Volkes (vgl. Kronen 1981). Aufgrund dieser Minderheitenposition zur so genannten Schulverfassungsfrage darf er als der erste eigentliche Schulpolitiker des 19. Jahrhunderts bezeichnet werden. Zudem kann er mit seinem Bürgerschulwesen auch als ein Wegbreiter der Realschule gelten. In dieser sollen nicht nur die Realien, also z.B. die französische Sprache, Bedeutung erlangen. In der Bürgerschule gewinnen intern das Schulleben und extern die Verbindung der Schule zum Gemeinwesen – wie wir heute sagen würden – an Gewicht.

rung wird unlängst mit Blick auf die so genannte Settlement-Bewegung, besonders auf deren amerikanische Protagonistinnen um die Friedensnobelpreisträgerin *Jane Addams* und das 1889 gegründete Chicagoer *Hull House* in Zweifel gezogen (vgl. Müller, C.W. 1982/1988; Kunstreich 1997/98). Langsam wird erkannt, dass die Settlement-Bewegung keine rein sozialarbeiterische oder sozialarbeitswissenschaftliche Sache ist. Vielmehr lassen sich durchaus sozialpädagogische Aktivitäten im Sinne von demokratischen Erziehungs- und Bildungsaktivitäten ausmachen (vgl. Eberhart 1995; Pinhard 2009).

Dies verblüfft nicht, wenn gewusst wird, dass u. a. *John Dewey*, der Hauptvertreter pragmatistischer Pädagogik in Amerika, ein Ideen- und Geistgeber der Settlement-Bewegung ist. *Dewey* und ebenfalls *Georg Herbert Mead*[3], der Begründer des Symbolischen Interaktionismus (vgl. Tröhler/Biesta 2008), wirken bei den Sozialreformen im Chicagoer Nachbarschaftsheim mit (vgl. Joas 1989; Oehler 2007; Neubert 1998). Grundsätzlich verfolgt *Dewey* den Ansatz, dass Demokratie mehr ist als eine Herrschaftsform. In seinem Verständnis ist Demokratie eine Lebensform (vgl. Dewey 1993: 120-121) – oder anders formuliert: „Demokratie ist ein Name für ein Leben in freier und bereichernder Kommunikation" (Dewey 1996: 155).

Die Settlement-Bewegung erscheint so gesehen als praktische Umsetzung demokratischer Erziehungsphilosophie: Das methodische Grundprinzip, sich in den ärmsten Distrikten einer Stadt anzusiedeln und dort Nachbarschaftshäuser einzurichten, um *mit* und *unter* den Benachteiligten zu leben, überschreiten Segregationsgrenzen zwischen Schichten, Kulturen und Milieus. Die Siedlerinnen reißen somit Schranken ein, die eine freie Kommunikation im Sinn gelebter Demokratie behindern. Sie drehen dazu die gewohnten Hilfs-, Lehr- und Lernverhältnisse um, da sie nicht stellvertretend *für* die Menschen agieren, sondern *mit* diesen kooperieren, sich solidarisieren und Selbstorganisationsprozesse unterstützen. So gelingt es, möglichst vielfältige gemeinsame Interessen zu entwickeln, was im Sinne *Deweys* ein weiteres Kriterium für eine demokratische Lebensweise darstellt. Diese pro-aktive Haltung speist sich nicht vordringlich aus karitativen Hilfsmotiven, sondern die sozialen Tätigkeiten sind, nach *Addams*, „verschiedene Äußerungen des Strebens, ... Demokratie mit sozialer Gesinnung zu durchdringen" (Addams 1913: 297).

Andersherum kann *Dewey* als Verbindungsglied zur deutschen Sozialpädagogik angesehen werden, auch wenn sich deutscher Idealismus und amerikanischer Pragmatismus teils wie Feuer und Wasser zueinander verhalten (vgl. Bittner 2001). Nachweislich kannte *Dewey* Schriften deutscher Sozialpädagogen, z.B. *Paul Natorps* Hauptwerk „Sozialpädagogik" von 1899 (vgl. Natorp 1974).

---

3   Mead ist bezüglich sozialpädagogischer Inhalte noch gar nicht systematisch erforscht worden.

Aus deutscher Sicht wurde *Dewey* beispielsweise von Spätherbartianern der Sozialpädagogik zugeschlagen und sogar als radikaler Sozialpädagoge verunglimpft. Vor allem: Sein Hauptwerk „Democracy and Education" von 1916 ließt sich passagenweit wie eine kritische Auseinandersetzung mit der frühen Sozialpädagogik. Dewey verwendet sogar an zentraler Stelle seines Argumentationsgangs die Überschrift „Education as national and as social" (Dewey 1985: 99). Diese Textstelle wird von *Eric Hylla* 1930 mit *National- und Sozialpädagogik* übersetzt (vgl. Dewey 1993: 128). Dies mag als stark interpretierende Übersetzung abgetan werden, die Interpretation ist jedoch stimmig: Gleich der frühen Sozialpädagogik ist es *Deweys* Streben, die Dichotomie zwischen einer rein individuellen und einer rein sozialen Auffassung von Erziehung zu überwinden. Beides bleiben Worthülsen, wenn nicht gleichzeitig angegeben wird, für welche Gesellschaft zu erziehen ist: eben für eine demokratische Gesellschaft. Folglich kann *Deweys* Konzeption durchaus als Weiterentwicklung der frühen Sozialpädagogik aufgefasst werden.

Über diese theoretischen Überlegungen hinaus lassen sich auch institutionelle Brücken zur Profession Sozialer Arbeit schlagen: Die Einführung des Settlement-Gedankens in das Deutsche Kaiserreich verdankt sich u. a. dem Berliner Pfarrer *Friedrich Siegmund-Schultze* (vgl. Lindner 1997). Dieser gründet 1911 die *Soziale Arbeitsgemeinschaft Berlin-Ost*. Auch wenn die deutsche Variante der Settlement-Bewegung sich von ihren Vorbildern absetzen will, so bleibt doch erstaunlich, dass *Siegmund-Schultze* als Schüler *Natorps* (vgl. Jegelka 1992) Zeit seines Lebens ein Anhänger sozialpädagogischer Ideen bleibt. Hier schließt sich der Kreis.

Ist das überhaupt aktuell? – oder: von der Renaissance der Gemeinwesenarbeit

Das so eben Skizzierte hat durchaus Bedeutung für die aktuelle Soziale Arbeit. Gerade im Zuge der Wiederentdeckung der Gemeinwesenarbeit, etwa unter den Schlagwörtern Sozialraumorientierung oder Quartiersmanagement usw. (differenziert dazu Oelschlägel 2010), wird auch die Beteiligung von Bürgerinnen in lokalen Räumen wiederentdeckt. Bereits an *Dewey* kann gelernt werden: „Der demokratische Aufbau muß grundlegend an der Basis beginnen, ist nicht weniger eine Frage von Nachbarschaftshilfe, Stadtteilarbeit, Bürgerbewegung und Initiativgruppen ... als von repräsentativen Wahlen, Gewaltenteilung und öffentlich kontrollierter Administration" (Neubert 1998: 336).

Indes sollte eingestanden werden, dass der rein programmatische Wille zu Bürgerinnenbeteiligung nicht ausreicht, wie etwa Erfahrungen aus dem Bund-

Länder-Programm *Soziale Stadt* zeigen (vgl. Sauter 2006). Hier wird deutlich, dass der Bürgerbeteiligung zwar eine hohe Wertschätzung entgegen gebracht, jedoch in der Praxis „keine besondere Priorität beigemessen wird". Zudem besteht die Gefahr, dass Bürgerbeteiligung lediglich als Alibi fungiert, Stichwort: Scheinpartizipation, oder Bürgerinnen als Lückenbüßer instrumentalisiert werden, etwa im Zuge neuer postwohlfahrtsstaatlicher Arrangements (vgl. Fehren 2009).

Gerade deshalb kann eine Verankerung in den oben skizzieren historischen Sichtweisen kritisch stimmen: Die Mitarbeiter der ersten Settlements wissen, dass sie zunächst ihre Nachbarschaft erkunden und mit ihr in Beziehung treten müssen, wollen sie sozial wirksam werden. Dabei entwickeln sie gewissermaßen ethnografische Methoden der Feldforschung.[4] Spannend daran ist, dass die Haltung von Feld-Erforschenden durchaus Ähnlichkeiten mit der oben als pro-aktiv bezeichneten Haltung aufweist, so wie sie von *Roland Girtler* in „10 Gebote der Feldforschung" auf den Punkt gebracht wird (vgl. Girtler 2009). Eine positive Haltung ist geprägt von Vorurteilsfreiheit und Achtung für das Gegenüber, von Interesse und Neugierde an fremden Lebenswelten. Hinzu kommt, dass das Gegenüber nicht zum Untersuchungsobjekt bzw. im sozialarbeiterischen Sinn zum Hilfsobjekt degradiert wird.

Diese Herangehensweise kennt Soziale Arbeit an anderen Stellen der Gemeinwesenarbeit: u. a. von der Aktivierenden Befragung oder den Eins-zu-eins-Gesprächen aus dem *Community Organizing*, einer radikaldemokratischen Methode zum Aufbau von selbst tragenden Bürgerorganisationen, die mit *Saul D. Alinsky* ebenfalls wie die Settlement-Bewegung ihren Geburtsort in Chicago hat (vgl. Müller/Szynka 2010). Die oben genannte Herangehensweise bildet die Basis dafür, dass Menschen zueinander Vertrauen fassen, gemeinsame Interessen erkennen, dann zusammen agieren und möglichst machtvoll ihr Leben vertreten. Wenn dies gelingt, dann gewinnen die Menschen miteinander und aneinander – auch mit der Hilfe professioneller Sozialer Arbeit – demokratische Erfahrungen.

---

4   Hier sei die Anmerkung erlaubt, dass diesbezüglich noch weites gehend unerforscht – zumindest in der Sozialen Arbeit wenig bekannt – ist, welche Beziehungen zwischen der Chicagoer Schule der Soziologie, die als eine Wurzel der Stadtforschung gilt (vgl. Lindner 2004), der Settlement-Bewegung, dem Pragmatismus und der deutschen Geisteswissenschaft bestanden. Eine erkenntnisreiche Ausnahme stellt der Handbucharticle „Traditionen der ‚Chicagoer Schule'" von *Ingrid Miethe* dar (vgl. Miethe 2010). *Miethe* gelingt es, eine enge Verbindung zwischen Chicagoer Soziologie, Sozialreform und Sozialer Arbeit vor allem methodisch herauszuarbeiten. Zudem kann sie Gründe angeben, warum dieser Verbindung gekappt wurde: „Ein zentraler Grund liegt in der mit der Berufung von Park (*Robert Ezra Park*; d. Verf.) einsetzenden stärkeren Trennung zwischen einer, zu diesem Zeitpunkt oft stark moralisierend ausgerichteten Sozialreform und Sozialforschung. Für die sich etablierende Soziologie hielt er eine Verbindung der Forschung mit der Praxis und Sozialreform für ein Hemmnis, das die Entwicklung der Soziologie als Wissenschaft behinderte" (ebd.: 68). *Miethe* stellt zwar auch Zusammenhänge zur Pädagogik, vor allem zu *Dewey* und *Mead* her. Sie schließt ihre historische Analyse indes stark an rekonstruktive Forschung und Fallarbeit an. Damit verkennt sie sozialpädagogische Bezüge.

Rückbezüglich zum eingangs erwähnten politischen Mandat Sozialer Arbeit kann die Schlussfolgerung gezogen werden: Soziale Arbeit wird hierbei weniger *von oben*, etwa vom Sozialstaat, der immer auch dem Mittelstand der bürgerlichen Gesellschaft zu Gute kam, sondern vielmehr *von unten*, von den Betroffenen selbst her mandatiert. An deren Seite setzt sich eine so verstandene Soziale Arbeit dafür ein, die sozialen Strukturen, die soziale Probleme bedingen, zu verändern. Soziale Arbeit wird hier zum Moderator, ja zum Katalysator von Prozessen der Selbstverwaltung, Selbstregierung und schließlich der Selbstermächtigung – oder mit einem modernen Schlagwort: zum Katalysator von Prozessen des ‚empowerment'. Das so genannte Doppelte Mandat Sozialer Arbeit, welches – vereinfacht gesprochen – diese in ein Spannungsverhältnis zwischen einerseits ‚Klientel' und andererseits Staat zwängt, wird damit zumindest be- und gewusster Bestandteil demokratische legitimierter Prozesse des Aushandelns und Ausbalancierens.

Bewusst wird hier nicht von einem Tripple-Mandat im Sinne von *Silvia Staub-Bernasconis* gesprochen. Bei der hier vorgestellten demokratischen Ausrichtung Sozialer Arbeit handelt es sich weniger um ein neues Ideal (wie die Realutopie der Menschenrechte) sondern vielmehr um eine Verfahrensweise, wie das Doppelmandat neu auszubalancieren ist. Denn gerade in postwohlfahrtsstaatlichen Arrangements besteht die Gefahr, dass das Doppelte Mandat Sozialer Arbeit zu Ungunsten der Schwachen, der Klienten, aus der Waage gerät.[5]

Vom politischen zum pädagogischen Mandat

Diese politische Mandatierung hat durchaus, wie an der frühen Sozialpädagogik gezeigt, pädagogische Implikationen. Mensch ist Mensch qua Zugehörigkeit zur Gattung. Bürger hingegen wird Mensch durch Erziehung. An dieser Stelle regt sich, so darf vermutet werden, Unbehagen. Warum? In der Sozialen Arbeit besonders als Sozialarbeitswissenschaft ist die Pädagogik bzw. ein bestimmtes Bild von Pädagogik umstritten. Es ist umstritten, die Soziale Frage als Erziehungs- und Bildungsfrage und nicht vordringlich als Frage materieller Umverteilung anzusehen. Mehr noch: *Girtler* schreibt bzgl. der Feldforschung: „Du sollst dich nicht als Missionar oder Sozialarbeiter aufspielen. Es steht dir nicht zu, ‚erzieherisch' auf die vermeintlich ‚Wilden' einzuwirken." (Girtler 2009, 4).

---

5   Wobei angemerkt werden kann, dass der an die industriegesellschaftliche Entwicklung und damit an Wachstum gekoppelte Wohlfahrtsstaat zwar der sozialen Integration und Befriedung diente, indes eine zukünftige Postwachstumsgesellschaft nicht nur Gefahren, sondern auch die Chance beinhaltet, zu anderen Formen neuer Solidarität vorzudringen.

Anscheinend setzt *Girtler* den christlichen Missionar mit dem erziehenden Sozialarbeiter gleich. Dann muss Erziehung als moralische Kolonialisierung fremder Lebenswelten erscheinen. Diese Sicht ist auch in der gängigen Sozialen Arbeit verbreitet: So ist ein Kennzeichen der spätmittelalterlichen Armenfürsorge, von der wir immer noch vor allem durch *Christoph Sachße* und *Florian Tennstedt* wissen, die *Pädagogisierung* der Hilfe, d.h. die Koppelung von Hilfe an die moralische Besserung der Hilfsbedürftigen (vgl. Sachße/Tennstedt 1980). So wird die Armenerziehung des oben genannten Säulenheiligen *Pestalozzi* immer noch als Erziehung der Armen zur Genügsamkeit interpretiert (vgl. Müller 2009). So wird bis auf die Gegenwart im aktivierenden Sozialstaat Fördern an Fordern, d.h. sozialstaatliche Leistungserbringung an Eigenverantwortung gekoppelt (dazu kritisch Kessl/Lütke-Harmann 2011).

Dieses Bild von Pädagogik ist stark verkürzt – denn: Mit der Erziehung zum Bürger ist nicht in erster Linie moralische Ertüchtigung oder gar Drangsalierung gemeint, sondern vielmehr die Entwicklung von demokratischen Umgangsformen und Handlungskompetenzen. Anders formuliert: Tugendhaftigkeit ist eine Chiffre für das virtuose Handeln der Bürgerinnen (vgl. Arendt 1994). Dieses Handel-Können beginnt nicht erst im Erwachsenenalter. Vielmehr gilt mit *Dewey* gesprochen, von klein auf in allen pädagogischen Bezügen Erfahrungen zu gewinnen und stetig den gewonnenen Erfahrungsschatz zu erweitern, um daraus schöpfend mit anderen Menschen zusammen Probleme konstruktiv zu lösen. Dies setzt u. a. voraus, zu neuen Erfahrungen fähig zu sein, ja diese zu suchen. Es setzt voraus neugierig, experimentell und innovativ zu sein, d.h. auch dem vordergründig Abwegigen aufgeschlossen zu begegnen. Es bedeutet zudem, kommunikativ wie konfliktfähig zu sein und auch Anders-Sein als Chance zur Weiterentwicklung zu begreifen und zu nutzen.

Fazit

Wird mit dem Instrument der frühen Sozialpädagogik die Geschichte der Sozialen Arbeit gegen den Strich gebürstet, dann kommen eben solche Wendepunkte und Umbrüche in den Blick, die Soziale Arbeit nicht auf professionelle Hilfe reduzieren. Vielmehr wird die aktive Teilhabe und Teilnahme aller Bürgerinnen am Sozialen bestenfalls in demokratischen Formen in den Blick gerückt. Des Weiteren wird in den Blick genommen, dass hierfür auch Institutionen, vor allem die Erziehungsinstitutionen für mehr Mitbestimmung der an ihnen Beteiligten zu öffnen sind.

Beides reicht indes noch nicht hin: Mit Blick auf das oben Skizzierte darf gefolgert werden, dass es sich beim politischen Mandat Sozialer Arbeit auch um ein Mandat für eine bestimmte Erziehungs- und Bildungskonzeption handelt: um das Mandat, Erziehung demokratisch auszurichten und folglich demokratisch zu erziehen. Dies schließt auch den Aufbau anderer neuer Lebensformen ein. Auch hierzu bietet – wie eingangs behauptet – z.b. das frühe 19. Jahrhundert ‚vergessene' Alternativen, etwa hinsichtlich sozialem, z.B. genossenschaftlichem Wirtschaften. Dies ist ein weiteres, neues Thema; ein Thema, welches wie andere in der Theorie und Geschichte der Sozialen Arbeit einer systematischen Aufarbeitung harrt und trotzdem die Gegenwart der Sozialen Arbeit am ‚Ende' der wohlfahrtstaatlichen Ära bereichern könnte.

Literatur

Addams, Jane (1913): Zwanzig Jahre soziale Frauenarbeit in Chicago. München: Beck.
Ahrendt, Hannah (1994): Freiheit und Politik. In: Arendt, H.: Zwischen Vergangenheit und Zukunft. Übungen im politischen Denken I. München: Piper. 201-226.
Benjamin, Walter (1977): Über den Begriff der Geschichte. In: Benjamin, W.: Illuminationen. Frankfurt/Main: Suhrkamp. 251-261.
Bittner, Stefan (2001): Learning by Dewey? John Dewey und die deutsche Pädagogik 1900–2000, Bad Heilbrunn: Klinkhardt.
Dewey, John (1985): Democracy and Education. Southern Illinois: Southern Illinois Press.
Dewey, John. (1993): Demokratie und Erziehung. Eine Einleitung in die philosophische Pädagogik. Weinheim und Basel: Beltz.
Dewey, John (1996): Die Öffentlichkeit und ihre Probleme. Bodenheim: Philo.
Dollinger, Bernd (2006): Die Pädagogik der Sozialen Frage. (Sozial-)Pädagogische Theorie vom Beginn des 19. Jahrhunderts bis zum Ende der Weimarer Republik. Wiesbaden: VS Verlag.
Eberhart, Cathy (1995): Jane Addams. Sozialarbeit, Sozialpädagogik und Reformpolitik. Rheinfelden u.a.: Schäuble.
Edelheim. John (1902): Geschichte der Socialpädagogik mit besonderer Berücksichtigung des französischen Revolutionszeitalters. Leipzig: Akademischer Verlag für sociale Wisenschaft.
Gall, Lothar (2012): Von der ständischen zur bürgerlichen Gesellschaft. München: Oldenbourg.
Gedrath, Volker (2003): Vergessene Traditionen der Sozialpädagogik. Weinheim, Basel und Berlin: Beltz.
Girtler, Roland (2009): 10 Gebote der Feldforschung. Berlin und Wien: LIT.
Görland, Albert (1906): Rousseau als Klassiker der Sozialpädagogik. Entwurf zu einer Neudarstellung auf Grund seines Emile. Gotha: Thienemann.
Gottschalk, Gerhard Michael (2004): Entstehung und Verwendung des Begriffs Sozialpädagogik. Eichstätt: BPB.
Hering, Sabine/ Münchmeier, Richard (2007): Geschichte der Sozialen Arbeit. Eine Einführung. Weinheim und München: Juventa.
Jegelka, Norbert (1992): Paul Natorp. Philosophie – Pädagogik – Politik. Würzburg: Königshausen und Neumann.

Joas, Hans (1989): Praktische Intersubjektivität. Die Entwicklung des Werkes von G. H. Mead. Frankfurt/Main: Suhrkamp.

Kessl, Fabian/Lütke-Harmann, Martina (2011): Soziale Bildung und Erziehung in der Demokratie. Sozialpädagogische Reflexionen im Angesicht des post-wohlfahrtsstaatlichen Transformationsprozesses. In: Ludwig, L. u. a. (Hrsg.): BILDUNG in der Demokratie. Tendenzen – Diskurse – Praktiken. Opladen & Farming Hills: Barbara Budrich. 177-190.

Kornbeck, Jacob (2010): Jane Addams – eine amerikanische Sozialpädagogin? In: Sozialmagazin, 9/2010. 32-34.

Kronen, Heinrich (1980): Sozialpädagogik. Geschichte und Bedeutung des Begriffs. Frankfurt/Main: Haag + Herchen.

Kronen, Heinrich (1981): Wem gehört die Schule? Karl Magers liberale Schultheorie. Frankfurt/Main: Haag + Herchen.

Kronen, Heinrich (1989): Karl Mager als politischer Pädagoge im Vormärz. In: Bildung und Erziehung, Jg.42. 319-330.

Kuhlmann, Carola (2008): Geschichte der Sozialen Arbeit. Schwalbach/Ts: Wochenschau.

Kunstreich, Timm (1997/1998): Grundkurs Soziale Arbeit. Sieben Blicke auf Geschichte und Gegenwart Sozialer Arbeit (zwei Bde.). Hamburg: Rauhes Haus.

Lambers, Helmut (2010): Wie aus Helfen soziale Arbeit wurde. Bad Heilbrunn: Klinkhardt.

Lindner, Rolf (1997) (Hrsg.): „Wer in den Osten geht, geht in ein anderes Land". Die Settlementbewegung in Berlin zwischen Kaiserreich und Weimarer Republik. Berlin: Akademie.

Lindner, Rolf (2004): Walks on the wild side. Eine Geschichte der Stadtforschung. Frankfurt und New York: Campus.

Luhman, Niklas (1975^3): Formen des Helfens im Wandel gesellschaftlicher Bedingungen. In: Otto, H.-U./Schneider, S.(Hrsg.): Gesellschaftliche Perspektiven der Sozialarbeit (Bd.1). Neuwied und Darmstadt: Luchterhand. 21-43.

Maurer, Susanne (2009): Soziale Arbeit als „offenes Archiv" gesellschaftlicher Konflikte. In: Mührel, E./Birgmeier, B. (Hrsg.): Theorien der Sozialpädagogik – ein Theorie-Dilemma? Wiesbaden: VS. 147-164.

(MGW) Mager, Karl Wilhelm Eduard (1984-1991): Gesammelte Werke in zehn Bänden. Baltmannsweiler: Schneider.

Merten, Roland (2001) (Hrsg.): Hat Soziale Arbeit ein politisches Mandat? Opladen: Leske und Budrich.

Miethe, Ingrid (2010): Traditionen der „Chicagoer Schule". In: Bock, Karin/Miethe, Ingrid (Hrsg.): Handbuch Qualitative Methoden in der Sozialen Arbeit. Opladen & Farmingtin Hill: Barbara Budrich. 65-74

Mollenhauer, Klaus (1959): Die Ursprünge der Sozialpädagogik in der industriellen Gesellschaft. Eine Untersuchung zur Struktur sozialpädagogischen Denkens und Handelns. Weinheim und Berlin: Beltz.

Montesquieu, Charles-Louis de (1994): Vom Geist der Gesetze. Stuttgart: Reclam.

Müller, Carsten (2005): Sozialpädagogik als Erziehung zur Demokratie – ein problemgeschichtlicher Theorieentwurf. Bad Heilbrunn: Klinkhardt.

Müller, Carsten (2005a): Sozialpädagogik als Bürgererziehungswissenschaft – eine problemgeschichtliche Auseinandersetzung mit Sozialer Arbeit als Menschenrechtsprofession. In: Zeitschrift für Pädagogische Historiographie 1/05. 3-8.

Müller, Carsten (2006): Das demokratische Potenzial der frühen Sozialpädagogik in seiner Bedeutung für die aktuelle Soziale Arbeit. In: Sozialmagazin 6/06. 38-44.
Müller, Carsten (2009): »Pestalozzi reloaded« – oder: Wer erzieht eigentlich die Reichen? In: Sozialmagazin 1/09. 22-29.
Müller, Carsten (2010): Selbstverwaltung – ein konstitutives Prinzip der Sozialpädagogik. In: Mührel, E. (Hrsg.): Der Staat und die Soziale Arbeit. Essen: Blaue Eule. 111-125.
Müller, Carsten/Kronen, Heinrich (2010) (Hrsg.): Sozialpädagogik nach Karl Mager. Quellen und Diskussion. Bad Heilbrunn: Klinkhardt.
Müller, C. Wolfgang (1982/1988): Wie Helfen zum Beruf wurde. Eine Methodengeschichte der Sozialarbeit (zwei Bde.). Weinheim und Basel: Beltz.
Natorp, Paul (1974): Sozialpädagogik. Theorie der Willensbildung auf Grundlage der Gemeinschaft. Paderborn: Schönigh.
Neubert, Stefan (1998): Erkenntnis, Verhalten und Kommunikation. John Deweys Philosophie des „experience" in interaktionistisch-konstruktivistischer Interpretation. Münster: Waxmann.
Niemeyer, Christian (1998): Klassiker der Sozialpädagogik. Einführung in die Theoriegeschichte einer Wissenschaft. Weinheim und München: Juventa.
Niemeyer, Christian (1999): Auf der Suche nach einem sozialpädagogischen ›Historikerstreit‹ oder Viel Lärm um Nichts? In: neue praxis 4/99. 418-420.
Niemeyer, Christian (2002): Sozialpädagogik – ein Weckruf. In: neue praxis 4/02. 321-345.
Oehler, Patrick (2007): Pragmatismus und Gemeinwesenarbeit. Neu-Ulm: AG-Spak.
Pinhard, Inga (2009): Jane Addams: Pragmatismus und Sozialreform. Pädagogische Theorie und Praxis der Progressiv Era. Opladen u.a.: Budrich UniPress.
Rauschenbach, Thomas (1999): Das sozialpädagogische Jahrhundert. Analysen zur Entwicklung Sozialer Arbeit in der Moderne. Weinheim und München: Juventa.
Reyer, Jürgen (2002): Kleine Geschichte der Sozialpädagogik. Individuum und Gemeinschaft in der Pädagogik der Moderne. Baltmannsweiler: Schneider.
Reyer, Jürgen (2002a): Sozialpädagogik – ein Nachruf. In: Zeitschrift für Pädagogik, Jg. 48, Nr. 3. 398-413.
Reyer, Jürgen (2009): Sozialpädagogik – Plädoyer zur Historisierung eines Inszenierungsdilemmas. In: Mührel, E./Birgmeier, B. (Hrsg.): Theorien der Sozialpädagogik – ein Theorie-Dilemma? Wiesbaden: VS. 255-272.
Rousseau, Jean-Jacques (1971): Emil oder Über die Erziehung. Paderborn: UTB.
Sachße, Christoph/Tennstedt, Florian (1980): Geschichte der Armenfürsorge: vom Spätmittelalter bis zum Ersten Weltkrieg. Stuttgart, Berlin, Köln und Mainz: Kohlhammer.
Sauter, Mathias (2006): Mobilisierung von Bewohnerengagement im Rahmen des Programms „Soziale Stadt". In: Selle, K. (Hrsg.): Praxis der Stadt- und Regionalentwicklung – Analysen, Erfahrungen, Folgerungen (Planung neu denken, Bd.2). Dortmund: Rohn. 318-330.
Schabdach, Michael (2010): Karl Magers (Sozial-)Pädagogik im Kontext des vormärzlichen Liberalismus. In: Müller, C./Kronen, H.: Sozialpädagogik nach Karl Mager. Bad Heilbrunn: Klinkhart. 399-421.
Schröer, Wolfgang (1999): Sozialpädagogik und die soziale Frage. Der Mensch im Zeitalter des Kapitalismus um 1900. Weinheim und München: Juventa.
Sorg, Richard (2003) (Hrsg.): Soziale Arbeit zwischen Politik und Wissenschaft. Münster, Hamburg und London: LIT.

Staub-Bernasconi, Silvia (2003): Soziale Arbeit als (eine) »Menschenrechtsprofession«. In: Sorg, R. (Hrsg.): Soziale Arbeit zwischen Wissenschaft und Politik. Münster, Hamburg und London: LIT. 17-54.
Tröhler, Daniel/Biesta, Gerd (2008): Georg Herbert Mead und die Entwicklung einer sozialen Erziehungskonzeption. In: Mead, G. H.: Philosophie der Erziehung. Bad Heilbrunn: Klinkhardt. 7-26.
Wendt, Wolf Rainer (1995): Geschichte der Sozialen Arbeit. Stuttgart: Enke.

Internetquellen

Fehren, Oliver (2009): Bemerkungen zur zivilgesellschaftlichen Perspektive der Gemeinwesenarbeit (Vortragsmanuskript). Text im Internet: BAG-Konferenz-09-2009-Fehren-Issab-1.pdf auf: www.bagsozialestadtentwicklung.de [Abruf 23.02.2012]
Müller, Carsten/Szynka, Peter (2010): Community Organizing. In: Enzyklopädie Erziehungswissenschaft Online (EEO). Text im Internet: www.erzwissonline.de [Abruf 18.05.2011]
Oelschlägel, Dieter (2010): Sozialraumorientierung – Gemeinwesenarbeit. Eine Erweiterung von Handlungsmöglichkeiten für die soziale Arbeit (Vortragsmanuskript). Text im Internet: Vortrag Gemeinwesenarbeit Oelschlaegel 07042010.pdf auf: www.fhv.at [Abruf 23.02.2012]

Sonstige Quellen

Phillips, Utah/Di Franco, Ani (1997): Bridges. Von der CD: The past didn't go anywhere: Righteous Babe.

Menschenrechte und Demokratie als *soziale Ideale*
Zur Aktualität der Sozialpädagogik und des Sozialidealismus Paul Natorps. Mit einem Exkurs zu Jane Addams' *„Democracy and Social Ethics"*

Eric Mührel

Soziale Politik, soziale Wirtschaft sowie *soziale Erziehung und Bildung* als Grundfaktoren des gesellschaftlichen Lebens stellen als Paradigmen einer gerechten Gesellschaftsordnung im Sinne einer Demokratie als Lebensform[1] eine Hoffnung für viele Menschen auf dem Hintergrund der aktuellen globalen Krise der Finanz- und Wirtschaftsmärkte, der Staatsverschuldungen sowie des *Arabischen Frühlings* dar. Menschenrechte und Demokratie können dabei als *soziale Ideale* verstanden werden, die auf ihre Verwirklichung drängen. Bezüglich dieses Befundes mag es irritieren und zumindest verwundern, dass diese Paradigmen *schon* vor gut 100 Jahren von Paul Natorp mit Blick auf die damalige Zeitenwende und Katastrophe des ersten Weltkrieges in seiner Sozialpädagogik und seinem Sozialidealismus benannt und in einem gesellschaftlichen Programm umgesetzt wurden. Dieser Umstand legt zumindest nahe, die Programmatik Natorps in Augenschein zu nehmen und zu würdigen. Wenn Sozialpädagogik respektive Soziale Arbeit als ein *offenes Archiv* gesellschaftlicher Konflikte (dazu Maurer 2009) zu verstehen sind, besteht die Möglichkeit aus dem sozialpädagogischen Gesellschaftsprogramm Natorps für die Bewältigung der aktuellen Krisen lernen zu dürfen.

Im Folgenden wird zunächst das gesellschaftliche Programm Natorps im Zusammenhang seiner Schriften *Sozialpädagogik* aus 1899 und *Sozialidealismus* aus 1920 dargelegt. Dem schließen sich eine Darstellung der unterschiedlichen Lesarten der Sozialpädagogik und des Sozialidealismus Natorps und ein vergleichender Exkurs zu Jane Addams Entwurf eines gesellschaftlichen Programms in ihrer Schrift *„Democracy and Social Ethics"* aus 1902 an. Im Letzteren wird ersichtlich, dass Addams ähnliche *Ideale* wie Natorp verfolgt, allerdings auf dem Hintergrund eines erkenntnistheoretisch und methodisch anderen Zugangs. Abschließend wird die Aktualität der Sozialpädagogik und des Sozialidealismus Natorps für die kommenden Herausforderungen der sozialen und gesellschaftli-

---

[1] Carsten Müller (2005) ist es zu verdanken, dass er die Konzeption einer Demokratie als Lebensform in einem problemgeschichtlichen Theorieentwurf der Sozialpädagogik insbesondere mit Bezug auf Karl Mager, Paul Natorp und John Dewey wieder aktualisiert hat.

chen Entwicklung erörtert. Dabei wird die Anschlussfähigkeit der Programmatik Natorps an gegenwärtige gesellschaftspolitische Dimensionen der Theorien der Sozialen Arbeit umrissen.

1 Natorps Sozialpädagogik als Grundlegung eines gesellschaftlichen Programms eines Sozialidealismus

Die zwei Werke Natorps *Sozialpädagogik. Theorie der Willenserziehung auf der Grundlage der Gemeinschaft* aus 1899 und *Sozialidealismus. Neue Richtlinien Sozialer Erziehung* aus 1920 können in einer engen Beziehung einer gemeinsamen Wirkungsintention Natorps betrachtet werden. Das systematische Verständnis von Sozialpädagogik bei Natorp wird dabei auf dem Hintergrund der Erfahrung der Katastrophe – in seiner ursprünglichen griechischen Bedeutung weist Katastrophe auf einen Wendepunkt hin – des ersten Weltkrieges (1914-1918) zu einem sozialidealistischen Gesellschaftsprogramm einer Demokratie als Lebensform auf den Grundpfeilern Soziale Erziehung, Soziale Wirtschaft und Soziale Politik fortgeführt. Natorp selber betont diesen Zusammenhang beider Werke. In der Einleitung zur zweiten Auflage des Sozialidealismus 1922 bezeichnet er dieses Werk als Ergänzung seiner Sozialpädagogik aus 1899, „welche durch den tiefgreifenden Wandel der ganzen äußeren und inneren Lage unseres Volkes und die Krise der abendländischen Kultur überhaupt gefordert" (Natorp 1922, IV) ist. Zur gleichen Zeit führt er im Vorwort zur vierten Auflage der Sozialpädagogik aus 1922 aus, dass er selbst seine Sozialpädagogik als „noch lange nicht radikal genug" (Natorp 1922a, VI) empfindet; dabei bezieht er sich mit radikal (wohl mit Verweis auf das griech. radix: die Wurzel) auf eine „Vertiefung der philosophischen Grundlegung" (ebenda) seiner Sozialpädagogik im Sozialidealismus. Auch in der einschlägigen Fachliteratur zu Natorp wird auf diesen Zusammenhang zwischen seiner Sozialpädagogik und seinem Sozialidealismus hingewiesen. Der Sozialidealismus als „Revolutionsbuch" (Henseler 2000, 48) „zeugt (…) für einen radikaleren, ungeduldigeren Duktus" (Niemeyer 1989, 242) seiner sozialpädagogischen Grundüberzeugungen. Bezogen auf den Wirkungszusammenhang konstatiert Jürgen Reyer: „Überhaupt hatte seine Sozialpädagogik zusammen mit seinem Sozial-Idealismus erst in den 20er Jahren vor dem Hintergrund der Erfahrung des Ersten Weltkrieges mit seinen verheerenden Auswirkungen eine gewisse Breitenwirkung" (Reyer 1999, 26-27).[2] Ausgehend von Natorps grundlegendem Befund einer „Verarmung

---

2   Diese *Nachblüte* sei aber zugleich der *Abgesang* auf diesen umfassenden systematischen Entwurf einer Sozialpädagogik gewesen. Andere Verständnisse der Sozialpädagogik – vor allem das von Herman Nohl und Gertrud Bäumer – gewannen demnach die Bedeutungshoheit in den Diskursen der 1920er Jahre. Ob es sich dann dabei letztlich um eine Engführung des Sozialpädagogikbegriffes im Sinne Niemeyers (vgl. Niemeyer 1997, 167-168) handelte, sei dahin gestellt; *Abgesang* und *Engführung* weisen zumindest beide auf eine *Entsorgung* hin.

des sozialen Zusammenlebens" (Dungs 2009, 81) ist sein Sozialidealismus letztlich nur auf der Basis seiner Sozialpädagogik zu verstehen (dazu Jegelka 1992, 144-145). Daher wird in einem ersten Schritt zunächst sein Entwurf der Sozialpädagogik skizziert, worauf die Ausarbeitung seines gesellschaftlichen Programms im Sozialidealismus erörtert wird.

Die *Sozialpädagogik* Natorps

Was Heinrich Kronen schon 1980 mit Bezug auf Natorps *Sozialpädagogik* konstatierte, ist auch heute noch zutreffend: „Sozialpädagogik wird in dieser Schrift Natorps ausführlich und vom Punkte Null ab entwickelt. Sie ist – so meine ich – bis heute unübertroffen – und zwar vor allem deswegen, weil es sich um eine vollständige, ganz geschlossene Theorie der Sozialpädagogik handelt" (Kronen 2010, 274).[3] Diese setzt sich aus drei Teilen zusammen, die im Folgenden in ihren Hauptlinien beschrieben werden. Einer Grundlegung seines Verständnisses von Sozialpädagogik folgt eine ethisch und sozialphilosophisch „dargelegte Gesetzmäßigkeit des sozialen Lebens", die sich „auf menschliche Gemeinschaft überhaupt, ohne Einschränkung auf irgendwelche besonderen Bedingungen bezieht" (Natorp 1904, 213). Der dritte Teil erörtert die pädagogische Umsetzung dieser Gesetzmäßigkeit unter einer Offenheit für die sich stets verändernde soziale Wirklichkeit, was der Sozialpädagogik eine Entwicklungsperspektive sowohl als *pädagogische Kunstlehre* wie als (Erziehungs)Wissenschaft offeriert.

Die *Sozialpädagogik* trägt den Untertitel *Theorie der Willenserziehung auf der Grundlage der Gemeinschaft*. Wie fundiert Natorp im **ersten Teil** der *Sozialpädagogik* die Beziehung von Sozialpädagogik, Willenserziehung und Gemeinschaft als Gesetzmäßigkeit des sozialen Lebens? Für ihn stellt Erziehung im eigentlichen Sinne die Bildung des Willens dar. „Also, daß menschliche Bildung Willenssache ist, das ist das Besondere und Wichtige, was das Wort Erziehung in Erinnerung hält" (ebenda, 5). Nur diese Erziehung erlaubt und eröffnet jene Bildungsprozesse, die den Willen – und damit das Selbstbewusstsein[4] – des zu

---

3 Die Beschreibung Kronens „von Punkte Null ab" ist im Sinne einer grundlegenden, eigenständigen Theorie Natorps zu verstehen. Keinesfalls ist damit gemeint, Natorp hätte die Sozialpädagogik oder das sozialpädagogische Denken erfunden. Zutreffend ist diesbezüglich die folgende Analyse von Jürgen Reyer: „Man darf sich nicht an den Ausdruck Sozialpädagogik halten, wenn man sozialpädagogisches Denken aufspüren will. Viele Zeitgenossen (Natorps – Anm. E.M.) haben sozialpädagogisch gedacht, ohne den Ausdruck zu verwenden, – insbesondere diejenigen, die nicht als Anhänger Natorps missverstanden werden wollten" (Reyer 2002, 141).

4 Natorp argumentiert im Verständnis von Franz-Michael Konrad erkenntnistheoretisch, indem er deutlich machte, dass „alles menschliche Bewusstsein stets sozial determiniert" sei (Konrad 2009, 102).

Erziehenden für Ziele der Selbstbildung hinsichtlich eines gelingenden Lebens zu gewinnen vermögen. Menschen benötigen also eine grundlegende Idee als einen Willen, ihr Leben zu gestalten. Dies ist die fundamentale Aufgabe der Erziehung, solchen Willen, eine solche Idee im Menschen für seine Bildung hervorzubringen.

Wie steht nun diese Willenserziehung als *Funke* für das *Feuerwerk* der Bildungsprozesse in Bezug zur Gemeinschaft? Der „Quell der Willensbildung" (ebenda, 83) erschließt sich nach Natorp nur in der Wechselbeziehung des Bildungssubjektes zur Gemeinschaft, in der es erzogen wird und sich bildet.[5] Die Beschreibung dieser lebendigen Verbundenheit und Wechselseitigkeit lässt Natorp als Neukantianer der *Marburger Schule* als *Schüler* Kants über seinen Lehrer hinauswachsen. So formulierte doch Kant in seiner im Wintersemester 1776/77 gehaltenen *Vorlesung über Pädagogik*: „Der Mensch kann nur Mensch werden durch Erziehung. Er ist nichts, als was die Erziehung aus ihm macht. Es ist zu bemerken, daß der Mensch nur durch Menschen erzogen wird, durch Menschen, die ebenfalls erzogen sind" (Kant 1963, 11). Natorp erweitert diesen erziehungsphilosophischen Ansatz in der Formulierung: „Der Mensch wird zum Menschen allein durch menschliche Gemeinschaft" (Natorp 1904, 84; dazu auch Niemeyer 1989, 253). „Die bloß individuelle Betrachtung der Erziehung ist eine Abstraktion, die ihren begrenzten Wert hat, aber schließlich überwunden werden muß" (Natorp 1904, 94). Der Begriff *Gemeinschaft* weist in Absetzung zu Kant darauf hin, dass die soziale Einbettung der Erziehung sich nicht lediglich auf die Beziehung zwischen *Erzieher* und *Zögling* begrenzen lässt. Die Lebensumstände und die gemeinschaftlichen wie gesellschaftlichen Rahmenbedingungen als „Gestaltung sozialen Lebens" (ebenda) bestimmen die Erziehung derjenigen, die daran teilnehmen, wie auch die Erziehung wiederum die Gestaltung dieses sozialen Lebens bestimmt.[6] Diese Wechselbeziehung fasst Natorp unter dem Begriff Sozialpädagogik. Pädagogik ist seiner Auffassung nach demzufolge immer Sozialpädagogik. Die Wissenschaft Sozialpädagogik, die auf diesem Verständnis basiert, hat zu ihrem Gegenstand die „sozialen Bedingungen der Bildung (…) und die Bildungsbedingungen des sozialen Lebens (…)" (ebenda). Somit ist die Beziehung von Sozialpädagogik, Willenserziehung und Gemeinschaft dargelegt.

Wie begründet Natorp nun im **zweiten Teil** der *Sozialpädagogik* dieses Verständnis von Sozialpädagogik? Diese Begründung soll ja eine Gesetzmäßigkeit des sozialen Lebens darstellen, die uneingeschränkt von Raum und Zeit zu gelten hat als eine Idee bzw. eine *Ideal*vorstellung des sozialen Lebens, welche

---

5   Gemeinschaft wird dabei nicht als empirisch-faktische Gegebenheit begriffen, sondern als Idee (vgl. Gottschalk 2004, 273).
6   Zur Vorbildfunktion der Auffassung von *Individuum und Gemeinschaft* bei Friedrich Schleiermacher für Natorp vgl. Jegelka 1992, 18-19.

als ein individuell wie gemeinschaftlich *Gesolltes* nach stetiger Umsetzung drängt; an dieser Stelle wird der *spätere* Weg zum *Sozialidealismus* schon offenkundig. Natorp sucht eine *platonische Lösung*, den Bezug auf die Staats- und Erziehungskunst Platons.[7] In der Tugendlehre der *Politeia* (427c-445e) als vermeintlich universelle Individual- und Sozialethik findet Natorp die Begründung und das Fundament der Gesetzmäßigkeit des sozialen Lebens. Unter Tugend versteht Natorp eine „rechte, ihrem eigenen Gesetze gemäße Beschaffenheit menschlicher Tätigkeiten" (Natorp 1904, 103). Zu den drei Individualtugenden Wahrheit, Tapferkeit (Tatkraft) und Maß (Besonnenheit), welche sich auf die Seelenteile Vernunft, Wille und Trieb (Begierde)[8] beziehen, gesellt sich die vierte Tugend der Gerechtigkeit. Diese aber bezieht sich grundlegend nicht auf eine eigene menschliche Tätigkeit mit Bezug auf einen spezifischen Seelenteil, sondern ihr obliegen zwei besondere Aufgaben. Einerseits soll sie zur rechten Ordnung zwischen den Seelenteilen und ihren Tugenden beitragen und andererseits ist sie die der Gemeinschaft zugewandte Seite der Individualtugenden (vgl. Natorp 1904, 135-136).[9] Damit ist die Gerechtigkeit zugleich diejenige Sozialtugend der Gemeinschaft, die die Sozialtugenden ordnet, welche sich aus dem Spiegelbild der Seele des Menschen in der Gemeinschaft (bzw. dem Staat) ergeben: Wahrhaftigkeit/soziale Vernunft, Gemeinschaftswille/Gesetzlichkeit und gemeinschaftliche, auf Gleichheit basierende Organisation der Arbeit sowie der Verteilung derer Erträge. Diese Sozialtugenden sind nach Natorp den Gemeinschaftsbereichen Bildung und Erziehung, Politik sowie Wirtschaft zugeordnet (vgl. Natorp 1904, § 19).

---

7   Dabei ist zu berücksichtigen, dass Natorp sich in seinem philosophischen Werdegang zunächst mit Aristoteles beschäftigte und von diesem aus sich Platon zuwandte (vgl. Jegelka 1992, 19-20).
8   Siehe hierzu auch die Beschreibungen des Seelenwagens durch Platon im Phaidros (246a-256e).
9   Mit Wolfgang Kersting wäre dem Verständnis Platons durch Natorp durchaus zuzustimmen. Denn auch Kersting geht von einer Strukturanalogie der Sozialtugenden und Individualtugenden, von Gemeinwesen und Seele, bei Platon in der Politeia aus. Die Gerechtigkeit ist dabei das „Organisationsprinzip des Ganzen" – und damit die Vermittlungsstelle zwischen Individual- und Sozialtugenden (vgl. Kersting 2006, 156-160).

Die Systematik der Individual- und Sozialethik Natorps in Anlehnung an Platon

Seelen-bereiche	Individual-tugenden	Gerechtig-keit	Sozial-tugenden	Gemeinschafts-bereiche
Trieb / Begierde	Maß / Besonnenheit	Gerechtig-keit Organisations-prinzip	Arbeitsgemein-schaft (Auf Gleichheit basierende Verteilung der Arbeit und ihrer Erträge)	Wirtschaft
Wille	Tapferkeit / Tatkraft	Individual- und Sozialtugend Spiegelfunktion Individuum / Gemeinschaft	Gemeinschafts-wille / Gesetzlichkeit	Politik
Vernunft	Wahrheit / Wahrhaftigkeit		Wahrhaftigkeit / Soziale Vernunft/Kritik	Erziehung und Bildung

Diese Gesetzmäßigkeit der Verschränkung von Individualtugenden und Tugenden der Gemeinschaft „bietet einen Rahmen, ausreichend für jede denkbare Erweiterung der Gemeinschaft, bis äußerstenfalls zum Ganzen des Menschheitsgeschlechts" (ebenda, 213). Natorp wendet dabei in einer Art *Kunstgriff* oder *Geniestreich* die aristokratische Auslegung der Individual- und Sozialethik bei Platon in eine demokratische.[10] Die Auffassung, dass jedem Einzelnem in der

---

10 Die Übertragung Natorps der platonischen Idee eines idealen Staates auf die Wirklichkeit einer sich ausdifferenzierenden Gesellschaft zu Beginn des 20. Jahrhunderts bleibt dabei zumindest umstritten. Die *Wendung* der platonischen Grundlegung einer autoritären Philosophenherrschaft, die die Aufgaben der einzelnen Individuen bestimmt und nicht deren Selbstbestimmung anheim gibt, in eine demokratische Lesart ist letztlich nicht leicht zu vermitteln (vgl. dazu Bobbio 2009, 78). Diese Konstruktion war schon den damaligen Schülern Natorps nicht ohne Weiteres zugänglich; vielleicht um so mehr dieser sich ausgehend von Aristoteles, dessen Gerechtigkeitskonzeptionen im neoaristotelischen Diskurs bis heute unvermindert aktuell sind (dazu Rawls 1979, Nussbaum 2010, Sen 2010, Ziegler u.a. 2010), Platon zuwandte und dort eine philosophische Heimat fand (vgl. Jegelka 1992, 19-20). So betrachtet beispielsweise José Ortega y Gasset im Grundsätzlichen die Rezeption Platons durch Natorp äußerst kritisch. Ortega, der sich zwischen 1906 und 1911 zu zwei Studienaufhalten bei Hermann Cohen und Natorp in Marburg einfand, führt aus: „Dieser Natorp, der ein ungemein liebenswürdiger und bescheidener Mann war, mit der Seele einer Turteltaube und einer Mähne à la Robinson Crusoe, beging nun die Grausamkeit, Platon für zwölf oder vierzehn Jahre im Kerker bei Brot und Wasser zu halten und ihn so lange der größten Folter auszusetzen, bis dieser erklärte, er, Platon, habe haargenau dasselbe gesagt wie Natorp" (Ortega y Gasset 1998, 255). Für Ortega

Gemeinschaft nur das „zuteil werden solle, was er Wert ist", in dem Sinne dass dem „Besseren Besseres, dem Schlechteren Schlechteres" (ebenda, 139) je nach seinem Stand in der Gemeinschaft gebühre, lehnt er als überholt ab. Es sei gerade in der Erziehung und Bildung genau entgegengesetzt, denn wie „der Kranke mehr leibliche Pflege für sich fordern darf als der Gesunde, so hat der weniger Begabte Anspruch auf desto größere Sorgfalt für seine Bildung" (ebenda, 140). Dieser Bildungssozialismus gipfelt in seiner Forderung einer „Bildung für alle" (vgl. ebenda 210). Nur so erweist sich die Demokratie als die lebensfähigste Gemeinschaft (vgl. ebenda 234). Auf diesem Bildungssozialismus aufbauend entwickelt Natorp am Ende des zweiten Teils der *Sozialpädagogik* die Vorarbeit seiner Konzeption eines gesellschaftlichen Programms einer Demokratie als Lebensform mit den Paradigmen *Soziale Erziehung, Soziale Wirtschaft* und *Soziale Politik* (ebenda 210-213), die er dann im *Sozialidealismus* von 1920 umfassender ausarbeitet. Dass Natorp aufgrund seines Verständnisses eines Sozialismus als Bildungssozialismus in einer Fundierung im Platonismus in den sozialistischen Bewegungen seiner Zeit und auch in deren Renaissance im Gefolge der 1968er Bewegung nur schwer oder auch gar nicht auf Widerhall zu stoßen vermochte, erscheint naheliegend. So konstatiert beispielsweise Jürgen Rittberg in seiner Kritik der Natorpschen Konzeption aus marxistischer Sicht eine „antimaterialistische und antisozialistische Theorie" Natorps; „(...) die Sackgasse liegt in Natorps Idealismus" (Rittberg 1975, 155 u. 156).

Der dritte Teil der *Sozialpädagogik* stellt in einer Beschreibung der Sozialpädagogik als „konkrete Philosophie" (Niemeyer 1989, 241) eine Deduktion der pädagogischen Aufgabenfelder und Methoden aus Natorps Individual- und Sozialethik dar. Dabei erörtert er die pädagogische Organisation der Willenserziehung in *Haus, Schule* und *Gemeinleben der Erwachsenen* aus der Perspektive der damaligen gesellschaftlichen Umstände auf dem Hintergrund seines Bildungssozialismus. Ziel ist dabei stets „das Bewußtsein der Unendlichkeit der Bildung" (Natorp 1904, 289). Die pädagogische Umsetzung bedarf dabei einer fortschreitenden Weiterentwicklung in der Folge des stetigen sozialen Wandels (vgl. ebenda, XVII-XVIII). Es gilt „Prinzipien des pädagogischen Erkennens und Handelns nutzbar zu machen zur Lösung und Gestaltung von Problemen, die sich aus der sozialen Frage ergeben" (Niemeyer 2009, 233). Damit betont Natorp die Bedeutung der empirischen Wirklichkeit (vgl. Henseler 1997, 131). Es ging

---

mangelte es dem Neukantianismus insgesamt an Wahrhaftigkeit, da er die Theorien über die Wirklichkeit stelle. Daher wandte er sich ab 1912 der Phänomenologie Husserls zu, um *zu den Sachen* selbst zu gelangen, zu einer Theorie, die der Wirklichkeit des Menschen dient (vgl. San Martin 1998, 11-12). Als philosophische Randnotiz bleibt festzuhalten, dass Ortega sich später wiederum von der Phänomenologie enttäuscht abwandte, da seiner Meinung nach diese als Vollendung, „die Ausdruck des Todeskampfes ist", des Idealismus gelten kann, indem auch sie als letzte Wahrheit auf eine „selbstfabrizierte Wirklichkeit" setze (vgl. Ortega 1998, 278-279).

ihm zudem um eine anhaltende „sozialwissenschaftliche Modernisierung der Pädagogik" (Reyer 2009, 258). Sozialpädagogik mag einerseits eine sicherlich hoch zu schätzende, bestimmte Art der pädagogischen Kunstfertigkeit (dazu Winkler 2009) sein. Neben oder über dieser ist sie Wissenschaft der Erziehung und Bildung, die die sozialwissenschaftlichen und sozialpolitischen Diskurse immer mit in ihre dynamische Entwicklung einbezieht (vgl. Niemeyer 1989, 257-258). Mit Blick auf den *Sozialidealismus* ist diese pädagogische Umsetzung allerdings weniger relevant, da diese darin eine Erneuerung aufgrund der dann relevanten gesellschaftlichen Ausgangslage enthält. Im Folgenden steht überhaupt die gesellschaftliche Programmatik des *Sozialidealismus* im Fokus, die eine erweiterte Deduktion aus der Ethik des zweiten Teils der *Sozialpädagogik* darstellt.

Der *Sozialidealismus* Natorps

Zwischen der ersten Veröffentlichung der *Sozialpädagogik* (1899) und der des *Sozialidealismus* (1920) liegen gut zwei Jahrzehnte. Natorp verfasste den *Sozialidealismus* mit Blick auf die unermessliche Tragödie des ersten Weltkrieges und das Ende des Kaiserreichs und die damit einhergehende Gründung der Weimarer Republik als erste Demokratie in Deutschland. Natorps Ausführungen sind von einem Pathos des Schreckens und zugleich der Hoffnung begleitet. Gleich zu Beginn der Einleitung formuliert er als Paradigma für die Gesamtschrift sein Verständnis des Sozialidealismus:

> „Sozial-Idealismus: Das Wort will besagen, dass die Idee sich wieder finden muß zur Gemeinschaft, die Gemeinschaft zur Idee, wenn dies beides, Idee und Gemeinschaft, in der Menschheit noch ferner bestehen soll. Ein gesunder Idealismus darf nicht in den Weiten lebensferner *Ideen* hinausschweifen, er muß mitten im Leben, im härtesten Leben der ringenden Menschheit heimisch werden" (Natorp 1922, III).

Einer Menschheit, der es an Gemeinschaft genauso mangelt wie an „Luft und Nahrung" und die „weit von Licht und Leben" abgeirrt ist , wird der Sozialidealismus eine Verheißung auf eine radikale Erneuerung im „Aufbau der Menschengemeinschaft in Wirtschaft, Staat und Erziehung" (vgl. ebenda). Wie schon erwähnt betont er den Bezug zu seiner Sozialpädagogik. Er schließt somit an seine dort ausgeführten Ideen eines Bildungssozialismus an, den er nun zu einem gesellschaftlichen Programm einer „sozialen Demokratie" (Jegelka 1992, 267) erweitert. Wiederum steht die Idee, das Ideal als individueller und gemeinschaftlicher Wille und als Gesetzmäßigkeit im Vordergrund. „Das soziale Leben aber der Idee zu unterwerfen, gibt es nur den einen Weg der sozialen Erziehung"

(Natorp 1922, IV). Die *soziale* Erziehung bildet somit das Fundament seines Ideals einer sozialen Demokratie, womit nichts anderes gemeint ist als eine Demokratie als Lebensform, die sich in einer Demokratisierung aller Lebensbereiche einer Gesellschaft niederschlägt; ein Kontrastprogramm zu dem eines „Krieges aller gegen alle um die soziale Existenz" (Natorp 1904, 184; dazu Niemeyer 1989, 245). Entsprechend dieser Konzeption erörtert Natorp im *Sozialidealismus* zunächst in drei Kapiteln sein gesellschaftliches Programm als Grundlage einer notwendigen *sozialen Erneuerung* auf dem Hintergrund der Tragödie des ersten Weltkrieges. Dem schließt sich mit Bezug auf den Untertitel des *Sozialidealismus – Neue Richtlinien Sozialer Erziehung* – eine verkürzte Reformulierung des dritten Teils der *Sozialpädagogik* in vier Kapiteln an. Letzteres soll im Folgenden hier aufgrund der Zielsetzung der vorliegenden Ausführungen nicht in der wohl angemessenen Breite erörtert werden. Hinzuweisen ist auf die Forderung Natorps nach der Einheitsschule als „Überwindung des Klassenpädagogik" und Grundlegung der „Demokratie des Geistes" (vgl. Natorp 1922, 132); eine Diskussion, die wir ein Jahrhundert später immer noch führen, was aber hier nicht explizit dargelegt werden kann (vgl. dazu Mührel 2005). Bestimmend an dieser Stelle ist die Beschreibung des gesellschaftlichen Programms Natorps und dessen Interpretation aus heutiger Perspektive.

Das Paradigma des gesellschaftlichen Programms einer sozialen Demokratie ist die Gewährleistung eines menschenwürdigen und gelingenden Lebens! So formuliert Natorp:

> „Aber die Forderung der menschenwürdigen inneren Lebensgestaltung, nicht für irgendeine schmalere oder breitere bevorrechtete Schicht, sondern für das ganze Volk bis zum letzten Gliede, muß unbedingt obenan stehen und für die Gestaltung der wirtschaftlichen und politischen Ordnungen selbst, unter voller Beachtungen ihrer eigenen Bedingungen, immer grundlegend und letztbestimmend sein. Denn der Mensch lebt nicht, um zu wirtschaften und politisch zu raten und taten, sondern Wirtschaft und Politik haben als lediglich dienende Organe dem Menschen, d.h. der inneren Lebensgestaltung sich unterzuordnen" (Natorp 1922, 11).

Die Beschreibung *innere Lebensgestaltung* kann mit *Selbstbestimmung* in den heutigen Sprachgebrauch übersetzt werden. Grundlage der sozialen Demokratie ist demnach die Gewährleistung solcher gesellschaftlicher Rahmenbedingungen in Erziehung und Bildung, Wirtschaft und Politik, die ein menschenwürdiges, selbstbestimmtes Leben im Sinne eines gelingenden Lebens ermöglichen (dazu Niemeyer 1989, 255). Es geht Natorp also um Beteiligungs- und Befähigungsgerechtigkeit. Die Konzeption des gesellschaftlichen Programms basiert auf dem Ineinandergreifen dieser drei Gesellschaftsbereiche *Erziehung und Bildung*, *Wirtschaft* und *Politik*. Das Strukturprinzip dieser drei Bereiche ist gemäß einer Demokratie als Lebensform die Genossenschaft als das „*in die Praxis eingelegte*

Prinzip der Gemeinschaft" (vgl. Natorp 1922, 15 u. 57-58)! Erst dadurch kann der Demokratie insgesamt sowie den drei Gesellschaftsbereichen das Attribut *sozial* zukommen. Alle jeweils im Handlungsprozess Beteiligten sollen – in dezentraler Autonomie – gleichberechtigt an allen zu treffenden Entscheidungen beteiligt werden. Eine solche solidarische Handlungsweise ermöglicht erst die Voraussetzungen für ein gelingendes Leben aller, die eine *bloße* Demokratie als Regierungsform bei Beibehaltung feudaler Strukturen in Wirtschaft, Politik sowie Erziehung und Bildung eben nicht oder nur begrenzt garantiert und gewährleistet. Mit seiner Konzeption eines genossenschaftlichen und dezentralisierten Aufbaus der sozialen Demokratie setzt sich Natorp zudem deutlich von zentralistischen Auffassungen des Sozialismus ab, der mittels „unsozialer und antisozialer Wirtschaft und Politik, mit dem Hauptmittel äußerer Zwangsgewalt wirkend denkt" (ebenda, 16). Wie greifen nun die drei Bereiche der *sozialen Erziehung und Bildung, sozialen Wirtschaft* und *sozialen Politik* ineinander?

Soziale Erziehung und Bildung: Zur Sicherung der sozialen Demokratie ist es nach Natorp unerlässlich, dem gesellschaftlichen Bereich der Erziehung und Bildung eine „unbedingte Autonomie" zu gewähren: „seine volle Unabhängigkeit von jeder fremden, wirtschaftlichen oder politischen Gewalt" (ebenda, 10). Und: „Geld darf, schroff gesagt, wo es sich um die Bildungsfragen der Nation handelt, keine Rolle spielen" (ebenda, 12). Für Bildung Geld auszugeben ist allemal besser als für „schädliche Dinge, besonders für Kriegsrüstungen" (ebenda, 13)! Bei allen Institutionen der Erziehung und Bildung, etwa Schulen und Universitäten, handelt es sich um Keimzellen der Demokratie! Die Beteiligten vor Ort sollen dabei – so weit dies möglich ist – selbst über Zielsetzungen und Vorgehensweisen entscheiden. Als ein Beispiel nennt Natorp „eigene *Schulgemeinden* in Dörpfelds Sinne, ohne die engreligiöse Bindung" (ebenda, 14), die der Begriff nahelegt. Konkret heißt das, in der Schule haben die direkt beteiligten Akteure – also Schüler, Lehrer, Eltern und kommunale Akteure – darüber zu entscheiden, wie Schule unter den kommunalen Gesichtspunkten gedacht und umgesetzt wird; zumindest nicht ein zentralisiertes Schulministerium mit seiner Vorgabe von Lehr- und Unterrichtsplänen. „Für die Bildung und Erziehung aller von einer befehlshabenden Zentralstelle aus sorgen zu wollen, ist so verfehlt, wie für Arbeiterwohl den Unternehmer sorgen zu lassen" (ebenda, 16). Nur eine „ganz befreite Selbstbildung" (ebenda, 221) ermöglicht die befreiende Selbstregierung der Gemeinschaft in den Bereichen Wirtschaft und Politik (ebenda, 57). Die *soziale Wirtschaft* und die *soziale Politik* bauen auf der *sozialen Erziehung und Bildung* auf, denn „nicht sie können den Menschen, der Mensch kann nur sie schaffen; der Mensch, das heißt aber: die Erziehung" (ebenda 11-12). Und diese solidarische und demokratische Gestaltung der Gesellschaft können nur Menschen bewirken, die mit *Kopf, Herz* und *Hand* sich so umfassend bilden durften und dürfen, dass sie in die Lage versetzt sind, ein selbstbestimmtes, gelingendes

Leben zu führen und sich solidarisch mit anderen gegen jede Bedrückung und Ausbeutung in der Gesellschaft zu wehren verstehen (vgl. ebenda, 53). Etwas irritierend und zudem kontraproduktiv zu seinem hier dargelegten Verständnis einer *sozialen Erziehung und Bildung* erscheint die von Natorp geforderte Etablierung eines „*Zentralrates der geistigen Arbeit*" (ebenda, 8). Gemeint ist damit im heutigen Sprachgebrauch eine Art Sachverständigenrat oder Expertenkommission wie beispielsweise der *Wissenschaftsrat* oder ein oft gesellschaftlich geforderter, aber noch nicht implementierter *Bildungsrat* (vgl. dazu Schmoll 2012). Dieser Zentralrat hätte nach Meinung Natorps unabhängig von politischen und wirtschaftlichen Interessen Richtlinien für den – im heutigen Sprachgebrauch ausgedrückt – gesamten Bereich der Kultur, Bildung und Sozialen Arbeit als „Grundgesetze des nationalen Bildungswesen" (ebenda, 8) zu formulieren und dann der politischen Willensbildung bis hin zu Beschlussfassungen durch die Bürgerinnen und Bürger zu übertragen. Zumindest aus der heutigen Sicht der umfassenden politischen, sozialen und wirtschaftlichen Krise ist eine solche *Expertokratie* mehr als fragwürdig geworden. Denn haben gerade jene Expertenkommissionen und Sachverständigenräte, zu denen auch die umstrittenen Ratingagenturen zu zählen sind, die Krise nicht forciert oder gar ausgelöst?[11] Auch die Idee einer politischen und wirtschaftlichen Unabhängigkeit der Mitglieder solcher Kommissionen ist eine reine Illusion, die vielleicht gezielt zu politischen Zwecken der Verwertung solcher Expertenräte vorgetäuscht wird.

Soziale Wirtschaft: Die Wirtschaft soll „ganz von unten nach oben gebaut sein" (ebenda, 59). Nur so dient sie dem menschenwürdigen, selbstbestimmten Leben. Der genossenschaftliche Aufbau der Wirtschaft beinhaltet nach Natorp die „volle Selbstbeteiligung der unmittelbar Arbeitenden an der Einrichtung und Durchführung des gemeinsamen Arbeitsbetriebs, welche als ganzes gerichtet ist nicht auf irgend jemandes Profit, sondern rein auf Beschaffung und Sicherung aller der Güter, die zu einem gesunden Lebensaufbau für alle Beteiligten notwendig und förderlich sind" (ebenda, 90). Solidarisches Wirtschaften ist dabei zurückgebunden in einem wechselseitigen Bezug auf die *soziale Erziehung und Bildung*, denn nur mittels dieser wird der „innerlichst unfreie Herrschafts- und Dienstgeist der sozialen Schichtung, das traurige Erbe des entfesselten Kapitalismus" (ebenda, 89) überwunden werden.

Soziale Politik: Die Aufgabe politischen Handelns liegt für Natorp einerseits in einer solidarisch und genossenschaftlich organisierten Willensbildung, die den rechtlichen Rahmen für die *soziale Erziehung und Bildung* sowie die *soziale Wirtschaft* setzt, um die permanente Entwicklung der *Demokratie im*

---

11 Erinnert werden darf dabei auch an die als gescheitert zu erachtende *Bologna*-Reform, die mittels der Aushöhlung eines demokratischen Bildungsideals in der Dimension ihrer Gefährdung der Demokratie insgesamt nicht unterschätzt werden sollte.

Geiste zu gewährleisten. Damit aber erschöpft sich andererseits nicht die Aufgabe des Staates in einer bürokratischen Verwaltung dieser Rahmensetzung, sondern er ist gefordert hinsichtlich eines schöpferischen Entwerfens jener Lebensumstände der Menschen, die ein selbstbestimmtes, gelingendes Leben erst ermöglichen. So dient auch die *soziale Politik* einer menschenwürdigen Lebensgestaltung (vgl. ebenda, 71-72), indem sie Beteiligungs- und Befähigungsgerechtigkeit rechtlich rahmt und gewährleistet. Dieser Art und Weise des Verhältnisses politischen Handelns zum gelingenden Leben entspricht das des Rhythmus der „lebendigen Musik" zum „Gesetz der Harmonik". Denn letzteres soll nicht ersteres bestimmen oder beherrschen, sondern „ihm die Bahn frei machen", befreien und bedienen (vgl. ebenda, 75-76). Auch wenn eine praktische Umsetzung dieser Idee der *sozialen Politik* meiner Meinung nach in den Ausführungen Natorps nicht wirklich zu erkennen ist, er erwähnt – philosophisch verschleiert – eine *Ratsregierung* in Absetzung zur Idee der *Räteregierung* (vgl. ebenda, 75), so warnt er doch eindringlich vor einer „politisierten Wirtschaft, die in Wahrheit vielmehr ökonomisierte Politik ist, als in höchster Geschlossenheit sich darstellende Scheingemeinschaft" (ebenda, 79). Diese Vermischung untergräbt seines Erachtens jede Form einer sozialen Demokratie; ein Gedanke, welcher in der heutigen Situation der genannten Krisenphänomene durchaus wieder äußerst interessant ist.

Mit der Beschreibung des Ineinandergreifens der drei Gesellschaftsbereiche *Erziehung und Bildung*, *Wirtschaft* und *Politik* auf dem Hintergrund des Strukturprinzips der Genossenschaft ist das gesellschaftliche Programm Natorps dargelegt. Auf der Basis der *Sozialpädagogik* als einer Deduktion der Erziehung und Bildung aus der sicherlich eigenwilligen Interpretation der Individual- und Sozialethik Platons hat Natorp im *Sozialidealismus* anschließend an das Ende des zweiten Kapitels der *Sozialpädagogik* eine Gesellschaftstheorie einer sozialen Demokratie entworfen. Diese kann in der heutigen Aktualität als Konzeption von Menschenrechten und Demokratie als zu lebende *soziale Ideale* im Verständnis Natorps verstanden werden. Es geht dabei um „das kühne Wagnis radikaler Umkehr aus innerstem Lebensquell, das Wagnis – nach Friedrich Albert Langes[12] unvergeßlichem Wort – *mit der Forderung des Unmöglichen die Wirklichkeit aus den Angeln zu reißen*" (Natorp 1922, III). In dieser Forderung des Un-Möglichen ist dabei eine aktuelle Verbindungslinie zu ziehen zu Jacques Derrida[13], wenn dieser auf dem Weg zu einer neuen, gerechteren Weltordnung diese Forderung als „Bejahung" deutet, die es erlaubt, „auf kritische Weise den

---

12 Friedrich Albert Lange (1828-1875), deutscher Philosoph und Reformpolitiker, gilt als Mitbegründer der *Marburger Schule* des Neukantianismus.
13 Siehe hierzu die Einleitung zum vorliegenden Band. Es ist dabei evident, dass Natorp und Derrida aus einem höchst gegensätzlichen philosophischen Hintergrund heraus argumentieren.

Pseudohandlungen, den Pseudoentscheidungen und den Pseudoverantwortlichkeiten Widerstand zu leisten" (Derrida 1998, 48-49), welche der Umsetzung von Menschenrechten und Demokratie im Wege stehen.

2 Die unterschiedlichen Lesarten der *Sozialpädagogik* und des *Sozialidealismus* Natorps

Die Rezeptions- und Wirkungsgeschichte der *Sozialpädagogik* und des *Sozialidealismus* Natorps ist – wenn auch sicherlich nicht abgeschlossen – in der einschlägigen Literatur unter Einbeziehung seiner wissenschaftlichen und gesellschaftlichen Gesamtwirkung in einer breiten Diskussion sehr fundiert dargelegt (vgl. dazu Jegelka 1992, Niemeyer 1989 u.1997 sowie Reyer 1999). Im Interesse der hier darzulegenden Aktualität des gesellschaftlichen Programms Natorps soll diese nicht in ihrer Gesamtheit nochmals aufgenommen, sondern zwei unterschiedliche Lesarten Natorps erörtert und diskutiert werden. Dabei handelt es sich einerseits um eine *demokratische* und *zivilgesellschaftliche Lesart* und andererseits um eine *undemokratische* und *militaristische*.

Die im vorherigen Kapitel dargelegte Erörterung einer demokratischen und zivilgesellschaftlichen Lesart der Sozialpädagogik und des Sozialidealismus Natorps steht im Anschluss an die federführende Interpretation seines Gesamtwerks. So bescheinigt Norbert Jegelka Natorp eine „kritische Theorie der Demokratie", die es ihm erlaubte, „trotz eines kritischen Demokratieideals, den Weimarer Staat zu befördern und zu verteidigen" (Jegelka 1992, 179). Carsten Müller unterstreicht diese demokratische Lesart Natorps. Er insistiert dabei auf die Betonung, dass „das demokratische Ziel aktiver Teilnahme aller Sozii", welches Natorp anstrebte, „Hand in Hand mit der demokratischen Organisation der Bildung gehen müsse, die angesichts der Sozialen Frage auch die Arbeiterschaft zu beteiligen habe" (Müller 2005, 182-184). Schließlich deutet auch Christian Niemeyer Natorps sozialpädagogisches Gesellschaftsprogramm als eine Konzeption auf dem Fundament einer pazifistisch und demokratisch orientierten sozialen Erziehung (vgl. Niemeyer 1997, 166).

Eine völlig andere Einschätzung von Natorps Sozialpädagogik und Sozialidealismus vertritt Klaus Rehbein. Er wirft dabei Jegelka und anderen eine einseitige demokratische Lesart Natorps vor. Rehbein vertritt im Rahmen eines Vergleichs der sozialpädagogischen Grundlegungen von Natorp und Friedrich Sigmund-Schultze die These, dass Natorp ein *verkappter* Militarist sei (dazu insgesamt Rehbein 2005). Sein Ziel sei „die Ausprägung des Vaterlandssinnes, des Bürgertums und des militärischen Sinnes" (Ebenda, 13). Insofern sei Natorp ein Wegbereiter einer Einwilligung in die Katastrophe des Dritten Reichs. Die

Belege, die Rehbein hierfür in der *Sozialpädagogik* und dem *Sozialidealismus* vorlegt, sind tatsächlich schwerwiegend. Beispielhaft sei hier das von ihm angeführte Zitat von Natorp mit Bezug auf die Niederlage im 1. Weltkrieg aus dem *Sozialidealismus* genannt:

> „Wir wissen, daß kein anderer als wir selbst uns besiegt hat und besiegt hätte; darum nicht, weil der Sieg, den man uns bis zuletzt lockend vor Augen gehalten hat, uns nicht lockte, weil das, worum da gekämpft wurde uns im tiefsten unbefriedigt gelassen hätte. Unsere Niederlage, dies von uns selbst an uns vollzogene Gericht, es ist unser Sieg, unser Freispruch" (Natorp 1922, 255-256, auch in Rehbein 2005, 16).

Klaus Rehbein verschweigt aber in seiner Zitierweise, dass Natorp wenige Sätze später sich ausdrücklich gegen die „Verräter am Heiligen", die „Kriegsgewinnler" und Kriegstreiber scharf absetzt (vgl. ebenda, 256)! In der Verbindung mit vorherigen Ausführungen im *Sozialidealismus* – die Rehbein nicht erwähnt – nimmt dieses Pathos der Umkehrung der Niederlage im 1. Weltkrieg zum Sieg aber doch auch bedrohliche Züge an. Dort beschwört Natorp geradezu den Kampf gegen den „westeuropäisch-amerikanischen Kapitalismus", den der kommende deutsche Sozialstaat als führendes und leuchtendes Beispiel für den Weltsozialismus führen wird. „Im Deutschen aber, das ist unser stolzer Glaube" ist die Idee des Sozialismus lebendig. Es „wird von der Zellsubstanz des deutschen Sozialstaats aus der Sozialstaat des Erdkreises sich organisieren" (ebenda, 19).[14] Dass ein Pseudo-Sozialismus deutscher Prägung im rassistischen Gewand ab 1933 diesen *Marsch* antritt, lag sicherlich nicht in der Intention Natorps. Alleine die Erhöhung des *Deutschen Wesens* für die Weltgeschichte stimmt schon äußerst nachdenklich. Rehbein ist daher darin zuzustimmen, dass die Betonung des *Deutschen Wesens* und des *Volksgedankens* bei Natorp zumindest zutiefst irritiert und mit seinen gleichzeitigen Ausführungen einer sozialen Demokratie aus heutiger Sicht nicht kompatibel erscheint. Es bedarf daher weiterer zukünftiger Forschungsarbeiten zu diesen *Überzeugungen* Natorps im Kontext einer differenzierten Betrachtung des Gedankenguts und der üblichen wissenschaftlichen und politischen *Sprache* und Ausdrucksweise zur damaligen Zeit. Erst die Ergebnisse einer solchen historischen Forschung innerhalb der Sozialpädagogik werden diese Zusammenhänge vielleicht abschließend beurteilen können.

Lassen wir zum Schluss diese Kapitels Natorp selbst noch einmal Position zu seiner demokratischen Gesinnung beziehen. Er erklärt sich in der Frankfurter

---

14 Dabei dachte Natorp sicherlich nicht an einen *deutschen Sozialstaat* im Sinne des *Rheinischen Kapitalismus* in einer Prägung eines menschenfreundlichen Neoliberalismus und der christlichen Soziallehre in der späteren Bundesrepublik nach 1949 (vgl. Mührel 2009b Kap. II. 2.). War Natorp aber vielleicht nicht doch *nur* ein Vordenker einer weltweiten Entwicklung der Demokratisierung?

Zeitung vom 28. Juli 1908 bezüglich einer politischen Deutung einer Nichtberufung nach Halle wie folgt:

> „Will man mein politisches Glaubensbekenntnis? Es ist einfach: Ich bin *Sozialist* und *Demokrat*; eben darum halte ich am Staat, solange noch die Spur seiner Idee an ihm zu erkennen ist. Den Begriff einer «bürgerlichen Gesellschaft», die irgendeine Volksklasse ausschlösse, kenne ich nicht. So bewahre ich, als «aufrechter Ideologe» (...) mir volle Unabhängigkeit *jeder* Parteischablone gegenüber" (Natorp zit. in Holzhey 1986, 367).

Zusammenfassend betrachtet erscheinen unter einem Vorbehalt weiterer historischer Forschungsergebnisse zur jetzigen Zeit die Argumente für die demokratische und zivilgesellschaftliche Lesart der Sozialpädagogik und des Sozialidealismus Natorps überzeugender als die undemokratische und militaristische. Natorps Sozialpädagogik als gesellschaftliches Programm einer sozialen Demokratie, die gerade die freien Zusammenschlüsse in wirtschaftlichen und gesellschaftlichen Genossenschaften auf dem Fundament einer freien und befreiten Selbstbildung von Menschen aller Klassen zu fördern beabsichtigt, intendiert Freiheit statt Zwang, Graswurzeldemokratie statt absolutistische und feudalistische Gesellschafts- und Wirtschaftsordnungen in einer *verordneten und gelenkten* Demokratie als Regierungsform, in welcher freie Wahlen letztlich doch nur den Schein einer freien Meinungsbildung beinhalten. Im folgenden Exkurs, der sich dem gesellschaftlichen Programm von Jane Addams in *Democracy and Social Ethics* aus 1902 widmet, wird veranschaulicht, dass Natorp mit seinen Zielsetzungen durchaus auch anschlussfähig ist zu anderen Traditionslinien Sozialer Arbeit, die im Rahmen der Sozialarbeitswissenschaften aktuell besonders von Silvia Staub-Bernasconi im Verständnis der Sozialen Arbeit als Menschenrechtsprofession weitergeführt werden (vgl. insgesamt Staub-Bernasconi 1995, 2007 u. zudem ihren aktuellen Beitrag in diesem Band).

Exkurs: Die Konzeption eines gesellschaftlichen Programms von Jane Addams in *Democracy and Social Ethics* im Vergleich zur Programmatik Natorps

Es gehört zu den Kuriosa in der Sozialen Arbeit, dass das 1902 von Jane Addams in englischer Sprache verfasste Werk *Democracy and Social Ethics* selbst 110 Jahre nach der Erstveröffentlichung noch nicht in deutscher Übersetzung der Fachöffentlichkeit vorliegt. Dabei handelt es sich um eines der bedeutendsten Werke der Sozialen Arbeit; dies in historischer wie aktueller Hinsicht. Denn Addams beschreibt dort ein Programm einer Demokratie als Lebensform in allen gesellschaftlichen Lebensbereichen, gerade auch in den Bereichen der Wirtschaft wie der Bildung und Erziehung. In ihrer Programmatik sind eindeutige und viele Übereinstimmungen mit dem gesellschaftlichen Programm einer sozialen Demokratie bei Natorp aufzuspüren. Allerdings bezieht sich Addams in ihren Ausführungen anders als Natorp nicht explizit auf sozialistische Ideen oder Ideale. Eine zweifache Lesart des Programms bei Addams wie im *Fall Natorp* ist gänzlich auszuschließen; als Indiz hierfür möge genügen, dass Addams 1931 den Friedensnobelpreis für ihre Friedenstheorie und -praxis erhielt (dazu Staub-Bernasconi 2007, Kap. I.3). Im Folgenden wird die Konzeption des gesellschaftlichen Programms Addams in ihrem Vergleich zur Programmatik bei Natorp umrissen.

Schon in der Einleitung von *Democracy and Social Ethics* beschreibt Jane Addams ihr zentrales Anliegen einer Verknüpfung von demokratischer Lebensform und *Sozialer Ethik*, die dann im Weiteren als Ausdruck einer individuell wie gesellschaftlich solidarisch ausgerichteten Lebensweise verstanden werden kann. So führt sie aus:

> „We know, at last, that we can only discover truth by a rational and democratic interest in life, and to give truth complete social expression is the endeavour upon which we are entering. Thus the identification with a common lot which is the essential idea of Democracy becomes the source and expression of social ethics" (Addams 1964, 11).

Nur eine demokratische Lebensform in ihrer sozialethischen Ausprägung ist nach Addams imstande, die individuellen und gesellschaftlichen Herausforderungen, welche der gesellschaftliche Wandel hervorbringt, zu bewältigen. Dabei betont sie die sich stets erweiternde Notwendigkeit der Sicherung der Würde der einzelnen Menschen, was sich aus den andauernden gesellschaftlichen und wirtschaftlichen Transformationsprozessen ergibt. Soziale und gesellschaftliche Teilhabe in einer Demokratie als Lebensform bedürfen der Befriedigung von Grundbedürfnissen, um die Menschenwürde zu schützen. Implizit ist damit eine Forderung nach Fundierung und stetiger Erweiterung der Menschenrechte zum Schutz der Menschenwürde ausgedrückt. Aus der gesellschaftlichen Programmatik Addams lässt sich daher aus heutiger Sicht ableiten: Demokratie als Lebensform, solidarische Lebensweise und Menschenrechte sind untrennbar miteinander verbunden.

Die Überschriften der einzelnen Kapitel in *Democracy and Social Ethics* verdeutlichen die programmatisch ähnliche Ausrichtung wie bei Paul Natorps *Sozialidealismus*. So bearbeitet Addams in den letzten drei Kapiteln die Themen *Industrial Amelioration* (Verbesserungen), *Educational Methods* und *Political Reform*. Auch ihr geht es um Soziale Wirtschaft, Soziale Erziehung und Soziale Politik. Darüber hinaus thematisiert sie in einzelnen Kapiteln aber noch besonders die notwendigen Veränderungen im System der Wohltätigkeit, in den Beziehungen zwischen den Generationen und in den Beziehungen zwischen den Geschlechtern; auch hier bedarf es nach Addams einer Demokratisierung. Sie weist dabei eine Ethik des individuellen Erfolgs gemäß des *American Dream* als Grundlage für eine lebendige Demokratie energisch und eindeutig zurück und fordert dagegen eine solidarische Lebensweise im Sinne einer Demokratie als Lebensform (vgl. Addams 1964, 221, 255-256 u. 269; dazu auch Bobbio 2009, 76). Zugespitzt formuliert hängt von der weiteren Demokratisierung der Lebens- und Gesellschaftsbereiche nach Addams die Überlebensfrage der Demokratie ab:

> „This is the penalty of a democracy, – that we are bound to move forward or retrograde together. None of us can stand aside; our feet are mires in the same soil, and our lungs breathe the same air" (Addams 1964, 256).

Die Aktualität der gesellschaftlichen Programms Addams ist offensichtlich. Der *Penalty of Democracy* wird in der aktuellen Krise im Bereich der Demokratisierung der Finanz- und Wirtschaftmärkte sowie anhand der fortzusetzenden Demokratisierung weiterer Lebens- und Gesellschaftsbereiche *ausgespielt*.

Worin liegen bei aller programmatischen Nähe die Unterschiede in den Konzeptionen von Natorp und Addams? Natorp entwirft sein gesellschaftliches Programm einer sozialen Demokratie im *Sozialidealismus* ausgehend von der idealistischen, platonischen Grundlegung in der *Sozialpädagogik*. Diese *unverrückbare*, zeitlose theoretische Grundlegung ist in ihrer praktischen Umsetzung in Politik, Wirtschaft wie Erziehung und Bildung dagegen variabel, wobei stets neue sozial- und wirtschaftswissenschaftliche Erkenntnisse deren Wandel provozieren; Natorp bezieht also durchaus auch die empirische Wirklichkeit mit ein (vgl. Henseler 1997, 131). Die Idee, das immerwährende Ideal soll also stets erneuert in die Wirklichkeit hineingetragen und umgesetzt werden. Von einer derartigen deduktiven Vorgehensweise im Sinne Natorps hält Addams hingegen wenig. Für sie ergibt sich die Entwicklung der Moralität und einer individuellen wie gesellschaftlichen, sozial und solidarisch ausgerichteten Lebensweise aus empirischen Fakten, die es über eine Politisierung in der öffentlichen Meinung – de facto induktiv – zu sozialen Haltungen der Gesamtgesellschaft zu transformieren gilt. „Morality certainly develops earlier in the form of moral fact than the form of moral ideas (…)" (Addams 1964, 227).

In dieser *Methodik* stimmt Addams überein mit der Konzeption der von Hans Joas entwickelten *Affirmativen Genealogie* der Menschenwürde im Sinne einer *Sakralisierung der Person* (dazu Joas 2011). Was ist damit gemeint? Kurz und damit verkürzend gefasst beschreibt Joas die historische Entwicklung der Menschenwürde und Menschenrechte als einen Prozess der Sakralisierung der Person, indem die *Heiligkeit* Schritt für Schritt von Gott auf den Menschen übertragen wird (vgl. ebenda, 81-89). Diese Humanisierung basiert auf einer fortschreitenden Expansion der Empathie für ausgeschlossene oder von Ausschluss bedrohte Menschen im Rahmen von gesellschaftlichen Transformationsprozessen. Diese Expansion der Empathie führt zur Forderung der Artikulation jeweils bisher nicht berücksichtigter individueller wie gemeinschaftlicher Leidenserfahrungen und Verbrechen gegen die Menschlichkeit. Solche kontinuierliche Aufarbeitung *Kultureller Traumata* (vgl. ebenda, 123-124) zieht eine sich fortsetzenden Brechung kultureller Selbstzufriedenheit nach sich, was eine veränderte individuelle Ethik im Sinne von Welthaltungen und eine veränderte soziale Ethik im Verständnis von Gerechtigkeit durch gesellschaftliche Institutionen provoziert. Ethische Werte sind daher nach Joas kulturell und historisch bedingt; sie sind damit aber auch nicht zeitlos an bestimmte Kulturen gebunden (dazu auch Höffe 2011). Dennoch unterliegen sie trotz einer fehlenden Anbindung an eine *metaphysische Wahrheit* nicht der Beliebigkeit, da sie in ihrer Entwicklungsgeschichte zu einem individuellen und gesellschaftlich akzeptierten Evidenzgefühl führen (vgl. Joas 2011, 163-164). Damit aber besitzen sie einen affirmativen, bejahenden Charakter eines historisch verkörperten Sinns (vgl. ebenda 190).[15]

Im Rahmen einer solchen empirisch und zugleich normativ fundierten affirmativen Genealogie der Menschenwürde und Menschenrechte lassen sich die Konzeption des gesellschaftlichen Programms einer Demokratie als Lebensform von Jane Addams und im Anschluss an diese die Programmatik der Sozialen Arbeit als Menschenrechtsprofession bei Staub-Bernasconi und Nivedita Prasad (2011) verstehen. Ausgehend von einer Polemisierung und Politisierung der Verbrechen gegen die Menschlichkeit kann über eine Empathieerweiterung für und Artikulation von jeweils bisher nicht genügend berücksichtigten Leidenserfahrungen von Menschen und Gruppen von Menschen ein Fortschreiten der Demokratie als Lebensform und die Weiterentwicklung der Menschenrechte im Sinne einer Ausdifferenzierung und Erweiterung ihres Gegenstandsbereiches initiiert werden. Soziale Arbeit kann somit in den gesellschaftlichen Transformationsprozessen ihren eigenen professionellen Auftrag finden und ausführen, indem sie als *Katalysator* der Menschenrechtsentwicklung im gesellschaftlichen Wandel fungiert.

---

15 Schon Kant hat diesen Prozess – sicherlich stark vereinfacht – dargestellt: „Selbst die gewöhnliche Klage, über eine vermeinte Verschlimmerung des Menschen, ist ein Beweis des Fortschreitens der Menschheit zum Guten, indem sie nur die Folge rechtlich und sittlich strengerer Grundsätze sein kann" (Kant 1963, 13 FN).

3 Zur Aktualität der Sozialpädagogik und des Sozialidealismus Natorps

Bedarf es an dieser Stelle einer eingehenden Beschreibung der aktuellen Krise? Sie ist allgegenwärtig und mit Bezug auf die Soziale Arbeit deutlich genug erörtert (vgl. Mührel 2009c u. 2011; siehe zudem die Einleitung zu diesem Band). Eine Parabel von Ernst Bloch soll sie daher hier sinnbildlich veranschaulichen:

> „Die *Arme*. – Was tun Sie, fragte ich. Ich spare Licht, sagte die arme Frau. Sie saß in der dunklen Küche, schon lange. Das war immerhin leichter, als Essen zu sparen. Da es nicht für alle reicht, springen die Armen ein. Sie sind für die Herren tätig, auch wenn sie ruhen und verlassen sind" (Bloch 1969, 21).

Welch treffendes *Bild* für eine Welt, in der die Protagonisten eines globalisierten Turbokapitalismus im feudalen Stile schalten und walten. Die Armen und Betroffenen der Krise ruhen allerdings nicht mehr gänzlich, sondern organisieren sich gemeinschaftlich und solidarisch zwecks der Einforderung ihrer Menschenrechte in vielfältigen Vereinigungen. Zu dem Szenario eines *Krieges aller gegen alle um die soziale Existenz* auf dem Hintergrund einer „ökonomisierten Politik" (Natorp 1922, 79) hat Natorp in seinem gesellschaftlichen Programm einer sozialen Demokratie einen Gegenentwurf dargelegt, der ein menschenwürdiges, selbstbestimmtes Leben aller Menschen zur Grundlage hat. Dieser gesellschaftstheoretische und gesellschaftspolitische Entwurf ist heute politisch und gesellschaftlich hoch aktuell.[16] Zudem ist er in seiner Zielsetzung anschlussfähig an gegenwärtige gesellschaftspolitische Dimensionen der Theorien der Sozialen Arbeit. So beinhaltet er eine Beteiligungs- und Befähigungsgerechtigkeit, wie diese im Capability Approach auf dem Hintergrund einer Formulierung gelingenden Lebens artikuliert wird (vgl. Ziegler u.a. 2010; Otto u.a. 2010; Röh 2011). Bezüglich der Suche nach Möglichkeiten einer Zusammenführung der disziplinären Traditionslinien der Sozialpädagogik und der Sozialarbeitswissenschaft(en) zu einer zukünftigen Wissenschaft der Sozialen Arbeit (vgl. Mührel/Birgmeier 2011 u. Birgmeier/Mührel 2011) ist Natorps Konzeption in seiner Zielsetzung auch vermittelbar mit Entwürfen einer Sozialen Arbeit als Menschenrechtsprofession, wie der vergleichende Exkurs zu Addams *Democracy and Social Ethics* zeigt. Zweifelhaft und zudem aus heutiger Sicht kaum vermittelbar bleibt die erkenntnistheoretische

---

16 Die *andauernde* Aktualität der Sozialpädagogik Natorps beschreibt Niemeyer auch schon 1989 wohl mit Blick auf die sich anbahnenden Revolutionen in den mittel- und osteuropäischen Staaten und die aufkommende größere Bedeutung von kommunitaristischen Gesellschaftstheorien – auch in den Staaten der westlichen Hemisphäre. Dabei betont er das Natorpsche Verständnis von Gemeinschaft im Sinne einer „lebensweltlichen Verständigungs- und Hilfeform" (Niemeyer 1989, 246) als Gegengewicht zu einem allmächtigen kalten Sozialstaat der sozialtechnisch organisierten Umverteilung.

Herleitung der Natorpschen Programmatik aus dem platonischen Idealismus. Pragmatisch gesehen wäre daher ein *halbierter Natorp* die eleganteste Lösung; die Trennung seines gesellschaftlichen Programms einer sozialen Demokratie vom platonischen Idealismus.[17] Vielleicht werden aber kommenden Generationen die Herleitungen Natorps wieder zugänglicher sein. Seine Sozialpädagogik und sein Sozialidealismus erscheinen durchaus immer wieder lohnenswert für eine je zeitgemäße Reformulierung!

Literatur

Addams, Jane (1964): Democracy and Social Ethics. Harvard University Press. Cambridge (Erstveröffentlichung 1902)

Birgmeier, Bernd; Mührel, Eric (2011): Wissenschaftliche Grundlagen der Sozialen Arbeit. Wochenschau Verlag. Schwalbach/Ts.

Bloch, Ernst (1969): Spuren. Gesamtausgabe Bd. 1. Suhrkamp. Frankfurt a. M.

Bobbio, Norberto (2009): Die Zukunft der Demokratie. In: Ders.: Ethik und die Zukunft des Politischen. Herausgegeben und mit einem Vorwort von Otto Kallscheuer. Verlag Klaus Wagenbach. Berlin. S. 61-92

Derrida, Jacques (2004): Marx` Gespenster. Der Staat, der Schuld, die Trauerarbeit und die neue Internationale. Suhrkamp. Frankfurt a. M.

Derrida, Jacques (1998): Ich mißtraue der Utopie, ich will das Un-Mögliche. Im Gespräch mit Thomas Assheuer über die Intellektuellen, den Kapitalismus und die Gesetze der Gastfreundschaft. In: DIE ZEIT vom 5. März 1998. S. 47-49

Dungs, Susanne (2009): Der Überschuss der Sozialität. Alteritätsethische Revisionen der sozialpädagogischen Grundlegungen von Gemeinschaft bei Paul Natorp und Carl Mennicke. In: Mührel, Eric; Birgmeier, Bernd (Hg.): Theorien der Sozialpädagogik – ein Theorie-Dilemma? VS Verlag. Wiesbaden. S. 67-83

Gottschalk, Gerhard Michael (2004): Entstehung und Verwendung des Begriffs Sozialpädagogik. Extrapolation systematischer Kategorien als Beitrag für das Selbstverständnis heutiger Sozialpädagogik. Eichstätter Sozialpädagogische Arbeiten. Bd. 16. Herausgegeben von Hans-Ludwig Schmidt und Erhard Hischer. Eichstätt

Henseler, Joachim (2000): Sozialpädagogik und Reformpädagogik – Gemeinschaft als einheitlicher Bezugspunkt? In: Henseler, Joachim; Reyer, Jürgen (Hg.): Sozialpädagogik und Gemeinschaft. Historische Beiträge zur Rekonstruktion eines konstitutiven Verhältnisses. Schneider Verlag Hohengehren. Baltmannsweiler. S. 40-54

Henseler, Joachim (1997): Natorps philosophischer Pestalozzi. Zur disziplinären Funktion der Pestalozziinterpretation Paul Natorps. In: Niemeyer, Christian; Schröer, Wolfgang; Böhnisch, Lothar (Hg.): Grundlinien Historischer Sozialpädagogik. Traditionsbezüge, Reflexionen und übergangene Diskurse. Juventa. Weinheim. S. 129-142

---

17 Der Bezug auf Platon in einer Beziehung zur Demokratie ist immer irritierend. Beispielhaft für neuere Bezüge auf Platon sei an Peter Sloterdijks *Regeln für den Menschenpark* (1999), dort bezieht er sich besonders auf den Politikos, und die anschließende Diskussion erinnert (vgl. dazu Mührel 2009 und 2009a).

Höffe, Ottfried (2011): Vorsicht, intellektuelle Handgranaten. In: FAZ vom 1. Oktober 2011. Z1-Z2

Holzhey, Helmut (1986): Cohen und Natorp. Bd. 2. Der Marburger Neukantianismus in Quellen. Schwabe & Co. AG Verlag. Basel/Stuttgart

Jegelka, Norbert (1992): Paul Natorp. Philosophie, Pädagogik, Politik. Könighausen & Neumann. Würzburg

Joas, Hans (2011): Die Sakralität der Person. Eine neue Genealogie der Menschenrechte. Suhrkamp. Berlin

Kant, Immanuel (1963): Vorlesung über Pädagogik. In: Ders.: Ausgewählte Schriften zur Pädagogik und ihrer Begründung. Besorgt von Hans-Hermann Groothoff unter Mitwirkung von Edgar Reimers. Ferdinand Schönigh. Paderborn. S. 9-59 (Erstveröffentlichung durch D. Friedrich Theodor Rink 1803)

Kersting, Wolfgang (2006): Platons ›Staat‹. Zweite, durchgesehene und korrigierte Auflage. WBG. Darmstadt

Konrad, Franz-Michael (2009): Fragile Professionalisierungen. Zur geisteswissenschaftlichen Sozialpädagogik, ihrer Vorgeschichte und ihren Widerspiegelungen bis heute. In: Mührel, Eric; Birgmeier, Bernd (Hg.): Theorien der Sozialpädagogik – ein Theorie-Dilemma? VS Verlag. Wiesbaden. S. 99-128

Kronen, Heinrich (2010): Sozialpädagogik – Geschichte und Bedeutung des Begriffs. In: Müller, Carsten; Kronen, Heinrich (Hg.): Sozialpädagogik nach Karl Mager. Quellen und Diskussion. Julius Klinkhardt. Bad Heilbrunn. S. 195-309 (Erstveröffentlichung 1980)

Kuhlmann, Carola (2009): Gerechtigkeit, Fürsorge und Geschlecht. Ausgeblendete Zusammenhänge in der sozialpädagogischen Theoriebildung. In: Mührel, Eric; Birgmeier, Bernd (Hg.): Theorien der Sozialpädagogik – ein Theorie-Dilemma? VS Verlag. Wiesbaden. S. 129-146

Maurer, Susanne (2009): Soziale Arbeit als „offenes Archiv" gesellschaftlicher Konflikte. In: Mührel, Eric; Birgmeier, Bernd (Hg.): Theorien der Sozialpädagogik – ein Theorie-Dilemma? VS Verlag. Wiesbaden. S. 147-164

Mührel, Eric; Birgmeier, Bernd (Hg.) (2011): Theoriebildung in der Sozialen Arbeit. Entwicklungen in der Sozialpädagogik und der Sozialarbeitswissenschaft. VS Verlag. Wiesbaden

Mührel, Eric (2011): Von Kassandra zu Nemesis: die Rechnung kommt. Wer bezahlt die Folgen der Finanz- und Wirtschaftskrise? Ein Kommentar zur Einstimmung auf die politische und soziale Krise. In: Sozialmagazin 10/2011. S. 6-11

Mührel, Eric (2009): Was ich liebte. Epilog zur Bestimmung der Sozialpädagogik. In: Mührel, Eric; Birgmeier, Bernd (Hg.): Theorien der Sozialpädagogik – ein Theorie-Dilemma? VS Verlag. Wiesbaden. S. 185-199

Mührel, Eric (2009a): Soziale Arbeit im Menschenpark. Zwei Briefe an die Freunde der humanistischen Professionen der sozialen Arbeit. In: Dungs, Susanne; Gerber, Uwe: Mührel, Eric (Hg.): Biotechnologie in Kontexten der Sozial- und Gesundheitsberufe. Professionelle Praxen – Disziplinäre Nachbarschaften – Gesellschaftliche Leitbilder. Peter Lang. Frankfurt a.M.. S. 297-310

Mührel, Eric (2009b): Soziale Arbeit im gesellschaftlichen Wandel. Anfragen an die Profession und Disziplin zu Beginn des 21. Jahrhunderts. Die Blaue Eule. Essen

Mührel, Eric (2009c): Finanzkrise – Wirtschaftskrise – Soziale Krise. Akademischer und professioneller Habitus in Krisenzeiten. In: Sozialmagazin 7-8/2009. S. 29-35

Mührel, Eric (2005): Sozialpädagogik *macht* Schule. Eine *alte* richtungweisende Zukunft. In: Sozialmagazin 4/2005. S. 40-43

Müller, Carsten (2005): Sozialpädagogik als Erziehung zur Demokratie. Ein problemgeschichtlicher Theorieentwurf. Julius Klinkhardt. Bad Heilbrunn

Natorp, Paul (1904): Sozialpädagogik. Theorie der Willenserziehung auf der Grundlage der Gemeinschaft. Zweite vermehrte Auflage. Fr. Fromanns Verlag. Stuttgart (Erstveröffentlichung 1899 – dazu auch die vierte Auflage 1922 im Fromanns Verlag Stuttgart)

Natorp, Paul (1922): Sozialidealismus. Neue Richtlinien sozialer Erziehung. Zweite Auflage. Springer. Berlin (Erstveröffentlichung 1920)

Niemeyer, Christian (2009): Sozialpädagogik als Theorie der Jugendhilfe. Historische Reminiszenzen und systematische Perspektiven. In: Mührel, Eric; Birgmeier, Bernd (Hg.): Theorien der Sozialpädagogik – ein Theorie-Dilemma? VS Verlag. Wiesbaden. S. 233-254

Niemeyer, Christian (1997): Die disziplinäre Engführung des Sozialpädagogikbegriffs im Zuge des Jugendwohlfahrtsdiskurses der Weimarer Epoche. In: Niemeyer, Christian; Schröer, Wolfgang; Böhnisch, Lothar (Hg.): Grundlinien Historischer Sozialpädagogik. Traditionsbezüge, Reflexionen und übergangene Diskurse. Juventa. Weinheim. S. 165-177

Niemeyer, Christian (1989): Zur Systematik und Aktualität der Sozialpädagogik Natorps vor dem Hintergrund der ideengeschichtlichen Einlagerung. In: Oelkers, Jürgen; Schultz, Wolfgang K.; Tenorth, Heinz-Elmar (Hg.): Neukantianismus: Kulturtheorie, Pädagogik und Philosophie. Deutscher Studien Verlag. Weinheim. S. 241-260

Nussbaum, Martha C. (2010): Die Grenzen der Gerechtigkeit. Behinderung, Nationalität und Spezieszugehörigkeit. Suhrkamp. Berlin

Ortega y Gasset, José (1998): Vorwort für Deutsche. In: Ders.: Schriften zur Phänomenologie. Herausgegeben von Javier San Martin. Karl Alber. Freiburg i.Br.. S. 229-287 (Erstveröffentlichung *Prólogo para alemanes* 1934)

Otto, Hans-Uwe; Scherr, Albert; Ziegler, Holger (2010): Wieviel und welche Normativität benötigt die Soziale Arbeit? Befähigungsgerechtigkeit als Maßstab sozialarbeiterischer Kritik. In: np 2/2010. S. 137-163

Platon (2005): Werke in acht Bänden. Griechisch und Deutsch. Herausgegeben von Gunther Eigler. Vierte Auflage. WBG. Darmstadt

Prasad, Nivedita (2011): Mit Recht gegen Gewalt. Die UN-Menschenrechte und ihre Bedeutung für die Soziale Arbeit. Ein Handbuch für die Praxis. Verlag Barbara Budrich. Opladen

Rawls, John (1979): Eine Theorie der Gerechtigkeit. Suhrkamp. Frankfurt a.M.

Rehbein, Klaus (2005): Was heißt und zu welchem Ende studiert man Sozialpädagogik? In: Rehbein, Klaus: Was heißt und zu welchem Ende studiert man Sozialpädagogik? Schneider Verlag Hohengehren. Baltmannsweiler. S. 9-63

Reyer, Jürgen (2009): Sozialpädagogik – Plädoyer zur Historisierung eines Inszenierungsdilemmas. In: Mührel, Eric; Birgmeier, Bernd (Hg.): Theorien der Sozialpädagogik – ein Theorie-Dilemma? VS Verlag. Wiesbaden. S. 255-272

Reyer, Jürgen (2002): Kleine Geschichte der Sozialpädagogik: Individuum und Gemeinschaft in der Pädagogik der Moderne. Schneider Verlag Hohengehren. Baltmannsweiler

Reyer, Jürgen (2000): Individualpädagogik und Sozialpädagogik – Eine Skizze zur Entwicklung sozialpädagogischer Denkformen. In: Henseler, Joachim; Reyer, Jürgen (Hg.): Sozialpädagogik und Gemeinschaft. Historische Beiträge zur Rekonstruktion eines konstitutiven Verhältnisses. Schneider Verlag Hohengehren. Baltmannsweiler. S. 23-39

Reyer, Jürgen (1999): Von Paul Natorp zu Herman Nohl. Anmerkungen zu Christian Niemeyers Engführung der Begriffsgeschichte. In: np, 1/99. S. 23-43

Rittberg, Jürgen (1975): Kritik der Grundlegung von Paul Natorps Sozialpädagogik. Fotodruck E. Symon. Marburg

Röh, Dieter (2011): „…was Menschen zu tun und zu sein in der Lage sind." Befähigung und Gerechtigkeit in der Sozialen Arbeit: Der Capability Approach als integrativer Theorierahmen?! In: Mührel, Eric; Birgmeier, Bernd (Hg.): Theoriebildung in der Sozialen Arbeit. Entwicklungen in der Sozialpädagogik und der Sozialarbeitswissenschaft. VS Verlag. Wiesbaden. S. 103-121

San Martin, Javier (1998): Einleitung des Herausgebers. In: Ortega y Gasset, José: Schriften zur Phänomenologie. Herausgegeben von Javier San Martin. Karl Alber. Freiburg i.Br.. S. 11-33

Schmoll, Heike (2012): Lösungen entwickeln, Empfehlungen geben. Zwei Stiftungen schlagen die Gründung eines „Bildungsrats" vor. In: FAZ vom 22. Mai 2012. S. 4

Sen, Amartya (2010): Die Idee der Gerechtigkeit. Verlag C.H. Beck. München

Sloterdijk, Peter (1999): Regeln für den Menschenpark. Suhrkamp. Frankfurt a.M.

Staub-Bernasconi, Silvia (2007): Soziale Arbeit als Handlungswissenschaft. Systemtheoretische Grundlagen und professionelle Praxis – Ein Lehrbuch. Haupt Verlag. Bern

Staub-Bernasconi, Silvia (1995): Systemtheorie, soziale Probleme und Soziale Arbeit: lokal, national, international – oder: vom Ende der Bescheidenheit. Haupt Verlag. Bern

Winkler, Michael (2009): Theorie und Praxis revisited – oder: Sozialpädagogik als Handwerk betrachtet. In: Mührel, Eric; Birgmeier, Bernd (Hg.): Theorien der Sozialpädagogik – ein Theorie-Dilemma? VS Verlag. Wiesbaden. S. 307-332

Ziegler, Holger; Schrödter, Mark; Oelkers, Nina (2010): Capabilities und Grundgüter als Fundament einer sozialpädagogischen Gerechtigkeitsperspektive. In: Thole, Werner (Hg.): Grundriss Soziale Arbeit. Ein einführendes Handbuch. Dritte, überarbeitete und erweiterte Auflage. VS Verlag. Wiesbaden. S. 297-310

Teil III:
Menschenrechte und Demokratie – Möglichkeiten und Grenzen handlungsfeldspezifischer Implikationen

Menschenrechte als Bezugs- und Orientierungsrahmen und die Nutzung des UN-Menschenrechtsschutzsystems als Handlungsmethode in der Sozialen Arbeit

– am Beispiel von Hausangestellten von Diplomat_innen

Nivedita Prasad

Es gibt Klient_innen der Sozialen Arbeit, die keinen oder nur einen sehr erschwerten Zugang zu Rechten haben. Zu denen, die einen erschwerten Zugang zum Recht haben, gehören u.a. inhaftierte Menschen, psychiatrisierte Menschen, unbegleitete minderjährige Flüchtlinge, Betroffene von Menschenhandel, Menschen auf sogenannten „Terrorlisten" und Migrant_innen, die mehrfach schwere Gewalttaten ausgeübt haben[1]. Zu denen, die keinen Zugang zum Recht haben, gehören u.a. Menschen ohne Papiere aber auch Hausangestellte von Diplomat_innen.[2] Bei diesen Menschen muss davon ausgegangen werden, dass sie in einer extremen Weise machtlos sind und auch kaum die Möglichkeit haben, selbst etwas an ihrer Situation zu ändern, denn auf der nationalen Ebene haben sie kein Recht auf Rechte (Arendt 2003). Ausgehend davon, dass Soziale Arbeit eine Profession ist und deshalb aufgrund ihres Ethikkodexes (IASSW und IFSW 2004) über einen normativen Bezugsrahmen verfügt, wird sie für diese Adressat_innen auch Interventionsmöglichkeiten ins Auge fassen müssen, die über die nationale (Sozial)Gesetzgebung hinausgehen. Soziale Arbeit kann diese verletzbaren Individuen[3] nur im Rahmen des internationalen Menschenrechtskontextes unterstützen, um ihre Recht- und Machtlosigkeit zu überwinden. Dabei kann sie teilweise auf Methodentraditionen der Sozialen Arbeit rekurrieren, beispielswei-

---

1   Sie alle haben theoretisch Ansprüche, die sie praktisch aber kaum ohne Unterstützung einlösen können.
2   In manchen Ländern gehören hierzu auch Homosexuelle oder Prostituierte, weil Homosexualität oder Prostitution verboten ist.
3   In Zusammenhang mit Menschen mit Behinderungen hat das UN Ad Hoc Committee on a Comprehensive and Integral International Convention on Protection and Promotion of the Rights and Dignity of Persons with Disabilities 2003 „verletzbare Individuen" wie folgt definiert: „People ... are vulnerable if there is loss or limitation of opportunities to take part in the normal life of the community on an equal level owing to physical or social (including legal, N.P) barriers."

se auf Ressourcenerschließung, Empowerment als Erschließung von Machtquellen und Advocacy, aber auch auf die in der Sozialen Arbeit wenig praktizierte Öffentlichkeits- und Lobbyarbeit. Der vorliegende Beitrag erläutert diese Interventions-möglichkeiten am Beispiel der Hausangestellten von Diplomat_innen[4] in Deutschland.

Zur Situation von Hausangestellten in Diplomatenhaushalten

Ban Ying – eine Berliner Beratungs- und Koordinationsstelle gegen Menschenhandel – hat seit Ende der neunziger Jahre regelmäßig Kontakt zu Hausangestellten von Diplomat_innen, die von verschiedenen Formen von Ausbeutung und Gewalt berichten. Daher hat Ban Ying 2003 eine bundesweite Umfrage unter Sozialarbeiterinnen[5] bei Beratungsstellen gemacht, um mehr über die Lebens- und Arbeitsbedingungen von Haus-angestellten von Diplomat_innen zu erfahren (Ban Ying 2003). Es wurde insgesamt von 15 Fällen ausbeuterischer Arbeitsverhältnisse berichtet; 10 davon konnten ausgewertet werden, da es hier ausreichend dokumentierte und dadurch nachvollziehbare Informationen gab. Die Analyse machte deutlich, dass diese Arbeitsbedingungen nicht im Entferntesten den Mindeststandards in Deutschland entsprechen. So wurde von Arbeitszeiten von 10 bis 19 Std. am Tag, sieben Tage die Woche mit keinem klar definierten freien Tag berichtet. Manche Frauen bekamen keinen Lohn, andere erhielten zwischen 120 und 500 € im Monat! Alle Frauen gaben an, dass die tatsächliche Arbeit in keinem Vergleich zu dem stand, was ursprünglich abgesprochen worden war. Einige Frauen gaben an, körperliche Gewalt von Seiten der Arbeitgeber_innen erlebt zu haben. Psychische Gewalt, wie etwa die Androhung von Gewalt, Schlafentzug oder Beschimpfungen, wurden ebenfalls angegeben. Etwa die Hälfte der Frauen gab an, dass sie das Haus alleine nicht verlassen durften bzw. konnten.

Eine ebenfalls auf Befragung von Beraterinnen beruhende Studie des Deutschen Instituts für Menschenrechte über die Situation von Hausangestellten von Diplomat_innen spricht „von einem breiten Spektrum von mutmaßlichen Rechtsverletzungen, die von leichten Verletzungen von Arbeitsrechten bis hin zu deutlich schweren Fällen wie dem Vorenthalten des Lohns und inadäquate Kost und Logis reichen. Kartusch beschreibt in dieser Studie auch Fälle, wo Hausgestellte ihren Arbeitsplatz nicht alleine verlassen durften und ihnen die Pässe

---

4   Für mehr Informationen zur Lebenssituation von Hausangestellten von Diplomat_innen, siehe Prasad 2008 und Kartusch 2011
5   Hausangestellte selbst konnten nicht befragt werden, weil diejenigen, die über Ausbeutung etc. berichten, nach dem Fortgang vom Arbeitsplatz auch die Bundesrepublik verlassen müssen, da ihr Visum an einen einzigen Arbeitgeber gebunden ist.

von den Arbeitgebern abgenommen wurden. Nach extremen Beispielen gefragt, berichteten die Beraterinnen, dass Angestellte auf dem Boden schlafen mussten, kein oder sehr wenig Essen erhielten und verschiedene Formen von physischer, psychologischer und/oder sexueller Gewalt erlitten" (Kartusch 2011: 21f).

Aufgrund der diplomatischen Immunität[6] ihrer Arbeitgeber_innen haben diese Frauen trotz erlebter Verletzungen ihrer (Menschen-)Rechte de facto keinen Zugang zur Justiz. Denn die Arbeitgeber_innen sind von jeglicher Gerichtsbarkeit befreit, sowohl das Arbeits-, Zivil- als auch Strafrecht betreffend. Theoretisch wäre die Gerichtsbarkeit des Entsendestaates des Diplomaten zuständig, praktisch ist dies fast unmöglich und in manchen Fällen ausgeschlossen.[7] Auch dürfte es für eine Hausangestellte schwierig bis unmöglich sein, ein Einreisevisum für den Entsendestaat des Diplomaten für einen solchen Rechtsstreit zu bekommen und die Reise zu finanzieren, so dass es nicht verwundert, wenn kein einziger Fall bekannt geworden ist, in dem eine Hausangestellte einen Diplomaten erfolgreich gerichtlich in seinem bzw. ihrem Entsendestaat belangen konnte.

Aufgrund der geschilderten Situation lassen sich für die Soziale Arbeit zwei Zielsetzungen formulieren: Auf der individuellen Ebene geht es um die Anerkennung der Unrechtserfahrungen und damit um die Möglichkeit des Zugangs zum Recht im Hinblick auf die Verbesserung der Arbeits- und Lebenssituation. Auf der strukturellen Ebene muss es darum gehen, Ausbeutung und Gewalt durch Recht oder zumindest durch verbindliche Vorschriften für Arbeitsverhältnisse in Diplomatenhaushalten einzudämmen und in weiteren Schritten auf die Schließung der Gesetzeslücke hinzuarbeiten.

In der Folge soll gezeigt werden, welchen Beitrag in methodischer Hinsicht erstens der Aufbau von Macht mittels der Erschließung von Machtquellen, zweitens Öffentlichkeitsarbeit und drittens Lobbyarbeit zur Erreichung der gesetzten Ziele leisten können.

Die Erschließung von Machtquellen zur Einlösung legitimer Ansprüche und Forderungen

Der Machtquellenbegriff findet sich in der Methodentradition Sozialer Arbeit u.a. prominent bei Alinsky im Zusammenhang mit der Mobilisierung von Armen, insbesondere Schwarzen in den Ghettos und Slums von Chicago (Alinsky

---

6 Grundlage hierfür ist das Wiener Übereinkommen der UNO von 1961 über diplomatische Beziehungen.
7 So z.B. in den USA, wo eine Tat nur verfolgt werden kann, wenn sie in den USA stattgefunden hat oder der Vertrag in den USA abgeschlossen wurde, oder aber in Saudi Arabien, wo auch erwachsene Frauen einen männlichen Vormund vor Gericht brauchen.

1999), ferner bei Wolf im Zusammenhang mit seiner Darstellung der Machtquellen, über die Heimerzieher_innen und Jugendliche in Heimen verfügen und einsetzen (Wolf 1999) des Weiteren bei Cox/Pawar (Cox/Pawar 2006) im Zusammenhang mit Sozialer Arbeit im internationalen Kontext sowie bei Staub-Bernasconi. Letzere definiert Machtquellen als „Mittel" oder „Ressourcen", die einzeln oder kombiniert gezielt für die Durchsetzung eines legitimen Anspruchs, einer Forderung, die Einlösung eines Rechts – notfalls gegen den Willen der Machthaber – eingesetzt werden können (Staub-Bernasconi 2007: 184f, 405ff und Staub-Bernasconi 2010).

Alinsky geht davon aus, dass Machtlose auch bei großer Machtlosigkeit zumindest über ihren Körper – insbesondere ihre Sinnesorgane – sowie über Artikulationschancen und teilweise Definitionsmacht als Machtquellen verfügen (z.B. im Rahmen von Streiks, Demonstrationen und Aufmärschen). Wolf und Staub-Bernasconi verweisen in diesem Zusammenhang auf physische Machtquellen (körperliche Stärke, auch im Hinblick auf die Ausübung von Gewalt, Hungerstreik usw.), sozio-ökonomische Machtquellen (z.B. Einkommen und Kapital, Bildungstitel, aber auch begehrte materielle Ressourcen aller Art), affektive Machtquellen (z.B. Artikulationskompetenz, Einsatz von populistisch-emotionalisierter Rhetorik, Zuwendung bzw. Zuwendungsentzug usw.), wissensbezogene Machtquellen (Definitionsmacht, u.a. durch einen Informationsvorsprung, durch die Anrufung von Werten, der Verfassung, des Rechts usw.). Auch gehen sie davon aus, dass Handlungskompetenz / soziale Position verknüpft mit Autorität / Weisungsbefugnissen (z.B. in einer Kleingruppe, Organisation, einem Gemeinwesen) sowie soziale Beziehungen (informeller Art, formelle soziale Mitgliedschaften usw.) Machtquellen darstellen können. Sie gehen davon aus, dass Machthaber_innen über alle Machtquellen verfügen oder zumindest direkten Zugang zu solchen haben.

Das Machtgefälle zwischen Hausangestellten und den Arbeitgeber_innen in Diplomatenhaushalten

Schon ein flüchtiger Blick auf die Machtverteilung im Verhältnis zwischen Hausangestellten und den Arbeitgeber_innen in Diplomatenhaushalten macht deutlich, dass es bezüglich strukturellem Machtungleichgewicht kaum zu überbieten ist. Auf der einen Seite haben wir als Arbeitgeber_innen in der Regel sehr gebildete, sozioökonomisch reiche Männer und Frauen, die als Diplomaten gelernt haben, sich auf der Weltbühne frei zu bewegen. Sie haben per Schichtzugehörigkeit und Status alle nur erdenklichen Ressourcen und Zugänge zur Macht und sind zudem von der Gerichtsbarkeit des Staates, in dem sie arbeiten, befreit. Auf der Seite der Arbeitnehmerinnen haben wir in der Regel weibliche Arbeitsmigrantinnen aus den Ländern des globalen Südens, die über wenig formale Bildung und finanzielle Ressourcen verfügen, alleine in Deutschland sind, sich hier wenig auskennen und aufgrund fehlender sprachlicher und sozialer Ressourcen sehr wenig Zugang zu für sie relevanten Informationen haben. Sie arbeiten in nicht geregelten, der Willkür preisgegebenen Abhängigkeitsverhältnissen, die zudem von außen kaum einsehbar sind. Während Sozialarbeitende in anderen schwer zugänglichen Arbeitswelten und Milieus – z.B. in der Prostitution, bei rechten Jugendcliquen usw. – durch aufsuchende Arbeit wie Streetwork potentielle Betroffene erreichen können, gilt dies für in Haushalten tätige Menschen nicht.

Eine Besonderheit dieses Macht-/Ohnmachtverhältnisses besteht darin, dass der Aufenthaltsstatus der Frauen an ihre Arbeitgeber_innen geknüpft ist, denn sie erhalten nur eine Aufenthaltserlaubnis, die an die Tätigkeit für einen Diplomaten gebunden ist. Diese erlischt in dem Augenblick, in dem das Arbeitsverhältnis beendet wird. Ob es in gegenseitigem Einverständnis aufgelöst wurde oder aber die Arbeitnehmerin vor der Gewalt des Arbeitgebers flüchten musste, spielt dabei keine Rolle. Die Arbeitnehmerin verliert in jedem Fall ihren Aufenthaltsstatus. Dies führt dazu, dass diese Aufenthaltsregelung zum einen von Arbeitgeber_innen zur Aufrechterhaltung ihrer Macht eingesetzt wird, und zum anderen trägt sie dazu bei, dass Arbeitnehmer_innen länger in ausbeuterischen Arbeitssituationen verbleiben.

Die Lebenssituation der Betroffenen und ihren rechtslosen Status berücksichtigend, wird deutlich, dass diese über sehr wenige Machtquellen verfügen. Der Einsatz von Machtquellen lässt sich am Beispiel von von häuslicher Gewalt betroffenen Frauen aufzeigen. Durch ihre Flucht ins Frauenhaus entziehen sie dem gewaltbereiten Mann ihren Körper; indem sie dort ihre Geschichte und Erfahrungen in einem geschützten, aber außerfamiliären Raum in Worte fassen, ermöglichen sie den Aufbau von Artikulationsmacht; finanzielle Unterstützung befreit von der ökonomischen Abhängigkeit vom Mann; die Möglichkeit, neue, gleichberechtigte Modelle von Paarbeziehungen kennenzulernen ergibt sich zum Beispiel über die Auseinandersetzung mit den Lebens- bzw. Paarmodellen von Frauenhaus-Mitarbeiterinnen; sofern sie die Chance ergreifen, innerhalb oder außerhalb des Frauenhauses neue soziale Beziehungen zu knüpfen oder in einer sozialen Bewegung oder Organisation Mitglied zu werden, die sich mit ihnen und/oder für ihre Anliegen und Rechte einsetzen, verfügen sie über ein Netzwerk in Richtung Organisationsmacht (Staub-Bernasconi 2007: 412f).

All dies ist auch auf ausgebeutete Hausangestellte von Diplomat_innen übertragbar. Denn der – trotz Einschränkung der Bewegungsfreiheit gelungene – Fortgang einer Hausangestellten aus einem Haushalt bedeutet zunächst, dass die ganze Hausarbeit und die Kinderbetreuung nun von den Arbeitgebern (gegen ihren Willen) verrichtet werden muss. Das Sprechen hierüber kann auch im Fall von Hausangestellten als eine Form von Artikulationsmacht bezeichnet werden.

Bei fehlenden finanziellen Mitteln geht es um Ressourcenerschließung. Wird ihr Fall publik bei gleichzeitiger öffentlicher Information zur prekären Rechtslage, kann von der Ausübung und Anrufung von Definitionsmacht gesprochen werden. Der Austausch mit anderen Betroffenen in Zufluchtswohnungen oder in den Communities im Sinne informeller Organisationsmacht kann diesen „Veröffentlichungsprozess" unterstützen.

Bei aller Gemeinsamkeit gibt es doch einen entscheidenden Unterschied zwischen misshandelten Ehefrauen und ausgebeuteten Hausangestellten – und zwar die Tatsache, dass Hausangestellte nicht (Ehe-)Partnerinnen der Täter_innen waren. Dies ermöglicht es ihnen, viel eher ein Unrechtsbewusstsein zu entwickeln bzw. ohne Scham ihre Geschichte zu erzählen und öffentlich zu machen, um ihre Ansprüche deutlich zu formulieren und damit Definitionsmacht auszuüben.

Machtquellen sind allerdings nicht nur das, worüber ein Individuum verfügt, sondern auch das, was einem Individuum (oder einer Gruppe, Organisation) entzogen werden kann. In der hier beschrieben Konstellation ist es die Reputation, die für Diplomat_innen bzw. ihre Botschaften außerordentlich wichtig ist (und zwar sowohl an ihrem Einsatzort als auch im Entsende-staat). Dies zu wissen, kann einen Interventionszugang öffnen. Um diese Machtquelle einzusetzen, braucht es allerdings die Unterstützung von Sozialarbeitenden oder/und Beratungsstellen. Es geht dabei um die Transformation privatisierter Nöte in öffentliche Themen.

Öffentlichkeitsarbeit als Artikulations- und Definitionsmacht

Während Diplomat_innen keine Angst vor Strafverfolgung haben müssen, haben die meisten Botschaften große Angst vor negativen Schlagzeilen. Ebenso möchten sie in der Regel vermeiden, dass das Auswärtige Amt über mögliches Fehlverhalten informiert wird. Mit diesem Wissen und dem Einsatz der Drohung, die Vorkommnisse öffentlich zu machen, ergaben sich vielfältige Interventionsmöglichkeiten und Erfolge für Ban Ying. Zum einen war es möglich, das Auswärtige Amt als Mediator zwischen Botschaft / Diplomat_innen und der jeweils betroffenen Frau/Ban Ying zu gewinnen. Zum anderen ist es in diesen Verhandlungen gelungen, Diplomat_innen/Botschaften zu zwingen, den betroffenen Frauen ihren zustehenden Lohn zu bezahlen und sich bei ihnen zu entschuldigen. Im Gegenzug dazu sicherte ihnen Ban Ying Stillschweigen zu.

Das Beispiel „Frau Hasnati"

Die Bedeutung von Öffentlichkeitsarbeit im Rahmen von Sozialer Arbeit[8] kann im Fall der indonesischen Hausangestellten, die unter dem Namen Hasniati im Jahre 2008 bekannt wurde, beispielhaft verdeutlicht werden.[9] Frau Hasniati hat 2,5 Jahre bei einem Diplomaten aus der Republik Jemen unter Bedingungen leben und arbeiten müssen, die sklavereiähnlich waren bzw. de facto Sklaverei[10] darstellten. Nur eine Tuberkulose-Erkrankung, die stationäre Behandlung bedurfte, ermöglichte ihr die Flucht. Ihre Viktimisierung war unstreitig, dennoch war eine strafrechtliche oder zivilrechtliche Verfolgung des Täters aufgrund dessen diplomatischer Immunität juristisch ausgeschlossen. Die einzige Möglichkeit, Frau Hasniati zu unterstützen, bestand darin, entweder den Fall publik zu machen, sie nach Beschreiten des innerstaatlichen Rechtswegs nach Straßburg zum Europäischen Menschenrechtsgerichtshof zu begleiten oder aber eine Individualbeschwerde beim UN-Menschenrechtsausschuss in Genf einzureichen.

Als erstes wurde – dem Wunsch der Klientin entsprechend – versucht, mit Hilfe des Auswärtigen Amtes mit der jemenitischen Botschaft zu verhandeln. Diese Verhandlungen dauerten ein knappes Jahr und kamen zu keinem Ergebnis, so dass Ban Ying zusammen mit Frau Hasniati den Fall im Januar 2008 durch eine Pressekonferenz publik machte. Durch die Öffentlichmachung und die dadurch ausgelöste Skandalisierung blieb Frau Hasniati ein internationaler Rechtsstreit erspart. Denn unter dem Druck der öffentlichen Meinung kapitulierte die Botschaft der Republik Jemen und kam zumindest für den ihr entgangenen Lohn – in Höhe von 23.250 € – auf. Das Hauptmotiv für die Bezahlung dieser Summe lag darin, die Reputation des Landes vor weiterem Schaden zu bewahren, was bei einer entsprechenden internationalen Beschwerde sicherlich nicht hätte vermieden werden können. Als Gegenleistung wurde lediglich eine Presserklärung über den positiven Verlauf der Verhandlungen erbeten (z.B. Emmerich 2008).

In diesem Fall fand eine sehr gute Kooperation zwischen einer Klientin und einer Beratungsstelle der Sozialen Arbeit statt: Frau Hasniati hatte den Mut, ihre Geschichte zu erzählen, aber nicht die Ressourcen, sich Gehör zu verschaffen. Für diese kam die Beratungsstelle auf. Die öffentliche Skandalisierung war nicht nur für Frau Hasniati und die Beratungsstelle hilf- und erfolgreich, sondern legte die Basis für die Verhandlung weiterer Fälle. Denn Betroffene wie Diplo-

---

8   Zu Öffentlichkeitsarbeit in der Sozialen Arbeit siehe u.a.: Straub 1999 und von Loeper 2011
9   Für mehr Informationen zu dem Fall Hasniati siehe u.a. Jung 2008
10 Der europäische Gerichtshof für Menschenrechte hat in einer Entscheidung im Jahre 2005 verdeutlicht, dass solche Arbeitsverhältnisse auch juristisch als eine Form von Sklaverei zu werten sind; siehe hierzu Siliadin gg. Frankreich, Urteil vom 26.7.2005; Beschwerdenummer Nr. 73.316/01; siehe auch Prasad 2012

mat_innen hatten nun die Erfahrung gemacht, dass auch nahezu unantastbar erscheinende Mächtige in Bezug auf den Verlust ihres sozialen Ansehens sehr verletzbar sein können und umgekehrt Machtlose diese Tatsache für die Durchsetzung einer menschenrechtlich legitimierbaren Forderung nutzen können.

Mit anderen Worten: Professionelle der Sozialen Arbeit können durch die tatsächliche oder auch nur angedrohte Öffentlichmachung eines Unrechts (Straub 1999) Macht aufbauen. Sie erhalten damit in einer Situation, in der die rechtlichen Möglichkeiten entweder ausgeschöpft, nicht vorhanden oder nur mit unbefriedigenden Ergebnissen für die Betroffenen ausgeschöpft werden könnten, dennoch die Möglichkeit, anwaltschaftlich im Sinne von „advokativ" aktiv zu werden (Brumlik 2004).

Lobbyarbeit im Zusammenhang mit Gesetzesentwürfen und UN-Konventionen

Neben der Öffentlichmachung, dem Mitteilen bzw. Skandalisierungen von Unrechtserfahrungen gibt es für Sozialarbeitende aufgrund ihres Ethikkodexes die Möglichkeit, Lösungsvorschläge und Anträge bei Gesetzesentwürfen sowohl im nationalen Rahmen im Inland bzw. auch bei Verhandlungen um Konventionen bei der UN[11] oder EU einzubringen. Die Basis hierfür ist eine Analyse des zu bearbeitenden Themas im Menschenrechtsrahmen. Diese muss dabei die bestehenden Menschenrechtsnormen berücksichtigen bzw. die Lücken derselben mit Praxisbeispielen erläutern. Auch das dokumentierte und öffentlich gemachte Wissen ist hier von besonderer Bedeutung. So haben z.B. in der Lobbyarbeit um die ILO-Konvention zum Schutz von Hausangestellten, die im Juni 2011 angenommen wurde, öffentlich gewordene Fälle von Missbrauch von Hausangestellten eine sehr große Rolle gespielt. Letztendlich haben sie für die Notwendigkeit von Schutzmechanismen in einer solchen Konvention überzeugt.

Weniger aufwendig als Lobbyarbeit für eine ganze Konvention ist die Lobbyarbeit mit UN-Sonderberichterstatter_innen oder UN-Ausschüssen, welche die Implementierung einer Konvention überwachen. Hier ist es möglich, ein Thema zu konkretisieren und Ausschüsse oder Sonderberichterstatter_innen zu animieren, das Thema in einem Bericht oder in Form von Empfehlungen aufzunehmen, um es dann für (nationale) Lobbyzwecke zu nutzen. Im Fall der Hausangestellten von Diplomat_innen ist es beispielsweise Ban Ying und anderen NGOs wie Kalayaan in London gelungen, dass sowohl die UN-Sonderberichterstatterin gegen Sklaverei (UN Special Rapporteur on Contemporary Forms of Slavery

---

11 Zur Lobbyarbeit im Rahmen der Verhandlungen einer UN Konvention gegen Menschenhandel, siehe Prasad 2001

2010: 12)¹² als auch der Sonderberichterstatter für die Menschenrechte von Migrant_innen (UN Special Rapporteur on the Human Rights of Migrants 2010: 15f) die besondere Vulnerabilität im Rahmen ihrer Berichte thematisierten. Das Thema fand überdies Eingang im Rahmen eines General Comments des UN-Ausschusses für den Schutz aller Rechte von Arbeitsmigrant_innen (UN Committee on the Protection of the Rights of all Migrant Workers and Members of their Families 2011: 9f)¹³. All dies ist der Lobbyarbeit der NGOs zu verdanken, die in ihrem Praxisalltag ganz konkret – in der Regel als Sozialarbeitende – mit dem Thema befasst sind. Nun ist es an ihnen, diese Vorlagen national und international für die Lobbyarbeit zu nutzen.

Nutzung internationaler Schutzmechanismen¹⁴

Auf die Frage, wessen Menschenrechte in Deutschland wohl am ehesten verletzt werden, kommen in der Regel dieselben Aufzählungen von Menschen, die in der Sozialen Arbeit als vulnerable Gruppen bezeichnet werden: also Asylbewerber_innen, Menschen ohne Papiere, Kinder, Frauen, die Gewalt erlebt haben, arme Menschen, Menschen mit Behinderungen u.ä.

Eine Durchsicht der Fälle, mit denen sich Menschen aus Deutschland an UN-Expertenausschüsse¹⁵ wenden, zeigt allerdings, dass vulnerbale Gruppen als Beschwerdeführer_innen kaum präsent sind. Während es nur je eine Beschwerde gegen Deutschland an den UN-Frauenrechtsausschuss, den UN-Ausschuss gegen rassistische Diskriminierung¹⁶ und den UN-Antifolterausschuss gab, wurden 18¹⁷ Beschwerden an den UN-Menschen-rechtsausschuss eingebracht. Von diesen insgesamt 21 Fällen sind 17 an der Zulässigkeit gescheitert, d.h., dass UN-Expertenausschüsse lediglich in vier Fällen über Menschenrechtsverletzung in Verantwortung des deutschen Staates entschieden haben. Die meisten der 21

---

12   Die UN Sonderberichterstatterin gegen Sklaverei hat darüber hinaus in mehreren von NGOs organisierten Side Events zu diesem Thema im Rahmen der Sitzungen des Menschenrechtsrates teilgenommen.
13   Auch wenn die Bundesrepublik Deutschland diese Konvention nicht ratifiziert hat, so ist sie in Kraft getreten und gilt als „soft law".
14   Zur Nutzung des UN-Menschenrechtsschutzrahmens siehe Prasad 2011
15   Verfahren am Europäischen Gerichtshof für Menschenrechte sind hier nicht analysiert worden, weil diese ausschließlich von Jurist_innen geführt werden dürfen, und damit die Rolle der Sozialen Arbeit eher eine andere ist, als bei möglichen Beschwerden bei UN-Ausschüssen, die grundsätzlich ohne Rechtsbeistand geführt werden dürfen und können.
16   Derzeit läuft eine zweite Beschwerde gegen Deutschland, geführt vom Türkischen Bund in Berlin-Brandenburg. In der Beschwerde wird argumentiert, dass die Tatenlosigkeit der Justiz nach den Äußerungen Sarrazins ein Beispiel von nicht vorhandenem effektiven Rechtschutzes darstellt.
17   Stand Sept. 2011

versuchten Beschwerden gegen Deutschland stammen von Vätern in Umgangsrechtsstreitigkeiten, Scientology-Anhängern, die ihr Recht auf Religionsfreiheit tangiert sehen, ehemalige DDR-Grenzpolizisten, die sich zu Unrecht wegen Totschlags verurteilt sehen, oder aber von Menschen im Streit um Eigentum an Grund und Boden in bestimmten Gebieten Osteuropas. Nur zwei Beschwerden aus dem Jahr 2008 betreffen Anliegen von Vertreter_innen vulnerabler Gruppen: In der einen geht es um rassistische Polizeigewalt (UN Human Rights Committee 2009) und in der anderen um die Abschiebung eines Migranten, dessen Ehefrau in Deutschland lebt. (UN Human Rights Committee 2008). Andere vulnerable Gruppen und/oder Themen der Sozialen Arbeit finden sich in diesen versuchten Beschwerden nicht.

Der Fall der Hausangestellten „Dewi Ratnasari"

Derzeit begleitet Ban Ying in Zusammenarbeit mit dem Deutschen Institut für Menschenrechte den Fall der Hausangestellten „Dewi Ratnasari",[18] die bei einem Diplomaten in Berlin unter sklavereiähnlichen Bedingungen leben musste. Der Fall ist zurzeit beim Bundesarbeitsgericht und soll perspektivisch beim Bundesverfassungsgericht und gegebenenfalls beim Europäischen Gerichtshof für Menschenrechte oder dem UN-Menschenrechtsausschuss eingebracht werden. Dabei soll von diesen Instanzen die Frage beantwortet werden, wie der Staat Frau Ratnasari den Zugang zum Recht – der ihr laut Verfassung und diversen menschenrechtlichen Konventionen zusteht – trotz diplomatischer Immunität des Beschuldigten ermöglichen kann. Die Klärung dieser Frage wäre nicht nur für Frau Ratnasari und allen Hausangestellten von Diplomat_innen von Bedeutung. Ein solcher Fall vor einem internationalen Gericht würde zudem Menschenrechtsverletzungen an einer – international als sehr vulnerable geltende – Gruppe thematisieren und zeigen, was menschenrechtsbasierte Soziale Arbeit leisten kann, um strukturelle Lösungen zu erreichen.

Mindestlohn für Angestellte in Diplomatenhaushalten als Folge einer UN-Beschwerde

Neben Individualbeschwerden gibt es noch andere Beschwerdemöglichkeiten, wie z.B. das Initiieren von Untersuchungsverfahren bei einigen UN-Ausschüssen. Einer solchen erfolgreichen Initiative haben alle Hausangestellten von Diplo-

---

18　Für mehr Informationen zu den Lebensumständen von Frau Ratnasari siehe u.a.: Wassermann 2011

mat_innen in Deutschland die Festsetzung eines Mindestlohnes in der Höhe von 750 €/Monat zu verdanken. Denn bis zum Jahr 2003 gab es in Deutschland keine Regelungen, die die Lebens- und Arbeitsbedingungen der Hausangestellten von Diplomat_innen betrafen. Das Auswärtige Amt „bat" Diplomat_innen lediglich darum, ihren Angestellten Arbeitsbedingungen zu bieten, die den Mindestnormen in Deutschland entsprachen, und ging davon aus, dass dieser Bitte Folge geleistet wurde. Da viele Diplomat_innen diese Bitte ignorierten und das Auswärtige Amt sich wenig offen für die Belange von Hausangestellten zeigte, wandte sich Ban Ying an den UN-Frauenrechtsausschuss, um gemäß Art. 8 des Fakultativprotokolls von CEDAW[19] ein Untersuchungsverfahren gegen Deutschland zu initiieren (Ban Ying 2003). Dieser Vorgang wurde öffentlich gemacht und bewirkte, dass das Auswärtige Amt noch vor der Entscheidung des UN-Frauenrechtsausschusses sich verhandlungsbereit zeigte und neben einem Mindestlohn auch andere Mindeststandards für die Beschäftigung von Hausangestellten vertraglich festlegte.[20] Seither müssen sich Diplomat_innen schriftlich verpflichten, diese Mindeststandards einzuhalten. Bei Nachweis einer Nichteinhaltung (z.B. das Fehlen transparenter finanzieller Abwicklungen) geht das Auswärtige Amt nun von einem Fehlverhalten aus und versucht zu verhandeln; einklagbar sind diese Rechte aber weiterhin nicht, was die Bedeutung des Falls Dewi Ratnasari als Präzedenzfall unterstreicht.

Auch wenn die Beschwerde nicht dazu geführt hat, dass ein Untersuchungsverfahren gegen Deutschland eingeleitet wurde, so hat die Sorge der Bundesregierung vor einem Reputationsverlust auf UN-Ebene innenpolitisch sehr schnell zu einer allgemeinen Regelung geführt, die – trotz wenig abgesicherter Durchsetzungs- und Kontrollmöglichkeit – als ersten Schritt zu einer strukturellen Veränderung bezeichnet werden kann. Dies hat dazu geführt, dass zumindest die Summe des entgangenen Lohnes eindeutig feststeht und somit die Verhandlungen leichter sind. Und in Fällen, in denen diese Regel verletzt wird, besteht nach wie vor die Möglichkeit der öffentlichen Skandalisierung.

Das Instrument des Schatten- bzw. Parallelberichtes

Während die beschriebenen Beschwerden die Ressourcen der Träger Sozialer Arbeit in erheblichem Maß binden können, bietet das Instrument des „Schatten- oder Parallelberichts" ein relativ unkompliziertes Verfahren, um dokumentierte Unrechtserfahrungen aus der Praxis direkt an die UNO weiterzuleiten. Jede UN-Konvention enthält die Klausel, dass der Staat bei der Ratifizierung einer Konvention sich nicht nur verpflichtet, diese innerstaatlich umzusetzen. Er verpflich-

---

19   UN Konvention zur Eliminierung von Diskriminierung von Frauen
20   Grundlage hierfür ist die Rundnote 6/2004 des Auswärtigen Amtes

tet sich auch, im Zeitraum von etwa vier Jahren einen Bericht über die Implementierung der Konvention an den entsprechenden Ausschuss zu schreiben. NGOs können in einem eigenen Bericht diesen Staatenbericht kritisch kommentieren und ergänzen. Sie schaffen sich damit direktes Gehör bei einem UN-Ausschuss. Auch diese Möglichkeit hat Ban Ying bei diversen Schattenberichten an den CEDAW-Ausschuss und dem UN-Ausschuss für wirtschaftlich, soziale und kulturelle Rechte genutzt, um auf die Probleme von Hausangestellten von Diplomat_innen hinzuweisen. Da die Staatsorgane bei einem Staatenbericht ein Interesse haben, sich im besten Licht darzustellen, ist es dem Ausschuss ohne die Schattenberichte nicht oder kaum möglich, Missstände aus den jeweiligen Ländern zu erkennen. Die Schattenberichte ermöglichen es dem Ausschuss anlässlich der Anhörungen bei der UN in Genf, kritische Aspekte anzumerken und entsprechende Fragen an die Regierungen zu richten. Die Chance ist groß, dass die von der Regierungsdelegation nicht oder unbefriedigend beantworteten Fragen in die abschließende Beurteilung zum Stand der Umsetzung der Konvention in dem jeweiligen Land Eingang finden.[21]

Forderungen an die Profession Sozialer Arbeit

Soziale Arbeit, sofern sie sich als Profession mit einem Ethikkodex versteht, kann sich nicht nur auf die eingangs erwähnte, auf der internationalen Ebene definierten „Ethics in Social Work" (Vgl. IASW und IFSW 2004), sondern auch auf die nationalen Kodizes berufen, um das Thema der Menschenrechte in ihre Praxis und damit auch Methoden zu integrieren.

Die legitime Forderung, dass das Recht, insbesondere die Sozialgesetzgebung in der Praxis als verpflichtende normative Richtlinie angewendet werden muss, muss auf der Tatsache, dass Gesetze für bestimmte Problemsituationen von verletzbaren Individuen und Gruppen schwer zugänglich, nicht anwendbar sind oder gar fehlen, erweitert werden. Recht erfüllt in diesem Fall nicht nur eine klare ordnungspolitische Funktion, sondern kann so auch zum Instrument sozialen Wandels werden.

Dies ist Manfred Kappeler zufolge nicht in erster Linie ein methodisches Problem, sondern eine Frage des politischen Bewusstseins. Seiner Meinung nach

---

21 Siehe hierzu auch den Parallelbericht der Allianz für wirtschaftliche, soziale und kulturelle Rechte in Deutschland 2011, in dem sich Studierende des ZPSA und/oder Praktiker_innen aus der Sozialen Arbeit zu Armut in Deutschland äußern. Dass der Ausschuss so detaillierte Information zur Situation von Armut in Deutschland hatte und dies in seinen Abschließenden Bemerkungen (Vgl. United Nations Economic and Social Council 2011: Punkte: Nr. 19, 21, 22, 24, 25, 28) thematisiert hat, ist diesem Bericht zu verdanken.

müssen Menschenrechte als politische und soziale Rechte in der Sozialen Arbeit verwirklicht werden; es geht ihm vor allen Dingen darum, sie als Maßstab für die eigene Praxis und für die eigenen Theorien zu begreifen und als essentiell für das berufliche Selbstverständnis in den Institutionen und Organisationen der Sozialen Arbeit zu vertreten (Kappeler 2008). Er plädiert dafür, Menschenrechte als normativen Orientierungsrahmen in der Sozialen Arbeit zu verstehen. Dies ist als Grundlage der Sozialen Arbeit als Menschenrechtsprofession natürlich unabdingbar, aber sie reicht nicht aus.

Daher stehen Ausbildungsstätten in der Verantwortung, neben der Vermittlung und kritischen Diskussion der berufsethischen Prinzipien als Orientierungsrahmen für die Sozialarbeitenden auch dafür Sorge zu tragen, dass sie lernen, wie sie diese Prinzipien in die Praxis umsetzen können. Sozialarbeitende müssten also in die Lage versetzt werden, Verletzungen von Menschenrechten zu identifizieren, diese als solche zu benennen und Interventions-möglichkeiten zu kennen, die auch diejenigen berücksichtigen, die nach dem nationalen Recht, keinen oder nur einen erschwerten Zugang zum Recht haben. Der Beitrag hat versucht, einige methodische Ansätze zur Verwirklichung dieses Anliegens aufzuzeigen.

Das (handlungsbezogene und methodische) Wissen über den Umgang mit den Menschenrechten, kann hierbei zu einer sehr wichtigen Machtquelle werden. Es gibt den Praktiker_innen in der Sozialen Arbeit Einflussmöglichkeiten, die sie mit oder im Sinne ihrer Klient_innen nutzen können, um individuelle und strukturelle Lösungen zu erreichen. Öffentlichkeitsarbeit und Lobbyarbeit sind dabei wichtige methodische Zugänge – dies vor allem dann, wenn nicht nur reagiert wird, sondern selbst Themen definiert und in die Öffentlichkeit gebracht werden.

Literatur

Arendt, Hannah (2003): Elemente und Ursprünge totaler Herrschaft. Frankfurt/M: Suhrkamp Verlag

Alinsky Saul D.(1999): Anleitung zum Mächtigsein. Göttingen: Lamuv Verlag

Allianz für wirtschaftliche, soziale und kulturelle Rechte (2011): Parallelbericht der Allianz für wirtschaftliche, soziale und kulturelle Rechte in Deutschland zum fünften Staatenbericht der Bundesrepublik Deutschland zum Internationalen Pakt über wirtschaftliche, soziale und kulturelle Rechte (ICESCR). Berlin: http://www.kokbuero.de/data/Medien/Studien/ParallelBerichtWSKAllianz.pdf (letzter Zugriff 8.1.2012)

Ban Ying (2003) Weibliche Hausangestellte in privaten Haushalten von DiplomatInnen in der Bundesrepublik Deutschland. Berlin

Brumlik, Micha (2004): Advokatorische Ethik – Zur Legitimation pädagogischer Eingriffe. Berlin: Philo Verlag

Cox, David/Pawar, Manohar (2006): International Social Work. Thousand Oaks, London, New Delhi: Sage Publications

Emmerich, Marlies (2008): Jemenitische Botschaft zahlt Gehalt nach, in: Berliner Zeitung, 1.2.2008

IASSW und IFSW (2004): Global Standards for the Education and Training of the Social Work Profession. Adelaide

Kappeler, Manfred (2008): Den Menschenrechtsdiskurs in der Sozialen Arbeit vom Kopf auf die Füße stellen. In: Widersprüche, Heft 107, März 2008. 33-45

Kartusch, Angelika (2011): Domestic Workers in Diplomats' Households. Rights Violations and Access to Justice in the Context of Diplomatic Immunity. Berlin: Deutsches Institut für Menschenrechte

Prasad, Nivedita (2001): NGO – Lobbyarbeit bei den Verhandlungen zum UN-Zusatzprotokoll der Crime Commission. In: KOK (Hrsg.): Frauen handel(n) in Deutschland. Bonn: Bundesministerium für Familie, Senioren, Frauen und Jugend. 85-93

Prasad, Nivedita (2008): Hausangestellte von DiplomatInnen. In: KOK (Hrsg.): Frauen handel(n) in Deutschland. Bonn: Bundesministerium für Familie, Senioren, Frauen und Jugend. 95-101

Prasad, Nivedita (2011): Mit Recht gegen Gewalt, Opladen & Farmington Hills: Budrich Verlag

Prasad, Nivedita (2012): Menschenrechtsbasierter Umgang mit Betroffenen des Menschenhandels in der Sozialen Arbeit. In: Migration und Soziale Arbeit, Heft 2/2012

Staub-Bernasconi, Silvia (2007): Soziale Arbeit als Handlungswissenschaft. Bern: Haupt Verlag

Staub-Bernasconi, Silvia (2010): Macht in der Sozialen Arbeit. In: Geißler-Piltz, Brigitte/ Räbiger, Jutta (Hrsg.): Soziale Arbeit grenzenlos. Opladen & Farmington Hills: Budrich Verlag. S. 35-54

Straub, Ute (1999): Klappern gehört zum Handwerk – auch in der Sozialen Arbeit. Ein Plädoyer für die Institutionalisierung in der Lehre. In: Sozialmagazin, 24. Jg. 1999 Heft 10. 52-58

United Nations Ad Hoc Committee on a Comprehensive and Integral International Convention on Protection and Promotion of the Rights and Dignity of Persons with Disabilities (2003): Issues and Emerging Trends related to Advancement of Persons with Disabilities. New York: A/AC.265/2003/1

United Nations Committee on the Protection of the Rights of all Migrant Workers and Members of their Families (2011): General comment No. 1 on migrant domestic workers. Geneva: CMW/C/GC/1

United Nations Human Rights Committee (2008): A.C und A.D gegen Deutschland, Mitteilung Nr. 1543/2007. Geneva: CCPR/C/93/D/1543/2007, Entscheidung vom 8.8.2008

United Nations Human Rights Committee (2009): M.M.G.S gegen Deutschland, Mitteilung Nr. 1771/2008. Geneva: CCPR/C/96/D/1771/2008, Entscheidung vom 7.9.2009

United Nations Economic and Social Council (2011): Concluding Observations of the Committee on Economic, Social and Cultural Rights. Geneva: E/C.12/DEU/CO/5

United Nations Special Rapporteur on Contemporary Forms of Slavery, Including its Causes and Consequences (2010): Report of the Special Rapporteur on Contemporary Forms of Slavery, Including its Causes and Consequences, Gulnara Shahinian. Geneva: A/HRC/15/20

United Nations Special Rapporteur on the Human Rights of Migrants (2009): Report of the Special Rapporteur on the Human Rights of Migrants, Jorge Bustamante, Addendum. Mission to the United Kingdom of Great Britain and Northern Ireland. Geneva: A/HRC/14/30/Add.3
Von Loeper, Dankwart (2010): Erfolgreiche Öffentlichkeitsarbeit für Asyl und Menschenrechte. Karlsruhe: Loeper Verlag
Wassermann, Andreas (2011): Freibrief für Ausbeutung. In: Der Spiegel, 27.06.2011
Wolf, Klaus (1999): Machtprozesse in der Heimerziehung. Münster: Votum

Kinder- und Jugendhilfe als Menschwerdungshilfe: Menschenrechte und Capabilities als Bezugsrahmen für gerechtes Aufwachsen

Nina Oelkers & Annika Gaßmöller

Menschenrechte und soziale Grundrechte

Menschenrechte sind subjektive Rechte, die jedem Menschen gleichermaßen zustehen, denn das Menschenrechtskonzept geht davon aus, dass alle Menschen mit gleichen Rechten ausgestattet sind allein aufgrund ihres Menschseins. Diese egalitär begründeten Rechte sind universell, unveräußerlich und unteilbar. Die Idee der Menschenrechte ist eng verbunden mit der Entwicklung von Grundrechten. Das Grundgesetz der Bundesrepublik Deutschland enthält beispielsweise das Bekenntnis zu „unverletzlichen und unveräußerlichen Menschenrechten" (Art. 1 II GG) und bindet die Staatsgewalt an die nachfolgenden Grundrechte (Art. 1 III GG). Der Begriff „Grundrechte" ist nach Narr (2001) eine spezifisch deutsche Errungenschaft, die im Unterschied zu den allgemeinen Menschenrechten betont, „dass sie [die Grundrechte] vom Staat gegeben werden und nicht naturrechtlich vor aller staatlichen Klammer stehen und also staatlich nicht geändert werden können" (ebd.: 1189). Dies gilt insbesondere für soziale Grundrechte bzw. soziale Menschenrechte, die sich in der Gestaltung des ‚Sozialen' im Staat zeigen. Der Kern sozialstaatlicher Programmatik wird in Artikel 22 der Menschenrechtserklärung deutlich: „Jeder Mensch [...] hat Anspruch darauf, durch innerstaatliche Maßnahmen und internationale Zusammenarbeit unter Berücksichtigung der Organisation und der Hilfsmittel jedes Staates in den Genuß der für seine Würde und die freie Entfaltung seiner Persönlichkeit unentbehrlichen wirtschaftlichen, sozialen und kulturellen Rechte zu gelangen". Die Bedeutung sozialer Grundrechte wird im Vergleich zu Persönlichkeits- und Freiheitsrechten als besonders hoch eingeschätzt, denn die Stärke des Menschenrechtsverständnisses im Sinne sozialer Rechte besteht darin, dass die individuellen Abwehrrechte so konzipiert sind, dass sie erst sozial fundiert von der einzelnen Person verwirklichbar sind. Es geht gemäß Artikel 22 nicht um Kompensation, sondern um Teilhabe, wie es dem Gedanken der Inklusion entspricht (vgl. Kaufmann 1982: 58 ff.). Gilt die „Generalisierung des Anspruchs auf Teilhabe an den Lebensmöglichkeiten einer Gesellschaft" (Kaufmann 1997: 34) als grundlegend, wird Sozialpolitik zu einer permanenten „Inklusionspolitik" (vgl. Huf 1998). Menschenrechte gestalten sich folglich nicht nur als Abwehrrechte des Bürgers gegen den Staat und zum Schutz seiner Freiheitssphäre sowie als staatliche Schutzpflicht gegenüber Dritten. Neben den grundlegenden Persönlichkeitsrechten und Freiheitsrechten werden auch soziale Menschenrechte deklariert. Zu der letzteren Kategorie gehören beispielsweise die im Internationalen Pakt über Wirtschaftliche, Soziale und Kulturelle Rechte festgelegten Rechte auf Selbstbestimmung, auf Gleichberechtigung von Mann und Frau, auf Arbeit und angemessene Entlohnung, auf den Schutz von Familien, Schwangeren, Müttern und Kindern, auf einen angemessenen Lebensstandard (einschließlich angemessener Nahrung), auf den besten erreichbaren Gesundheitszustand sowie auf Bildung und Teilhabe am kulturellen Leben. Die Existenz wirtschaftlicher, kultureller und sozialer Rechte wird allerdings auch kritisch betrachtet, denn hier würde das althergebrachte Abwehrrecht in einen Anspruch auf Gewährung positiver sozialer Leistungen überführt (vgl. International Covenant on Economic, Social and Cultural Rights von 1966).

Auf der europäischen Ebene werden soziale Grundrechte als die Rechte verstanden, „die dem einzelnen Bürger zukommen, und die er nur in seiner Verbindung zu anderen Menschen als Mitglied einer Gruppe wahrnehmen kann und die nur verwirklicht werden können, wenn die staatliche Gemeinschaft Leistungen zur Sicherung der Lebensgestaltung des einzelnen Bürgers erbringt" (Europäisches Parlament 1999: 5). Soziale Rechte werden als eine notwendige Ergänzung von Freiheitsrechten betrachtet, da diese ohne soziale Sicherheit nicht ausgeübt werden könnten. „Im Gegensatz zu den Freiheitsrechten wird dadurch nicht die Freiheit von dem Staat verwirklicht, sondern Freiheit mit Hilfe des Staates. Es handelt sich also um Grundrechte als Leistungs- oder Teilhaberechte" (ebd.). Soziale Grundrechte richten sich auf die Ausgestaltung staatlicher Leistungen, die im Zweifelsfall sicherstellen, dass der Gebrauch grundrechtlicher Freiheiten möglich ist. Soziale Grundrechte richten sich auch im deutschen Grundgesetz auf die Beziehungen des Einzelnen zu den grundgesetzlich anerkannten sozialen Gemeinschaften (z.B. Ehe, Familie, Kirche, Schule), aber auch zum Staat in seiner Eigenschaft als Sozialstaat.[1] Die Deutung sozialer Grundrechte als konkrete Leistungsrechte ist allerdings auf nationaler Ebene ähnlich umstritten wie auf der internationalen Ebene.

Ein besonderes Problem der normativen Verankerung sozialer Grundrechte (auf nationaler Ebene) besteht darin, dass diese in der Regel nicht zu Teilen der Verfassung wurden und „eher als Deklamationen oder Postulate, jedoch nicht als ‚unmittelbar geltende Rechte' (so Art. 1 Abs. 3 GG)" (Narr 2001: 1189) verfasst

---

1 Zu den sozialen Grundrechten gehören das Elternrecht (Art. 6 Abs. 2 und 3 GG); das Recht auf Errichtung privater Schulen (Art. 7 Abs. 4 GG); das Verbot der Ausbürgerung (Art. 16 Abs. 1 S. 1 GG); das Auslieferungsverbot (Art. 16 Abs. 2 S. 1 GG); das Asylrecht (Art. 16 a GG) und der Anspruch auf staatliche Fürsorge, welcher aus dem Bekenntnis des Grundgesetzes zum Sozialstaat (Art. 20 und 28 Abs. 1 GG) gefolgert wird.

sind. In der BRD zeigen sich das spezifische wohlfahrtsstaatliche Arrangement und die Deklamation sozialer Grundrechte in der sogenannten Sozialstaatsklausel des Art. 20 I GG: „Die Bundesrepublik Deutschland ist ein demokratischer und sozialer Bundesstaat" und im Art. 28 I GG, demgemäß „die verfassungsmäßige Ordnung in den Ländern […] den Grundsätzen des republikanischen, demokratischen und sozialen Rechtsstaates im Sinne dieses Grundgesetzes entsprechen" muss. Die Sozialstaatlichkeit wird dabei nicht als gesonderte Institution konstruiert, sondern ist ein Charakteristikum des Staates neben anderen „Staatszielen".

Aufgrund der normativen Verankerung sozialer Grundrechte durch den Staat als Deklamationen oder Postulate (Sozialstaatsklausel) und nicht als unmittelbar geltende Rechte unterliegen diese der Gefahr, je nach ökonomischer und politischer Konjunkturlage aus- oder abgebaut zu werden. Narr (2001) folgend bleiben soziale Grundrechte so „aufgesetzte Normen". Dies hat zur Folge, dass soziale Rechte von staatlicher Seite normiert und sozialpolitische Regelungen bürokratisch verwirklicht werden, ohne „die organisatorischen Formen von ‚Politik' und ‚Ökonomie' zu verändern" (ebd.: 1191). „Sie unterlagen und unterliegen demgemäß der Gefahr, je nach Konjunkturlage verdickt oder vor allem verdünnt zu werden" (ebd.). Sozialstaatliche Leistungen können also bei Bedarf den „Marktbedürfnissen" nachgeordnet werden, die Entwicklung von staatlicher Verantwortungsübernahme für die Gestaltung des „Sozialen" steht folglich im engen Zusammenhang mit ökonomischen Verwertungs-, Entwicklungs- und Entscheidungsprozessen.

Das Grundgesetz gestaltet Sozialstaatlichkeit explizit als geltenden Verfassungsauftrag an den Gesetzgeber und diese wird so ausdrücklich zur Frage der Gesetzgebungspolitik, die durch die Verfassung verbindlich in eine übergreifende allgemeine Richtung gewiesen wird. Soziale Grundrechte der StaatsbürgerInnen in der BRD werden folglich im Rahmen von Gesetzgebung gestaltet. Die Schaffung zwingenden Rechts zeigt sich als das spezifische Organisationsmittel des Sozialstaates, sodass die Differenz zu allen anderen Formen sozialen Engagements in der rechtlichen Fundierung besteht, die Kaufmann an drei Gesichtspunkten verdeutlicht (1988: 68): das Ausmaß der expliziten Verantwortung des Staates für die Gewährleistung menschenwürdiger Lebensbedingungen (1); die Selbstbindung des Staates durch die Einräumung von Rechtsansprüchen bezüglich dieser Verantwortung (2) sowie konkrete staatliche Maßnahmen zur Gewährleistung der Erfüllung jener Rechtsansprüche (3). Nach Kaufmann (1988, 1997) herrscht weitgehend Übereinstimmung darüber, dass die Begriffe Sozial- und Wohlfahrtsstaat einen Staatstypus bezeichnen sollen, „der die Verantwortung der Gewährleistung menschenwürdiger Lebensbedingungen für alle ihm Angehörenden in expliziter Form übernimmt" (Kaufmann 1988: 65). „Die Ausbreitungstendenz staatlich vermittelten sozialen Schutzes bis hin zur Gewährleistung sozialer Rechte für jedermann macht die spezifische Differenz der wohlfahrtsstaatlichen Entwicklung aus, welche inzwischen durch zahlreiche internationale Erklärungen und Abkommen wenigstens programmatisch als Leitbild der gesellschaftlichen Entwicklungen auf Weltebene anerkannt ist" (Kaufmann 1997: 32).

Träger von sämtlichen Grundrechten sind natürliche Personen und juristische Personen. Nach deutschem Grundrecht gibt es allerdings eine Teilung nach Grundrechtsträgern: Jeder Mensch ist Träger der sogenannten Jedermann-Grundrechte, die sich unterscheiden von den sogenannten Staatsbürgerrechten oder Deutschengrundrechten, die nur Deutschen zustehen (z.B.: Art. 8, 9, 11, 12 I, 16 I und II, 20 IV, 33 I-III GG).

Natürliche Personen besitzen ihre Grundrechtsfähigkeit grundsätzlich von Geburt an bis zum Tod. Im Einzelfall kann aber auch das ungeborene Leben (Art. 2 II 1 GG) oder ein Verstorbener (allgemeines Persönlichkeitsrecht, Art. 2 I i.V.m. Art. 1 I GG) Grundrechtsträger sein. Kinder sind gemäß BVerfG-Urteil (BVerfG 24) Grundrechtsträger mit anerkannten Persönlichkeitsrechten: Es ist gefestigte Rechtsprechung des Bundesverfassungsgerichts, dass Kinder von ihrer Geburt an, wie Erwachsene, uneingeschränkt Träger aller Grundrechte sind. Es besteht also keine fehlende Grundrechtsmündigkeit analog zur beschränkten Geschäftsfähigkeit im Zivilrecht.

Menschenrechte und soziale Grundrechte für Kinder

Auch wenn Kinder entsprechend des deutschen Rechts von Geburt an uneingeschränkt Träger aller Grundrechte sind, ist die Lebenssituation von Kindern im Vergleich zu Erwachsenen different. Dieser Unterschied in der Lebenssituation wird deutlich wenn Lutz feststellt, dass „Kleinkinder [...] nicht alleine überleben [können], sondern [...] auf die Versorgung durch Erwachsene sowie Beziehungen und Interaktionen mit anderen angewiesen" sind (Lutz 2006: 193). Diese Angewiesenheit auf Erwachsene kennzeichnet das besondere Verhältnis zwischen Erwachsenen und Kindern. Nach Giesinger (2007) ist dieses Verhältnis generell ein ungleiches: Erwachsene sind stärker, verfügen über mehr Handlungsspielraum und über einen Wissensvorsprung gegenüber Kindern. Er stellt daher fest, dass die Beziehung zwischen Erwachsenen und Kindern eine „Beziehung zwischen ‚Starken' und ‚Schwachen'" (ebd.: 11) ist. Aufgrund dieses unterschiedlichen Kräfteverhältnisses in der Beziehung zwischen Erwachsenen und Kindern und der kindlichen Abhängigkeit von der Fürsorge Erwachsener, erscheinen Kinder in einem besonderen Maße anfällig für eine Verletzung ihrer Rechte. Denn die Fähigkeit zum eigenständigen Gebrauch ihrer Rechte erlangen Kinder erst mit zunehmendem Alter und mit zunehmender Reife (vgl. dazu auch Kerber-Ganse 2008: 67). Um auch für Kinder gleiche Rechte und Möglichkeiten zu gewährleisten, schien es erforderlich, diese neben der Allgemeinen Erklärung der Menschenrechte besonders zu schützen. Daher wurde am 20. November 1989 die UN-Konvention über die Rechte des Kindes durch die Generalversammlung der Vereinten Nationen verabschiedet. Ziel war, das Kind als eigenständige Persönlichkeit zu schützen (protection) und zu fördern (provision) sowie sein Recht auf Beteiligung (participation) in allen das Kind betreffenden Angelegenheiten zu gewährleisten (vgl. National Coalition 1996: 25). Diese eigenen, Kindern zugedachten Rechte ergeben sich einzig aus der Entwicklungstatsache des Kindes und rechtfertigen sich durch die eingeschränkten Möglichkeiten von Kindern ihre Rechte eigenständig wahrzunehmen sowie die daraus resultierende besondere Schutzbedürftigkeit. Die UN-Kinderrechtskonvention beinhaltet politische Bürgerrechte, kulturelle, wirtschaftliche und soziale Rechte für Kinder (vgl. Unicef o.J.). Die unterzeichnenden Staaten[2] sichern in diesem Vertrag allen Kindern ein Recht auf menschenwürdige Lebensbedingungen zu. Als zentral werden in der Konvention vier Prinzipien für die Gestaltung der Lebensbedingungen von Kindern angesehen (vgl. ebd.):

1. Das Recht auf Gleichbehandlung (Art. 2)
2. Der Vorrang des Wohls des Kindes (Art. 3)
3. Das Recht auf Leben und Entwicklung (Art. 6)
4. Achtung vor der Meinung des Kindes (Art. 12)

Das Recht auf Gleichbehandlung beinhaltet, dass allen Kindern die gleichen Rechte unabhängig von persönlichen Merkmalen wie Geschlecht, Herkunft etc. zugesichert werden. Mit dem Vorrang des Wohls des Kindes bei Entscheidungen, die Kinder betreffen, wird eine Grundlage zur Entscheidungsfindung gelegt. Mit dem Recht auf Leben und Entwicklung verpflichten sich die unterzeichnenden Staaten die Entwicklung von Kindern im größtmöglichen Umfang zu sichern. Dies bezieht sich sowohl auf den Zugang zu medizinischer und sozialer Versorgung als auch auf den Zugang zu Bildungseinrichtungen und den generellen Schutz vor Ausbeutung und Missbrauch. Mit dem Prinzip der Achtung vor der Meinung des Kindes wird Kindern eine alters- und reifeentsprechende Partizipation an sie selbst betreffenden Entscheidungen zugesichert. Insbesondere das dritte Prinzip verpflichtet den Staat zur Übernahme von Verantwortung für die Gestaltung der Lebensbedingungen von Kindern. Als „Recht auf Entwicklung" wird hier auch die besondere Situation von Kindern berücksichtigt, die sich aus ihrer Abhängigkeit von Erwachsenen bei der Entwicklung zu einer eigenständigen Person ergibt.

---

[2] Die Konvention wurde von allen Staaten mit Ausnahme der USA und Somalias ratifiziert.

In der UN-Kinderrechtskonvention werden darüber hinaus auch soziale Rechte für Kinder formuliert. Soziale Rechte – verstanden als Leistungs- oder Teilhaberechte – können nur dann realisiert werden, wenn von staatlicher Seite Leistungen zur Sicherung der Lebensgestaltung erbracht werden. Die UN-Kinderrechtskonvention benennt hier unter anderem die Verpflichtung der Staaten zur wirtschaftlichen Versorgung von Kindern. Im Sinne einer Ermöglichung von gesellschaftlicher Teilhabe wird unter anderem das Recht von Kindern auf Bildung, Schule und Berufsausbildung, aber auch auf Freizeit, kulturelles und künstlerisches Leben benannt.

Die 54 Artikel der Kinderrechtskonvention stellen einen völkerrechtlich bindenden Vertrag dar, durch den Schutz und Hilfe für Kinder erstmals nicht mehr allein von Mitgefühl oder Moral abhängig sind, sondern zur staatlichen Verpflichtung werden. Die Verantwortung zur Schaffung menschenwürdiger Lebensbedingungen liegt damit beim jeweiligen Staat. Im Alltag von Kindern liegt die Verantwortung zur Wahrung dieser Rechte allerdings in erster Linie bei den Eltern bzw. bei deren VertreterInnen sowie den Erwachsenen, die mit der Betreuung von Kindern beauftragt werden. Ihre Verantwortung bezieht sich insbesondere auch auf die Unterstützung des Kindes bei der perspektivisch zunehmend eigenverantwortlichen Wahrnehmung seiner Rechte, die es durch Bildung und Erziehung zu fördern gilt (vgl. Kerber-Ganse 2008: 67).

Kinder in Deutschland: Zwischen Schutz des Kindeswohls und Elternrechten

Nach dem erforderlichen Ratifizierungsverfahren ist die UN-Kinderrechtskonvention in Deutschland im Jahr 1992 in Kraft getreten. Rechtsgrundlage für staatliche Leistungen für Kinder und Jugendliche in Deutschland ist jedoch das Kinder- und Jugendhilfegesetz des SGB VIII. Im Art. 1 I des SGB VIII wird herausgestellt, dass „[j]eder junge Mensch [...] ein Recht auf Förderung seiner Entwicklung und auf Erziehung zu einer eigenverantwortlichen und gemeinschaftsfähigen Persönlichkeit" hat. Erziehung ist in diesem Zusammenhang in erster Linie als Recht und Pflicht der Eltern verankert. Kinder- und Jugendhilfe wird darin die Aufgabe zugewiesen, Eltern bei der Ausübung dieser Pflicht zu unterstützen, Kinder und Jugendliche zu fördern und einen positiven Beitrag zu deren Lebensbedingungen zu leisten. Weiterhin ist es Aufgabe der Kinder und Jugendhilfe das Wohl von Kinder und Jugendlichen zu schützen (vgl. Art 1 III SGB VIII). Wie hier deutlich wird, ist das Kindeswohl ein zentraler handlungsleitender Begriff in der Kinder- und Jugendhilfe. Mit dem unbestimmten Rechtsbegriff „Kindeswohl" begrenzt der Gesetzgeber die Ausübung der elterlichen

Sorge (Art. 1666 BGB). Gleichzeitig nimmt der Staat über den Kindeswohlbegriff sein im Grundgesetz verankertes Wächteramt wahr und kann in das private Erziehungshandeln der Eltern eingreifen (Art. 6 GG). Folglich ist der Kindeswohlbegriff zentral für das historisch entwickelte, gesellschaftliche und rechtliche Spannungsverhältnis zwischen Eltern, denen gemäß Art. 6 II 1 GG die Erziehungsverantwortung zukommt, Kindern, die gemäß BVerfG-Urteil Grundrechtsträger mit anerkannten Persönlichkeitsrechten sind und Staat, dem die Förderungsverpflichtung und das staatliche Wächteramt gemäß Art. 6 II 2 GG obliegt.

Im Verhältnis von Eltern zum Staat beziehungsweise zu Dritten zeigt sich ein klassisch- liberales Abwehrrecht gegen staatliche Eingriffe und zugleich ein Schutzrecht. Das Elternrecht beziehungsweise die verfassungsrechtlich geschützte Erziehungsverantwortung der Eltern ist ein „quasi-treuhänderisches" Recht im Interesse des Kindes, zu dessen pflichtgebundener Ausübung die Eltern berechtigt sind.[3] Die staatliche Gemeinschaft hat über die Betätigung der elterlichen Verantwortung zu wachen (staatliches Wächteramt). Als Grundrechtsträger haben Kinder einen unmittelbaren Anspruch darauf, dass der Staat eingreift, wenn ihr Wohl konkret gefährdet ist. Das sogenannte staatliche Wächteramt beinhaltet folglich eine staatliche Schutzverpflichtung gegenüber dem Kind als Grundrechtsträger; eine Erziehungsreserve bei Kindesvernachlässigung oder elterlichem Erziehungsversagen; eine Schlichtungsfunktion bei Konflikten zwischen den Eltern bei Erziehungsfragen und eine Schutzfunktion bei Kindeswohlgefährdung durch missbräuchliche Ausübung elterlicher Erziehungsrechte. Der Einfluss der Eltern auf die Sozialisationschancen von Kindern ist dabei groß, da der Staat unterhalb der Gefährdungsschwelle des Kindeswohls (Artikel 1666, 1666a BGB) nicht in die verfassungsrechtlich geschützte elterliche Erziehung eingreift. Aus diesem Grund ist davon auszugehen, dass im Wesentlichen die Eltern beziehungsweise die Erziehungsberechtigten darüber entscheiden, welche nichtfamilialen Leistungen ein Kind in Anspruch nimmt oder nehmen darf (zum Beispiel Angebote der öffentlichen und freien Kinder- und Jugendhilfe).

Der Verfassungsrechtsprechung und dem Schrifttum folgend hat allerdings Jeand'Heur (1987) in einem Rechtsgutachten Auslegungsgrundsätze zum Kindeswohlbegriff zusammengestellt: „Demnach enthält das Elternrecht neben der

---

3 Laut BVerfG kann eine Verfassung, welche die Würde des Menschen in den Mittelpunkt ihres Wertesystems stellt, bei der Ordnung zwischenmenschlicher Beziehungen grundsätzlich niemandem Rechte an der Person eines anderen einräumen, die nicht zugleich pflichtgebunden sind und die Menschenwürde des anderen respektieren (BVerfGE 24). Aus der Grundrechtsträgerschaft der Kinder wird abgeleitet, dass die Erziehungsverantwortung der Eltern an die Interessen des Kindes (dem sogenannten Wohl des Kindes) gebunden sein muss. Dadurch erhält das Kindeswohl Verfassungsrang, ohne ausdrücklich genannt zu sein. Die Grundrechtsposition Minderjähriger ergibt sich aus der Verknüpfung von Art. 6 II GG mit Art. 1 I GG: Minderjährige werden als autonome Rechtssubjekte auch in Bezug auf die Eltern anerkannt.

abwehrrechtlich-staatlichen Dimension eine fremdnützige Ausübungspflicht zugunsten des Kindes (Elternverantwortung) und stellt in diesem Sinne eine grundrechtsdogmatisch einmalige, weil funktionale Freiheitsgarantie dar. Das staatliche Wächteramt legitimiert zu Eingriffen in das Elternrecht, falls die Erziehungsberechtigten ihren Aufgaben gemäß Art. 6. Abs. 2 S. 1 GG nicht nachkommen und dem Kindeswohl dadurch Schaden droht bzw. ein solcher bereits eingetreten ist. Diese Eingriffsbefugnis darf grundsätzlich nur subsidiär wahrgenommen werden. Gleichwohl ist der Staat im Rahmen von Art. 6 Abs. 2 S. 2 GG nicht auf rein defensive Maßnahmen beschränkt; vielmehr hat er zur Entfaltung der aus Art. 1 Abs. 1 (Menschenwürdegrundsatz) bzw. Art. 2 Abs. 1 (allgemeines Persönlichkeitsrecht) spezifisch abgeleiteten Menschenwerdungs- oder Persönlichkeitsentfaltungsrechte des Kindes beizutragen" (Jeand'Heur 1987: 11).

Auf dieser Grundlage besteht in der Kinder- und Jugendhilfe eben nicht nur eine aus dem staatlichen Wächteramt resultierende „Eingriffsorientierung", sondern ein Gestaltungsauftrag bezüglich allgemeiner Bedingungen des Aufwachsens für Kinder und Jugendliche. Aufgrund der zunehmenden gesellschaftlichen Spaltungen ist der über 20 Jahre alte Einwurf Jeand'Heurs aktueller denn je. Otto (2009) beschreibt, dass es aufgrund gesellschaftlicher Spaltungen in Deutschland und der fehlenden Kompatibilität von sozial- und arbeitsmarktpolitischen Makrostrukturen für eine größer werdende Zahl Betroffener kaum mehr möglich ist, ihre Existenz aus eigener Kraft zu sichern (vgl. ebd. 101 f.). Damit verschiebe sich „der Maßstab für die Sicherung von Lebensqualität [...] unaufhaltsam zuungunsten von Menschen in prekären Lebenslagen" (ebd. 101 f). Die Lage von Kindern wird in diesem Kontext als besonders prekär beschrieben. Denn diese nehmen aufgrund der Abhängigkeit von ihren Familien „oft nur ein Armutskapital mit auf ihren Entwicklungsweg" und werden „häufig aus dem schulischen Qualifikationsprozess frühzeitig aussortiert, um als Heranwachsende, nicht nur in Ausnahmefällen, in eine Sackgasse lebenslanger Bedürftigkeitsalimentation geschoben zu werden" (ebd.: 101 f.).

Die Erziehungsmöglichkeiten innerhalb von Familien sind aufgrund jener Spaltungsprozesse so unterschiedlich, dass sich für einige Familien die Frage stellt, inwieweit die Eltern ihre Erziehungsaufgaben ohne Unterstützung verfassungsgemäß erfüllen können. Der Staat, so lässt sich aus dem Grundgesetz ableiten, muss zusätzliche Angebote in der Kinder- und Jugendhilfe zur Verfügung stellen, als „Ermöglichungsbedingung zur effektiven Wahrnehmung des Elternrechts" (Jeand'Heur 1987: 11). Es geht um die Schaffung von Sozialisationsbedingungen, die dem Menschenbild des Grundgesetzes genügen, von Angeboten zur Unterstützung oder Wiederherstellung der Ausübungsmöglichkeiten des elterlichen Erziehungsrechts. Die Abwehr von Gefährdungen für das Kindeswohl reicht folglich auf dem Hintergrund des Grundgesetzes nicht aus. Vielmehr hat die Kinder- und Jugendhilfe auch die Aufgabe der positiven Gestaltung der Sozialisationsbedingungen von Kindern und Jugendlichen: „Das Kindeswohl darf nicht erst dann die rechtspolitischen Debatten beflügeln, wenn ein Schaden bereits eingetreten ist und es lediglich um dessen Begrenzung geht; vielmehr muss das Wohl des Kindes mehr als bisher Maßstab allen staatlichen Handelns werden" (Jeand'Heur 1987: 13). Das Kindeswohl sowie der Menschenwürdegrundsatz enthalten über die abwehrrechtliche Seite hinaus eine Verpflichtung des Staates zur aktiven Gestaltung und Bereitstellung von Maßnahmen und öffentlichen Leistungsangeboten. Zentrale Vorschriften für das Kindeswohl sind eben auch der Menschenwürdegrundsatz des Art. 1 I GG sowie das allgemeine Persönlichkeitsrecht (Art. 2 I GG), die die positiven Ermöglichungsbedingungen für eine kindgerechte Entwicklung bestimmen: Kindesgrundrechte auf Persönlichkeits- oder Menschwerdung bzw. sogenannte Menschwerdungsgrundrechte von Kindern. In diesem Sinne würden sich auch soziale Grundrechte für Kinder ableiten lassen.

Menschwerdungsgrundrechte und Gerechtigkeit als Bezugspunkte der Kinder- und Jugendhilfe

Wenn Schrödter davon ausgeht, dass „der gesellschaftliche Auftrag Sozialer Arbeit in der Herstellung sozialer Gerechtigkeit liegt" (2007: 8), schließt sich die Frage nach dem Zusammenhang von Menschenwürde und Gerechtigkeit an. In Anlehnung an Rawls formuliert Mieth (2009: 135) dazu: „Die Gerechtigkeit setzt die Menschenwürde voraus, verleiht ihr Ausdruck, und schützt und fördert sie" (ebd. 146). Sie argumentiert weiterhin unter Bezug auf Margalit, dass Menschenwürde letztendlich lediglich ein anderes Wort für Selbstachtung darstelle. Armut – und diese in einem weiteren Sinne verstanden auch als mangelnde Teilhabe an gesellschaftlichen Prozessen – führt zur Abhängigkeit von anderen Menschen und damit zu einer Schädigung der Selbstachtung, aus der eine menschenunwürdige Existenz folgt (vgl. Mieth 2009: 140 ff.).

Um allen Menschen ein menschenwürdiges Leben zu gewährleisten, stehen Menschenrechte jedem Menschen gleichermaßen zu (s. o.). Das Menschenrechtskonzept geht daher davon aus, dass alle Menschen mit gleichen Rechten ausgestattet sind. Allerdings benötigen Menschen aus einer gerechtigkeitstheoretischen Perspektive unterschiedlich viele Ressourcen, um als Gleiche auftreten zu können, denn sie haben unterschiedliche Möglichkeiten und Fähigkeiten, diese zur Verwirklichung ihrer Bedürfnisse zu nutzen (vgl. Oelkers 2011: 16 f.; Otto/Schrödter 2008: 69). Dies gilt zum Beispiel für Menschen mit Behinderungen, mit Erkrankungen oder sozialen Benachteiligungen etc.. Die Forderung nach Gleichheit im Sinne einer Gleichverteilung von Gütern und Ressourcen kann somit zu starken Ungleichheiten führen. Aufgrund des Abhängigkeitsverhältnisses von Kindern und Jugendlichen wäre an dieser Stelle zu fragen, ob Kinder und Jugendliche nicht generell ungleich gegenüber Erwachsenen gestellt sind (s. o.) und damit im Sinne der Menschwerdung ein ausgleichsbedürftiges Gerechtigkeitsdefizit besteht. Was und nach welchen Maßstäben kann aber sinnvoll verteilt werden, damit Kinder und Jugendliche gerecht aufwachsen können (vgl. dazu auch Otto 2009: 102 f.)?

An der Verteilungsfrage setzt auch der so genannte Capabilities-Ansatz an. Im Rahmen dieses Ansatzes wird die Gleichheit zentraler Möglichkeiten zur Verwirklichung als wertvoll erachteter Lebensweisen und Wohlergehen in den Vordergrund gestellt. Der Ansatz eignet sich als ethisch fundiertes Maß für die Betrachtung des menschlichen Lebens und der Lebensumstände, auch bezogen auf die Bedingungen des Aufwachsens von Kindern und Jugendlichen, obgleich Sen und Nussbaum nur an wenigen Stellen explizit auf Kinder und Jugendliche eingehen. Das wesentliche Argument dieses Ansatzes lautet, dass das Maß zur Beurteilung sozialer Gerechtigkeit und Wohlfahrt die Menge gesellschaftlich eröffneter Handlungsmöglichkeiten oder Verwirklichungschancen[4] ist, die als objektive Möglichkeiten vorhanden sind (vgl. Sen 1987). „Eine Gesellschaftsordnung gilt etwa dann als sozial gerecht, wenn sie gewährleistet, dass jeder Bürger bestimmte Fähigkeiten ausbilden kann, die als wesentlich für den Menschen angesehen werden können" (Schrödter 2007: 14). Zentrale Werte menschlichen Lebens sind dabei die Fähigkeit und die Möglichkeit von Personen, ihre Lebensweisen selbst wählen zu können. Verwirklichungschance oder ‚Capability' steht hier für den Handlungsspielraum einer möglichen gesellschaftlichen Praxis von Personen, also für das Vermögen oder die Fähigkeit, etwas zu erreichen. „Eine Fähigkeit (functioning) ist etwas Erreichtes, während eine Verwirklichungschance (capability) das Vermögen ist, etwas zu erreichen. Fähigkeiten sind, in einem gewissen Sinn, enger mit den Lebensbedingungen verknüpft. Verwirklichungschancen sind hingegen Begriffe von Freiheit in dem positiven Sinn: welche Möglichkeiten man zu dem Leben hat, das man führen möchte" (Sen 1987: 36). Handlungsmöglichkeiten gelten dabei als gesellschaftlich strukturiert: Die Auswahlmenge an Handlungsmöglichkeiten und Verwirklichungschancen bei der individuellen Lebensführung ist abhängig von den kollektiven Unterstützungsstrukturen (Ziegler/Schrödter/Oelkers 2010: 304). Davon ausgehend, dass grundlegende menschliche Fähigkeiten nicht (ausschließlich) als

---

4 Verwirklichungschancen (Capabilities) sind „verschiedene[n] Kombinationen von Fähigkeiten [.], die eine Person erreichen kann. Verwirklichungschancen sind somit ein Bündel (vector) an Fähigkeiten, die widerspiegeln, dass eine Person die Möglichkeit hat, das eine oder das andere Leben zu führen" (Sen 1992: 40).

angeborene Eigenschaften betrachtet werden können und daher durch Fürsorge, Bereitstellung von Ressourcen, Erziehung und Bildung entwickelt werden müssen, gehört es zu den Aufgaben eines Staates bzw. staatlicher Systeme, die Bedingungen für diese Entwicklungsprozesse sozial gerecht einzurichten (vgl. Nussbaum 1990). Nach Nussbaum wird die Aufgabe öffentlicher Institutionen darin gesehen, „jedem Bürger die materiellen, institutionellen sowie pädagogischen Bedingungen zur Verfügung zu stellen, die ihm einen Zugang zum guten menschlichen Leben eröffnen und ihn in die Lage versetzen, sich für ein gutes Leben und Handeln zu entscheiden" (Nussbaum 1999: 24). Individuelle Umwandlungsfaktoren wie bspw. Gesundheitszustand, Alter, Intelligenz oder auch der soziale und familiale Hintergrund können jedoch dazu führen, dass die bereitgestellten Ressourcen unterschiedlich effektiv genutzt werden können. Wenn das Ziel die gerechte Eröffnung von Handlungsmöglichkeiten und Verwirklichungschancen ist, sind hier für diejenigen die ‚mehr' benötigen, um als Gleiche aufzutreten, Berechtigungsstrukturen und Zugänge zu Ressourcen zu schaffen. In dieser Perspektive wird Kinder- und Jugendhilfe verstanden als „Arbeit an der Schaffung gerechter Zugänge zu Ressourcen der Lebensgestaltung wie zur Erreichung gesellschaftlich anerkannter Ziele und Integrationswege" (Böhnisch/ Schröer/Thiersch 2005: 251). Eine capabilities-orientierte Kinder- und Jugendhilfe würde sich folglich auf die Analyse der Bedingungen und auf die Beiträge zur qualitativen und quantitativen Erweiterung der realen, praktischen Möglichkeits- und Fähigkeitsoptionen ihrer AdressatInnen richten, sich effektiv für die Verwirklichung unterschiedlicher, wertgeschätzter Funktionsweisen entscheiden zu können (vgl. Otto/Schrödter 2008; Albus et al. 2010).

Mit Bezug auf den Capabilities-Ansatz formuliert Otto (unter anderem 2009) „Wohlergehensfreiheit" als Qualitätsmaßstab für soziale Gerechtigkeit und als Orientierung für die Erziehungswissenschaft. Mit diesem Ansatz gelingt es, die subjektiven Vorstellungen von Freiheit, Gleichheit und Demokratie in Zusammenhang mit den objektiven Bedingungen der Realisierung eines guten, gelingenden Lebens zu betrachten, ohne weder ausschließlich an den externen Bedingungen menschlichen Lebens orientiert zu sein, noch auf eine schlichte Präferenzorientierung zu setzen oder auf Verfahren, die das Wohlergehen von Personen mit der Selbsteinschätzung der Betroffenen identifizieren (vgl. Otto 2009: 108 in Anlehnung an Oelkers/Schrödter 2008: 108). Aus dieser relationalen Perspektive wird der materiell, kulturell und politisch institutionell strukturierten Raum gesellschaftlicher Möglichkeiten in Beziehung zum akteursbezogenen Raum der individuellen Handlungs- und Selbstaktualisierungsfähigkeiten gesetzt (ebd.).

Der Capabilities-Ansatz als gerechtigkeitsorientierter Bezugspunkt für Kinder- und Jugendhilfe ermöglicht es, subjektive und objektive Aspekte gleichermaßen zu berücksichtigen. Die subjektive Vorstellung von einem guten Leben wird in dieser Konzeption im Zusammenhang mit den objektiven Bedingungen ihrer Realisierung betrachtet. Zielsetzung ist, Kinder und Jugendliche im Sinne einer positiven Freiheit überhaupt erst in die Lage zu versetzen, Vorstellungen von einem guten Leben entwickeln und diesen nachgehen zu können, also in einer egalitären Weise jene Verwirklichungschancen und Befähigungen zu realisieren, die für die AdressatInnen der Kinder- und Jugendhilfe die reale Freiheit darstellen (vgl. Otto 2009; Oelkers/Schrödter 2008).

Kinder- und Jugendhilfe: Grundrechts- und Menschwerdungshilfe

An diese Ausführungen schließt sich die Frage an, welche Fähigkeiten elementarer Bestandteil eines guten menschlichen Lebens sind. Während Sen diese Frage offen und unbestimmt lässt, formuliert Nussbaum eine Liste von Grundbefähigungen, die als zentrale menschliche Funktionen und Fertigkeiten gesichert werden müssen. Denn erst mit Grundbefähigungen ausgestattet, können Personen in ihrer Lebensführung Optionen wahrnehmen oder ausschlagen und in wirkliche Entscheidungssituationen eintreten (vgl. Sturma 2000: 279). Elementare Bestandteile eines guten Lebens sind demnach sein eigenes Leben in seinem Kontext führen zu können, dort spezifische körperliche Konstitutionen, sensorische Fähigkeiten, Denkvermögen und basale Kulturtechniken ausbilden zu können, sowie die Vermeidung von unnötigen Schmerzen, die Gewährleistung von Gesundheit, Ernährung und Schutz, die Möglichkeit und Fähigkeit zur Geselligkeit bzw. die Bindung zu anderen Menschen, anderen Spezies und zur Natur, zu Genuss, sexueller Befriedigung, zu Mobilität etc.. Hinzu kommt schließlich auch die Fähigkeit zur Vernunft und zur Ausbildung von Autonomie und Subjektivität sowie zur Ausübung politischer und materieller Kontrolle über die eigene Umgebung (vgl. Nussbaum 1999: 57 f.; Ziegler 2003: 804). Die hier von Nussbaum angeführten Grundbefähigungen oder basalen Capabilities sind keinesfalls als eine absolute oder abgeschlossene Liste zu verstehen, sondern als eine erweiterbare Diskussionsgrundlage zur Frage der Voraussetzungen eines guten menschlichen Lebens. Sie formuliert damit lediglich „[...] die theoretisch notwendigen Bedingungen und Ressourcen damit Menschen so handeln können, wie sie es für richtig halten" (Pauer-Studer 2000: 225).

Zwar haben weder Sen noch Nussbaum ihre Ausführungen zum Capabilities-Ansatz explizit auf die Situation von Kindern bezogen oder auf die Kinder- und Jugendhilfe übertragen, aber mit Blick auf das Ziel, Gerechtigkeitsdefizite auszugleichen und auf egalitäre Weise Verwirklichungschancen und Befähigungen zu realisieren, lässt sich der Ansatz an Ideen der sozialen und Menschwerdungsgrundrechte anknüpfen. Mit Blick auf Kinder geht es nicht nur um die Sicherung der unmittelbar auf Selbsterhaltung gerichteten Grundbedürfnisse im Sinne eines ‚Mindestkindeswohls', sondern zumindest auch um eine angemessene Ausstattung mit Grundbefähigungen. Da Kinder als Träger von Grundrechten ihre Rechte nicht (vollständig) eigenständig wahrnehmen können und daher einen besonderen Schutz im Sinne von Kinderrechten benötigen, geht es eben auch um eine Befähigung zur Wahrnehmung der eigenen Rechte.

Hierzu bedarf es der ‚Ein- bzw. Hinführung des Kindes' durch Erziehung. Erziehung meint hier im Anschluss an Giesecke „das, was bewusst und planvoll zum Zwecke der optimalen kindlichen Entwicklung geschieht" (Giesecke 1991: 70). Ziel ist es das Kind aus dem Abhängigkeitsverhältnis herauszuführen und es zu einem durch Vernunft geleiteten Leben zu befähigen (vgl. Drieschner 2007: 12). Im Anschluss an den Capabilities-Ansatz kann der Prozess der Erziehung daher verstanden werden als Erweiterung der realen, praktischen Möglichkeits- und Fähigkeitsoptionen ein gutes menschliches Leben führen zu können sowie Kindern personale und politische Autonomie zu ermöglichen (vgl. Ziegler 2003: 805). Steinvorth folgend ist dabei von besonderer Relevanz, dass „Erziehung nicht beliebige Fähigkeiten und nicht in beliebiger Reihenfolge vermitteln sollte, sondern zuerst solche, die jedem die Fähigkeit zu politischer Mitbestimmung sichern; denn ohne diese Fähigkeit bleibt der Mensch von allen Entscheidungen ausgeschlossen die ihn selbst betreffen und den Rahmen der Selbstbestimmung bilden; sodann die Teilnahme am Produktionsprozess, in dem er sich die materiellen Bedingungen seiner Existenz verschaffen kann. Kann Erziehung jedem diese beiden Fähigkeiten sichern, so erfüllt sie ein Mindestmaß dessen, was man von Erziehung verlangen muss" (Steinvorth 1999: 277).

Folglich liegt der Auftrag einer capabilities-orientierten Kinder- und Jugendhilfe darin, allen Kindern ein soziales Minimum[5] an Chancen zu gewährleisten, ihre begründeten Vorstellungen von einem guten Leben zu realisieren (vgl. auch Schrödter 2007). Dieser Auftrag ist nicht mit einer bedingungslosen Akzeptanz jeglicher Lebensentwürfe gleichzusetzen. Ziegler gibt dazu an, dass es für die Kinder- und Jugendhilfe ebenso darum geht, die Bedingungen zur Ausbildung der Meta-Capability ‚Reflexionsfähigkeit' bereitzustellen. Durch diese wird Personen die Möglichkeit eröffnet, (soziale) Regeln und Werturteile auf ihren Wert hin zu überprüfen und für die eigenen Lebenskontexte nutzbar zu machen (vgl. Ziegler 2003: 816). Eingriffe in die Lebensführung der AdressatInnen sind in diesem Ansatz legitim, sofern sie den AdressatInnen ein Mehr an Handlungs- und Gestaltungsmöglichkeiten für ihr Leben eröffnen. Dabei gilt,

---

5   Kinder- und Jugendhilfe kann es nicht darum gehen, jedem alles zu ermöglichen, sondern lediglich darum, gerechte Zugänge zu Teilhabemöglichkeiten zu schaffen (siehe dazu Schrödter 2007 passim).

dass der Eingriff in die Lebensführung des Akteurs zukünftig eine maximale Autonomie ermöglichen soll, bei gleichzeitig geringstmöglicher Intervention (vgl. Ziegler 2003: 787).

Eine Kinder- und Jugendhilfe, die sich daran orientiert, Kinder in die Lage zu versetzen sich eine begründete und reflektierte Vorstellung von einem guten Leben zu machen, ist als „Grundrechtshilfe" anzusehen (Ziegler 2003: 787 ff.). In diesem Entwurf einer ‚Grundrechtshilfe' übernimmt Kinder- und Jugendhilfe die Rolle einer Vermittlerin, die die „Verwirklichungschancen eines von aktuell oder potentiell autonomen Akteuren erstrebten Lebens" (ebd.: 813) unterstützt. Im Kern geht es einer capabilities-orientierten Kinder- und Jugendhilfe als Grundrechts- oder Menschwerdungshilfe darum, die Ressourcen und Bedingungen für die gesellschaftlichen und sozialen Teilhabemöglichkeiten der Akteure zu schaffen. In dieser Form der Befähigung und Ermöglichung ist ein aktiver Beitrag in der Umsetzung der sozialen Kinderrechte zu sehen, denn sie eröffnet Kindern Teilhabe an gesellschaftlichen und politischen Prozessen. Die gesonderte Schutzfunktion der Kinderrechte, die sich aus dem Abhängigkeitsverhältnis von Kinder gegenüber Erwachsenen und ihrer begrenzten Fähigkeiten zur eigenständigen Wahrnehmung ihrer Rechte ableitet, wird mit zunehmender Befähigung überflüssig. Einschränkend ist jedoch anzuführen, dass der Auftrag einer capabilities-orientierten Kinder- und Jugendhilfe zwar darin liegt, **allen** Kindern ein soziales Minimum an Chancen zu gewährleisten, ihre begründeten Vorstellungen von einem guten Leben zu realisieren (vgl. auch Schrödter 2007), faktisch besteht aber kein einklagbares ‚Recht auf Erziehung', weder von noch für Kinder(n) (vgl. Oelkers/Schrödter 2008: 158).

Fazit

Aus der Perspektive des Capabilities-Ansatzes geht es um die Eröffnung von Handlungsspielräumen des Einzelnen, bewusste Entscheidungen für die Konzeption eines guten Lebens zu treffen. Dabei ist es staatliche Aufgabe dafür gerechte Rahmenbedingungen zu schaffen. Für die Kinder- und Jugendhilfe lässt sich daraus der Auftrag ableiten, junge Menschen darin zu unterstützen, ihre begründeten Vorstellungen eines guten Lebens zu entwerfen und zu verwirklichen. Die Fokussierung auf Befähigung und Ermöglichung ist dabei das zentrale Element: Denn im Sinne einer Kinder- und Jugendhilfe verstanden als Grundrechts- und Menschwerdungshilfe, kann es lediglich darum gehen, Kinder zur Wahrnehmung ihrer Rechte zu **befähigen** und diese zu ermöglichen, da alle anderen Bemühungen einer aktiven Gestaltung von Lebensweisen paternalistisch oder perfektionistisch wären und „in jedem Fall nicht angemessen gegenüber einem

Bürger mit Rechten" (Ziegler 2003: 787). Dieser Auftrag für Kinder- und Jugendhilfe begründet sich auch aus einer gerechtigkeitstheoretischen Perspektive: Denn sowohl die Gestaltungsmöglichkeiten einzelner Kinder und Jugendlicher als auch die tatsächliche Lebensführung unterscheidet sich je nach sozialer Lage der Eltern deutlich. Kinder- und Jugendhilfe kommt hier die Aufgabe zu, die Erfahrungsräume und -möglichkeiten von Kindern und Jugendlichen zu erweitern, damit diese zu einer begründeten Entscheidung für ihren Lebensentwurf gelangen. Eine so verstandene Befähigung kann Ziegler folgend als Menschwerdungshilfe verstanden werden (2003: 787 ff.), die den Handlungsspielraum von Kindern und Jugendlichen, auch hinsichtlich der Wahrnehmung der eigenen Rechte, erweitert und somit eine zunehmende Teilhabe an gesellschaftlichen und politischen Prozessen ermöglicht.

Literatur

Albus, S./ Greschke, H./ Klingler, B./ Messmer, H./ Micheel, H.-G./ Otto, H.-U./ Polutta, A. (2010): Wirkungsorientierte Jugendhilfe. Abschlussbericht der Evaluation des Bundesmodellprogramms „Qualifizierung der Hilfen zur Erziehung durch wirkungsorientierte Ausgestaltung der Leistungs-, Entgelt- und Qualitätsvereinbarungen nach §§ 78a ff SGB VIII". Münster: Waxmann

Böhnisch, L./ Schröer, W./ Thiersch, H. (2005): Sozialpädagogisches Denken. Wege zu einer Neubestimmung. Weinheim und München: Juventa

Drieschner, E. (2007): Erziehungsziel „Selbstständigkeit". Grundlagen, Theorien und Probleme eines Leitbildes der Pädagogik. Wiesbaden

Europäisches Parlament (Hrsg.) (1999): Arbeitsdokument Soziale Grundrechte in Europa. Reihe Soziale Angelegenheiten (SOCI 104 DE), Luxemburg.

Giesecke, H. (1991): Einführung in die Pädagogik. Weinheim/München.

Giesinger, J. (2007): Autonomie und Verletzlichkeit. Der moralische Status von Kindern und die Rechtfertigung von Erziehung. Bielefeld.

Huf, S. (1998): „Sozialstaat und Marktökonomie – oder: Wie voraussetzungsvoll ist funktionale Differenzierung?", Soziale Systeme, 4.

Jeand'Heur, B. 1987. Der Kindeswohl-Begriff aus verfassungsrechtlicher Sicht. Ein Rechtsgutachten. Bonn.

Kaufmann, F.-X. (1982): „Elemente einer soziologischen Theorie sozialpolitischer Intervention", F.-X. Kaufmann (Hg.), Staatliche Sozialpolitik und Familie, München/Wien.

Kaufmann, F.-X. (1988): „Steuerung wohlfahrtsstaatlicher Abläufe durch Recht", D. Grimm/W. Maihofer (Hg.), Gesetzgebungstheorie und Rechtspolitik, Jahrbuch für Rechtssoziologie und Rechtstheorie, Opladen.

Kaufmann, F.-X. (1997): Herausforderungen des Sozialstaates, Frankfurt a.M.

Kerber-Ganse, W. (2008): Kinderrechte und Soziale Arbeite. In: Widersprüche 28 Jg./Heft 107.

Lutz, T. (2006): Für eine Politik der menschlichen Bedürfnisse. In: Gil, D.: Gegen Ungerechtigkeit und Unterdrückung. Konzepte und Strategien für Sozialarbeiter. Bielefeld.

Mieth, C. (2009): Menschenwürde und soziale Gerechtigkeit. Überlegungen zu Kant, Rawls und Margalit. In: Thies, C. (Hrsg.): Der Wert der Menschenwürde und soziale Gerechtigkeit. Paderborn: Schöningh, S. 133-148

Narr, W.-D. (2001): „Menschenrechte, Bürgerrechte, Grundrechte", H.-U. Otto/H. Thiersch (Hg.), Handbuch Sozialarbeit Sozialpädagogik, Neuwied/Kriftel, 2. überarbeitete Auflage.

Nussbaum, M. C. (1999): Gerechtigkeit oder das gute Leben. Berlin: Suhrkamp

Nussbaum, M.C. (1990): Aristotelian social democracy. In: Douglass, R.B./ Mara, G.M./ Richardson, H.S. (Hrsg.): Liberalism and the Good. London: Routledge, S. 203–252.

Oelkers, N. / Schrödter, M. (2008): Soziale Arbeit im Dienste der Befähigungsgerechtigkeit. In: Bielefelder Arbeitsgruppe 8 (Hrsg.): Soziale Arbeit in Gesellschaft. Wiesbaden: VS Verlag, S. 44-49.

Oelkers, Nina (2011): Befähigung und Bildung nichtprivilegierter Jugendlicher in der Kinder- und Jugendarbeit. In: Dokumentation des Paritätischen Gesamtverbands

Otto, H.-U./Schrödter, M. (2008): Ungleichheit im Bildungssystem. In: Grunert, C./ Wensierski, H.-J. von (Hrsg.): Jugend und Bildung. Modernisierungsprozesse und Strukturwandel von Erziehung von Bildung im 21. Jahrhundert. Opladen/ Farmington Hills: Verlag Barbara Budrich. S. 55-78.

Otto, Hans-Uwe (2009): Soziale Gerechtigkeit ist möglich – zur analytischen und konzeptionellen Orientierung der Kinder- und Jugendhilfe in der Auseinandersetzung mit einem gesellschaftlichen Grundmuster. In: AGJ (Hg.) Übergänge – Kinder und Jugendhilfe in Deutschland, vorgelegt anlässlich 60 Jahre Arbeitsgemeinschaft für Kinder- und Jugendhilfe – AGJ. Berlin 2009, S. 101-110.

Pauer-Studer, H. (2000): Autonom leben. Frankfurt a.M.: Suhrkamp

Schrödter, M. (2007) Soziale Arbeit als Gerechtigkeitsprofession. Zur Gewährleistung von Verwirklichungschancen. In: neue praxis, Bd. 37, Nr. 1, 3-28.

Sen, A. (1987): The Standard of Living. Cambridge: Cambridge University Press.

Sen, A. (1992): Inequality Re-examined. Oxford: Clarendon Press.

Steinvorth, U. 1999: Gleiche Freiheit. Politische Philosophie und Verteilungsgerechtigkeit. Berlin: Akademie Verlag

Sturma, D. (2000): Universalismus und Neoaristotelismus. Amartya Sen und Martha C. Nussbaum über Ethik und soziale Gerechtigkeit. In: W. Kersting (Hrsg.): Politische Philosophie des Sozialstaats. Weilerswist, S. 257-292

Unicef (o.J.): Was ist die UN-Kinderrechtskonvention? unter: http://www.unicef.de/ aktionen/kinderrechte20/kurzinfo-was-ist-die-un-kinder rechtskonvention/ Stand: 26.02.2012

Ziegler, H. (2003): Jugendhilfe als Prävention – Die Refiguration sozialer Hilfe und Herrschaft in fortgeschritten liberalen Gesellschaftsformationen. Bielefeld.

Ziegler, H. / Schrödter, M. / Oelkers, N. (2010): Capabilities und Grundgüter als Fundament einer sozialpädagogischen Gerechtigkeitsperspektive. In: Thole, W. (Hrsg.): Grundriss Soziale Arbeit. Ein einführendes Handbuch. 3., überarb. und erw. Auflage. Wiesbaden: VS Verlag, S. 297-310.

Capabilities und Menschenrechte in der Sprache der Behinderung

Sozialphilosophische und sozialpädagogische Reflexionen

Sandro Bliemetsrieder & Susanne Dungs

Einleitung

Was ist eigentlich der „Capability Approach"? Wie kommt es zur Idee, das Menschsein ausgehend von „Capabilities" (Fähigkeiten) zu entwerfen? Was ist an diesem Ansatz für die Soziale Arbeit hilfreich? Wie werden Sozialprofessionelle und AdressatInnen aufgrund dieses Ansatzes in die Beziehung und die Verantwortung genommen? Angesichts dieser und weiterer Fragen, stellen wir den „Capability Approach" in diesem Beitrag auf den Prüfstand, um zu untersuchen, ob er etwas austrägt insbesondere für die Soziale Arbeit mit Menschen mit Behinderungen. Wir wählen hierzu einen hypothesenabwägenden Zugang.

Unsere *erste Hypothese* lautet, dass die sozialkonstruktivistischen Anschauungen, die sich in den letzten Jahren in den Sozialwissenschaften etabliert haben, dazu führten, dass das gute Leben allzu sehr individualisiert und nicht (mehr) auf eine universale Referenz des Gelingenden Bezug genommen wird. Leiderfahrungen Betroffener werden so einerseits zu sozialkonstruierten Problemlagen und andererseits trotz dieser Subjektivierung standardisiert. Diese Tendenz zur Standardisierung bei gleichzeitiger Individualisierung untersuchen wir anhand des Begriffs der Inklusion, der ausgehend von der sprachphilosophischen Wende Einzug in die Disability Studies gefunden hat.

Der Fähigkeitenansatz von Amartya Sen stellt sich den ökonomischen Herausforderungen einer globalisierten Welt. Die aktuellen Sozialstaatsentwicklungen zeigen, dass sich ein Risikodiskurs etabliert hat, der auch ökonomische Risiken den Einzelnen anlastet. Alain Ehrenberg bezeichnet dies als einen „Wandel der Gleichheit", der unterstützt durch das Empowerment der „unmöglichen Berufe" den Fokus auf die Autonomie der Einzelnen richtet. Die Aktivierung des Sozialen wandele das Politische in das Persönliche, was für Menschen mit besonderen Bedürfnissen bedeutet, ihnen ihre faktische Gleichheit abzusprechen. Unsere *zweite Hypothese* lautet, dass der „Capability Approach" den ökonomischen Risikodiskurs abzufedern vermag. Hinsichtlich dieser Vermutung beleuchten wir das von Ehrenberg geschilderte Paradox der Entinstitutionalisierung („Wende zum Persönlichen") bei gleichzeitiger Institutionalisierung der Autonomie (Responsibilisierung der Einzelnen).

Wie verhält sich der „Capability Approach" zum Begriff des Kindeswohls („seelische Behinderung") und welche sozialisatorischen Handlungsmodelle lassen sich mit ihm konfrontieren? Der „Capability Approach" bildet eine interessante Vermittlungsfigur, so unsere *dritte Hypothese*, zwischen subjektivem Willen und objektivem Kindeswohl. Hier thematisieren wir das Paradox von der Verrechtlichung einerseits und den darüber hinausweisenden einzigartigen Bedürfnissen von Kindern andererseits.

Von der Diskussion der drei Hypothesen versprechen wir uns, diese Paradoxien besser zu verstehen und zu eruieren, ob der „Capability Approach" eine vermittelnde Perspektive auf einen universalen Begriff von Wohlergehen und Menschenwürde liefert, der auch für die subjektive Komponente geöffnet ist. Es ist uns um ein Wechselspiel zwischen subjektivem Wohlbefinden und objektivem Wohlergehen zu tun.

1 Der „Capability Approach" oder „Fähigkeitenansatz"

Im „Capability Approach" der amerikanischen Philosophin und Rechtswissenschaftlerin Martha C. Nussbaum und des indischen Nobelpreisträgers und Ökonomen Amartya Sen geht es um die alte philosophische Frage nach einem guten und gerechten Leben. Dazu erweitern sie den Ressourcenansatz (Verteilungsgerechtigkeit) von John Rawls und den Lebenslagenansatz (konkrete Unterversorgungen in bestimmten Lebensbereichen) um die „Fähigkeiten" (Nussbaum) und „Verwirklichungschancen" (Sen), die auf individuelle Besonderheiten (wie körperliche oder geistige Behinderung) Bezug nehmen (vgl. Schürz 2008: 47). Damit kommt ein fähigkeitenorientierter und mehrdimensionaler Ansatz zum Tragen, der Armut als eine Verhinderung von Verwirklichungschancen betrachtet.

1.1 Fähigkeiten und gutes Leben (Martha Nussbaum)

Nussbaum entwirft eine normativ gehaltvolle Theorie menschlichen Daseins. Sie entwickelt eine Variante des so genannten „Capability Approach" und beschreibt essentielle Fähigkeiten, über die ein Mensch verfügen sollte, um ein gutes Leben zu führen. „Die Idee, dass es eine Art essentieller menschlicher Natur gibt, die zu entfalten und zu befördern der Sinn des moralisch Guten ist, geht auf Aristoteles zurück" (Sezgin 2009: 2). Es geht Nussbaum um Grundexistentialien, durch die menschliches Leben bestimmt sei. „Ich vertrete eine offen universalistische und essentialistische Konzeption" (Nussbaum 1999: 178). Damit grenzt Nussbaum sich von einer metaphysischen Perspektive ab, die das menschliche Wesen eindeutig zu definieren versucht, um die Entscheidungsfreiheit der Einzelnen und die Verantwortung des Staates zur Geltung zu bringen. Ihre „vage Ethik des guten Lebens" verbindet somit die aristotelische, kantische und rawlssche Ethik miteinander (vgl. Nussbaum 2010: 253). „Zum einen ist das Gute insoweit inhaltlich zu bestimmen, als es einen Kernbereich dessen umfasst, was menschliches Leben zu einem guten, gelingenden Leben macht. Andererseits aber ist diese Konzeption des Guten [...] zugleich so vage zu halten, dass sie viele Spezifikationen im Konkreten zulässt und somit lediglich einen Umriss des guten Lebens liefert" (Wendel 2003: 63).

Durch den Kontakt mit Sen hat Nussbaum ihre Theorie guten Lebens mit Empirie verknüpft und sich mit der Politik des Schwellenlandes Indien vertraut gemacht. Somit entsteht ein wechselseitiges Verhältnis von Freiheit und Gerechtigkeit (vgl. Nussbaum 2010: 32). Nussbaum wendet sich, wie Sen, gegen relativistische Positionen, die nichts mehr von einer universalistischen Vorstellung vom Menschen und einer normativen Begründung wissen wollten. „Unter der Flagge einer modischen Opposition gegen »Essentialismus« versammeln sich alte religiöse Tabus, die Bequemlichkeit des verwöhnten Ehemannes, Unwissenheit, ungleiche medizinische Versorgung und vorzeitiger Tod" (Nussbaum 1999: 181). Nussbaum erhebt, zusammen mit Sen, Einspruch gegen die blinde Verabsolutierung von »Differenz«, um den 'postmodernen' Pluralismus und Relativismus, der auch in die politische Entwicklungsforschung Einzug gehalten habe, zu überwinden. Beide halten an einem Dualismus fest, um (noch) sagen zu können, dass der Tod dem Leben, „die Sklaverei der Freiheit, der Hunger der angemessenen Ernährung, die Unwissenheit dem Wissen entgegensetzt sind" (ebd.).

In Nussbaums Werken geht es um Rechte anderer Nationen, Menschen mit Behinderung und um Tiere, denn sie alle seien von einem Bedürfnis nach Unversehrtheit, Sozialität, Spiel, Nahrung, Bewegungsfreiheit usf. getragen (vgl. Sezgin 2009: 3). Nussbaum umreißt mit ihrer Konzeption die wichtigsten Fähigkeiten und Tätigkeiten des Menschen. Die Liste versteht sich als eine „Arbeitshypothese", die vorläufig und offen ist und eine Diskussion in Gang setzen soll: „Welche Formen des Tuns und Seins konstituieren die menschliche Lebensform?" (Nussbaum 1999: 189). Folgende konstitutive Bedingungen werden aufgelistet: Körperliche Integrität und Gesundheit, Lebenszeit ausschöpfen und Sterblichkeit, Entwicklung des Verstandes, der Emotionen und der Sinne, Geselligkeit und Bindungsfähigkeit, Für-sich-Sein und Getrenntsein, eigenständige Lebensplanung und eigene Umgebung, Vermeidung von unnötigem Schmerz, Vorstellungen eines Guten, Verbundenheit mit der Natur, mit Tieren und Pflanzen, Freude und Spiel (vgl. ebd.: 190-197). Sind diese Fähigkeiten oder Tätigkeiten nicht gegeben, erweist sich das menschliche Leben nach Nussbaum als gefährdet, verarmt, verkümmert oder beschädigt. Es könne „kein gutes menschliches Leben sein" (ebd.: 196).

In ihrer Veröffentlichung *Die Grenzen der Gerechtigkeit* geht Nussbaum davon aus, dass globale Gesellschaften gemeinsame Vorstellungen einer elementaren Gerechtigkeit brauchen. Wiederum listet sie die 10 Fähigkeiten auf, die sich wechselseitig unterstützen und keine Prioritätenliste darstellen (vgl.: Nussbaum 2010: 112-114).

Die Pointe des Ansatzes von Nussbaum liegt darin, dass ihre Konzeption des guten Lebens politisch ausgerichtet ist und doch vage bleibt. Sie ist an einer universellen Vorstellung von Menschsein orientiert und lässt der Selbstbestimmung doch Raum. In jedem Fall wird „die Befriedigung von Bedürfnissen als Ergebnis von Fähigkeiten verstanden" (Schiller 2011: 111). Die Fähigkeiten werden, mit Kant gesagt, transzendental verankert, um sich zugleich in den konkreten Bedürfnissen zu wiederholen.

1.2 Freiheit und Verwirklichungschancen (Amartya Sen)

Der „Fähigkeitenansatz" ermöglicht im Modell von Sen eine alternative Wohlfahrtsmessung, die nicht nur unter finanziellen Gesichtspunkten firmiert, sondern auch Fragen der Anerkennung des Anderen einschließt. „Verwirklichungschancen bezeichnen, was konkrete Menschen in ihrer komplexen Identität tun können und sind bezogen auf Funktionsweisen. Und Funktionsweisen sind verschiedene Dinge, die eine Person als wertvoll erachtet zu tun oder zu sein. Sie sind konstitutiv für menschliches Dasein" (Schürz 2008: 47). Während Nussbaum diese Fähigkeiten präzisiert, lässt Sen die Funktionsweisen bewusst offen. Bei Sen rangiert die Freiheit der Einzelnen vor einer kollektiven Normativität (vgl. ebd.: 53). Ein Freiheitsbegriff in der Nähe des Konzepts der Lebensqualität muss sich von traditionellen Messskalen des Wohlstandes abwenden. Er will den Bedürfnissen des Menschen gerecht werden, Chancen so zu mehren, dass ein gutes Leben möglich ist (vgl. Sen 2007: 37).

Sen versteht menschliche Entwicklung als Erweiterungsprozess realer Freiheiten im Gegensatz zu einem rein ökonomischen Entwicklungsbegriff, der vor allem Einkommen, Fortschritt und Sozialtechnologien beinhaltet (vgl. ebd.: 13). Damit stellt er einerseits nicht in Abrede, dass soziale und ökonomische Institutionen auch Freiheiten für die Subjekte mit sich bringen (Wirtschaftswachstum). Andererseits sind soziale Notlagen (wie Armut) seines Erachtens gerade die Negation der Freiheit. Somit ist der Sensche Freiheitsbegriff auch an der Frage orientiert, ob aus Fortschritt eine Vermehrung der Freiheiten folgt. Dadurch sind individuelle Freiheit und Verwirklichungsinstitutionen der Freiheit (partizipatorische Verwirklichungschancen) nicht getrennt voneinander zu diskutieren (soziale Einrichtungen) (vgl. ebd.: 29). Sen geht es sowohl um die Verbesserung von Freiheiten als auch um eine effektive Gestaltung sozialer Einrichtungen (vgl. ebd.: 44). Die Frage hierbei ist, ob und wie Menschen ihre Freiheiten gegenüber

Institutionen ausüben und an öffentlichen Entscheidungen partizipieren können (vgl. ebd.: 15). Daraus ergeben sich für Sen fünf Typen instrumenteller Freiheiten, die allgemeine Verwirklichungschancen der Subjekte in sich tragen: „(1) Politische Freiheiten, (2) ökonomische Vorteile, (3) soziale Chancen, (4) Garantien für Transparenz und (5) soziale Sicherheit" (ebd.: 21). Diese fünf Typen bedingen sich gegenseitig und brauchen eine demokratische Grundlage (vgl. ebd.: 22). Die bedeutsamste Freiheit hierbei ist, fähig zu sein zu überleben und nicht vorzeitig sterben zu müssen (vgl. ebd.: 36).

Entwicklung ist für Sen kein disziplinierendes Konzept („fördern und fordern"), sondern eine freundliche und unterstützende Erweiterung realer Freiheiten (vgl. ebd.: 49f). Vertrauen in einer Gesellschaft braucht Transparenz und Offenheit. Die elementaren Freiheiten, die Freiheiten, Kulturtechniken zu entwickeln, die politisch-partizipativen Freiheiten und die Meinungsfreiheiten können auf die wirtschaftliche Entwicklung zurückwirken (Wachstum des Bruttosozialprodukts) und einen Ausbau sozialer Sicherungssysteme erwirken. Gerade öffentliche Einrichtungen sollten einen Beitrag für bessere soziale Chancen von Betroffenen leisten, um ihnen Perspektiven anzubieten (vgl. ebd.: 54). Soziale Sicherungssysteme müssen den Menschen durch ein gesetzlich garantiertes Mindesteinkommen, Förderungsprogramme und Arbeitslosenunterstützung Einkommen gewähren und im Krisenfall besondere Leistungen anbieten (vgl. ebd.). Es bedarf neben dem Staat auch subsidiärer Einrichtungen und Nicht-Regierungsorganisationen, sowie einer tragfähigen Zivilgesellschaft (vgl. ebd.: 337).

Sen skizziert einen Zusammenhang von materieller Absicherung und subjektivem Wohlergehen. Ob ein bestimmtes Realeinkommen Wohlergehen mit sich bringt, hängt von unterschiedlichen sozialen und personalen Umständen ab: von der physischen Ausstattung der Menschen mit deren unterschiedlichen Bedarfs- und Lebenslagen (Behinderung, Krankheit), von klimatischen und qualitativen Umweltbedingungen (Umweltbelastung), von sozialen Umweltfaktoren (Infrastruktur, Verfügbarkeit von Einrichtungen), vom relativen Lebensstandard (Aufwand für Kommunikationsmittel) und vom Einsatz des Familieneinkommens für die einzelnen Familienmitglieder (Umgang mit Verdienern und Nicht-Verdienern) (vgl. ebd.: 89ff). Mit dem Konzept, nicht mehr von Grundgütern zu sprechen, sondern von Fähigkeiten, möchte Sen den Kausalzusammenhang von Grundgütern und Verwirklichungschancen durchbrechen. Die Fähigkeiten sind demnach Ausdruck von Freiheiten, die in unterschiedlichen Lebensweisen realisiert werden und für die Einzelnen die Hoffnung eines erstrebenswerten Lebens beinhalten (vgl. ebd.: 95).

Sen bestreitet, dass die Dichotomie von Freiheit und Ökonomie zwingend ist. Er plädiert dafür, die Freiheitsrechte auch in schwierigen wirtschaftlichen Situationen zu erhöhen. Das bedeutet aber nicht, dass wirtschaftliche Mängel nicht beseitigt werden müssten (vgl. ebd.: 182f). Sen wehrt sich gegen den Vorwurf, Demokratie sei eine westliche Wertordnung, der andere Wertordnungen nicht entsprächen. Gerade die Herausbildung eines gemeinsamen Wertsystems ist nur in offener Kommunikation, also mit Redefreiheit und demokratischen Wahlen, möglich. Je mehr sich die Bürger in den Diskurs einbringen, umso unwahrscheinlicher ist es, dass Politiken auf wirtschaftliche Notlagen nicht reagieren müssen (vgl. ebd.: 188). Der offene soziale Dialog kann eine immense Sprengkraft beinhalten (z.B. Stuttgart 21). Öffentliche Diskussionen tragen dazu bei, gesellschaftliche Mangelerscheinungen und (ökonomische) Bedürfnisse begrifflich auszuhandeln und besser zu verstehen (vgl. ebd.: 189). Die Frage hierbei ist, wie die partizipativen Chancen von den BürgerInnen ergriffen und wie sie beispielsweise von einer ungehinderten Opposition unterstützt werden (vgl. ebd.: 190f).

Die Menschenrechte sind für Sen ein „Katalog moralischer Forderungen, die nicht mit gesetzlich verbrieften Rechten gleichgesetzt werden dürfen" (ebd.: 276). Er sieht die Freiheiten, die aus den Menschenrechten entwickelt werden, als moralische Begründungsmöglichkeit für politische Forderungen. Das Potential der Menschenrechte ist, dass sie unabhängig von Nationalitäten geteilte Rechtsauffassungen sind, die jedem Menschen zukommen müssen. Sen räumt ein, dass nicht alle Menschenrechte eine institutionalisierte Auftragsverpflichtung mit sich bringen (also auch nicht einklagbar sind), was wiederum eine Argumentation für den Freiheitsbegriff bedeutet (vgl. ebd.: 276f). Sens Idee der politischen Freiheit zeigt zwei Dimensionen: zum einen die verbürgte persönliche Freiheit und zum anderen die Gleichheit der Freiheit. Auch die Toleranz, die einem erwiesen wird, muss logischerweise dann auch allen entgegengebracht werden (Gleichheitsgrundsatz) (vgl. ebd.: 280).

2   Capabilities, Inklusion und Empowerment

Gutes gesellschaftliches Zusammenleben mit entsprechenden Normen stützt sich auf Vorstellungen sozialer Gerechtigkeit, vor dem Hintergrund, dass Menschen sowohl Kooperationen als auch Konkurrenzen eingehen. Dabei entsteht ein Spannungsverhältnis von Freiheit und Gleichheit (vgl. Dabrock 2008: 17). Versucht man, dieses Spannungsverhältnis insofern zu lösen, indem das individuell Gute und/oder das Gerechte universal vereindeutigt werden, besteht die Gefahr, der Optimierung der Subjekte oder rein paternalistischen Gerechtigkeitsvorstellungen zu folgen, was den Lebensverhältnissen spätmoderner Gesellschaften nicht angemessen wäre (vgl. ebd.: 23).

2.1 Das Verhältnis von Freiheit und Gleichheit im „Capability Approach"

Im Sinne Nussbaums ist es wichtig, aktuelle Vorstellungen von Gerechtigkeit auf ihre jeweils geltenden Menschenbilder, Wert- und Normvorstellungen und deautonomisierenden Strukturen zu untersuchen (vgl. ebd.: 27). Es geht ihr einerseits um grundlegende menschliche Bedürfnisse, wie z.B. Fürsorge und Pflege, andererseits um die Idee personaler Identitätsentwicklung, die auch die Affektivität des Menschen und seine Rechte auf Unversehrtheit und Schutz, Teilhabe und Inklusion miteinschließt (vgl. ebd.: 31). Das bedeutet, dass diese Vorstellungen von Gerechtigkeit nur in reziproken Beziehungsmustern eingerichtet werden können und nicht die Vorstellung einer rein funktionalen Inklusion in die Gesellschaft abbilden. Menschen mit Behinderung sind gerade auf enge Beziehungen zum Anderen angewiesen, die auch Abhängigkeitsaspekte in sich tragen, die von ihnen nicht als verhindernde Lebensbedingungen erlebt werden müssen (vgl. ebd.: 36).

Die Schwäche des Befähigungsansatzes sieht Peter Dabrock darin, dass Menschen mit schwersten Behinderungen nur in Grenzen befähigt werden können, so dass der Befähigungsbegriff noch weiter gefasst werden müsse (vgl. ebd.: 39). Man könne den Ansatz so verstehen, dass die Entwicklung und Integrität von Menschen mit schwerster Behinderung reziprok durch die Betreuungsperson geschützt werde (vgl. ebd.: 40). Besonders die Beziehungen zu den schwächsten Mitgliedern einer Gesellschaft nicht frei sind von Asymmetrie, – was auch stellvertretende Handlungen im Sinne der advokatorischen Ethik einschließt – ihre Inklusion und Gleichheit ist dadurch prinzipiell nicht in Frage gestellt. Ausschluss droht nur dann, wenn man nicht mehr davon ausginge, dass „jeder von einem Menschen Geborene auch ein Träger der Menschenwürde ist" (ebd.: 41).

Zum Verhältnis von Freiheit und Gleichheit kann also mit Dabrock gesagt werden, dass Menschen immer reziprok aufeinander bezogen sind, was aber nicht immer symmetrische Beziehungsverhältnisse impliziert. In der Beziehung zu Menschen mit besonderen Bedürfnissen gilt es, deren Selbstbestimmung mit notwendigen Schutz- und Fürsorgehandlungen auszubalancieren. Gerade hierbei sollte im Sinne der sozialen Gleichheit die Verteilungs- und Zugangsgerechtigkeit mit diskutiert werden, z.B. zum Bildungssystem und zur medizinischen Versorgung. Inklusion bedeutet demnach, gerechte Verteilung nicht aufs Spiel zu setzen (vgl. ebd.: 44). In dieser Verhandlung muss Menschen auch dann menschenwürdiges Leben zugesprochen werden, wenn die Capabilities nicht völlig erreicht werden (können) (vgl. ebd.: 47). „Befähigung heißt unter diesen Bedingungen vor allem Bildung" (ebd.: 50). Inklusion bedeutet nach Dabrock die Verbindung von Capabilities und gesellschaftstheoretischen Überlegungen.

Um den Inklusionsbegriff um eine andere Sichtweise zu ergänzen, lassen sich hier kurz die Disability-Studies anschließen. Im Kontext der Behinderung hat sich die Inklusionsperspektive als Kritik des Integrationsparadigmas einen Namen gemacht. „Während die bislang die öffentliche und fachliche Diskussion in Deutschland maßgeblich bestimmende Orientierung an Integration um die Eingliederung von behinderten Menschen in bestehende gesellschaftliche Strukturen bemüht ist, weist das Konzept der Inklusion auf die notwendige Umgestaltung der sozialen Umwelt als Voraussetzung für die gemeinsame Nutzung und gesellschaftliche Teilhabe durch heterogene Gruppen hin" (Dannenbeck 2007: 111f). Dannenbeck unterscheidet Integration und Inklusion dahingehend, dass Integration auf geregelte Formen von Lernen und Leben ziele, die nur für denjenigen gelte, die den herrschenden Normalitätsstandards genügten. Demgegenüber meint Inklusion „die reale Aufhebung der beschriebenen binären Logik zugunsten der Anerkennung real existierender Heterogenität" (ebd.: 112). Diese Heterogenitätsannahme beziehe sich nicht allein auf die Kategorie der Behinderung, sondern generell auf Differenzen zwischen Menschen, wie auch genderspezifische Differenzen oder arm und reich. In diesem Sinne zielt Inklusion auf den Verzicht institutionalisierter Sonderbehandlung. Der Inklusionsbegriff setzt auf individuelle Ressourcen und richtet sich auf die Auflösung einer selektiven Förderpraxis (vgl. ebd.).

2.2 Der „Capability Approach" im Horizont soziozentrischer Erklärungsmuster

Dem „Linguistik turn" war es um ein sprachphilosophisch informiertes Verständnis und um eine diskurstheoretische Analyse von Macht zu tun. Damit enthielt er von Anfang an eine demokratische und politische Komponente. Die Verabsolutierung dieses Ansatzes untergräbt umgekehrt diese emanzipatorische Bewegung und zieht eine erneute Standardisierung von Lebensmodellen nach sich.

In den Sozialwissenschaften haben soziozentrische Erklärungsmuster und konstruktivistische Anschauungen an Bedeutung gewonnen. Seit Mitte der 1960er Jahre wies die Rezeption des französischen Poststrukturalismus den Weg zu semiotischen und sozialkonstruktivistischen Zugängen zu individuellen und kulturellen Phänomenen (vgl. Dannenbeck 2007: 107). Körper, Subjekt und Identität wurden als historische und kulturell geformte Phänomene entdeckt (vgl. ebd.). Diese Theoriedebatte berührte die Sozialwissenschaften insgesamt, aber auch die Disability Studies im Besonderen. „Als Orte der Herstellung von Behinderung werden soziokulturelle Praxen und ihnen zugrunde liegende Differenzlogiken ausgemacht" (ebd.: 106). Diskrimierungs- und Machtprozesse rücken in den Mittelpunkt der Analyse, die Defizitperspektive scheint dadurch überwunden (vgl. ebd.). Dieses soziale Modell von Behinderung stellt einerseits eine Bereicherung für die Theoriebildung und die Praxisfelder dar, zumal sie zu einer Entnaturalisierung von „Behinderung" beitrug und es darüber für die Betroffenen möglich wurde, ihre Identität, über die begrenzte Körperlichkeit hinaus, um bisher nicht gesehene Aspekte und Fähigkeiten zu ergänzen (z. B. in Kulturprojekten). Andererseits wäre es fragwürdig, ganz auf soziale Konstruiertheit zu setzen, weil dadurch die körperliche Natur und die äußere Umwelt des Menschen fast ausschließlich als kulturelle Schemata thematisiert würden, und die realen Leiderfahrungen, die mit der begrenzten Körperlichkeit verbunden sind, gegebenenfalls übersehen werden. In der Sicht der konstruktivistischen normalisierungskritischen Debatten, die um die Auflösung des traditionellen Krankheits-, Bedürftigkeits- und Behindertenbildes bemüht sind, sind es nicht so sehr körperliche Faktizitäten und manifeste Barrieren (z.B. bauliche Hindernisse), die dazu führen, dass jemand sich als 'defizient' erfährt und an seiner Existenz leidet, sondern mentale Strukturen und kulturelle Schemata. Diese Sichtweise, Krankheit und Behinderung seien ein „soziales Konstrukt" stellt in Abrede, „dass viele Betroffene eben tatsächlich ihre Physis [...] als hinderlich erfahren. In diesen Fällen ist es evidentermaßen der Körper, der als auffällig, aufdringlich, aufsässig erfahren wird. Er kann die Gesamtbefindlichkeit der Person in Mitleidenschaft ziehen oder aber einzelne ihrer Intentionen durchkreuzen. Nicht selten kommt es im Zuge der Bemühungen um ein neues Verständnis von Behinderung zu einer Art Romantisierung von menschlicher 'Vielfalt'" (Kuhlmann 2003: 26). Diese Romantisierung schlägt in Standardisierung von Menschenbildern um.

Innerhalb der Ethik hat der Sozialkonstruktivismus dazu geführt, dass die Frage nach einem guten Leben hinter einer individualistischen Kultur, die vor allem das Subjektive als 'richtig' deutet zurückgetreten ist. „Seit Rawls gilt der ethische Gehalt von Lebensformen unter Verweis auf den irreduziblen ethischen Pluralismus als undiskutierbar. Die Philosophie zieht sich damit von der sokratischen Frage [...] zurück und beschränkt sich auf das Problem, wie, angesichts der Vielzahl gegeneinander inkommensurabler »comprehensive doctrines«, ein gerechtes Miteinander als »Aneinandervorbei« der verschiedenen Lebensformen gesichert werden kann. [...] Wie über Geschmack lässt sich über Lebensformen dann nicht mehr streiten" (Jaeggi 2005: 115). Wir müssen auf einen normativen Referenzpunkt rekurrieren können, auf den hin Quellen des Leids identifiziert und Umrisse des Gelingenden erkennbar werden können. Der „Capability Approach" könnte die sozialkonstruktivistische Vereinseitung korrigieren und eine solche normative Orientierung liefern.

2.3 Ermächtigung und Befähigung

Im Konzept des Empowerment aus der Gemeindepsychologie wird versucht, Machtverhältnisse, die menschliches Leid hervorrufen, zu minimieren. Dabei wird davon ausgegangen, dass das Individuum, in eine jeweils höhere Struktur eingebettet ist (Gruppe, Gesellschaft) und Menschenrechte für sich erkämpfen kann (vgl. Seckinger 2011: 313). Sich des eigenen Lebens zu bemächtigen bedeutet nach Mike Seckinger, diese neue Bewusstseinsbildung gemeinsam mit anderen zur eigenen Veränderung und zur Bearbeitung gesellschaftlicher Widersprüche zu nutzen („Hilfe zur Selbsthilfe"). Dabei sollen Benachteiligungen abgebaut werden und neue soziale Orte entstehen (vgl. ebd.: 315). Dies kann nicht durch eine rein expertokratische Zuschreibung, beispielsweise durch Fachkräfte, erfolgen, sondern vor allem durch eine professionelle Haltung des Respektierens eigensinniger Lebensweisen, einschließlich der erlebten oder erlernten Hilflosigkeiten (vgl. ebd.: 316). Gerade in krisenhaften Lebenssituationen sind sowohl Möglichkeiten der Regression und der Übertragung von Verantwortung als auch Vorstellungen von Handlungsautonomie seitens der Fachkräfte denkbar (vgl. ebd.: 317). Kritisch wird zum Empowerment-Konzept angemerkt, dass es sich um einen sehr individualistischen und aktivistischen Ansatz handelt, der auf ein kompetentes Gegenüber angewiesen ist, um es in seiner Handlungsfähigkeit zu optimieren (vgl. ebd.: 316). Diese einseitige Anthropologie könnte eine Aktivierung lediglich im emotionalen Befinden der AdressatInnen mit sich bringen und nicht die eigentlichen Lebensverhältnisse verändern. Während das Empowerment-Konzept die Handlungsfähigkeit Betroffener tendenziell voraussetzt, ist für den „Capability Approach" die Idee der Handlungsbefähigung zentral. Mittels Bildung werden Menschen befähigt, Fähigkeiten auszubilden und aus unterschiedlichen Möglichkeiten von Lebensweisen auszuwählen (vgl. Grundmann 2008: 131). Der „Capability Approach" ist prozessualer angelegt.

Matthias Grundmann versucht, emanzipatorische Prozesse des „Capability Approach" mit sozialisationstheoretischen Konzepten zu verbinden. Er geht weniger der Frage nach, wie sich die fürsorglichen Möglichkeiten auf die einzelnen AdressatInnen auswirken, sondern welche Deutungsmuster und Handlungsmöglichkeiten sich aus den eigenen Verhältnissen ergeben (vgl. ebd.: 132). Im Zentrum steht hierbei das Konzept der Wirksamkeitserfahrung. Gerade Kinder und Jugendliche können in der Planung des eigenen Lebens Erfahrungen von Ohnmacht und Enttäuschungen erleben oder innerhalb ihrer Handlungsspielräume für sie wirksame neue Erfahrungen machen. Hierbei werden häufig Handlungsressourcen, die zur Verfügung stehen, sowohl personalisiert wahrgenommen als auch von außen zugeschrieben (Geschlecht) (vgl. ebd.: 133). Daran lässt sich erkennen, dass Handlungswirksamkeit ein Konzept der eigenen Bewertung aufgrund von Bewertungen in reziproken Sozialbeziehungen ist.

Aus den Ausführungen von Grundmann und Seckinger lässt sich schließen, dass der „Capability Approach" – aufgrund seiner prozessual-befähigenden Haltung – den Betroffenen bei mangelnden Fähigkeiten Handlungsoptionen tendenziell abspricht. Der Empowermentansatz setzt diese Handlungsoptionen hingegen immer schon voraus. Handlungsbefähigung ist aber anders: Sie vollzieht sich in dem intermediären Raum zwischen gesellschaftlicher Erwünschtheit und individueller Möglichkeit; „zwischen einem objektiven Möglichkeitsraum und einem wahrgenommenen Handlungsraum" (ebd.: 136f). So ist z.B. Bildung als emanzipatorisches Element nicht allen gleich zugänglich. Aus diesen Überlegungen heraus ist es nach Grundmann notwendig, die Capabilities und die sozialisatorischen Bedingungen von Handlungsbefähigung in ein Verhältnis zu setzen (vgl. ebd.: 139f). Befähigung heißt über das Empowerment und das „Capability Approach" hinaus, Lebenslagen und subjektive Lebenspotentiale korrelieren zu lassen.

Um diese kritische Linie, dass das Empowerment Menschen befähigen will, indem es die Ressourcen dazu immer schon voraussetzt, beziehen wir uns auf Alain Ehrenberg, der das französische vom amerikanischen Empowerment unterscheidet, indem er die französische Art mit der sozialen Frage verbindet. In der französischen Sprache geht es, so Ehrenberg, im Rahmen des Empowerment darum, „Menschen zu ermöglichen zu »Subjekten« zu werden, sie wieder in ein gemeinsames Menschsein einzugliedern, das ihnen die Kraft gibt, gegen das Unglück und das Missgeschick zu kämpfen" (Ehrenberg 2011: 461). Die französische Sichtweise prangert einerseits den Neoliberalismus an. Sie kritisiert die Auslieferung der Individuen und der Gesellschaft an die entfesselten Kräfte des Marktes. „Die psychosoziale Klinik ist ein empowerment auf französische Art: Sie ist ein empowerment, weil sie die Macht zum Handeln denjenigen zurückgibt, die keine mehr haben, sie versetzt sie in die Lage, sich mit den neuen Anforderungen der Wiedereingliederung auseinanderzusetzen" (ebd.: 462). Das Unbehagen der Klinik „hat ihren Grund in der Konfrontation ihres Antiliberalismus mit einer Welt, deren ideologische Substanz liberal und amerikanisch ist" (ebd.: 467). Andererseits versucht die französische Weise die Verschiedenartigkeit des sozialen Leidens, genauso wie der „Capability-Approach", in eine universale Perspektive zusammenzuführen, um das Unglück anzuprangern und die »soziale Frage« zu erneuern. Das französische Empowerment ist in seiner Normativität reflektierter und sozialer aufgebaut als das amerikanische und deutsche, da es das Paradox des Handelns der Menschen im Pessimismus der Entinstitutionalisierung (neoliberaler sozialstaatlicher Um- und Abbau) wahrnimmt. Indem das französische Empowerment auf eine universale Figur des sozialen Leidens rekurriert, thematisiert es die veränderten Verhältnisse zwischen Gesellschaft und Staat (Ermangelung des Staates im Zuge der Responsibilisierung der Einzelnen durch eine aktivierende Sozialpolitik) (vgl. ebd.: 463). Dieser Kulturvergleich macht explizit, dass die Französische Revolution mit ihren Idealen der Freiheit, Gleichheit und Brüderlichkeit im kollektiven Bewusstsein einen Sinn für den Wandel der Gleichheit präsent hält, während das deutsche Empowerment sich vorschnell am Geist neoliberaler Umstrukturierungen orientiert.

Auch in Frankreich hat sich nach Ehrenberg eine aktivierende Sozialpolitik etabliert, durch die sich im Zuge des Rückzugs des Staates ein neuer Geist der

Institutionen herausgebildet hat, der das Individuum dazu befähigen will, Akteur seiner eigenen Veränderung zu sein (Empowerment). Die „unmöglichen Berufe" (Politiker, Sozialarbeiter, Psychoanalytiker) „haben die Entwicklung von Praktiken gemein, die darauf zielen, Menschen zu ändern" (Ehrenberg 2011: 464). Diese Berufe verkörpern nach Ehrenberg den Geist der Institution der Autonomie. „Ziel der Psychoanalyse »ist die Autonomie [...], für die das einzige ›Mittel‹ zur Erreichung dieses Ziels die Autonomie selbst ist«" (Castoriadis zit. n. Ehrenberg 2011: 464). Dieser neue Geist hat nach Ehrenberg Eingang in unsere Wertvorstellungen gefunden und sich in unsere Gewohnheiten eingefügt. „Im Glauben an eine neue Persönlichkeit, die aus der Schwächung der sozialen Bindung hervorgeht, findet man die Einrichtung von Praktiken, deren Logik ihren Grund darin hat, dass sie Fähigkeiten entwickeln, Agent der eigenen Veränderung zu sein" (ebd.: 467).

Dieser neue Geist ist nach Ehrenberg blind gegenüber dem Wandel der Gleichheit, da er die persönliche Dimension hervorhebt, die zuvor nicht in diesem Ausmaß zählte. „Die Autonomie als Zustand ist eine Veränderung der Gleichheit" (ebd.: 470). Die Auflösung sozialer Bindungen wächst in demselben Ausmaß wie die Blindheit gegenüber dem Wandel der Gleichheit zunimmt. Im Zuge dieses Wandels liegt die Rolle des Politischen nicht mehr darin, ein Bewusstsein für Praktiken der Gerechtigkeit zu kultivieren, sondern angesichts einer neoliberalen Wettbewerbssituation nur mehr den gesellschaftlichen Zusammenhalt zu sichern (vgl. ebd. 470f).

In der neoliberalen Rhetorik wird von der Herstellung egalitärer Lebensverhältnisse Abstand genommen. Chancengleichheit reduziert den individuellen Raum auf die Ausbildung von Kompetenzen (skills) und den gesellschaftlichen Raum auf eine Gewährleistung von Möglichkeiten (Possibilities), was einer Ökonomisierung der Sozialstrukturen entspricht. Diese Reduktion mündet schnell in einen „ökonomischen Zwang zur Übernahme von Verantwortung für das eigene Schicksal" (Streeck zit. n. Günther 2002: 132).

Nach Ehrenberg zieht diese Konzentration auf Fähigkeiten und Kompetenzen eine Neudefinition der Weise, wie wir Gesellschaft bilden, nach sich: „Der Begriff der Fähigkeit gestattet die Neudefinition der Substanz der gesellschaftlichen Solidarität in einer Welt der Mobilität und allgemeinen Konkurrenz, die sich in dreißig Jahren durchgesetzt hat (Ehrenberg 2011: 475). Die Konzentration auf Fähigkeiten verändert den Begriff des Sozialen in eine Ressource, die genutzt werden muss, um seine eigene Ausstattung zu bereichern. „In dieser Perspektive ist der Schutz nicht mehr der höchste Wert" (ebd.: 475). Diese Logik macht auch vor Menschen mit Behinderung, die auf den besonderen Schutz der Gesellschaft angewiesen sind, nicht Halt. Dass sie ihr Handycap als Verschiedenheit überhaupt leben können, setzt voraus, dass sie „nicht nur als Gleiche behandelt werden, sondern in einem elementaren Sinne auch faktisch gleich sein sollten" (Kuhlmann 2005: 162).

Der „Capability Approach" wird zwar als eine Spezifizierung des menschenrechtlichen Standpunkts vorgeführt, allerdings beinhaltet er, mit Ehrenberg gesagt, zugleich die Gefahr, den gesellschaftlichen Wandel der Gleichheit zu stützen. In Zeiten des neoliberalen Gezeitenwechsels könnte auch der „Capability Approach" dazu beitragen, die Vision Gleiche/r unter Gleichen zu sein zu demontieren, auf die Menschen mit besonderen Bedürfnissen angewiesen sind, um in einem angemessenen Schutzraum ihre Fähigkeiten entwickeln zu können. Auf diese faktische Gleichheit kann nicht verzichtet werden, so dass jeder Versuch, die Menschenwürde (in einer Liste von Fähigkeiten) zu konkretisieren mit einer Analyse der gesellschaftlichen Funktionssysteme (Sozialstaat) unbedingt verbunden sein muss. Capabilities sind „Realisierungsbedingungen von Menschenwürde", die nicht „auf individuelle Eigenschaften oder Dispositionen zu reduzieren sind, sondern auf das komplexe Zusammenspiel von Infrastrukturen, Ressourcen, Berechtigungen und Befähigungen verweisen" (Otto et al. 2010: 155). Nur durch die Verknüpfung von subjektiven und strukturlogischen Momenten erweist sich der „Capability Approach" – wie es auch Otto, Scherr und Ziegler ausführen – für die Soziale Arbeit als anschlussfähig (vgl. ebd.: 157).

Immer dann, wenn die beiden Ansätze (Capability und Empowerment) sich individualisieren, bekommen sie einen ideologischen Anstrich, der von der gesellschaftstheoretischen Ebene absieht. Der „Capability Approach" ist von einer befähigenden und bildenden Haltung getragen. Empowerment will verschüttete Ressourcen mobilisieren. Beide Ansätze stehen in einer emanzipatorischen Tradition, die unter neoliberalen Gesellschaftsbedingungen in der Gefahr steht, Autonomie zu institutionalisieren und den Wandel der Gleichheit abzuerkennen. Behinderung wird dann zu einer individuellen Einschränkung, die nicht mehr mit der gesellschaftlichen Substanz in der Weise verbunden ist, dass Solidarität mit Menschen mit besonderen Bedürfnissen institutionalisiert und internalisiert ist.

3 Capabilities und Kindeswohl

Der kommende Abschnitt beschäftigt sich zunächst mit der „Lernbehinderung", die häufig eine soziale Behinderung ist, im Kontext von Schule, und mit der „seelischen Behinderung", im Kontext der Kinder- und Jugendhilfe. Dabei sollen weniger die Kinder als beeinträchtigt vorgestellt werden, sondern es soll mehr der „institutionellen Behinderung" nachgegangen werden. Die Begriffe „Lernbehinderung" und „seelische Behinderung" beziehen sich zumeist auf Kinder, die in Folge bestimmter familiärer und sozialer Bedingungen und daraus resultierender emotionaler, psychischer und kognitiver Probleme an einer zufriedenstellenden Entwicklung gehindert sind (wie z. B. biologische Risiken, räumliche Enge, unzureichende Ernährung, niedriges Einkommen der Familien, unsichere Eltern-

Kind-Bindung, autoritäre Erziehungsstile; vgl. Schone et al. 1997, zit. n. Weiß 2007: 21; Heimlich 2007: 183). „Seelische Behinderung" rückt dadurch in die Nähe von Vernachlässigung und Kindeswohlgefährdung. Wir möchten dieses Thema in den Diskurs um Capabilities und Empowerment einrücken.

3.1 Schulische Behinderung und Befähigung

In Deutschland wurde versucht, in der zweiten Hälfte des 20. Jahrhunderts Kinder mit Behinderung nicht mehr prinzipiell aus der Schule zu exkludieren, ohne jedoch andererseits eine vollständige Inklusion zu ermöglichen (vgl. Powell 2007: 321). Die Verallgemeinerung der Bildungsfähigkeit und die Anerkennung von Bildung als Menschenrecht brachten mit sich, die als behindert wahrgenommenen Kinder eine Integration in ein Sonderschulwesen zu ermöglichen (vgl. ebd.: 325). Im weiteren Verlauf machten sich Elterninitiativen auf den Weg, Bildung als allgemeines Bürgerrecht für alle durchzusetzen (vgl. ebd.: 326). Menschen mit Behinderung wurden als Minderheit zusehends wahrgenommen und Behinderung wurde nicht mehr personenzuschreibend, sondern als institutionelle Deprivation gedeutet (vgl. ebd.). Die weitere Ausdifferenzierung der Sonderpädagogik führte jedoch zu weiteren Segregationsprozessen des Sonderschulwesens, das häufig eher nur rhetorisch das Ziel der Integration formulierte (vgl. ebd.: 327). Trotz des Integrationsansatzes (Integrationsklassen) in den Regelschulen der BRD ist die Förderung von SchülerInnen mit geistiger, körperlicher und seelischer Behinderung, aber auch sozialer Beeinträchtigung, nach wie vor Hauptaufgabe von komplexen Sondersystemen wie der Förderschulen bzw. -zentren (vgl. BMFSFJ 2005: 276). In der BRD sind ca. zwei Drittel aller Förderschulen mit ihren unterschiedlichen (teils umstrittenen) Konzepten und Zuschreibungen speziell für Kinder mit Lernbehinderungen ausgelegt (vgl. Baier/Klein 1980, zit. n. Heimlich 2007: 181). Gerade die Kinder mit Migrationshintergrund machen in Förderschulen für Lernbehinderte die größte Gruppe aus. Diese Kinder werden häufig aufgrund ihrer Sprachdefizite und nicht ihrer kognitiven Schwächen dorthin vermittelt (vgl. BMFSFJ 2005: 277; vgl. Apeltauer 2004, zit. n. BMFSFJ 2009: 96).

Der Sonderpädagogik kommt eine ambivalente Rolle zu: auf der einen Seite möchte sie schulische Exklusion vermeiden, auf der anderen Seite argumentiert sie aber auch auf Grundlage klinischer stigmatisierender Kategorien. Das zeigt sich auch in der klaren Trennung zwischen allgemeiner Pädagogik und Sonderpädagogik. Nur letztere beansprucht für sich, individuelle Lernförderungen für Kinder mit Behinderung anzubieten und dadurch Inklusion und Chancengleichheit zu ermöglichen (vgl. Powell 2007: 332). Aufgrund dieser Teilinklusion in das Bildungswesen spricht Justin Powell von einer „schulischen Behinderung" (ebd.: 321). Gerade in deprivierenden (behindernden) gesellschaftlichen Verhältnissen ergeben sich affektiv ungünstige Ausgangsbedingungen für die Entwicklung von Kindern. Die Bedeutung der Schule hierbei ist, dass sie Unsicherheiten in der menschlichen Begegnung minimieren und strukturieren kann (vgl. ebd.: 328). Können die Benachteiligungen in der Schule nicht minimiert werden oder potenzieren sie sich sogar, kann die Schule zum behindernden Faktor für die Kinder mit besonderen Bedarfen werden (vgl. ebd.: 323).

Diese „schulische Behinderung" ist gekennzeichnet durch klassifikatorische Zuschreibungen und räumliche Trennung der SchülerInnen (vgl. ebd.: 321). „Durch offizielle Klassifizierung werden in der sonderpädagogischen Förderung symbolische und soziale Grenzen gezogen, die sichtbare Auswirkungen auf die individuelle Entwicklung von Schulkindern haben" (ebd.: 323). Die Stereotypen werden in der Schule von LehrerInnen, Eltern und SchülerInnen übernommen und weitergetragen (erhöhtes Armutsrisiko, Benachteiligung am Arbeitsmarkt) (vgl. ebd.: 322). Diese defizitorientierten klinischen Diagnosesysteme tragen dichotome Subsumtionslogiken in sich, wie z.B. ‚fähig' oder ‚unfähig'. Bei der Bemessung des sonderpädagogischen Förderbedarfs spielen standardisierte Schulleistungen eine besondere Rolle in der Beurteilung der SchülerInnen (vgl. ebd.: 331).

Powell stellt fest, dass diesen Stigmatisierungs- und Segregationsprozesse schulischer Behinderung, wenn auch regional unterschiedlich, noch nicht mit einer inklusiven Pädagogik begegnet wurde. Nach dem Konzept der inklusiven Pädagogik wäre es notwendig, dass alle Kinder gemeinsam in gleichen Klassen miteinander lernten (vgl. ebd.: 337). Bildung und Gleichheitsprinzip sind der Gegenentwurf von separierten Bildungswegen von Kindern mit Behinderung, die häufig mit ihren Lernmisserfolgen begründet werden (vgl. ebd.: 338).

Die angestellten Überlegungen zur „schulischen Behinderung" lassen sich folgendermaßen mit dem „Capability-Approach" verknüpfen:

a. Die Verteilungsressourcen und Bildungsgerechtigkeit müssen gerade in Fragen des Zusammenhangs von Armut, Behinderung und Schulerfolg mitgedacht werden.
b. Im Sinne Sens sollten Kinder, die im schulischen Kontext Behinderung erfahren, die Freiheit haben, ihre Chancen so zu mehren, dass ein gutes Leben möglich ist. Das heißt, der Leistungsstandard liefert keinen Maßstab für eine anzustrebende heterogene Lernsituation (vgl. Sen 2007). Notwendige Voraussetzungen dafür sind demokratische Beteiligungsmöglichkeiten für alle Menschen „und nicht Sonderbezirke oder so genannte Schonbereiche für bestimmte Gruppen von Menschen" (BMFSFJ 2009: 35). Das dafür notwendige Entwicklungspotential „lässt sich allerdings nicht als ein von Natur aus angelegtes Ablaufgeschehen begreifen, in dem sich eine innere

Anlage entfaltet, sondern im Zentrum steht ein Modell von Entwicklung, das in einem transaktionalen Sinne als dynamisches Austauschsystem zwischen den heranwachsenden Subjekten und den unterschiedlichen sozialen Systemen (wie Familie, Schule, Peergruppe, Nachbarschaft und Gesamtgesellschaft) verstanden wird" (ebd.: 46).

c. Die Fähigkeitsliste von Nussbaum könnte hierbei als Arbeitshypothese dienen. Besonderer Aufmerksamkeit kommt der Fähigkeit, angemessene Erziehung und Bildung in Gemeinschaften zu erfahren, sowie der Möglichkeit politischer Partizipation zu (vgl. Nussbaum 2010).

d. Die objektiven Lebensverhältnisse der Kinder (Kindeswohl) und die subjektiven Entwürfe gelingenden Aufwachsens (Kindeswille) stehen in einer Balance. Die reziproken Beziehungsmuster im LehrerInnen-SchülerInnen-Verhältnis und SchülerInnen-SchülerInnen-Verhältnis sind bei der Auswahl von Schutzräumen und Moratorien mit zu diskutieren.

e. Die Förderdiagnostik erfolgt nicht nur in expertokratischer Zuschreibung, sondern vor allem durch lebensweltliche Verstehensprozesse.

Alle Kinder sind darauf angewiesen, in reziproken Sozialbeziehungen Selbstwirksamkeitserfahrungen zu machen. Gerade ein Sinn für die Gerechtigkeit sowie die Entwicklung von Mitgefühl lassen sich nur dialogisch und erfahrungsbezogen entfalten, um für Kinder zu Entwicklungsressourcen zu werden (vgl. BMFSFJ 2009: 46f). Der 13. Kinder- und Jugendbericht nimmt hierfür in besonderer Weise Kinder mit Behinderungen und jene, die von Behinderungen bedroht sind, in den Blick. Im Sinne der UN-Kinderrechtskonventionen wirbt er für einen inklusiven Gesamtweg, der die Befriedigung elementarer Bedarfslagen und die Förderung von Wohlergehen nicht individualisieren, sondern solidarisieren möchte (vgl. ebd.: 74f).

3.2 Kindeswohl und Kindeswille

Gerade in der Kinder- und Jugendhilfe trifft ein in Rechtsordnungen grundgelegter Begriff des Kindeswohls mit einem partizipativen Begriff des Kindeswillens paradox aufeinander (vgl. Oelkers/ Schrödter 2008: 143). Nina Oelkers und Mark Schrödter (2008) diskutieren das Konzept der Capabilities genau in diesem intermediären Raum – also zwischen Lebensweltgestaltung und Eingriff in die Lebenswelt. Dies würde ermöglichen, die objektiven Lebensverhältnisse der Kinder mit den subjektiven Entwürfen des guten Lebens der Kinder auszubalancieren (vgl. ebd.).

Die der Kinder- und Jugendhilfe zugrunde liegenden Rechtsordnungen (D, Ö) beinhalten zentral den *unbestimmten Rechtsbegriff des Kindeswohls,* welches durch ein *staatliches Wächteramt* fokussiert werden muss. Dabei wird die Erziehungsverantwortung der Eltern überwacht und dem Kind ein direktes Recht zum Eingreifen im Falle der Kindeswohlgefährdung zugesprochen (Schutz und Schlichtung in familienunterstützenden, -ergänzenden und -ersetzenden Hilfen) (vgl. ebd.: 144f). Daraus ergibt sich für die Kinder- und Jugendhilfe der doppelte Auftrag von Eingriff und Gestaltung: Gestaltung der sozialisatorischen Bedingungen und Eingriff im Sinne des Garantierens der grundgesetzlich verankerten Menschenrechte (vgl. ebd.: 145f).

Der *Kindeswille* ergibt sich zum einen aus dem Konzept der Elternautonomie mit ihren erzieherischen Kompetenzen, auf der anderen Seite aufgrund der eingeschränkten Mündigkeit bei „sogenannten einsichtsfähigen Minderjährigen" (ebd.: 146f), gerade wenn es um Angelegenheiten ihrer eigenen Person geht. Besonders das Hilfeplanverfahren der Kinder- und Jugendhilfe verlangt einen partizipativen, anwaltschaftlichen Einbezug des Kindeswillens (vgl. ebd.: 147). Dies würde aber bedeuten, dass der Kindeswille von den Kindern eindeutig formuliert werden könnte. Jedoch zeigt sich gerade dieser häufig ambivalent: Er ist durchkreuzt von latenten Hoffnungen auf ein gutes Leben in den bestehenden Verhältnissen (vgl. ebd.: 148).

Oelkers und Schrödter untersuchen auf Grundlage von Sen mögliche Indikatoren für das gute Leben. Sie fragen sich, ob das Konzept des *Wohlergehens* dafür geeignet ist. Das Konzept des Wohlergehens liefert ihres Erachtens nur eine subjektive Kategorie für gelingendes Leben, welche einer Korrektur durch einen holistischen Begriff von Wohl bedürfe, der die universelle menschliche Freiheit mit berücksichtigt (vgl. ebd.: 157). Kinder- und Jugendhilfe kann im Sinne des Befähigungsansatzes von Nussbaum zu einer Hilfe im Sinne der Menschwerdung avancieren. Die Familie bleibt hierbei primäre Sozialisationsinstanz der Kinder, in die der Staat im Gefährdungsfall interveniert. Dazu braucht es seitens der beauftragten Institutionen die Fähigkeit, ihre Entscheidungen und Handlungen auf die Bedürfnisse der Kinder zu beziehen. Die Befähigungsliste von Nussbaum könne hierbei eine Entscheidungshilfe sein, Freiheitsspielräume für die eigene Lebensführung der Kinder und ihrer Familien zu eröffnen. Gutes Leben wird hierbei nicht funktional verschrieben, sondern Möglichkeitsräume zur individuellen Entfaltung erschlossen. Funktionalistischer Kinderschutz berge dagegen die Gefahr, im Sinne Bourdieus, ungerechte Strukturen des sozialen Raums aufrecht zu erhalten (vgl. ebd.: 158f).

Das Feststellungsverfahren zur Kindeswohlgefährdung ist oftmals von dem Problem belastet, auf der Basis welcher Parameter beurteilt werden kann, dass diese vorliege. Der „Capability-Approach" liefert einen Umriss gelingenden Lebens, anhand dessen sich das Verfahren strukturieren lässt. Der Kindeswille weist dabei immer wieder über diesen Umriss hinaus.

4 Schluss: „Behinderung" und „behindernde" gesellschaftliche Verhältnisse

Man könnte die universalistische Idee des guten Lebens von Nussbaum und Sen vorsichtig in die Nähe der Kantischen Ethik rücken, insofern sie – die Idee guten Lebens – (unbedingte) Voraussetzung zur Verwirklichung ihrer Bedingungen ist. Wenn man den „Capability Approach" in Verbindung mit der Kantischen Transzendentalität der Menschenwürde denkt, dann liegt in ihm die Stärke, über seinen eigenen Naturalismus und Normativismus hinauszuweisen. Kant nimmt Freiheit als apriorische und unableitbare Voraussetzung. Der Mensch sei gerade dieses Paradox, die Herkunft seiner Moralität theoretisch nicht aufklären zu können, aber *aus Freiheit* voraussetzen zu müssen. Die Menschenrechte stellen demgegenüber eine Liste typischer sozialer, psychischer und physischer Konstitutionen dar. Sie drücken sich in nachvollziehbaren Erfahrungen in einer spezifischen Leibgestalt aus. Menschenwürde und Menschenrecht stehen in einem Verhältnis von transzendental und immanent. Nur in diesem paradoxen Spannungsverhältnis abstrahiert und konkretisiert sich das Menschliche (Menschenwürde) und seine Ordnung im Geschichtlichen (Menschenrechte) (vgl. Kettner 2006: 116f).

In diesem Beitrag ging es um eine Diskussion, ob der „Capability Approach" einem universalen Begriff von Menschenwürde nahesteht, der sowohl für die subjektive Komponente von Wohlergehen als auch für die einschränkenden Momente seitens der jeweiligen gesellschaftlichen Verfasstheit geöffnet ist. Diese Diskussion bündeln wir nun, indem wir die drei Eingangshypothesen abschließend noch einmal aufnehmen.

Die erste *Hypothese* lautete, dass der soziale Konstruktivismus dazu geführt hat, das gute Leben zu individualisieren und eine universale Referenz preiszugeben. Leiderfahrungen werden so einerseits subjektiviert und andererseits standardisiert. Obwohl der „Capability Approach" in der Nähe essentialistischer Konzeptionen rangiert, hält er an einer Universalie des Gelingenden fest, die auf die Prekarisierung menschlicher Existenz aufmerksam macht. Er zieht 'reale' Faktoren in Betracht, unter denen Menschen leiden können. Diese offene universalistische Fundierung vermag sich radikalisierende Konstruktivismen und Subjektivismen, die in Naturalismus umschlagen, zu korrigieren. Mit der Vieldeutigkeit der Fähigkeiten ist es Nussbaum um ein gutes Leben zu tun, dessen Einlösung niemals garantiert werden kann, das aber an die solidarischen Funktionssysteme der Gesellschaft appelliert, Verwirklichungschancen möglichst gerecht zu verteilen (vgl. Vossenkuhl 2011: 2, Röh 2011: 107).

Unsere *zweite Hypothese* lautete, dass der Fähigkeitenansatz den ökonomischen Risikodiskurs abzufedern vermag. Hinsichtlich dieser Vermutung hat der

Diskurs zum Empowerment ergeben, dass sich das „Paradox der Entinstitutionalisierung" (neoliberale Wende zum Persönlichen) über den Ansatz von Sen, der davon ausgeht, dass Freiheit nur durch partizipativ strukturierte Institutionen (des Sozialstaats) entfaltet werden kann, korrigieren lässt. Mit dem „Capability Approach" kann die neoliberale Institutionalisierung von Autonomie, die auf die Idee der Gleichheit verzichtet, hinterfragt werden. Die Radikalisierung von Autonomie schlägt in ein standardisierendes Menschenbild um, die Vieldeutigkeit des „Capability Approach" kann solche Standardisierungsbewegungen durchbrechen.

Unsere dritte Hypothese diskutierte den Raum zwischen subjektivem Willen und objektivem Kindeswohl. Hier thematisierten wir das Paradox der Verrechtlichung einerseits und die darüber hinausweisenden einzigartigen Bedürfnisse von Kindern andererseits. Verrechtlichung bedeutet einerseits einen Rechtsanspruch des Kindes auf gute Entwicklung und andererseits einen subsumtionslogischen Begriff von Kindeswohl, der den Kindeswillen jedoch verdecken kann. Die objektiven Lebensverhältnisse der Kinder (Kindeswohl) und die subjektiven Entwürfe gelingenden Aufwachsens (Kindeswille) sollten in einer wechselseitig korrigierenden Balance stehen. Gerade von der Idee des Gelingenden her bekommt man Rat, um über (prekäre) Lebensformen überhaupt streiten zu können, bei gleichzeitigem Wissen, dass das Gelingende menschlichen Leben unverfügbar ist: der „Capability Approach" ist uns zu einem Ratgeber geworden.

Literatur

Bundesministerium für Familie, Senioren, Frauen und Jugend (BMFSFJ) (2005): Zwölfter Kinder- und Jugendbericht. Bericht über die Lebenssituation junger Menschen und die Leistungen der Kinder- und Jugendhilfe in Deutschland. Berlin.

Bundesministerium für Familie, Senioren, Frauen und Jugend (BMFSFJ) (2009): Dreizehnter Kinder- und Jugendbericht. Bericht über die Lebenssituation junger Menschen und die Leistungen der Kinder- und Jugendhilfe in Deutschland. Berlin.

Bundschuh, Konrad (2002): Lernen unter erschwerten Bedingungen – zukünftige Herausforderungen an die Pädagogik und Didaktik. In: Sonderpädagogik 32. Jg. 1(2002), S. 36-46.

Dabrock, Peter (2008): Befähigungsgerechtigkeit als Ermöglichung gesellschaftlicher Inklusion. In: Otto, Hans-Uwe; Ziegler, Holger (Hg.): Capabilities – Handlungsbefähigung und Verwirklichungschancen in der Erziehungswissenschaft. Wiesbaden, S. 17-53.

Dannenbeck, Clemens (2007): Paradigmenwechsel Disability Studies? Für eine kulturwissenschaftliche Wende im Blick auf die Soziale Arbeit mit Menschen mit besonderen Bedürfnissen. In: Waldschmidt, Anne; Schneider, Werner (Hg.): Disability Studies, Kultursoziologie und Soziologie der Behinderung. Erkundungen in einem neuen Forschungsfeld. Bielefeld, S. 103-125.

Ehrenberg, Alain (2011): Das Unbehagen in der Gesellschaft. Berlin.
Günther, Klaus (2002): Zwischen Ermächtigung und Disziplinierung. Verantwortung im gegenwärtigen Kapitalismus. In: Honneth, Axel (Hg.): Befreiung aus der Mündigkeit. Paradoxien des gegenwärtigen Kapitalismus. Frankfurt/M., S. 117-139.
Grundmann, Matthias (2008): Handlungsbefähigung – eine sozialisationstheoretische Perspektive. In: Otto, Hans-Uwe; Ziegler, Holger (Hg.): Capabilities – Handlungsbefähigung und Verwirklichungschancen in der Erziehungswissenschaft. Wiesbaden, S. 131-142.
Heimlich, Ulrich (2007): Lernschwierigkeiten. In: Bundschuh, Konrad; Heimlich, Ulrich; Krawitz, Rudi (Hrsg.): Wörterbuch Heilpädagogik. 3. Auflage. Bad Heilbrunn, S. 181-184.
Jaeggi, Rahel (2005): „Kein Einzelner vermag etwas dagegen". Adornos *Minima Moralia* als Kritik von Lebensformen. In: Honneth, Axel (Hg.): Dialektik der Freiheit. Frankfurter Adorno Konferenz 2003. Frankfurt/M., S. 115-141.
Kessl, Fabian (2008): „Real ist real und ist nicht real". Notate zu aktuellen Konjunkturen eines kritischen Rationalismus. In: Wie (selbst-)kritisch ist die Theorie Sozialer Arbeit? Widersprüche. Zeitschrift für sozialistische Politik im Bildungs- Gesundheits- und Sozialbereich. Heft 108(2008), S. 53-69.
Kettner, Matthias (2006): Transhumanismus und Körperfeindlichkeit. In: Ach, Johann S.; Pollmann, Arnd (Hg.): no body is perfect. Baumaßnahmen am menschlichen Körper – Bioethische und ästhetische Aufrisse. Bielefeld, S. 111-130.
Kuhlmann, Andreas (2003): Ein neues Verständnis von Behinderung. Zur Kritik am medizinischen Konzept. In: Behinderung und medizinischer Fortschritt. Dokument der gleichnamigen Tagung vom 14.-16.04.2003, Bad Boll.
Kuhlmann, Andreas (2005): Behinderung und die Anerkennung von Differenz. In: WestEnd Neue Zeitschrift für Sozialforschung 1(2005), S. 153-164.
Nussbaum, Martha C. (1999): Gerechtigkeit oder das gute Leben. Frankfurt/M.
Nussbaum, Martha C. (2010): Behinderung, Nationalität und Spezieszugehörigkeit. Die Grenzen der Gerechtigkeit. Berlin 2010.
Oelkers, Nina; Schrödter, Mark (2008): Kindeswohl und Kindeswille. Zum Wohlergehen von Kindern aus der Perspektive des Capability Approach. In: Otto, Hans-Uwe; Ziegler, Holger (Hg.): Capabilities – Handlungsbefähigung und Verwirklichungschancen in der Erziehungswissenschaft. Wiesbaden, S. 143-161.
Otto, Hans-Uwe; Scherr, Albert; Ziegler, Holger (2010): Wieviel und welche Normativität verträgt Soziale Arbeit? Befähigungsgerechtigkeit als Maßstab sozialarbeiterischer Kritik. In: Neue Praxis 2(2010), S. 137-163.
Powell, Justin J. W. (2007): Behinderung in der Schule, behindert durch die Schule? Die Institutionalisierung der ›schulischen Behinderung‹. In: Waldschmidt, Anne; Schneider, Werner (Hg.): Disability Studies, Kultursoziologie und Soziologie der Behinderung. Erkundungen in einem neuen Forschungsfeld. Bielefeld, S. 321-343.
Röh, Dieter (2011): „… was Menschen zu tun und zu sein in der Lage sind". Befähigung und Gerechtigkeit in der Sozialen Arbeit: Der Capability Approach als integrativer Theorierahmen. In: Mührel, Eric; Birgmeier, Bernd (Hg.) (2011): Theoriebildung in der Sozialen Arbeit. Entwicklungen in der Sozialpädagogik und der Sozialarbeitswissenschaft. Wiesbaden, S. 103-121.

Schiller, Hans-Ernst (2011): Ethik in der Welt des Kapitals. Zu den Grundbegriffen der Moral. Springe.
Schürz, Martin (2008): Pierre Bourdieus Ungleichheitssoziologie und Amartya Sens Fähigkeitenansatz. In: Kurswechsel 1(2008), S. 46-55.
Seckinger, Mike (2011): Empowerment. In: Otto, Hans-Uwe; Thiersch, Hans (Hg.): Handbuch Soziale Arbeit. München 2011, S. 313 – 319.
Sen, Amartya (2007): Ökonomie für den Menschen. Wege zu Gerechtigkeit und Solidarität in der Marktwirtschaft. München.
Sezgin Hilal (2009): Nicht vom Brot allein. Was braucht der Mensch? Martha Nussbaum, Professorin für Recht und Ethik, denkt über die Grundbedürfnisse nach. Reihe: Wer denkt für morgen? In: DIE ZEIT 22(2009).
Steinwender, Gerald; Lindinger, Korinna (2009): Lebenslagen von Kindern mit Migrationshintergrund. In: Till-Tenschert, Ursula; Vana, Irina, Institut für Soziologie, Universität Wien (Hg.): In Armut Aufwachsen. Empirische Befunde zu Armutslagen von Kindern und Jugendlichen in Österreich. Erarbeitet von Studierenden im Rahmen der Lehrveranstaltung: Angewandte Armuts- und Sozialberichterstattung, WS 2007/SS2008, Wien, WWW-Dokument, URL:http://www.sozialplattform.at/fileadmin/sozialplattform/useruploads/Manuela/kinderarmutsbericht.pdf, 07.07.2011, S. 39-52.
Vossenkuhl, Wilhelm (2011): Gerechtigkeit und ihre Grenzen. Martha C. Nussbaum und Amartya Sen distanzieren sich in zwei neuen Büchern von John Rawls. In: Neue Zürcher Zeitung 29.01.2011.
Weiß, Hans (2007): Armut/soziale Benachteiligung. In: Bundschuh, Konrad; Heimlich, Ulrich; Krawitz, Rudi (Hg.): Wörterbuch Heilpädagogik. 3. Auflage. Bad Heilbrunn, S. 19-22.
Wendel, Saskia (2003): Feministische Ethik zur Einführung. Hamburg.

Menschenrechte in der Pflege

Barbara Städtler-Mach & Karin Hermanns

„Freiheit ist Menschenrecht!" war die Aufforderung zum Altenpflegepreis 2010 im Oktober 2009 überschrieben (Altenpflege. Vorsprung durch Wissen, 2009-10, 37). Mit der Feststellung, im „Bereich der Altenpflege [käme es immer wieder] zu Freiheitsbeschränkungen und Freiheitsentziehungen" (ebenda) wurde für dieses Thema sensibilisiert. Ziel des Vorhabens war die Entwicklung eines Problembewusstseins bei den Pflegenden für den Umgang mit freiheitsentziehenden Maßnahmen. An verschiedenen Stellen – so die Beschreibung der Situation in der Ausschreibung – seien bereits Maßnahmen entwickelt worden. Doch „noch immer werden nicht alle verfügbaren Mittel genutzt, um einer Person auch ohne Freiheitsbegrenzung ein Leben in Würde, Freiheit und Sicherheit zu ermöglichen" (ebenda).

Dass ein Preis für immerhin 5.000 Euro mit einer Verleihung auf einer der großen Altenpflegemessen des Landes zu diesem Thema existiert, ist ein deutliches Anzeichen dafür, dass die Menschenrechte als Grundlage ethischen Denkens und entsprechenden Handelns auch in der Pflege angekommen sind. Dies ist insofern nennenswert, weil damit auch politisch profiliertes Denken in den Überlegungen der Pflege seinen Platz bekommt.

Als konkrete Umsetzung für diese Entwicklung wird im folgenden Beitrag ein Projekt vorgestellt, das in Altenpflege-Einrichtungen der Stadt Nürnberg seit 2011 durchgeführt wird. Nach einer exemplarischen Erhebung der vorhandenen Schwierigkeiten und Probleme mit der Umsetzung der Menschenrechte im Pflegealltag wurde ein Schulungsprogramm für Pflegende zur Kenntnis und zum besseren Verständnis der Menschenrechte entwickelt. Es wird derzeit in mehreren Einrichtungen durchgeführt und soll in größerem Umfang fortgesetzt werden. Der inhaltliche Schwerpunkt liegt auf der Umsetzung der „Charta der Rechte hilfe- und pflegebedürftiger Menschen".

Menschenrechte in der Pflege als Grundlage ethischen Denkens

Pflege – hier immer im generalistischem Sinn als Zusammenschau der bislang unterschiedenen Kinderkranken-, Kranken- und Altenpflege verstanden – hat von jeher eine ethische Grundlage. In den geschichtlich gewachsenen Kontexten ihrer Praxis wird diese Ethik auf der christlichen, einer humanistischen, streckenweise auch an einer national ausgerichteten Denkweise begründet. Im Vollzug der Akademisierung der Pflege insgesamt ist auch die Ethik der Pflege einer grundlegenden Reflexion unterzogen worden. Dabei geht es nicht nur um die Frage, welcher weltanschaulichen Grundlage des Menschenbildes und welcher ethischen Ausrichtung die Pflege sich verpflichtet sieht. Auch der wissenschaftstheoretische Rahmen und die Zuordnung zu einer Ethik des jeweiligen Berufes werden dabei neu ausgerichtet. Konkret ist über Jahrzehnte die Frage diskutiert worden, ob die Pflegeethik nun der Medizinethik oder der Ethik sozialer Berufe zugeordnet wird.

Aufgrund des weiten Tätigkeitsspektrums der Pflegenden wird sie von vielen nicht als Teil der Medizinethik betrachtet: „Pflege wird ... keineswegs ausschließlich unter dem Dach des Gesundheitswesens geleistet, sondern zu einem wesentlichen Teil im Sozialwesen." (Lay 2004, 41).

Nicht zuletzt aufgrund dieser Zuordnung wird innerhalb der pflegeethischen Lehrbücher in den letzen Jahren verstärkt auf die Menschenrechte als eine pflegeethische Grundlage verwiesen (Arndt 1996, ICN 2000).

Die Ausrichtung der Pflegeethik auf der Grundlage der Menschenrechte ist die eine Perspektive in der Zusammenschau von Pflege und Menschenrechten. Die andere Blickrichtung geht von der Pflegesituation aus. Hier hat sich gerade in den vergangenen Jahren eine verstärkte Besinnung auf ethische Grundlagen entwickelt, gerade weil durch verschiedene Entwicklungen immer mehr die Frage nach der ethischen Qualität der Pflege gestellt wird. Verstärkt wird die Diskussion über ethische Ausrichtungen durch die Veränderungen der pflegerischen Herausforderungen in Folge des demografischen Wandels. So wurde 2003 vom Bundesministerium für Familie, Senioren, Frauen und Jugend sowie dem damaligen Bundesministerium für Gesundheit und Soziale Sicherung ein „Runder Tisch Pflege" initiiert. Sein Ziel war die Erarbeitung von Handlungsempfehlungen für den praktischen Pflegealltag, insbesondere für die Gewährleistung der Rechte der Pflegenden. Das konkrete Ergebnis ist die „Charta der Rechte hilfe- und pflegebedürftiger Menschen", die in acht Artikeln die Rechte beschreibt und kommentiert.

Sowohl in der inhaltlichen Ausrichtung wie auch in der formalen Gestaltung nimmt diese Charta die grundsätzlichen Menschenrechte auf und spezifiziert sie für die Lebenssituation der Pflegebedürftigkeit.

Konkrete Umsetzung: Projekt „Menschenrechte in der Altenpflege"

Im Folgenden wird ein Projekt dargestellt, das in Nürnberg seit 2011 durchgeführt wird. Nürnberg ist eine der Städte, die sich aus historischem Anlass besonders als „Stadt der Menschenrechte" versteht und thematisch vielfache Aktivitäten entwickelt und Signale setzt. Bei dem hier beschriebenen Projekt handelt es sich um eine Kooperation des Menschenrechtsbüros der Stadt Nürnberg mit dem Institut für Gerontologie und Ethik der Evangelischen Hochschule Nürnberg.

Ausgangspunkt war eine Anfrage beim Menschenrechtsbüro zu der Wahrung der Menschenrechte in Nürnberger Altenhilfe-Einrichtungen. Vorrangiges Ziel aller am Projekt „Menschenrechte in der Altenpflege" beteiligten Personen war die Erarbeitung eines Schulungskonzepts für Altenpfleger und -pflegerinnen in Pflegeeinrichtungen der Stadt Nürnberg. Zu den Hauptaufgaben des Menschrechtsbüros der Stadt Nürnberg zählt die Entwicklung von Projekten zur Verankerung der Menschrechtsbildung in der schulischen und außerschulischen Bildung.

Nachdem im Frühjahr 2010 bereits Seminare zur Menschenrechtsbildung innerhalb der Stadtverwaltung durchgeführt wurden, sollten weitere Schulungskonzepte auch für andere städtische Dienststellen, die Polizei, die Justiz und die Altenpflege entwickelt werden.

Ein Schulungskonzept für den Bereich Altenpflege ohne Mitwirkung fachlicher Experten zu erstellen, schien jedoch von vornherein wenig sinnvoll. Zu einer kooperativen Projektarbeit erklärte sich das Institut für Gerontologie und Ethik an der Evangelischen Hochschule Nürnberg bereit. Unser Institut widmet sich seit Jahren zahlreichen Fragen im gerontologisch-ethischen Bereich. Es trägt durch eigene und in Kooperation durchgeführte Forschungsprojekte dazu bei, die Probleme alternder Menschen zu erfassen und anwendungsorientierte Lösungsansätze zu entwickeln.

Das Konzept zur Schulung der Pflegekräfte in den Menschenrechten beinhaltet verschiedene Ziele: Zum einen wird die Charta der Menschenrechte hilfe- und pflegebedürftiger Menschen in den Häusern bekannt gemacht und die Pflegenden sollen für die Inhalte der Charta sensibilisiert werden. Zum anderen werden Impulse vermittelt, mit deren Hilfe in den Organisationen reflektiert werden kann, auf welche Weise die Einzelaspekte der Charta umzusetzen sind. Im Folgenden wird dieses Projekt näher beschrieben.

Zur Ausgangslage des Projekts

Die Altenpflege im Allgemeinen genießt seit Jahren in der breiten Öffentlichkeit keinen guten Ruf. Immer wieder berichtet die Presse über Qualitätsdefizite in der Pflege, über unzumutbare Hygienezustände in vielen Institutionen, über demotivierte Pflegende und auch über Menschenrechtsverletzungen. Derartige Mitteilungen basieren zum größten Teil auf den Recherchen diverser Kontrollinstanzen oder auf Beschwerden, die von Heimbewohnern und -bewohnerinnen und deren Angehörige erhoben werden. Die schlechte Kritik trifft aber nicht nur die tatsächlich

"Schuldigen", sondern auch jene Personen, die in der Altenpflege tätig sind, weil sie sich „berufen" fühlen und tagtäglich sehr gute Dienstleistungen erbringen.

Will man in der Pflege tatsächlich etwas bewegen und zum Wohle der hilfe- und pflegebedürftigen Menschen Reformen und Umdenkungsprozesse in Gang bringen, so gelingt dies eher weniger mittels immer weiterer Benennungen von Missständen als vielmehr über eine partnerschaftliche Zusammenarbeit, die die Belange und Bedürfnisse der Pflegenden berücksichtigt und ihre bisherigen Leistungen wertschätzt. Auch Pflegepersonen besitzen Menschenrechte, die zu achten und zu wahren eine Selbstverständlichkeit sein sollte. Vor eben diesem gedanklichen Hintergrund wurde das Projekt „Menschenrechte in der Altenpflege" in mehreren Orientierungsgesprächen erörtert.

Gewinnung der teilnehmenden Organisationen

Für die durchführenden Personen, eine Sozialpädagogin und eine Pflegemanagerin mit langjähriger Pflegeerfahrung, war von Beginn an ein Leitgedanke bindend. Das Schulungskonzept sollte nicht, wie die Charta selbst, am „runden Tisch" entworfen werden, sondern unter aktiver Beteiligung der Pflegenden selbst. Sie sollten bestehende Informationsdefizite aufzeigen, Umsetzungsprobleme im Pflegealltag definieren und Wünsche hinsichtlich spezieller Themen äußern können.

Ein Fragenkatalog wurde mit einer doppelten Zielstellung vornehmlich für die Personengruppen Pflegedienstleitung und Heimleitung sowie Pflegende erstellt. Er sollte einerseits den Einstieg in den gedanklichen Austausch erleichtern und den Gesprächen eine gewisse Struktur verleihen sowie anderseits genügend Raum lassen für Aspekte und Phänomene, die zuvor nicht bedacht worden waren.

Über das Institut für Gerontologie und Ethik wurden Informationsschreiben an acht Pflegeeinrichtungen unterschiedlicher Trägerschaft versandt, in denen gleichzeitig um Unterstützung und Mitarbeit gebeten wurde. Die Resonanz war allerdings keineswegs so groß wie anfänglich erwartet.

Zwei Heimleitungen erklärten sich spontan zur Kooperation bereit, die übrigen sechs Führungspersonen reagierten weder in schriftlicher noch in mündlicher Form. Durch weitere persönliche Kontaktaufnahmen sicherten nachträglich noch zwei Institutionen ihre volle Unterstützung und Mitwirkung zu. So fanden im Sommer 2011 zahlreiche menschlich wertvolle und informative Begegnungen statt.

In wieweit Pflegende mit den Menschenrechten hilfe- und pflegebedürftiger Personen vertraut sind, welche Möglichkeiten diese umzusetzen genutzt werden und wo ihrer Ansicht nach Grenzen gesetzt sind, soll im Folgenden skizziert werden.

Durchführung der Interviews

Auf die gleich zu Anfang eines jeden Gespräches gestellte Frage, ob die Pflegecharta mit ihrer Zielsetzung und ihren Forderungen bekannt sei, folgte von allen Gesprächspartnerinnen eine negative Antwort. Diese Erfahrung scheint auf den ersten Blick ernüchternd zu sein, doch es ist keineswegs so, dass die in diesem Rahmen angesprochenen Pflegenden die Menschenrechte hilfe- und pflegebedürftiger Menschen nicht kennen und verinnerlicht haben. Mit den Forderungen zur Erhöhung der Lebensqualität, sind sie nicht nur vertraut, den meisten ist auch durchaus bewusst, dass sie den Menschen gegenüber in der Pflicht stehen bestimmte Rechte zu respektieren und zu wahren. Selbstbestimmung, Würde, Autonomie und Privatheit sowie das Recht auf Förderung der Ressourcen sind Begriffe, die in ihren täglichen Sprachgebrauch integriert sind. Nur werden sie nicht theoretisch abstrakt auf ihren Sinngehalt hinterfragt, wichtiger scheint den Pflegenden die stete Suche nach Möglichkeiten, sie einer bestimmten Handlungsweise zuzuordnen.

Von daher erklärt sich, warum die Pflegenden selbst den Gedankenaustausch aus dem Bereich theoretischen Diskutierens herauslösten und die Gesprächsführung direkt in die alltägliche Wirklichkeit lenkten.

Mit Hilfe zahlreicher Beispiele aus der beruflichen Praxis wurde aufgezeigt, auf welche Weise die Rechte der Pflegebedürftigen berücksichtigt werden bzw. wo ihnen in der Umsetzung auch scheinbar unüberwindbare Grenzen gesetzt sind.

Auswertung der Gespräche: Herausforderungen für die Pflegenden

Alle Aussagen auswertend zusammengenommen führen zu der Erkenntnis, dass gewisse Rechte wie beispielsweise die Wahrung der Privatsphäre, eine respektvolle Kommunikation, das Recht auf Teilhabe am sozialen Leben relativ leicht zu berücksichtigen und umzusetzen sind, während das Recht auf Selbstbestimmung, die Förderung der Ressourcen oder auch das Recht auf eine bedürfnisorientierte Pflege in der Umsetzung mit größeren Schwierigkeiten verbunden sind.

Als hauptsächliche Ursachen für diese Schwierigkeiten werden Zeitmangel, das Spannungsfeld zwischen Selbstbestimmung und Fürsorgepflicht, Konflikte innerhalb der Pflegenden, die Ansprüche der Angehörigen, der Umgang mit freiheitsentziehenden Maßnahmen und das Nichtvorhandensein allgemeingültiger, im Pflegeteam vereinbarter Verhaltensregeln benannt.

Das Arbeiten unter Zeitdruck wird als besondere psychische Belastung empfunden. Hier wirken Personalmangel, hohe Ausfallquoten durch Krankheit und zunehmende Fluktuation direkt auf das noch gesunde anwesende Personal.

Dieses muss zwangsläufig Überstunden und zusätzliche Wochenenddienste leisten. Es fehlen Erholungszeiten, die notwendig sind, um anschließend wieder voll konzentriert arbeiten zu können. Unter Zeitdruck quantitative und qualitative Arbeitsziele gleichermaßen zu verfolgen, ist äußerst schwierig. Zudem verursachen Arbeitsbedingungen, die von Zeitdruck geprägt sind, bei vielen Pflegenden Konflikte mit den eigenen Wertvorstellungen. Denn wenn kaum Zeit bleibt, den Pflegebedürftigen die notwendige Aufmerksamkeit zukommen zu lassen, wirkst sich dies negativ auf das Aufrechterhalten des wichtigsten Motivs aus: den Menschen eine Hilfe sein.

Verglichen mit dem Aspekt der Zeitnot scheint aber das Spannungsfeld zwischen Selbstbestimmung und Fürsorgepflicht von wesentlich größerer Bedeutung zu sein.

Zum Spannungsfeld zwischen Selbstbestimmung der Pflegebedürftigen und der Fürsorgepflicht der Pflegenden

Wie lässt sich das Selbstbestimmungsrecht der Einzelnen konstruktiv mit der beruflichen Fürsorgepflicht verbinden? Selbstbestimmt leben heißt im Idealfall, dass auch ältere pflegebedürftige Menschen, die in einem Altenpflegeheim wohnen, ihren Gewohnheiten und Bedürfnissen entsprechend den Tagesablauf selbst gestalten, dass sie frei entscheiden über Therapien oder Rehabilitationsmaßnahmen und jederzeit freizeitlichen Vergnügungen und Aktivitäten nachgehen können.

Dass zwischen Realität und Idealfall noch eine breite Kluft besteht, kann nicht geleugnet werden, doch zweifelsohne sind im letzten Jahrzehnt in diesem Umfeld zur Erhöhung der Lebensqualität zahlreiche Reformen in einzelnen Institutionen durchgeführt worden. Auch die Pflegeden selbst haben einen Umdenkungsprozess vollzogen. So geht es heute bereits weniger darum, an festen und vorgegebenen Strukturen festzuhalten als vielmehr um die Erweiterung des Handlungs- und Entscheidungsspielraums aller am Betreuungsprozess Beteiligten.

Aus den geführten Gesprächen geht hervor, dass die Pflegenden wesentlich beteiligt sind an Veränderungen, dass sie um Flexibilität, Kreativität und Innovationen bemüht sind. Sie brechen starre Strukturen auf, wo immer es ihr Handlungsspielraum erlaubt, um den älteren Menschen ihre Rechte zukommen zu lassen. Oft sind es die kleinen Schritte, die zu einem Mehr an Selbstbestimmung und freier Entfaltung beitragen. Es ist der Versuch auf Schlaf- Ess- und Hygienegewohnheiten Rücksicht zu nehmen, es sind die Bemühungen, die Menschen am sozialen Leben teilhaben zu lassen, wann immer sie wollen und wo immer sie wollen. Doch all diese Bestrebungen geschehen nicht in gänzlich konfliktfreiem Raum.

Offensichtlich befinden sich viele Pflegende ständig in der misslichen Position, ihre Haltung und ihre Handlungen erklären zu müssen, insbesondere gegenüber Kollegen und Kolleginnen sowie den Angehörigen der Bewohner.

Immer wieder neu müssen sie begründen, warum bestimmte Pflegehandlungen von einer Schicht in die nächstfolgende verschoben werden. In der Erklärungspflicht stehen sie, weil routinemäßige Arbeitsabläufe ins Wanken geraten und die Zusatzbelastung für dienstablösende Kolleginnen nur selten toleriert wird. Jene Pflegepersonen, die verantwortlich sind für eine solche Entscheidung, stehen sehr schnell unter dem Verdacht, sich selbst Vorteile bzw. größere Freiräume während der eigenen Arbeitszeit verschaffen zu wollen. Die Tatsache, dass solche Befürchtungen überhaupt geäußert werden, legt den Verdacht nahe, dass die Pflegenden untereinander nicht in ausreichendem Maße kommunizieren. Zu fragen ist auch, ob die Pflegeplanung die Rechte hilfe- und pflegebedürftiger Menschen nicht oder nicht hinreichend mit einbezieht. Somit sind Konflikte quasi vorprogrammiert. Konflikte aber bedürfen einer grundsätzlichen kommunikativen Klärung der Gesamtsituation, und dies gilt auch im Bereich der Kommunikation mit Angehörigen.

Konflikte mit den Angehörigen der Pflegebedürftigen

Nicht selten sind den Pflegenden durch Angehörige Grenzen in der Wahrung der Menschenrechte gesetzt. Diese selbst ignorieren bewusst oder unbewusst das Recht ihrer Familienmitglieder auf Selbstbestimmung.

Wird beispielsweise eine Person erst am späten Vormittag grundpflegerisch versorgt, weil es ihr Wunsch ist, lange zu schlafen, so wird dies von Angehörigen nicht als eine freie Entscheidung von Vater oder Mutter wahrgenommen, sondern als eine sträfliche Vernachlässigung durch das Pflegepersonal. Aus Sorge bedenken angehörige Kinder oftmals nicht, dass die Eltern trotz ihres Alters und körperlicher Einschränkungen mündige Personen sind, die ihre Belange eigenständig mitteilen können. Auch hier ist die Bereitschaft zu ständiger informativer Kommunikation eine Grundvoraussetzung zur Vermeidung von Konflikten. Da jedoch die Gespräche mit Angehörigen für viele Pflegenden einen zusätzlich belastenden Stressfaktor darstellen, verweisen sie zumeist auf die Heimleitung oder Pflegedienstleitung als adäquaten Gesprächspartner.

Problem der Freiheitseinschränkung

Das oben bereits erwähnte Spannungsfeld zwischen Selbstbestimmung und Fürsorgepflicht tritt insbesondere dann in Erscheinung, wenn es sich um die Pflege und Betreuung von Menschen handelt, die aufgrund eines Nachlassens körperlicher und geistiger Kräfte nicht mehr in der Lage sind Sicherheitsmaßnahmen für sich selbst zu organisieren bzw. Gefahren von der eigenen Person abzuwenden. Das Hauptinteresse der Gesprächspartnerinnen konzentrierte sich hier auf alle Maßnahmen, die zur Aufrechterhaltung einer sicheren Umgebung erforderlich sein können. Diese reiben sich häufig mit den Maßnahmen, die auf ein selbstbestimmtes und selbständiges Leben ausgerichtet sind. In den allermeisten Fällen handelt es sich hier um den sehr weiten Bereich der Freiheitseinschränkung.

Rechtlich gesehen können solche Maßnahmen den objektiven Tatbestand der Freiheitsberaubung nach §239 StGB erfüllen. Ihre Nutzung wäre dann strafbar, wenn für die Fixierung von Patienten und Bewohnern kein Rechtfertigungsgrund vorliegt. In der Pflege geht es in aller Regel um legale Maßnahmen, die aber nicht nur aus strafrechtlichen Gründen als letztes Mittel, sondern auch aus ethischen Überlegungen heraus nur mit einer sehr engen Indikation eingesetzt werden dürfen. Die Indikation dazu prüft der behandelnde Arzt gemeinsam mit einem Rechtsvertreter. Die Abwägung von den elementaren Grundrechten ist eine Aufgabe, mit der selbst erfahrene Richter zuweilen größte Probleme haben. Pflegekräfte jedoch müssen mit diesen Entscheidungen leben, etwa wenn demente Menschen aggressiv gegen sich selbst oder andere werden. Die Grenze zwischen notwendiger Sicherheitsmaßnahme und illegaler Freiheitsberaubung verläuft mitten durch den Pflegealltag. Bei akuter Selbstgefährdung muss das Pflegepersonal unmittelbar und der Ursache angepasst selbstverantwortlich handeln und die rechtliche Tragweite beachten.

Freiheitsentziehende Maßnahmen werden sich, sofern sie dem Schutz der Pflegebedürftigen dienen, zwar nicht immer vermeiden lassen, sie können jedoch entschieden reduziert oder mit anderen Hilfsmitteln als bisher umgesetzt werden, wenn bei allen Beteiligten das Bewusstsein für den schwerwiegenden Eingriff in die personale Freiheit des Einzelnen geschärft und alternative Handlungsweisen diskutiert werden. Nach Alternativen zu suchen oder den Einsatz der herkömmlichen freiheitsentziehenden Maßnahmen kritisch zu reflektieren, gehört aber offensichtlich noch nicht zur gängigen Praxis.

Die Führungspersonen der vier am Projekt beteiligten Institutionen teilten übereinstimmend mit, dass das Pflegepersonal freiheitsentziehende Maßnahmen durchgängig nutzt, entsprechend der Anordnung eines Arztes oder Juristen, auch wenn diese teilweise Monate zurückliegt. Niemand mache sich selbständig Gedanken darüber, ob eine Maßnahme reduziert, zeitlich eingeschränkt oder ganz aufgehoben werden könne.

Teilweise wurde diese Behauptung von den Pflegenden bestätigt und gleichzeitig auch begründet. Einmal abgesehen von Ausnahmefällen, in denen freiheitsentziehende Maßnahmen tatsächlich ohne jede Überlegung genutzt werden, einfach weil sie genutzt werden dürfen und die Arbeit erleichtert wird, sind die Verpflichtung zur Fürsorge und auch die Rechtslage die gängigen Motive des Pflegepersonals.

Dilemma in der Verantwortlichkeit der Pflegenden

Die ebenfalls gesetzlich festgeschriebene Fürsorgepflicht steht im Konflikt mit der Autonomie des pflegebedürftigen Menschen. Einerseits fühlen sich Pflegende von persönlichen wie berufsethischen Normen und Werten her verpflichtet, sich für das Wohlergehen der Menschen einzusetzen und sie vor Gefahren und Schäden zu schützen. Andererseits müssen Selbstbestimmung und freier Wille respektiert werden. Die Grenzen der Verantwortung können von den Pflegenden nicht ausgemacht werden. Die Auslotung dieser Grenzen zwischen zuzulassender Autonomie und zu praktizierender Verantwortlichkeit braucht im Pflegealltag Zeit, Aussprache mit den Kolleginnen und Teamrückhalt, interdisziplinäre Kooperationen, aber sicherlich auch ein erweitertes Ausbildungskonzept, welches diesen Aspekt berücksichtigt.

Was die Rechtslage betrifft so offenbart sich für die Pflegenden ein Dilemma: Wie können sie rechtens handeln, wenn einerseits eine Sicherheitsmaßnahme strafbedroht ist, andererseits aber ebenso ihr Unterlassen zur Strafbarkeit und zu Schadenersatzforderungen führen kann?

Die Angst für die Folgen von Stürzen oder anderweitigen Schädigungen verantwortlich und haftbar gemacht zu werden, bestimmt häufig das Denken und blockiert ein abwägendes, fachgerechtes Handeln. Umfassende Kenntnisse in den Bereichen Rechtssicherheit und Haftungsfragen sowie der Hinweis darauf, dass die Rechtsprechung in Zivilprozessen einer exakt geführten Pflegedokumentation eine erhebliche Bedeutung beimisst, könnten wesentlich dazu beitragen Unsicherheiten auszuräumen und die Pflegenden zum Umdenken anzuregen.

Zusammenfassung der Befragung

Insgesamt gesehen sind die stark komprimierten Aussagen sicherlich nicht generalisierbar oder repräsentativ. Dies liegt zum einen an der sehr geringen Zahl beteiligter Institutionen, zum anderen an der Auswahl der Gesprächspartnerinnen. Teilgenommen haben nur Pflegende, die freiwillig über die gewählte Thematik sprechen wollten und Interesse an menschenrechtlichen Fragen hatten. Aufgrund der einmaligen Begegnungen und der zeitlichen Begrenzung der Gespräche, konnten auch längst nicht alle Aspekte, die beispielsweise in der Charta der Menschenrechte hilfe- und pflegebedürftiger Menschen festgelegt sind, Erwähnung finden. Es handelt sich hier vorrangig um jene menschenrechtlichen Positionen, die von den Gesprächspartnerinnen als besonders relevant empfunden wurden.

Auf der Basis dieser Positionen und in starker Anlehnung an die Charta der Rechte hilfe- und pflegebedürftiger Menschen konnte inzwischen ein Schulungskonzept entwickelt werden. Der ursprünglichen Zielsetzung entsprechend wurde die inhaltliche Ausrichtung des Konzepts in ihrer theoretischen wie didaktischen Ausrichtung den Bedürfnissen der Pflegenden voll und ganz angepasst.

Erfahrungen aus durchgeführten Schulungen zur Menschenrechtsbildung in Pflegeeinrichtungen

Mit den Führungspersonen der Organisationen wurden Tag und zeitlicher Umfang der jeweiligen Veranstaltung lange im Voraus geplant, so dass stets ein geeigneter Raum und die benötigte Technik vorbereitet waren. Darüber hinaus schien es den Heim- und Pflegedienstleitungen aber ein besonders wichtiges Anliegen zu sein, in den Gesprächen, vor offiziellem Beginn der Schulung, darauf hinzuweisen, dass sich möglicherweise nicht jede teilnehmende Person für die Thematik interessiert, und aus diesem Grund mit einer regen Beteiligung eher nicht zu rechnen sei.

Erfahrungsgemäß erklärt sich grundsätzlich ein mögliches Desinteresse aber nicht zwingend über die jeweils angebotene Thematik einer Fortbildung allein. Vielmehr wird häufig mangels Eigeninitiative von Seiten der Pflegenden die Planung von Fortbildungen als eine besondere Leitungsaufgabe von Pflegedienst- oder Heimleitungen wahrgenommen. In der Regel sind sie diejenigen, die den Bildungsbedarf der Mitarbeitenden erkennen und Themen, Termine und zeitlichen Umfang von sich aus festsetzen. Aus diesem Grund kann nicht immer bei allen Teilnehmerinnen eine hohe Motivation oder eine interessierte Grundhaltung vorausgesetzt werden. Die durchführenden Personen treffen hier häufig auf einen Kreis von Pflegepersonen, die sich als unfreiwillige Zuhörer empfinden, und deren normaler Tagesablauf von außen eine erhebliche Störung erfährt.

Gerade weil diese Problematik allgemein bekannt ist, wurde das Schulungskonzept „Menschenrechte in der Altenpflege" in Zusammenarbeit mit Pflegenden entwickelt. Von daher hofften die Referentinnen auf eine weitaus größere Akzeptanz und Motivation zur Mitarbeit. Tatsächlich aber verhielten sich auch die teilnehmenden Mitarbeiterinnen im Rahmen dieser Veranstaltung, zumindest anfänglich, äußerst zurückhaltend und verharrten in skeptischem Schweigen.

Schwierigkeiten bei der Schulungsdurchführung

Während der „Aufwärmphase" konnten gleich mehrere Gründe für dieses Verhalten ausfindig gemacht werden. Im Kreis von durchschnittlich 16 Personen, befanden sich nur jeweils zwei Pflegefachkräfte, die in die Vorgespräche einbezogen waren. Diese standen offensichtlich nicht im kommunikativen Austausch mit den Kolleginnen, so dass die meisten Pflegenden keine Vorstellung von der zu besprechenden Thematik hatten. Zudem wurden von den Pflegedienstleitungen ohne vorherige Absprache mit den Referentinnen nicht nur Pflegepersonen für die Veranstaltung freigestellt, sondern auch Mitarbeiterinnen aus dem hauswirtschaftlichen Bereich. Diese fühlten sich nicht wirklich angesprochen, was grundsätzlich verständlich ist, wenn man bedenkt, dass die Inhalte des Konzeptes schwerpunktmäßig auf die Pflege ausgerichtet sind.

Als letzten, aber wesentlichen Grund für die schweigende Zurückhaltung muss die Schwierigkeit der sprachlichen Verständigung genannt werden. Durchschnittlich etwa 50% der Mitarbeiterinnen der beteiligten Pflegeorganisationen spricht und versteht die deutsche Sprache nur rudimentär. Bedauerlicherweise konnte im Verlauf der Tage meist nicht in Erfahrung gebracht werden, inwieweit die Inhalte der Ausbildungsmodule tatsächlich von allen verstanden worden sind.

Im Hinblick auf die soeben geschilderte Einstiegssituation sollte sich die erste Sequenz des Konzeptes als besonders vorteilhaft erweisen. Hier standen noch nicht die Pflegebedürftigen im Diskursmittelpunkt, sondern die Pflegenden selbst.

Die Frage: „Warum verdient eine Pflegeperson Wertschätzung für die Arbeit, die sie leistet?", sprach die Teilnehmerinnen direkt an und wurde in Kleingruppen wie auch im Plenum heftig diskutiert. Übereinstimmend vertraten die Pflegenden die Ansicht, dass sie aufgrund ihrer qualifizierten Ausbildung und der täglich professionell geleisteten Pflege in Verbindung mit größter körperlicher und emotionaler Anstrengung eine weitaus höhere Wertschätzung verdienen, als dies tatsächlich der Fall ist. Die genannten Gründe für eine nicht ausreichende Wertschätzung wurden zum Hauptinhalt der Anschlussdiskussion.

Bedeutung der Wertschätzung für die Pflegenden

Zusammenfassend kann ausgeführt werden, dass scheinbar ein Zusammenhang zwischen der gesellschaftlichen Wertschätzung für diesen Beruf und den Bedingungen, unter denen die Beschäftigten diesen Beruf ausüben, besteht. Nennen die Altenpflegerinnen Aspekte fehlender gesellschaftlicher Wertschätzung, so beziehen sich diese zum einen auf das schlechte Ansehen der Altenpflege in der

Öffentlichkeit; zum anderen auf den Verdienst. Die Bezüge werden allgemein als nicht leistungsgerecht empfunden. Es stellt sich hier unmittelbar die Frage, wie viel unserer Gesellschaft gegenwärtig und zukünftig eine gute Pflege wert ist.

Auf der Ebene der Einrichtungen drückt sich Wertschätzung u.a. in Form der Arbeits- und Beschäftigungsbedingungen aus. Eine Einrichtung, die ihr Personal wertschätzt, wird demnach bereit sein müssen, gute Rahmenbedingungen zu schaffen.

Überdies sind interessanterweise gerade die jüngeren Altenpflegepersonen davon überzeugt, dass ihnen die Aufgabe und Pflicht zukommt, in der Öffentlichkeit wesentlich selbstbewusster aufzutreten. Es sei längst an der Zeit, mit sachlichen Argumenten ihre wertzuschätzende Arbeit gegenüber abwertenden Äußerungen zu verteidigen.

Im Nachhinein muss betont werden, dass der gedankliche Austausch über die persönliche und berufliche Wertschätzung zu Anfang der Veranstaltung wesentlich dazu beigetragen hat, die Teilnehmerinnen schließlich auch für die Menschenrechte hilfe- und pflegebedürftiger Menschen zu interessieren. Der Perspektivenwechsel erfolgte, als sich bereits alle untereinander in einer angeregt kommunikativen Beziehung befanden.

Charta der Menschenrechte hilfe- und pflegebedürftiger Menschen

Die Charta der Menschenrechte hilfe- und pflegebedürftiger Menschen vorzustellen kann als unbedingt notwendig betrachtet werden, da nur wenige Pflegende überhaupt wissen, dass eine solche schon seit geraumer Zeit existiert. Angenehm überrascht waren die meisten angesichts der klaren und unmissverständlichen Formulierungen innerhalb des Gesamttextes. Den acht Artikeln konnten unverzüglich Beispielsituationen aus der Pflegepraxis zugeordnet werden.

Ungleich schwieriger gestaltete sich die Bearbeitung des Moduls: „Selbstbestimmung- Fürsorgepflicht". Dies ist ein Aspekt, den scheinbar jede Pflegeperson beschäftigt und gleichzeitig verunsichert. Zwar wurden grundlegende Informationen gegeben, die auch dankbar aufgenommen wurden. Jedoch den Hinweis darauf, dass viele Probleme situationsabhängig immer wieder erneut im Team zu besprechen sind, empfanden die Teilnehmerinnen als eine besonders belastende Herausforderung. Ihren Angaben zufolge ziehen sie genaueste Anweisungen, wie in einem speziellen Fall zu handeln ist, vor. Unterschiedliche Wege, die sich immer nur einem Optimum annähern, können nur sehr schwer akzeptiert werden.

Während der Bearbeitung des Themas „Freiheitsentziehende Maßnahmen" zeigte sich, dass die Pflegepersonen in aller Regel ausschließlich mit den Handlungsweisen innerhalb der eigenen Organisation vertraut sind, und diese werden zumeist nicht in Frage gestellt.

Aus diesem Grund lag die Betonung im theoretischen Teil des Moduls auf dem Aspekt der je persönlichen Haltung gegenüber diesen drastischen und teilweise menschenunwürdigen Handlungen. Es wurde dringend empfohlen, sich über alternative Möglichkeiten zu informieren und deren Anwendung innerhalb der eigenen Organisation zumindest in Erwägung zu ziehen. Mit Hilfe des vorgeführten Films: „Eure Sorge fesselt mich" des Bayerischen Sozialministeriums, konnte zusätzlich aufgezeigt werden, welch enormen Erfolge im Hinblick auf die Anwendung alternativer Methoden bereits erzielt wurden.

Während der Feedback- Runde versicherten die Teilnehmerinnen, dass sie angeregt durch diese Schulung – ihre Haltung gegenüber den hilfs- und pflegebedürftigen Menschen grundsätzlich überdenken und diesbezügliche Problemsituationen mehr als bisher im Team besprechen werden.

Konklusionen

Der Vergleich der pflegeethischen Literatur mit den Ergebnissen des vom Institut für Gerontologie und Ethik der Evangelischen Hochschule und dem Menschenrechtsbüro der Stadt Nürnberg durchgeführten Projektes zeigt deutlich: Die pflegeethische Diskussion und der Alltag in Altenpflegeheimen sind nicht unbedingt nahe beieinander. Das heißt nicht, dass bei den Pflegenden nicht Werte und Normen benannt werden können. Die Verbindung zwischen diesen – überwiegend eher unbewussten – Vorstellungen und Haltungen mit den konkreten Handlungserfordernissen des Pflegealltags ist jedoch schwierig und vielfach nur ansatzweise bewältigt. Für die komplexen Herausforderungen sind ethische Kenntnisse und Begründungsmuster erforderlich.

Grundsätzlich sind die Grundlagen ethischen Denkens, auf denen die Menschenrechtserklärung und auch die Charta der Menschenrechte hilfe- und pflegebedürftiger Menschen aufbauen, allgemein nachvollziehbar. Insbesondere für die Wertevielfalt, die aufgrund der Herkunft, Bildung und Prägung der Pflegenden anzutreffen ist, bilden sie eine verlässliche und dem hohen Anspruch der Pflegeethik angemessene Leitlinie. Ihre Umsetzung in der Praxis erfordert noch umfassende Übung und immerwährende Reflexion bei allen Betroffenen.

Literatur

Arndt, Marianne (1996): Ethik denken. Maßstäbe zum Handeln in der Pflege. Stuttgart: Georg Thieme Verlag

Ausschreibung des Altenpflegepreises 2010. In: Altenpflege. Vorsprung durch Wissen, 2009-10, 37

Bundesministerium für Familie, Senioren, Frauen und Jugend/ Bundesministerium für Gesundheit (2010): Charta der Menschenrechte hilfe- und pflegebedürftiger Menschen, Berlin 10. Auflage

International Council of Nurses (2003): ICN-Ethikkodex für Pflegende, in: Pflege Aktuell, 2000/10, 563

Lay, Reinhard (2004): Ethik in der Pflege. Ein Lehrbuch für die Aus-, Fort- und Weiterbildung, Hannover: Schlütersche Verlagsgesellschaft

Städtler-Mach, Barbara (2012): Menschenrechte in der Pflege, In: Zeitschrift für Gerontologie und Ethik 2012-4 (erscheint Dezember 2012)

Kompetenz – Steuerung – entfremdetes Subjekt
Überlegungen zur Morphologie der Schule in der Spätmoderne

Wolfgang Schönig

> Die Richtung unseres Geistes ist wichtiger als sein Fortschritt
> (Joseph Joubert)

1 Verwerfungen oder: Vom neuen „Unbehagen in der Kultur" und dem wachsenden Sinnbedarf in der Gesellschaft

„Ferne Zeiten werden neue, wahrscheinlich unvorstellbar große Fortschritte auf diesem Gebiete der Kultur mit sich bringen, die Gottähnlichkeit noch weiter steigern. Im Interesse unserer Untersuchung wollen wir aber auch nicht daran vergessen, daß der heutige Mensch sich in seiner Gottähnlichkeit nicht glücklich fühlt". (Freud 2000a: 22) Als Freud seine Studie über „Das Unbehagen in der Kultur" im Jahr 1930 veröffentlichte, sah er sich einer autoritären, unterdrückenden und feindseligen Gesellschaft gegenüber, die den Menschen die Triebeinschränkung als Preis für den Erhalt ihrer Kultur abverlangte. Das Konzept des psychischen Apparates mit den drei Instanzen Ich, Es und Über-Ich, das Freud entwarf, war gewissermaßen das psychische Spiegelbild eines Sozialcharakters, wie er sich mit der Wirtschaftsform des Kapitalismus herausgebildet hatte. Das „arme Ich", wie Freud es z. B. in seiner 1932 verfassten 31. Vorlesung kennzeichnet, sieht sich strukturell eingeengt von libidinösen und aggressiven Triebbedürfnissen einerseits und den bedrohlichen Verboten des Über-Ichs andererseits, stets damit befasst, eine Balance herzustellen, um die aufkeimenden Ängste abzuwehren (vgl. Freud 2000b: 510ff.).

Freud hatte hellsichtig bemerkt, wie der moderne Mensch mit seinem „Triebschicksal" haderte und sein Unglücklichsein durch Surrogate, jenen „Prothesen", auszugleichen versuchte, die ihn näher an einen gottähnlichen Zustand heranführen sollten (der Mensch als „Prothesengott"; vgl. Richter [5]1980). Was Freud nicht vorhersehen konnte, wohl aber erahnte, war, dass das Subjekt in der Spätmoderne den Schritt zu einer „permissiven Gesellschaft" (Reimann 2011) gehen würde. Damit ist eine Gesellschaft gemeint, deren Merkmale ein Maximum an Liberalisierung und Entgrenzung des Triebhaften bei gleichzeitiger Verkümmerung der inneren Ordnung sind. Das Freudsche Ideal einer Sublimierung des Archaisch-Triebhaften scheint sich zum Gegenteil, nämlich einer „repressiven Entsublimierung" (Reimann 2011: 125ff.) verkehrt zu haben. Der Trieb (hier verstanden als erotische Begierde) wird nicht mehr nur freigesetzt, sondern industriell erzeugt und durch immer neue Angebote überboten. Er wird

„wie eine dehnbare, steigerbare Größe „aufgepumpt", über bisherige Grenzen der Absättigung hinausgetrieben. Nun wird industriell nicht ein Mangel, sondern ein Hunger erzeugt, der nicht mehr gestillt werden kann" (ebd., 143).

Mit der Vermarktung von Sexualität sind allgemeine Signaturen der Postmoderne angesprochen: die Expansion, das ‚Immer mehr' und das (vermeintliche) Verschieben von Grenzen – unendliches Wachstum, um dem Allmachtstreben des Subjekts nachzukommen. Die Konsumgüterindustrie setzt darauf, dass permanent neue Kaufbedürfnisse *erzeugt* werden und Konsum weiteren Konsum nach sich zieht, bis das Konsumieren zu einer zwanghaften Lebensform wird. Im Rausch des Konsumierens spielt das Produkt zuletzt nur noch eine untergeordnete Rolle, wenn es denn emotionale Bedürfnisse befriedigt – der Besitz eines HUV (high utility van) ist auch dann subjektiv ‚sinnvoll', wenn es keine Gelegenheit gibt, mit dem Fahrzeug ins Gelände zu fahren, für das es ursprünglich gedacht war (vgl. Dieckhoff 2009). Anders als zu Zeiten Freuds, als die Kollision zwischen kollektiven Über-Ich-Anforderungen und Triebwünschen unausweichlich war, haben wir es heute mit einer Normenstruktur zu tun, die uns eine fortwährende Expansion unserer Bedürfnisse *abverlangt*. Die Verbotsstruktur hat sich in eine Gebotsstruktur verwandelt: „Hatte der innengeleitete Mensch einen inneren Kompaß, dem er folgte, so besitzt der außengeleitete eine Antenne, mit der er die Normen und Werte seiner Bezugsgruppe (Freunde, Kollegen, Nachbarn, schließlich die Medien) auffängt, an denen er sich orientiert... In diesem Psychotypus hat das Über-Ich nicht mehr den Charakter einer inneren fordernden Stimme, sondern es ist externalisiert, folgt dem „so tun es die anderen" und ist damit auch abgeflacht, weniger stabil und hartnäckig" (Reimann 2011: 147).

In diesem Rahmen der ‚Befreiung' des Menschen erfüllen die elektronischen Bildmedien und neuen Kommunikationstechnologien eine Schlüsselfunktion. Die Revolution der Bilder sorgt unentwegt dafür, dass wir unseren Spaß haben. Die Enttabuisierung der Bilder hat ein Ausmaß erreicht, wie es vor der Einführung des Privatfernsehens im Jahr 1984 undenkbar war. Kaum mehr ein Krimi, der ohne Szenen in den Obduktionsräumen der Gerichtsmedizin auskommen würde: Das Grauen des Todes wird dem Zuschauer mit dem Fokus auf geschundene Leichen hautnah vor Augen gestellt. Seine Angstlust wird auf Kosten der Herabsetzung des inneren Widerstands auf moralisch fragwürdige Weise provoziert. Dem Wunsch nach Intimität, sexueller Erfüllung und Nähe wird in zahlreichen Fernsehserien, Doku-Soaps und Castingshows nachgekommen. Die Helden der Shows bieten sich als Projektionsflächen für unerfüllte Wünsche und Sehnsüchte an, bieten für geraume Zeit das Gefühl dabei zu sein. Sendungen wie „Knallerfauen" (SAT.1) oder „Frauentausch" (RTL 2) bringen allein im Titel unverhohlen zum Ausdruck, worum es geht: um die imaginierte emotionale Zuflucht zu und die Stillung unbefriedigter Sehnsüchte bei einer anderen als der eigenen Frau – und damit zugleich auch um die Auflösung eines konventionellen

(Kurth/Hölling/Schlack 2008). Damit ist eine Verlagerung von den akuten zu den chronischen Krankheiten und von den somatischen zu den psychischen gesundheitlichen Störungen gemeint. Herausgegriffen sei das Aufmerksamkeitsdefizit-Hyperaktivitätssyndrom (ADHS), da diese psychische Auffälligkeit bzw. Entwicklungsstörung stark zugenommen hat. Laut KiGGS leidet jeder 10. Junge (4,8%) und jedes 43. Mädchen (1,8%) im Alter zwischen 10 und 17 Jahren an einem (diagnostizierten!) ADHS. Zwar werden immer wieder genetische und hirnorganische Erklärungsansätze ins Feld geführt, auffallend ist aber, dass die Zunahme von ADHS in den letzten Jahren wiederum mit der *Dauer* und *Häufigkeit* des Fernsehkonsums zusammenhängt (Spitzer 2005)[2]. Reinhart Lempp hält dazu fest: „Ständig wechselnde optische Informationen können von einem Kind nicht zu einer sicheren Erfahrung verarbeitet werden." (ebd., 121). Und selbst der Hirnforscher Gerald Hüther distanziert sich von den konventionellen Erklärungsansätzen und macht die fehlende Erfahrung des Gefühls von Zugehörigkeit zu sozialen Gruppen, sog. „shared attention", für ADHS verantwortlich. Gleichwohl wird ADHS hauptsächlich pharmakologisch behandelt mit dem Wirkstoff Methylphenidat, der tief in den Hirnstoffwechsel eingreift und nicht zu unterschätzende Nebenwirkungen hat (z. B. das Präparat mit dem Handelsnamen Ritalin). Es passt in das Bild einer steuerungswütigen Gesellschaft (s. u.), dass pädagogische Probleme psychiatrisch bzw. psychopharmakologisch wegtherapiert werden: Zwischen 1993 und 2008 stieg der Verbrauch von Methylphenidath-haltigen Mitteln von 34 auf 1617 Kilo[3].

Für den Erhalt einer demokratisch verfassten Gesellschaft haben die ‚sozialen Kosten' neben den ‚persönlichen Kosten' eines jeden Einzelnen einen besonderen Stellenwert. Das einzelne Subjekt der Spätmoderne soll sich offen halten für zukünftige Optionen und sich deshalb nicht festlegen. Flexibilität und Mobilität stehen allerdings im Kontrast zu Sesshaftigkeit, Tradition und Bindung. Beharrungsvermögen, Routine und Erfahrungswissen gelten als Ballast, der auf dem Weg zur freien Disponibilität abgeworfen werden muss. Dadurch werden der Gesellschaft aber wichtige Eigenschaften entzogen, die für funktionierendes Gemeinwesen und Bürgerdemokratie essentiell sind. Die *Auflösung von Bindung* zerstört die Basis für ein stabiles Selbstwertgefühl, für Solidarität, Fürsorglichkeit und Gemeinsinn (Sennett 2000). Sie festigt zudem die Trennungslinien im *intergenerativen Verhältnis* und forciert die Entwicklung von Gleichgültigkeit.

---

2   Es sei an dieser Stelle angemerkt, dass eine Studie des Kriminologischen Forschungsinstituts Niedersachsen mit 2600 Neuntklässlern den Befund erbracht hat, dass Jungen durchschnittlich sieben, Mädchen sechseinhalb Stunden vor dem Fernseher verbringen (Lempp 2012: 130ff.). Das bedeutet: Der Fernseher nimmt mehr Lebenszeit dieser Fünfzehnjährigen in Anspruch als die Schule.
3   www.gerald-huether.de/populaer/veroeffentlichungen-von-gerald-huether/zeitschriften..., aufgerufen am 22.02.2012

Je mehr der Einzelne freigesetzt wird für die Rennbahnen des flexiblen Kapitalismus und den hemmungslosen Wettbewerb, desto größer wird der Sinnbedarf der Gesellschaft.

Nun sollte mit diesen Überlegungen nicht einem Freudschen Kulturpessimismus das Wort geredet werden, aber die referierten Fakten – und nicht nur diese wenigen – geben genügend Anlass, nach der Bedeutung von Schule und Bildung im gesellschaftlichen Kontext zu fragen. Wenn wir von der Schule als der zentralen Bildungsinstitution Zukunftstauglichkeit erwarten, dann stellen sich Fragen nach ihren Funktionen, Aufgaben und ihrer inneren Verfassung im gesellschaftlichen Kontext. Die Schule ist losgelöst von ihren konkreten ‚Produktionsbedingungen' im Rahmen gesellschaftlicher Erwartungen, Aufgabenzuschreibungen und Problemkonstellationen nicht denkbar. Sie bildet immer auch die Konflikte derjenigen Gesellschaft ab, deren Teil sie ist. Deshalb fragt sich, inwieweit sie bereits in den Strudel gesellschaftlicher Modernisierungsprozesse und Problemlagen hineingerissen worden ist. Auch wenn man ihr Reformpotenzial für die Gesellschaft skeptisch beurteilen muss (vgl. Brenner 2010), so bleibt zu klären, wie sie ihren pädagogischen Auftrag verstehen will, junge Menschen zu stärken. Und selbst zur Frage, *ob* dies überhaupt ihre Aufgabe ist, gehen die Meinungen weit auseinander (vgl. dazu die Streitschrift von Fauser 1996).

2 Junge Menschen – kompetent und nützlich

THIMSS (schon fast vergessen) und PISA sind das Synonym für eine neue Steuerungsphilosophie des Staates. Zum ersten Mal in der Geschichte des deutschen Schulwesens wird die Überprüfungsdimension mit der Entwicklungsdimension systematisch verknüpft. Die alten Steuerungsinstrumente der Input-Kontrolle bzw. *Regelsteuerung* über Lehrpläne, Verwaltungsvorschriften, Erlasse und Rechtsvorschriften haben sich für eine großräumige und gleichmäßige Qualitätssteigerung im Schulwesen als weitgehend untauglich erwiesen. Der Weg aus der Steuerungskrise wird nun mit Hilfe der Outputorientierung bzw. *Zielsteuerung* gesucht. Es sind im Wesentlichen drei miteinander verzahnte und auf verschiedenen Ebenen des Schulwesens angesiedelte Steuerungsstrategien: der Qualitätsvergleich auf *internationaler* Ebene (PISA), die *Evaluation* auf der Ebene der *einzelnen Schule* und die *nationalen*, an Kompetenzen ausgerichteten *Bildungsstandards*[4].

---

4 Ich vernachlässige aus analytischen Gründen die Evaluation auf der Ebene des jeweiligen Bundeslandes zum Zwecke des regionalen Bildungsmonitorings. Es ist jedoch darauf hinzuweisen, dass diese Evaluation die Evaluation der Einzelschulen zur Voraussetzung hat.

gesellschaftlichen Tabus. Das Problem für das gesellschaftliche Subjekt ist ebenso greifbar: Die totale Freiheit der Bilderwelt ist trügerisch, sie ist lediglich eine virtuelle Freiheit. Alles erscheint greifbar nahe, bleibt aber auf der Stufe des „imaginary enjoyment" stehen (Reimann 2011: 139). Der Enttäuschung kann nur durch hopping zum nächsten Event auf dem anderen Kanal begegnet werden, aber auch dort kommt keine wirkliche Begegnung mit der Identifikationsfigur zu Stande: „Das ‚imaginary enjoyment' ist ein einsames, nazißtisches Erlebnis, in dem der Andere nicht wirklich vorkommt." (ebd.) Zurück bleibt ein entfremdetes, *auf sich selbst zurückgeworfenes Subjekt*, dem die *personale Begegnung* nicht mehr gelingt.

Keine andere Kommunikationstechnologie macht den Spagat zwischen dem raschen Herstellen persönlicher Kontakte und der Beziehungslosigkeit augenfälliger als das Internet, vor allem der Bereich der interaktiven sozialen Netzwerke. Diese Online-Netze kommen der Bereitschaft einer beträchtlichen Zahl junger Menschen entgegen, *rasch* mit fremden Personen Kontakte herzustellen und „die persönlichsten und intimsten Gedanken und Gefühle zu äußern und ‚ins Netz zu stellen'" (Lempp 2012: 138). Etwa Dreiviertel der 12- bis 19-Jährigen machen öfter in der Woche von dieser Möglichkeit Gebrauch. Bemerkenswert ist, dass es unter Jugendlichen üblich ist, stolz auf die hohe Anzahl solcher ‚Freundschaften' aufmerksam zu machen – man sammelt gewissermaßen ‚Freundschaften'. Und ohne dass man einer dieser Personen leibhaftig begegnet ist, weiß man ‚alles' über sie. Diese Form des Beziehungsmanagements, mit dem der Andere nicht wirklich erreicht wird, bringt Reinhart Lempp, Tübinger Kinder- und Jugendpsychiater, mit der Angst des Heranwachsenden vor dem Alleinsein und dem Wunsch nach Angenommensein in Verbindung. Er hält fest: „Offenbar steht dahinter eine große Sehnsucht nach Kontakten, die in der Nähe so nicht zu finden sind." (ebd.)

Diese wenigen Skizzen lassen erkennen, dass von einem „Unbehagen in der Kultur", wie Freud es diagnostizierte, heute nicht mehr die Rede sein kann. Dieser Freudsche Topos wird heute vielmehr auf der Folie neoliberaler Herrschaftsformen neu interpretiert (Würker 2009, Busch 2009, Reimann 2011). Eine zentrale Argumentationslinie ist, dass die permissive Gesellschaft zugleich auch ihre Kehrseite hervorbringt. Aus der einstmaligen Lust auf die Selbstverwirklichung ist der *Zwang* zur Selbstverwirklichung und damit eine neue Last geworden. Mit ‚Selbstverwirklichung' ist freilich nicht ein Zu-sich-selbst-Kommen im Sinne von Mündigkeit durch Bildung gemeint, sondern eine marktkonforme Anpassung an das Leitbild des flexiblen Unternehmertums. Junge Menschen haben demnach früh zu lernen, die Unternehmer ihres eigenen Selbst zu werden, um sich in wechselnden Situationen flexibel an den jeweils vorherrschenden Bedarf an Verhaltensweisen anpassen zu können – Ludwig Pongratz spricht vom „Arbeitskraftunternehmer" (Pongratz 2009). Unsere Bildungsinstitutionen scheinen mehr und mehr eine Aufgabe darin zu sehen, die Selbst-Entwürfe der Heranwachsenden in die Richtung des Marketings zu lenken, wenn sie ihnen beizubringen versuchen, wie sie die volle Verantwortung für sich und ihre Selbst-Präsentation übernehmen können. In diesem Sinne hält Ludwig Pongratz fest, dass der ‚Zwangscharakter' der modernen Industriestaaten zu einem Marketing der eigenen Person und zur Verdinglichung des Menschen führe. Junge Menschen hätten zu lernen, „erfolgreiche, flexible, mobile, gut ankommende Selbst-Verkäufer" zu werden (Pongratz 2000, S. 179). Sie würden zu lebenslangen ‚Lern-Nomaden' erzogen und müssten sich immer wieder neu inszenieren.

Die Preise jedoch, die wir für den „flexiblen Menschen" (Sennett 2000) zu zahlen haben, sind hoch. Bereits Freud war klar, dass jene „fernen Zeiten" zu anderen gesundheitlichen Belastungen bzw. neuen Neurosen und zu empfindlichen Störungen der sozialen Balance in der Gesellschaft führen würden.

Hinzuweisen ist zunächst auf die weit verbreitete depressive Symptomatik, die geradezu ein Markenzeichen der spätmodernen Gesellschaft geworden zu sein scheint (Dieckhoff 2009: 12ff.). Der Einzelne sieht sich in einen verschärften Kampf um Anerkennung seines Selbst gestellt. Der Zwang zum Selbstzwang, der soziale Druck zur ständigen Selbstinszenierung und Selbstpräsentation und die ‚Beweislast', in rasch wechselnden Anforderungssituationen des beruflichen Alltags zu funktionieren, laugen aus und sorgen für Erschöpfung (Busch 2009). Weil diese Erscheinungsformen jedoch nicht zum gesellschaftlich erwarteten Bild von ‚Coolness' passen, muss das Subjekt die entsprechenden Emotionen bewältigen durch Verdrängung, Abspaltung, Verschiebung und Projektion. Die mit den Gefühlen der Unzulänglichkeit, Insuffizienz und Enttäuschung einhergehende Aggression findet aufgrund der *Anonymität moderner Autoritätsstrukturen* keinen Widerpart, an dem sie sich abarbeiten könnte. Die Umwandlung der nach innen gerichteten Aggression in Depression nimmt ihren Lauf. Aggressive Bedürfnisse finden dort ein legitimiertes Ventil, wo sie durch die projektiv-identifikatorische Macht der bewegten Bilder gebunden werden – durch den Fernseher[1]. Zu den depressiven Verarbeitungsformen steht keinesfalls im Widerspruch, dass die Gesellschaftsmitglieder permanent zu *Genuss* und *Spaß* aufgefordert werden. Mit dem Appell „Genieße dein Leben!" werden sie dazu angehalten, die Illusion der leichtlebigen ‚Spaßgesellschaft' zu bewahren, um die alltäglichen Belastungen, Entbehrungen und Enttäuschungen hinter einer Nebelwand der Selbsttäuschungen verschwinden zu lassen.

Des Weiteren macht ein Blick auf den bundesweit repräsentativen Kinder- und Jugendgesundheitssurvey (KiGGS) auf eine „neue Morbidität" aufmerksam

---

1   Man muss dabei nicht unbedingt an die o. g. Gewaltdarstellungen in Krimiserien denken. Die Sendung „Upps! Die Pannenshow" (SRTL) zeigt reale Missgeschicke im Alltagsleben wie Stürze, Zusammenstöße oder Streiche anderer, die die Schadenfreude der Zuschauer vortrefflich zu befriedigen vermögen. Hier findet der gestresste Zeitgenosse allerlei Entschädigung für selbst erlittene Demütigung, für Kränkung und Unterdrückung.

Es täuscht sich, wer da meint, der neue Steuerungsgeist sei einer pädagogischen Wunderflasche entsprungen. Dies könnte man meinen, wenn man den Begriff ‚Bildungsstandard' hört. Allein schon dieser Begriff, so sagt es Alois Regenbrecht in Anlehnung an Heike Schmoll, sei eine „sprachliche Missgeburt nach PISA", eine Art Etikettenschwindel (Regenbrecht 2005). Er gehört zum Handwerkszeug neoliberaler *Reformrhetorik*, mit der die tatsächlichen Steuerungsziele verschleiert werden sollen. Bereits in der ersten PISA-Veröffentlichung (Baumert u. a. 2001) wird unmissverständlich klargemacht, worum es tatsächlich geht: Mit PISA ist ein internationaler Bildungswettbewerb entfacht worden, der dazu führen soll, dass sich Europa zu einem weltweit konkurrenzfähigen *Wirtschaftsraum* entwickelt! Die Outputsteuerung ist also ein *funktionalistisches Konzept*, das auf die *rasche* Anpassung der Schulsysteme an den Bedarf des Arbeitsmarktes abgestellt ist: „Die Botschaft der Vergleiche lautet, bessere Resultate sind nicht nur möglich, sondern werden auch als ökonomisch lebensnotwendig gedeutet." (Künzli 2011: 17) Innovation, Beschleunigung des Lernens, Kompression der Inhalte und Stärkung der *Qualifikationsfunktion* der Schule werfen die Frage auf, wie sie ihren Erziehungs- und Bildungsauftrag künftig einlösen will.

In dieser Reformlogik haben nationale Bildungsstandards eine besondere Bedeutung, weil sie die Unterrichtswirklichkeit unmittelbar betreffen. Eckard Klieme, seinerzeit von der KMK mit der Erarbeitung eines Gutachtens zu Bildungsstandards beauftragt, definiert Standards wie folgt: „Standards beschreiben in einem ersten Schritt, welche Lernergebnisse man bis zum Ende eines bestimmten Jahrgangs oder einer Altersstufe erwartet. Es geht um Wissen, um Haltungen, Einstellungen, Interessen und um grundlegende Fähigkeiten, die Schülerinnen und Schüler erwerben sollten" (Klieme 2003: 10). Seit dem Beschluss der KMK vom 04.12.2003 ist sie dabei, für die gesamte Bundesrepublik geltende Bildungsstandards zu etablieren. Im Beschluss heißt es: Bildungsstandards „… greifen allgemeine Bildungsziele auf und benennen Kompetenzen, die Schüler bis zu einer bestimmten Jahrgangsstufe an zentralen Inhalten erworben haben sollen. Sie konzentrieren sich auf zentrale Kernbereiche des Faches". Und weiter: „Die Länder verpflichten sich, die Standards zu implementieren und anzuwenden. Dies betrifft insbesondere die Lehrplanarbeit, die Schulentwicklung und die Lehreraus- und -fortbildung. Die Länder kommen überein, weitere Aufgabenbeispiele zu entwickeln und in landesweiten bzw. länderübergreifenden Orientierungs- und Vergleichsarbeiten festzustellen, in welchem Umfang die Standards erreicht werden"[5].

Auffallend ist, dass es sich bei Bildungsstandards nicht mehr um die uns geläufigen *Leistungen* drehen soll. Der Leistungsbegriff wird vom *Kompetenzbe-*

---

5   www.kmk.org/schul/Bildungsstandards

griff abgelöst. Dies ist folgenreich, denn der Kompetenzbegriff ist vielschichtig und offen für viele Dimensionen des Lernens (s. u.). Wichtig ist auch, dass von punktuellen Prüfungen zumindest sukzessiv Abstand genommen werden soll. Geprüft werden soll das, was sich im Laufe der *Lerngeschichte* des Einzelnen an Lernerträgen angesammelt hat (Kumulativität). ‚Kompetenz' kennzeichnet also eine *subjektorientierte Disposition*, die an den Gelenkstellen des Schulsystems, also primär am Ende der Schulzeit in einer bestimmten Schulart überprüft werden soll[6]. Wie anspruchsvoll dieses Vorhaben ist, lässt sich auch daran ermessen, wie der Kompetenzbegriff definiert ist. Franz E. Weinert versteht unter Kompetenzen „... die bei den Individuen verfügbaren oder von ihnen erlernbaren kognitiven Fähigkeiten und Fertigkeiten, bestimmte Probleme zu lösen, sowie die damit verbundenen motivationalen, volitionalen und sozialen Bereitschaften und Fähigkeiten, die Problemlösungen in variablen Situationen erfolgreich und verantwortungsvoll nutzen zu können" (Weinert 2001: 27).

Kompetenzen sind in der Regel an Fächern ausgerichtet. Sie sind also primär *Fachkompetenzen*, die mit sog. Vergleichsarbeiten überprüft werden. Dies dient nicht nur der individuellen Beurteilung, sondern auch der flächendeckenden, jahrgangsbasierten Evaluation der einzelnen Schulen und Schulklassen zu deren Standortbestimmung im bundesweiten Bildungsgeschehen.

Einige Problemanzeigen bleiben uns nicht erspart: Die von der KMK verabschiedeten Standards fallen sowohl hinter den Kompetenzbegriff von Weinert als auch hinter manche Kriterien des Klieme-Gutachtens zurück. Sie sind keine Mindeststandards, sondern Regelstandards und sind entsprechend orientiert an den Kriterien einer *durchschnittsorientierten Leistungsmessung* anhand operationalisierter Lernziele. Das bedeutet: Sie sind *selektionsorientiert*, denn es steht von vornherein fest, dass es Bildungsgewinner und Bildungsverlierer geben wird. Es werden also Gerechtigkeitsprobleme aufgeworfen, die einer jeden marktliberalen Gesellschaft immanent sind. Der bereits angesprochene ‚flexible Mensch' begegnet uns im Kompetenzbegriff wieder: Mit subjektorientierten Dispositionen erwirbt ein jeder „die Bereitschaft und Fähigkeit, sich unter schwierigen, wechselhaften Bedingungen immer wieder neu zu ‚organisieren'. Der Kompetenzbegriff ist also eng verschwistert mit dem Selbstorganisations-Konzept" (Pongratz 2010: 104). Der Heranwachsende hat durch die Schule eine *lebenslange* Anpassungsfähigkeit an instabile Lebenslagen und schwankende Anforderungen des Arbeitsmarktes zu vollziehen – soll er nicht ins gesellschaftliche Abseits abgleiten. Er soll rastlos lernen, ohne an ein Ende zu gelangen: „In

---

6   Bis zum Schuljahr 2010/11 sind auf folgenden Ebenen Bildungsstandards in allen Bundesländern verbindlich eingeführt worden: Deutsch, Mathematik für den Primarbereich (4. Kl.); Deutsch, Mathematik, erste Fremdsprache (E/F) für den Hauptschulabschluss (9. Kl.); Deutsch, Mathematik, erste Fremdsprache (E/F), Biologie, Chemie, Physik für den Mittleren Abschluss (10. Kl.). Für das Gymnasium existieren noch keine Bildungsstandards. Sie sind aber vorgesehen.

Kompetenzsteigerungsgesellschaften sind Früchte erwünscht, die immer weiterreifen" (Reichenbach 2010: 5).

Auf diese Weise wird aber das Bildungsverständnis des Neuhumanismus, auf das sich die Schule immer noch beruft, unterlaufen. Es geht nicht mehr darum, den jungen Menschen zu sich selbst zu führen und all seine positiven Kräfte zu stärken, und nicht mehr um sein Vermögen, Abstand zu nehmen, inne zu halten und die Phänomene kritisch zu reflektieren. Ein Merkmal von Bildung, nämlich ein in sich selbst Ruhen und eine dauerhafte Form des Bezogenseins, wird auf diese Weise aufgegeben. Der Bildungsbegriff wird auf dem Altar der Kapitalinteressen geopfert. Pongratz fasst zusammen: Kompetenzen hätten insofern einen *affirmativen Charakter*, als sie jederzeit und überall abrufbare Verhaltensweisen meinten. Sie hätten keinen Eigenwert, sondern lediglich einen Nutzwert, denn sie seien *substanzlos* bzw. inhaltsleer und daran zu messen, dass sich das Subjekt unter Wettbewerbsbedingungen in einem Netz flexibler anonymer Funktionsprozesse bewegen können müsse.

Es kommt nicht von ungefähr, dass der Sprachgebrauch gleichwohl am Bildungsbegriff festhält (s. o.), auch wenn ihm vorgeworfen wird, er sei ein leerer ‚Container-Begriff', der den Europäern im internationalen Wettbewerb ohnehin kein Vorteil bringe (Lenzen 2005). Alois Regenbrecht meint dazu, es müsse semantisch überspielt werden, dass es sich bei Bildungsstandards nicht um Bildung, sondern um überprüfbare Schülerleistungen handle (Regenbrecht 2005). Die tatsächlichen Verwertungsinteressen müssten hinter einem Schleier neoliberaler Wunschvorstellungen verborgen und dem Bewusstsein der Bevölkerung entzogen werden.

Gegenüber ‚Bildung' lässt sich allerdings fragen, ob das Konzept ‚Kompetenzen' das inhaltlich reichhaltigere und präzisere ist. Denn bis jetzt ist es noch nicht gelungen zu zeigen, wie der Brückenschlag zwischen abstrakten Kompetenzen und ihren *situationsspezifischen Anwendungen* gelingen könnte. Stabile Kompetenzniveaus und Kompetenzerwerbsschemata konnten bis jetzt nicht gefunden werden. Dies würde nämlich voraussetzen, dass es eine Regel gibt, mit der sich erfassen ließe, an welchen Aufgaben welche Kompetenz entwickelt und zum Ausdruck gebracht werden könnte. Allein die von Klieme prognostizierte Dauer von ca. zehn Jahren für die Entwicklung eines soliden Kompetenzmodells lässt die Schwierigkeiten des Unterfangens erkennen. Vorerst ist der Kompetenzbegriff „unaufgeklärt und diffus" (Pongratz 2010: 109), auch wenn wir täglich und völlig selbstverständlich mit ihm hantieren. Blickt man auf die Kompetenzbeschreibungen und -typologien, so wird sehr schnell deutlich, dass der Kompetenzbegriff „so ziemlich alles abdecken soll: sensomotorische Fähigkeiten und Technikverständnis, Selbstmanagement und Umgang mit Gefühlen, Teamfähigkeit und persönliches Erfahrungswissen. ‚Kompetenz' kann scheinbar alles sein, solange sie die Anpassung an die jeweiligen Bedürfnisse der Gesellschaft und des Marktes sicherstellt" (ebd.). Es ist mit Karlheinz A. Geißler und Frank Michael Orthey festzuhalten, dass ‚Kompetenz' nach wie vor eine Bezeichnung für das „verwertbare Ungefähre" ist (Geißler/Orthey 2002).

Aus dem Blickwinkel der Demokratie sowohl als Staatsform als auch Lebensform ist eine zentrale Aufgabe von Erziehung und Bildung, die *kulturellen Güter* einer Gesellschaft an die nachwachsende Generation zu vermitteln. Der Lehrplan ist dazu da, die kulturellen Traditionen und Errungenschaften als Gerüst für die Vermittlung zu fixieren. Er konkretisiert den „inhaltlichen Leistungsauftrag der Gesellschaft" (Künzli 2011: 21) und ist somit ein *politisches Instrument*. Mit der bereits begonnenen Umschreibung der Lehrpläne zu sog. kompetenzorientierten *Kerncurricula* wird er mehr und mehr zu einem Steuerungsinstrument umfunktioniert und „eine Domäne für fachdidaktische Experten in Wissenschaft und Schulverwaltung" (ebd.). Damit findet der Kehraus von Allgemeinbildung seine Fortsetzung. Die Entpolitisierung des Lehrplans, die Traditionsbrüche und die De-Professionalisierung der Lehrkräfte sind vorgezeichnet. Roland Reichenbach meint: „...der Kompetenzdiskurs hilft, so gut er kann, die Löcher des Sinns und Zwecks von Schule zu kaschieren, die durch fehlendes Nachdenken entstanden sind" (Reichenbach 2010: 12).

3 Evaluative Steuerung der Schule oder: Von der Etablierung neuer Führungskonzepte

Zur Logik der Zielsteuerung gehört die Evaluation. Was in Wirtschaftsunternehmen längst geläufig ist, wird auch für die Schule unausweichlich und bald eine Selbstverständlichkeit sein – einschließlich der in Unternehmen gebräuchlichen Konzepte wie TQM oder EFQM. Soweit ich sehe, ist inzwischen in allen Bundesländern eine *zyklisch* operierende Evaluation auf der Ebene der einzelnen Schule staatlich angeordnet, d. h. auch, in den Schulgesetzen verankert worden. In den meisten Bundesländern folgt einer internen Evaluation bzw. *Selbstevaluation* der Schule eine *externe Evaluation* bzw. Fremdevaluation durch vom Staat eingesetzte Expertenteams[7]. Damit wird ein doppeltes Ziel verfolgt. Zum einen sollen die Schulen Rückmeldungen über ihre Arbeit erhalten, um die Lernqualität zu verbessern (Optimierungsfunktion). Zum anderen wünscht der Staat Informationen über den Zustand seines Bildungswesens im Ganzen, um die Bildungsplanung und -finanzierung verantwortungsvoll gestalten zu können (Legitimationsfunktion). Nicht nur, dass beide Ziele bzw. Funktionen quer zuei-

---

7   Beispielsweise sind im Freistaat Bayern bis einschließlich Schuljahr 2009/10 2.842 von 3.867 staatlichen Schulen extern evaluiert worden. (www.isb.bayern.de/isb/indexasp; aufgerufen am 05.11.2011)

nander liegen, das neue Medikament Evaluation hat auch einen Beipackzettel, mitgeliefert von den Erziehungs- und Sozialwissenschaften, der in der Bildungspolitik nicht gelesen wird.

Insbesondere von Pädagogen und Psychologen wird bezweifelt, ob Pädagogik und verordnete externe Evaluation überhaupt zueinander passen (Schönig/Batruschat/Klenk 2010). Genährt wird die Skepsis durch Berichte aus jenen Ländern, die auf eine gewisse Evaluationstradition in Schulen zurückblicken können (Weiß 2009, Böttcher/Kotthoff 2007). Nur einige Aspekte seien angesprochen.

Franz E. Weinert hat uns mahnend ins Stammbuch geschrieben hat, dass die Erwartungen an die rasche Leistungsanhebung in unseren Schulen unrealistisch sind. Zum einen sind Schulleistungen „das kumulative Ergebnis langfristiger Lernprozesse; das Leistungsniveau hängt stärker von den bereits erworbenen Vorkenntnissen als vom aktuellen Unterrichtsgeschehen ab. Der Unterricht besteht nicht aus einzelnen Lektionen, die man kurzfristig verändern, vielleicht sogar besser gestalten kann, sondern ist ein Geschehen, das durch die Atmosphäre im Klassenzimmer, durch stabile Erziehungs-, Lehr- und Interaktionsstile und schließlich durch die pädagogischen Kompetenzen der Lehrer maßgeblich determiniert wird. Die pädagogische Kompetenz von Lehrkräften ist das Ergebnis eines zeitaufwändigen Expertiseerwerbs" (Weinert 2001: 361, 362). Zum anderen darf man vor diesem Hintergrund und angesichts der stabilen Lehrroutinen „nur dann eine substantielle Veränderung des Unterrichts, des Lernens und Leistens erwarten, wenn ganze Bündel von pädagogischen und didaktischen Maßnahmen zugleich ergriffen werden" (ebd., 362). Mit anderen Worten sind Eingriffe in die Schulorganisation, die Schulfinanzierung, die Lehreraus- und -fortbildung erforderlich, wenn die im großen Stil praktizierten Evaluationen überhaupt fruchten sollen.

Jede externe, staatlich angeordnete Evaluation hat ein *vorgängiges* Verständnis von Schule. Das Problem ist, dass dieses Verständnis nicht offengelegt wird, mehr noch, dass es mit dem Deckmantel einer Reformsemantik und des modernen Governance-Vokabulars verschleiert wird (Koch 2010, Schönig 2010). Die öffentliche Rede von der Bildung als einem Wettbewerbs- und Standortfaktor deutet an, dass es mit der Evaluation nicht primär um die Verbesserung der pädagogischen Verhältnisse in unseren Schulen geht, sondern um die Mehrung des ‚Humankapitals'. Die Normen der institutionellen Zurichtung der Schule sind der externen Evaluation immanent. Sie sind gleichbedeutend mit Vorentscheidungen, so sagt es Koch, die „schulprägenden Charakter" haben: „Durch die Evaluation wird Schule nicht nur bewertet, sondern gemacht..." (Koch 2010, 45). An dieser Stelle ist zu sehen, wie dringlich ein pädagogisch bestimmter Diskurs über die Theorie der Schule angesichts eines fortschreitenden Steuerungswahns ist.

Daraus folgt, dass der Bildungsanspruch der Schule, alle natürlichen Kräfte des Menschen in ein „wohl proportionierliches Verhältnis" (von Humboldt) zu stellen, unterlaufen wird. Die ganzheitliche Sicht auf den Menschen ist dort aufgegeben, wo es um die objektive Feststellung von Leistungen bzw. Kompetenzen geht. Bildung hingegen lässt sich nicht messen! Je mehr aber die Schulevaluation auf das Messen objektivierbarer Dimensionen setzt, desto stärker werden die ‚weichen' Qualitätsdimensionen der Bildung ausgegrenzt. Generell werden die unterschiedlichen Charaktere von gängigen Evaluationsverfahren und Pädagogik augenfällig. Der Evaluation geht es um einen aussagekräftigen Ausschnitt aus der Komplexität der Schule zu einem bestimmten Zeitpunkt – um eine Momentaufnahme. Sie ist also *statisch*. Pädagogik dagegen hat es immer mit Prozessen zu tun. Sie ist dynamisch, ergebnisoffen und an den *Entwicklungsverläufen* interessiert. So gesehen kann das, was heute ‚gemessen' wird, morgen schon ganz anders sein (Rauschenberger 2010). Eine standardisierte Evaluation dokumentiert allenfalls eine weitgehend abstrahierte Handlung – das vorläufige Ende einer Lernspur. Und sie fragt nicht nach Hilfsbereitschaft, solidarischem Handeln und Mündigkeit, nicht nach dem vertieften Nachdenken, dem Ringen um Erkenntnis, den Umwegen eines probierenden, entdeckenden und praktischen Lernens oder dem demokratischen Handeln.

Bedenkenswert sind die Konsequenzen der Evaluationsarchitektur auch für die Lehrkräfte. Es passt zur neoliberalen Gesellschaftsreform im Sinne eines ‚Governance', dass der Staat mit der Implementierung von Fremdevaluation zugleich auch ein neues *Kontrollregime* installiert. Dieses Regime ist ebenso ‚hybride' wie feinmaschig, denn es überantwortet die Führung zu einem erheblichen Teil an das Schulpersonal. Lehrerkollegien sollen nun ‚Selbstführungsgemeinschaften' werden. Der alte Mythos vom hierarchischen Durchregieren, von der Weisungsmacht und dem Eingreifen der Schulaufsicht scheint verflogen: „Die Steuerungsarbeit wird damit zumindest teilweise vom Steuermann an die Ruderer abgegeben, die im Zuge der Autonomisierung jetzt nicht mehr nur rudern, sondern selbst auch steuern dürfen, selbstredend nur, wenn sie das im Sinne des Steuermanns und Kapitäns (bzw. des Schiffseigentümers) tun." (Schirlbauer 2005: 79) Das „Rudern" und „Steuern" erfolgt nun unauffällig, ohne dass irgendwelche Machtinstanzen auf den Plan treten. Das einigende Band der „Ruderer" sind die Qualitätskriterien der Evaluation in Einheit mit nationalen Bildungsstandards. Das jeweilige Kollegium führt sich selbst am Leitseil der managerialen Schule entlang. Ein jeder ist angehalten zu prüfen, ob die Qualitätsmarken erreicht werden. Damit wird allerdings der Kontext der Zusammenarbeit neu markiert: Die Kontrolle wird eine *in die Fläche* gehende kollegiale Kontrolle. Es entsteht ein Szenario der Beobachtung, in dem jeder jeden beobachtet. Sprachlich kaschiert wird dieser Zwang zur reziproken Kontrolle mit Begriffen wie ‚Qualitätszirkel', ‚Steuerungsgruppe' oder Arbeit im ‚Netzwerk'.

Diese subtile Art der neuen Führung trifft freilich auf Organisationskulturen, die aufgrund ihres pädagogischen Auftrags ganz anders funktionieren. Sie sind gekennzeichnet von äußerster sozialer Vielschichtigkeit, Regelkorridoren und Wertepools und sind bestrebt, Probleme hinter einer Mauer zum Verschwinden zu bringen. Eine jede Lehrkraft weiß die Autonomie ihrer Tätigkeit zu schätzen und zu schützen. Kooperation zwischen Lehrkräften wird nur insoweit gepflegt, als sie der eigenen Autonomie nicht im Wege steht. Die ,Gegenleistung' dafür, dass man ,in Ruhe' arbeiten kann, besteht darin, dass man den Kollegen/die Kollegin auch in Ruhe lässt. Die unausgesprochene Nichteinmischungsnorm ist eingebettet in einen Gleichheitsmythos, der alle gegen Angriffe von innen oder außen zu immunisieren versucht. Hans-Günter Rolff bezeichnet dies als *Egalitäts-Autonomie-Syndrom* (Rolff 2001). Evaluation und die neue Anforderung der Selbstführung treffen also auf eine sozialpsychologisch *brisante Tiefenstruktur* in Kollegien, die nur durch langfristige Lernprozesse konstruktiv beeinflusst werden kann. Welchen Einfluss sie auf die Gefühlswelt und das professionelle Selbstverständnis der Betroffenen haben, können wir einstweilen nur vermuten.

4   Bildung lohnt sich!

An dieser Stelle schließt sich Kreis zu den Ausgangsüberlegungen. Sie haben an einigen Problemfeldern zu verdeutlichen versucht, wie die Sinnstrukturen in der Spätmoderne brüchig geworden sind – das gesellschaftliche Subjekt bleibt in einem sinnentleerten Feld zurück. Die Modernisierungsschübe berauben es eines seiner zentralen Merkmale, der Bildung. Die Schule ist nicht etwa ein Widerlager der ubiquitären Entwicklungstrends geworden, sondern ist ihnen mühelos gefolgt, ja, Abbild der *Aushöhlung von Tradition*, *Reflexivität* und *sozialer Wertschätzung* geworden. Offenbar hat die Schule große Mühe damit, anders zu sein als die Gesellschaft, deren Teil sie ist (Brenner 2010). Paradoxerweise scheint es ausgerechnet unserer ,Wissensgesellschaft' zu genügen, wenn die Schule ein „flüchtiges Stückwerkswissen" erzeugt, „das gerade reicht, um die Menschen für den Arbeitsprozess flexibel und für die Unterhaltungsindustrie disponibel zu halten" (Liessmann 2006, S. 53).

Angesichts der diagnostizierten Problemlage hat die Vermittlung bloßen Wissens ausgedient. Die Schule ist zu teuer, als dass Staat und Gesellschaft sie dafür unterhalten müssten – zumal die systematische Wissensvermittlung interessanter, preisgünstiger und vor allem unterhaltsamer durch die elektronischen Medien geschehen könnte. Sie ist zugleich zu schade, als dass sie zu einer *berufsvorbereitenden Institution* des Arbeitsmarktes verkommt. Die Schule ist vielmehr dazu da, die jungen Menschen zu stärken, sie in ihrer Identitätsentwicklung zu begleiten und auf ihre Beiträge für den Zusammenhalt (in) der Gesellschaft vorzubereiten. Dies kann weder durch die Überantwortung von Schülern mit Lern- und Verhaltensschwierigkeiten an die Jugendhilfeeinrichtungen geschehen noch durch die Anpassung der Heranwachsenden an die Nützlichkeitserwartungen des Beschäftigungssystems. Die Kunst der Schule müsste stattdessen darin bestehen, Bildungsräume in einer Weise zu öffnen, dass Heranwachsende *sich mit den Inhalten verbinden* können. Wenn gelingt, das Lernen so zu arrangieren, dass Menschen und Sachen zusammenkommen, wird es persönlich bedeutsam, weckt die Motivation und erzeugt *Interesse* (Rauschenberger 2008). Dann besteht die Chance, dass das partikularisierte Wissen zusammengefügt wird und einen bildungsbedeutsamen Sinn ergibt. Dazu benötigt jeder Lernende den anderen – Sinn kann nicht individuell erzeugt werden, sondern entsteht nur im gemeinsamen Ringen um Erkenntnis. Dies ist vielleicht die schwierigste Übung der Schule: die Vorbereitung auf den Gemeinsinn. Er, so Roland Reichenbach, „entwickelt sich in einer Kultur der Nachdenklichkeit, des Fragens und des Zweifelns und gerade *nicht* in der Übernahme bloßer Meinungen und Einstellungen, mögen diese noch so nützlich und angepasst sein. Gute Schule fördert den Gemeinsinn" (Reichenbach 2010: 11). Diese Aufgabe ist der Schule nur selten gelungen, aber ihre Erfüllung erscheint heute umso dringlicher.

Literatur

Baumert, J. u. a. (2001) (Hrsg.): PISA 2000. Basiskompetenzen von Schülerinnen und Schülern im internationalen Vergleich. Opladen: Leske + Budrich
Böttcher, W./Kotthoff, H.-W. (Hrsg.): Schulinspektion: Evaluation, Rechenschaftslegung und Qualitätsentwicklung. Münster u. a.: Waxmann
Brenner, P.J. (2010): Bildungsgerechtigkeit. Stuttgart: Kohlhammer
Busch, H.-J. (2009): Das Unbehagen in der Spätmoderne. In: Dörr, M./Aigner, J.Ch. (2009), a. a. O., 33-53
Dieckhoff, K.-H. (2009): Sinnbedarf als Ressource für gesellschaftliche Erneuerung oder Selbstverwirklichung lässt sich nicht konsumieren. In: Dieckhoff, K.-H. (2009) (Hrsg.): Sinnbedarf als Ressource für gesellschaftliche Erneuerung. München: oekom: 8-27
Dörr, M./Aigner, J.Ch. (2009) (Hrsg.): Das neue Unbehagen in der Kultur und seine Folgen für die psychoanalytische Pädagogik. Göttingen: Vandenhoek & Ruprecht
Fauser, P. (1996) (Hrsg.): Wozu die Schule da ist. Eine Streitschrift. Seelze: Friedrich Verlag
Freud, S. (2000a): Das Unbehagen in der Kultur. Studienausgabe, Bd. IX. Frankfurt a. M.: Fischer: 197-270
Freud, S. (2000b): 31. Vorlesung: Die Zerlegung der psychischen Persönlichkeit. Aus: Neue Folge der Vorlesungen zur Einführung in die Psychoanalyse (1932). Studienausgabe, Bd. I. Frankfurt: Fischer: 496-516

Geißler, K.A./Orthey, F.M. (2002): Kompetenz: Ein Begriff für das verwertbare Ungefähre. In: Literatur- und Forschungsreport 49.2002. 69-79
Klieme, E. (2003): Bildungsstandards. Ihr Beitrag zur Qualitätsentwicklung im Schulwesen. In: Die Deutsche Schule 01.2003, 10-16
Koch, L. (2010): Evaluation und Pädagogik: ein Widerspruch. In: Schönig, W. u. a. (Hrsg.), a. a. O., 37-47
Künzli, R. (2011): Lehrpläne und Bildungsstandards – Wirksamkeitserwartungen und Innovationskraft.In: Staatsinstitut für Schulqualität und Bildungsforschung München (Hrsg.): Einblicke – Ausblicke. Jahrbuch 2010. München: 14-32
Kurth, B.-M./Hölling, H./Schlack, R. (2008): Wie geht es unseren Kindern? Ergebnisse aus dem bundesweit repräsentativen Kinder- und Jugendgesundheitssurvey (KiGGS). In: Bertram, H. (2008) (Hrsg.): Der UNICEF-Bericht zur Lage der Kinder in Deutschland. München: C.H. Beck: 104-126
Lempp, R. (2012): Generation 2.0 und die Kinder von morgen. Stuttgart: Schattauer
Lenzen, D. (2005): Vom Ideal der Allgemeinbildung zur Basiskompetenz. In: Bucher, A./Lauermann, K./Walcher, E. (2005) (Hrsg.): ...wessen der Mensch Bedarf. Bildungsideals im Wettstreit. Wien: 15-31
Liessmann, K. P. (2006): Theorie der Unbildung. Wien: Zsolnay
Pongratz, L.A. (2000): Bildung als Ware? Zur Kritik neoliberaler Strategien im Bildungssektor. In: Engagement 03.2000: 176-180
Pongratz, L.A. (2009): Bildung im Bermuda-Dreieck: Bologna – Lissabon – Berlin. Eine Kritik der Bildungsreform. Paderborn u. a.: Schöningh
Pongratz, L.A. (2010): Sackgassen der Bildung. Pädagogik anders denken. Paderborn u. a.: Schöningh
Rauschenberger, H. (2008): Kompetenzerwerb als individuelle Bildung. In: Röhner, Ch./Rauschenberger, H. (2008) (Hrsg.): Kompetentes Lehren und Lernen. Baltmannsweiler: Schneider Verlag Hohengehren: 30-55
Rauschenberger, H. (2010): Schulevaluation als Herausforderung der Pädagogik. In Schönig, W. u. a. (Hrsg.), a. a. O., 23-35
Regenbrecht, A. (2005): Sichern Bildungsstandards die Bildungsaufgabe der Schule? Leistungen, Mängel, Defizite. In: PÄD Forum: unterrichten erziehen 01.2005. 16-22
Reichenbach, R. (2010): Die Effizienz der Bildungssysteme und die Sinnkrise des schulischen Lernens. In: Warwas, J./Sembill, D. (2010) (Hrsg.): Schule zwischen Effizienzkriterien und Sinnfragen. Baltmannsweiler: Schneider Verlag Hohengehren: 1-16
Reimann, B.W.: Einführung in den psychoanalytischen Diskurs der Gesellschaft. Darmstadt: WBG
Richter, H.E. (1980): Der Gotteskomplex. 5. Aufl., Reinbek b. Hamburg: Rowohlt
Rolff, H.-G. (2001): Was bringt die vergleichende Leistungsmessung für die pädagogische Arbeit in Schulen? In: Weinert, F.E. (Hrsg.), a. a. O., 337-352
Schirlbauer, A. (2005): Menschenführung durch Evaluation und Qualitätsmanagement. In: schulheft, 118.2005: Kontrollgesellschaft und Schule. Innsbruck, Wien, Bozen, 72-85
Schönig, W. (2010): Glaubwürdigkeitstests oder: Schultheoretische und bildungstheoretische Überlegungen zum pädagogischen Reduktionismus der Schulevaluation. In: Schönig, W. u. a. (Hrsg.), a. a. O., 61-84

Schönig, W./Baltruschat, A./Klenk, G. (Hrsg.) (2010): Dimensionen pädagogisch akzentuierter Schulevaluation. Baltmannsweiler: Schneider Verlag Hohengehren
Sennett, R. (2000). Der flexible Mensch. Die Kultur des neuen Kapitalismus. Berlin: Siedler
Spitzer, M. (2005): Vorsicht Bildschirm! Stuttgart: Klett
Weinert, F.E. (2001) (Hrsg.): Leistungsmessungen in Schulen. Weinheim, Basel: Beltz
Weinert, F.E. (2001): Perspektiven der Schulleistungsmessung – mehrperspektivisch betrachtet. In: Weinert, F.E. (2001) (Hrsg.), a. a. O., 354-365
Weiß, M. (2009): Schule und Wettbewerb (Teil 1 und 2). In: SchVw HE/RP, 02.2009. 34-36 und 03.2009. 69-71
Würker, A. (2009): Das Unbehagen in der Kontrollkultur. In: Dörr, M./Aigner, J.Ch. (2009), a. a. O., 33-53

Autorinnen und Autoren

Prof. Dr. phil. habil. **Roland Becker-Lenz**; Dipl.-Soziologe, Dipl.-Sozialarbeiter; Professor an der Fachhochschule Nordwestschweiz / Hochschule für Soziale Arbeit, Institut Professionsforschung und kooperative Wissensbildung, Riggenbachstr. 16, CH-4600 Olten
Mail: roland.becker@fhnw.ch

PD Dr. phil. habil. **Bernd Birgmeier**; Dipl.-Pädagoge (Univ.), Dipl.-Sozialpädagoge (FH); Katholische Universität Eichstätt-Ingolstadt, Akademischer Rat am Lehrstuhl für Sozialpädagogik, Luitpoldstr. 32, D-85071 Eichstätt; Forschungsschwerpunkte: Theorien der Sozialpädagogik / Sozialen Arbeit, Handlungstheorie, sozialpädagogische Beratung
Mail: bernd.birgmeier@ku.de

Prof. Dr. **Sandro Bliemetsrieder**; Professur für Soziale Arbeit mit dem Schwerpunkt Kindesalter und Jugendalter; Fachhochschule Kärnten, Hauptplatz 12, A-9560 Feldkirchen in Kärnten; Lehr- und Forschungsschwerpunkte: Sozialpädagogische Handlungsfelder, Erziehungs- und Bildungskonzepte, Professionelle Identität, Hermeneutik
Mail: s.bliemetsrieder@fh-kaernten.at

Prof. Dr.´in **Susanne Dungs**; Professur für Soziale Arbeit mit dem Schwerpunkt Ethik / Sozialphilosophie; Fachhochschule Kärnten, Hauptplatz 12, A-9560 Feldkirchen in Kärnten; Lehr- und Forschungsschwerpunkte: Sozialphilosophie und Ethik, Berufsethik der Sozialen Arbeit, philosophische Aspekte der Biowissenschaften
Mail: s.dungs@fh-kaernten.at

Dipl.-Pädagogin **Annika Gaßmöller**; Wiss. Mitarbeiterin an der Universität Vechta, Institut für Soziale Arbeit, Bildungs- und Sportwissenschaften, Universität Vechta, Driverstraße 22, D-49377 Vechta; Arbeitsschwerpunkte: Capabilitiesforschung, Abweichendes Verhalten im Kindes- und Jugendalter; Soziale Arbeit in Zwangskontexten
Mail: annika.gassmoeller@uni-vechta.de

Dr.´in **Karin Hermanns**; Diplom-Pflegewirtin, Krankenschwester; Evangelische Hochschule Nürnberg, Institut für Gerontologie und Pflege, Bärenschanzstr. 4, D-90429 Nürnberg; Forschungsschwerpunkte: Geschichte der Pflege, Pflegetheorien, Menschenrechte in der Pflege
Mail: karin.hermanns@herzomedia.net

Dr. theol. **Markus Hundeck**; Akadem. Rat in der Abteilung Schule / Hochschule der Diözese Regensburg, Weinweg 31, D-93049 Regensburg; Arbeitsschwerpunkte: Studien zu Hans Blumenberg, Baruch de Spinoza, Martin Heidegger, Ernst Cassirer, Martin Buber, Emmanuel Levinas, José Ortega y Gasset, J.W. von Goethe u.a.; Wissenschaftliche Themen: Europäische Geistesgeschichte der Neuzeit (Weltbilder und Weltmodelle), Jüdische Philosophie, Philosophie der Zeit, Geschichtsphilosophie, Wissenschaft und Theorie Sozialer Arbeit, Hermeneutik und Soziale Arbeit als Profession
Mail: mhundeck@online.de

Prof. Dr. phil. **Eric Mührel**; Dipl.-Pädagoge (Univ.), Dipl.-Sozialarbeiter (FH), Professor für Sozialpädagogik und Sozialarbeitswissenschaft an der Hochschule Emden/Leer, Fachbereich Soziale Arbeit und Gesundheit; derzeit Lehrstuhl für Sozialpädagogik (Vertretung), Katholische Universität Eichstätt-Ingolstadt, Luitpoldstr. 32, D-85071 Eichstätt; Forschungsschwerpunkte: Soziale Arbeit in Theorie und Wissenschaft, anthropologische und ethische Aspekte der Sozialen Arbeit
Mail: eric.muehrel@ku.de

Linus Mührel; Student der Rechtswissenschaften an der Freien Universität Berlin. Arbeitet als studentischer Mitarbeiter im Rahmen des SFB 700 „Governance in Räumen begrenzter Staatlichkeit", Projektbereich „Sicherheits-Governance und Völkerrecht" (Frau Prof. Dr. Heike Krieger); vertritt die Freie Universität in einem Team im Rahmen des Philip C. Jessup International Law Moot Court 2012/2013 zum Thema „Factual and legal consequences of climate change on statehood, migration and foreign sovereign debt"
Mail: L.Muehrel@gmx.de

Prof. Dr. paed. **Carsten Müller**; Professor für sozial- und gesellschaftspolitische Aspekte Sozialer Arbeit an der Hochschule Emden/Leer, Fachbereich Soziale Arbeit und Gesundheit, Constantiaplatz 4, D-26723 Emden; aktuelle Arbeitsschwerpunkte: Theorie und Geschichte Sozialer Arbeit, demokratische Erziehung, Gemeinwesenarbeit, Armutsbekämpfung, Sozialpolitik
Mail: carsten.mueller@hs-emden-leer.de
www.dr-carsten-mueller.de

Dr. phil. **Silke Müller-Hermann**; Dipl.-Soziologin, Wissenschaftliche Mitarbeiterin an der Fachhochschule Nordwestschweiz / Hochschule für Soziale Arbeit, Institut Sozialplanung und Stadtentwicklung, Thiersteinerallee 57, CH-4053 Basel
Mail: silke.mueller@fhnw.ch

Prof. Dr.'in **Nina Oelkers**; Professorin für Soziale Arbeit an der Universität Vechta, Institut für Soziale Arbeit, Bildungs- und Sportwissenschaften, Universität Vechta, Driverstraße 22, D-49377 Vechta; Arbeitsschwerpunkte: Transformationsprozesse Sozialer Arbeit, gesellschaftlicher Umgang mit Devianz, Capabilitiesforschung (Grundbefähigung, Wohlfahrt und Wohlergehen)
Mail: nina.oelkers@uni-vechta.de

Dr.'in phil. **Nivedita Prasad**, Studiengangsleiterin des Studiengangs „Soziale Arbeit als Menschenrechtsprofession" – Zentrum für Postgraduale Studien Sozialer Arbeit Berlin – und wissenschaftliche Mitarbeiterin bei Ban Ying, einer Beratungs- und Koordinationsstelle gegen Menschenhandel in Berlin, Dozentin an verschiedenen Universitäten für Seminare zu menschenrechtsrelevanten Themen wie Rassismus, Marginalisierung / Diskriminierung, Gewalt gegen Frauen, 2012 Verleihung des Anne Klein Preis der Heinrich-Böll Stiftung für ihr Engagement für Frauen- und Menschenrechte
Mail: Prasad@zpsa.de

Prof. Dr. phil. **Dieter Röh**; Professor für Sozialarbeitswissenschaft, Theorien der Sozialen Arbeit, Klinische Soziale Arbeit in der Behindertenhilfe, Sozialpsychiatrie und Rehabilitation; HAW Hamburg, Fakultät Wirtschaft und Soziales, Department Soziale Arbeit, Alexanderstr. 1, D-20099 Hamburg; Forschungs- und Arbeitsschwerpunkte: Menschenrechts- und gerechtigkeitstheoretische Theorieentwicklung in der Sozialen Arbeit, Klinische Sozialarbeit, Rehabilitation, Behindertenhilfe und Sozialpsychiatrie
Mail: dieter.roeh@haw-hamburg.de

Prof. Dr. rer. soc. **Wolfgang Schönig**; Lehrstuhl für Schulpädagogik, Katholisch Universität Eichstätt-Ingolstadt, Ostenstrasse 26, D-85072 Eichstätt; Forschung und Arbeitsschwerpunkte: Bildungstheorie, Schulqualität und -entwicklung, Sch evaluation und Organisationsberatung der Schule
Mail: wolfgang.schoenig@ku.de

Prof. Dr. phil. **Walter Schweidler**; Lehrstuhl für Philosophie, Katholische versität Eichstätt-Ingolstadt, Ostenstrasse 26, D-85072 Eichstätt; Forsch

schwerpunkte: Geschichte und gegenwärtige Ansätze der Metaphysik; Phänomenologie und Kulturphilosophie (Herausgabe der Reihe „Phänomenologie" im Verlag Karl Alber); Allgemeine und angewandte Ethik, insbesondere Bioethik; Interkulturelle Studien, insbesondere zu den philosophischen Paradigmen Ostasiens (Herausgabe der Reihe „West-östliche Denkwege" im Academia-Verlag)
Mail: walter.schweidler@ku.de

Prof. Dr.'in **Barbara Städtler-Mach**; Professorin für Anthropologie und Ethik im Gesundheitswesen, Evangelische Hochschule Nürnberg, Institut für Gerontologie und Pflege, Bärenschanzstr. 4, D-90429 Nürnberg; Forschungsschwerpunkte: Gerontologie und Ethik, Pflegeethik, Religiosität und Alter, insbesondere Demenz; Herausgeberin der Zeitschrift für Gerontologie und Ethik
Mail: barbara.staedtler-mach@evhn.de

Prof. Dr.'in habil. **Silvia Staub-Bernasconi**; Vorsitzende des Zentrums für Postgraduale Studien Sozialer Arbeit Berlin (Masterstudiengang „Soziale Arbeit als Menschenrechtsprofession"), Mitglied des Academic Board und Lehrende im Doktoratsstudiengang INDOSOW (International Doctoral Studies in Social Work); Arbeits- und Forschungsschwerpunkte: Theorien Sozialer Probleme; Soziale Arbeit als Disziplin und Profession/ Professionstheorien; Menschenrechte, insbesondere Sozialrechte; Praxis- und Forschungsprojekte zur Umsetzung on Sozialrechten in die Praxis der Sozialen Arbeit und des Sozialwesens
ail: staubernasco@bluewin.ch

. Dr. Dr. habil. **Michael Winkler**; Friedrich-Schiller-Universität Jena, Lehrfür Allgemeine Pädagogik und Theorie der Sozialpädagogik, Direktor des ts für Bildung und Kultur, Am Planetarium 4, D-07743 Jena
ichael.winkler@uni-jena.de